글로벌 이주: 이동, 관계, 주변화

저자 소개

호주 애들레이드 대학에서 지리학으로 박사 학위를 받았다. 현재 전남대학교 지리교육과 교수로 재직하고 있으며, 이주와 개발(포스트-개발)에 대한 연구에 관심이 많다. 주요 연구물로 「이주(공역)」(2013), 「도시사회지리학의 이해(공역)」(2012), 「공간을 위하여(공역)」(2016), 「낯선 곳에 사는 사람들(공저)」(2016) 등이 있으며, 이주에 대한 주요 연구 분야는 '이주와 모빌리티', '이주와 공간의 관계', '이주자의 주변화' 등이다.

글로벌 이주: 이동, 관계, 주변화

인　쇄　2017년 3월 25일
발　행　2017년 3월 30일

저　자_이용균
발행인_정병석
발행처_전남대학교출판부
등　록_1981. 5. 21. 제53호
주　소_61186 광주광역시 북구 용봉로 77
전　화_(062) 530-0571~2
영업부_(062) 530-0573
팩　스_(062) 530-0579
홈페이지_http: //www.cnup.co.kr
이메일_cnup0571@hanmail.net

값 17,000 원

ISBN 978-89-6849-399-7 (93300)

이 연구는 2014년도 정부(교육부)의 재원으로 한국연구재단의 지원을 받아 연구되었음
(NRF-2014S1A3A2043652)

이 도서의 국립중앙도서관 출판예정도서목록(CIP)은 e-CIP홈페이지(http://www.nl.go.kr/ecip)와
국가자료공동목록시스템(http://www.nl.go.kr/kolisnet)에서 이용하실 수 있습니다.
(CIP제어번호: CIP2017007897)

글로벌 이주: 이동 관계 주변화

이용균 저

전남대학교출판부

사랑하는 수현, 은유와 은결에게

■ 책을 내면서

현 사회는 새로운 변화가 또 다른 변화와 함께 새로움을 더해주는 복잡한 사회라고 한다. 이주는 아마도 이러한 복잡한 사회를 대표하는 말이 아닐까 싶다. 인종, 문화, 종교, 가치관 등이 다른 많은 사람들을 서로 관련시키고, 이질적으로 보이는 지구상의 장소들을 서로 연결시키는 매개가 바로 이주인 것이다. 글로벌 이주의 역동성과 복잡성은 이주의 발생학적 배경과 맥락에 관심을 갖게 하고, 주변부에 위치하는 이주자의 삶에 관심을 갖도록 한다. 세상의 모든 것은 움직이고 있고 정지 상태란 없듯이, 이주는 수많은 이동, 흐름, 관계를 구성하면서 공간과 사회를 변화시키고 있다.

처음 '이주'를 접하고 연구한 지 벌써 10년이란 시간이 흘렀다. 10년이란 시간 동안 '이주'만 연구했더라면, 더 훌륭한 결과물을 대할 수 있었을 것 같다. 틈틈이 이주에 대한 연구를 수행하면서 결과물로 나왔던 논문에 기초하여 책을 편찬하게 되었다. 많은 부족함에도 불구하고 이런 결과를 책으로 출판하겠다는 용기를 내었던 것은 미흡한 연구를 세상에 드러내야 앞으로 더 나은 연구를 할 것 같다는 반성 때문이었다. 서로를 모르는 독자와 책으로 소통한다는 것은 정말 기쁜 일일 것이다. 하지만, 지식의 한계와 노력의 부족으로 독자와 소통한다는 것은 힘든 일이 되고 말았다. 학회지에 게재된 논문을 책의 형태로 수정하는 과정은 생각보다 많은 내공을 필요로 했으나, 능력이 이에 미치지 못하여 기존의 논문을 수정하는 선에서 책을 완성하기로 스스로 타협할 때, 연구자로서 많은 후회, 번민 그리고 미안함이 있었다.

이 책의 4장 "모빌리티의 구성과 실천"은 「한국도시지리학회지(2015)」에, 5장 "초국가적 이주"는 「한국도시지리학회지(2013)」에 실린 논문을, 6장 "이주의 관계적 이해"는 「한국도시지리학회지(2017)」에 투고된 내용을, 7장 "다문화와 이주자 통합의 정치"는 「한국지역지리학회지(2014)」에, 8장 "결혼이주 여성의 사회적 관계"는 「한국도시지리학회지(2007)」에, 9장 "이주자의 장소 점유와 주변화"는 「한국경제지리학회지(2013)」에, 10장 "이주자의 서발턴 위치성"은 「한국도시지리학회지(2013)」에, 그리고 11장 "대학의 국제화와 외국인 학생의 주변화"는 「한국도시지리학회지(2015)」에 수록된 논문을 재구성한 것이다. 책에 실릴 수 있도록 허가해주신 해당 학회에 감사드린다.

부족한 점이 너무 많은 책이지만, 그래도 위안이 되는 것은 이 책이 나만의 결과물이 아니기 때문일 것이다. 여기에 수록된 결과물은 지난 6년간 SSK 연구단(다문화사회와 디아스포라 · 트랜스이주 연구단)에 소속되어 여러 연구자들과 공동 연구를 하면서 축적된 결과물이다. 연구단 전체의 노력이 있었기에, 그리고 '연구단과 나와의 관계'가 있었기에 책이 출간될 수 있었다고 생각한다.

연구단 전체의 운영과 추진에서 남다른 관심과 열정을 보여주신 연구책임자 이영민 교수님 덕분에 이 책이 출간될 수 있었다. 책의 곳곳에서 이영민 교수님의 지식과 견해를 수용하였다. 또한, 경북대 연구단을 이끌고 계시는 이채문 교수님의 왕성한 연구 활동에 많은 자극을 받았고, 함께 연구하면서 새로운 관점과 이론을 공유할 수 있었던 장한업 교수님과 박경환 교수님께도 깊은 감사를 드린다. 연구단 전체의 연구를 계획하고 진행하는데 많은 헌신과 노력을 해주신 이현욱 박사님께 진심어린 감사를 드린다. 아울러 연구보조원들의 헌신과 희생이 있었기에 이 책이 완성될 수 있었다. 이론 연구에서 현장 조사까지 함께 공부하고, 조사하고, 의견을 공유했던 6년의 시간이 있었기에 부족한 작품이 세상에 나올 수 있었다. 연구보조원으로 함께 호흡했던 이종희(미국 켄터키 대학 박사과정), 이은하(연변대학 교수), 송정아(이화여대 박사과정), 김수정(이화여대 박사과정), 신지연(도쿄대 박사과정), 이화용(이화여대 석사졸업), 박현서(이화여대 석사과정), 최태양(전남대 석사과정), 형지원(전남대 석사과정)이 없었더라면 연구가 불가능했을 것이다. 언급하지 못한 연구단의 연구원들, 그리고 현장 조사에 참여했던 학생들에게도 감사를 전하고 싶다.

2017. 2.

전남대 연구실에서 이용균

■ 목　차

• 책을 내면서 | 5

제1부 이주의 이해

제1장 이주와 장소 — 14
1. 이주 — 14
2. 이주 이론 — 26
3. 이주와 장소 — 37

제2장 이동, 관계, 주변화 — 42
1. 이동 — 42
2. 관계 — 53
3. 주변화 — 59

제2부 이주와 모빌리티의 지형

제3장 글로벌 이주의 역동성 — 64
1. 글로벌 이주와 거버넌스 — 64
2. 이주의 역사와 지리 — 73
3. 글로벌 이주가 야기한 변화들 — 82

제4장 모빌리티의 구성과 실천 — 101
1. 이주와 모빌리티 — 101
2. 모빌리티 패러다임 — 105
3. 모빌리티의 구성 — 109

4. 모빌리티 렌즈와 모빌리티 실천 118
5. 모빌리티와 공간연구의 미래 123

제5장 초국가적 이주 126
1. 초국가적 렌즈 126
2. 초국가적 사회공간의 형성과 작동 132
3. 초국가적 이주 연구의 핵심 주제 137
4. 초국가적 접근의 한계와 미래 143

제3부 이주와 관계의 지형

제6장 이주의 관계적 이해 148
1. 관계적으로 사고하는 관점 148
2. 관계적 사고의 확대 153
3. 이주의 관계적 해석 161
4. 이주자 공간의 관계와 위상 165

제7장 다문화와 이주자 통합의 정치 173
1. 이주와 다문화 173
2. 동화주의와 이주자 정체성 176
3. 다문화주의 확대와 한계 179
4. 다문화주의 논쟁 185
5. 유럽의 이주자 통합 정책 190

6. 한국의 이주자 통합 정책 ―――― 196
7. 다문화주의의 미래 ―――― 201

제 8 장 결혼이주 여성의 사회적 관계 ―――― 204
1. 결혼이주 ―――― 204
2. 결혼이주자의 타자성과 정체성 ―――― 206
3. 결혼이주 여성의 사회적응 ―――― 210
4. 이주여성의 사회적 네트워크 ―――― 214
5. 결혼이주와 미래 사회 변화 ―――― 226

제4부 이주와 주변화

제 9 장 이주자의 장소 점유와 주변화 ―――― 230
1. 이주와 장소 점유의 정치 ―――― 230
2. 주류 사회의 담론 ―――― 233
3. 중국 조선족의 유입과 장소 점유 ―――― 235
4. 장소 변화의 지배 담론 ―――― 238
5. 중국 조선족의 장소 점유와 지역쇠퇴 ―――― 242
6. 중국 조선족의 주변화와 로컬의 변화 ―――― 245
7. 이주자와 장소 변화 ―――― 249

제10장 이주자의 서발턴 위치성 ―――― 251
1. 이주자와 서발턴 ―――― 251
2. 서발턴의 위치성 ―――― 254
3. 이주자와 주변화 담론 ―――― 260
4. 이주자와 거주지 공간의 분리 ―――― 268
5. 이주자의 장소 전략 ―――― 271
6. 이주자의 미래 ―――― 276

제11장 대학의 국제화와 외국인 학생의 주변화 ―――― 278
1. 대학의 국제화와 교육이주 ―――― 278
2. 대학의 국제화와 외국인 학생의 유치 ―――― 280
3. 외국인 학생의 주변화 담론 ―――― 284
4. 우리나라 대학교육의 국제화 ―――― 286
5. 정책적 측면의 외국인 학생 주변화 ―――― 292
6. 미디어와 정책연구에서 외국인 학생의 주변화 ―――― 297
7. 일상적 측면의 외국인 학생의 주변화 ―――― 301
8. 유학생 주변화와 미래 ―――― 308

제5부 이주의 미래

제12장 미래의 이주 연구 — 312

1. 이주의 새로운 관점 — 312
2. 이주자의 주변화에 대한 맥락 읽기 — 315
3. 관계적 공간으로써 이주자 공간 읽기 — 318
4. 디아스포라 다시 읽기 — 321
5. 귀환 및 순환 이주 다시 읽기 — 326
6. 이주의 비판지정학 읽기 — 331
7. 이주와 발전 다시 읽기 — 336

- 참고문헌 | 340
- 찾아보기 | 359

제1부

이주의 이해

제1장 이주와 장소

제2장 이동, 관계, 주변화

제1장 이주와 장소

1. 이주

1) 이주의 이해

2016년 여름을 뜨겁게 달구었던 영국의 유럽연합 탈퇴Brexit는 유럽뿐만 아니라 전 세계의 관심을 받기에 충분하였다. 영국이 유럽연합을 탈퇴하고자 하는 원인은 다양하고 복잡하겠으나, 그 배경에는 이주자와 실업의 증가가 있었다. 2016년 영국에 거주하는 이주자는 약 300만 명이었는데, 이 중에서 노동 시장에 참여하고 있는 이주자만 약 200만 명에 달하였다(ONS, 2016). 세계 경제의 침체가 영국에 큰 영향을 미치는 상황에서 이주자의 급격한 증가는 영국 노동시장에 큰 변화를 가져왔다. 고임금을 원하는 영국 근로자와 저임금이라도 취업을 우선시하는 이주 노동자가 공존하면서 노동 시장의 변화가 나타났다.

영국의 노동 시장에서 이러한 구조적 변화는 이미 2004년에 예견된 것이었다. 2004년 동부 유럽이 유럽연합에 가입하자마자 약 60만 명의 이주자가 영국으로 순식간에 유입되었다(박경환 외 공역, 2012). 이들 동부 유럽의 이주자들은 유럽인이라는 인종적 이점을 통해 기존 아시아계 노동자의 일자리뿐만 아니라 영국 노동자의 일자리마저 위협하게 되었다. 물론, 영국도 글로벌 이주의 물결 속에 약 120만 명에 달하는 자국민이 유럽연합을 비롯한 유럽 전역으로 이주하였으나, 300만 명의 유입은 영국 내 사회적 변화를 가져오기에 충분하였다. 영국 인구 중에서 해외에서 태어난 사람은 약 846만 명(2015년 기준)으로 전체 인구의 13.1%를 차지하며, 신생아 중 이주자 자녀의 비율은 27%에 이르고 있다(ONS, 2016). 런던 인구 800만 명 중에서 해외에서 태어난 사람의 비율은 37%로 2031년이 되면 해외 태생이 다수가 될 전망이다. 이처럼 영국의 유럽연합 탈퇴는 이주의 흐름과 밀접한 관계가 있다.

현재는 정보, 사람, 재화, 서비스의 이동이 복잡하게 얽혀있는 시대라고 할 수 있다. 복잡성이 증가하는 시대에, 변화라는 말은 어떤 충격을 주는 것이 아니라 당연한 것으로 인식될 정도이다. 글로벌화, 인터넷과 휴대전화의 확산, 문화적 다양성의 증대와 같은 변화 속에서, 지난 20~30년간 인문·사회과학 연구에서 가장 주목을 받는 연구 중의 하나는 이주일 것이다.

이주의 역사는 인류의 역사와 같을 정도로 이주는 인간 삶의 중요한 부분을 차지한다. 현재까지의 과학적 연구에 따르면 인류는 아프리카의 동부를 따라 전 세계로 생활권을 확대한 역사를 갖고 있다. 로마 제국, 게르만족의 이동, 몽골의 확장, 러시아의 동진 정책, 유럽인의 신대륙 이동은 인류와 이주의 관계를 잘 보여준다. 16세기부터 유럽인의 외부로의 이주가 본격화되면서 미국, 캐나다, 호주, 뉴질랜드, 아르헨티나 등과 같은 이민국가가 탄생하였다. 17세기부터 제2차 세계대전 이전까지 약 6,000만 명의 유럽인이 이들 지역으로 이주한 것으로 추정된다

(한국이민학회 역, 2013). 이동은 유목민의 일상에서만 중요한 것이 아니라, 모든 사회의 번영과 쇠퇴가 이주와 밀접한 관계를 갖는다. 이주에 따른 사회적 혼란도 있었겠지만, 이주는 새로운 문화를 소개하고, 노동력을 제공하는 등 사회를 풍성하게 만드는데 큰 영향을 미쳤다. 예를 들어, 실크로드는 동·서양의 문물이 이동하고 교류하는 통로였으며, 실크로드를 통한 이주가 없었더라면 현재와 같은 문화적 발전도 없었을 것이다.

그런데 왜 현재를 '이주의 시대the age of migration'라 하는 것일까? 이는 앞서 영국의 유럽연합 탈퇴의 배경에서 살펴본 바와 같이 이주가 미치는 사회, 경제, 문화, 정치의 영향이 매우 크기 때문일 것이다. 1960년대 이후 전 세계 이주자의 규모는 약 2억 1,400만 명에 이르는 것으로 추정되는데, 이는 전 세계 인구의 약 3% 정도이다(UNDESA, 2013). 언뜻 보면 이주자의 규모가 그다지 크지 않다고 생각될 수 있으나, 이주의 역동적 관계를 생각하면 이는 엄청난 숫자이다. 전 세계의 모든 국가는 이입(영내로 유입되는 이주)과 이출(영외로 빠져나가는 이주)을 동시에 경험하고 있으며, 이동성이 증가하면서 이주자의 초국가적 연결이 증대되고 있으며, 많은 국가들은 해외 동포 또는 디아스포라라는 이름으로 해외로 이민한 사람들을 자국의 네트워크에 포함시키고 있다. 한 명의 결혼이주여성이 남편의 가족, 친척 및 지인, 2세와 관련된 사람들, 그리고 지역사회 사람들과 직·간접적인 관계를 발생시킨다는 점을 감안하면, 2억 명이 발생시키는 사회적 관계와 로컬의 변화는 어마어마한 것이다. 이런 점에서 현 사회는 '이주의 시대'라 불리고 있다.

이주migration(移住)를 광의적으로 해석하면 한 장소에서 다른 장소로의 이동을 의미한다. 영어의 migration의 어원은 라틴어의 migrare인데,

'거처를 옮기다'라는 의미를 갖고 있다. 한자로 移住의 의미도 이동하여 거처를 정하다는 의미를 갖고 있다. 광의적으로 이주를 해석하면, 집을 출발하여 산에 잠시 머무는 것도 이주이며, 다른 장소와 공간으로의 이동도 이주에 해당한다. 그러나 우리가 흔히 말하는 이주는 보다 협의적으로 정의되는데, 이주란 다양한 활동을 목적으로 해외에 1년 이상 체류하는 것을 의미한다. 흔히 이주를 유입되는 이주자를 지칭하는 것으로, 그리고 이민immigration을 해외로 나가는 이주자를 지칭하는 것으로 구분하기도 하지만, 엄밀하게 이주와 이민을 구분하기는 힘들다. 대개 이동하여 한 곳에 정착하는 사람을 이주자migrant라 하며, 한 국가 내부로 들어오는 모든 형태의 이동을 이입immigration이라 하고, 한 국가의 외부로 빠져나가는 이동의 형태를 이출emigration이라 한다. 이주라는 말에는 이동movement과 정주settlement가 동시적으로 포함된 것으로, 이주는 이동하여 정착한다는 의미를 담고 있다.

이주가 학문적으로 연구된 것은 유럽에서 산업화에 따른 도시화가 급속히 전개되고, 식민지의 확대에 따른 인구 이동이 증가하면서부터이다. 이주를 학문적으로 연구한 최초의 학자는 지리학자인 라벤스타인Ravenstein으로 1885년 '이주의 법칙the laws of migration'이란 논문을 발표하면서부터이다. 그는 산업화로 인하여 도시가 발전하면서, 도시에서 더 나은 소득의 일자리를 찾고자 인구 이동이 발생한다고 보았다. 라벤스타인이 도시의 경제적 요인을 중심으로 인구 이동에 관심을 가졌다면, 이주의 사회적 특성에 관심을 기울인 최초의 학자는 지멜Simmel이다. 그는 1908년에 출간된 「사회학: 사회화의 형식들에 대한 연구」라는 저서를 통해 이방인으로서 이주자의 정착과 사회 적응에 관심을 가졌다. 이주자는 새로운 사회에 정착하지만 원래의 문화를 버리지 못하고 정착 사회에 완전히 동화되지 못하는 존재로 인식되었고, 이주자의 문화적 차이, 주류 사회의 편견과 고정관념 등으로 이주자는 주변부의 위치성을 갖는다고 보았다(이용일, 2009).

이후, 이주와 관련된 연구는 크게 두 가지로 전개되었는데, 하나는 라벤스타인의 견해를 따르면서 이주와 경제적 요인을 강조하는 접근이고, 다른 하나는 지멜의 관점처럼 이주자의 위치성과 정체성에 관심을 두는 접근이다. 라벤스타인의 맥락에서 뷔허Bücher(1901)는 이주를 더 나은 환경을 위해 자신의 장소를 바꾸는 예외적인 행위로 인식하면서, 이주를 국민국가의 민족적·국가적 영역을 넘는 행동으로 이해하였다. 반면에 지멜의 제자이면서 시카고학파의 도시사회학을 주도하였던 파크Park(1916)는 도시의 생태적 변화라는 맥락에서 이주자를 연구하였다(박경환 외 공역, 2012). 이주자는 서로 다른 문화들의 혼종 속에 살아가는 주변인the marginal man으로 개념화되었다. 그에 의하면, 이주자는 정착 사회로 적응하는 과정에서 만남, 갈등, 경쟁, 적응, 동화의 단계를 거치는데, 미국의 이주자들은 멜팅 팟melting pot의 과정을 거쳐 백인(남자)-앵글로색슨-프로테스탄트의 문화에 동화되는 사회 시스템이 작동된다고 보았다.

파크의 연구 이후 이주자가 정착 사회에 동화되는 것은 당연하게 간주되었다. 그러나 제2차 세계대전 이후 식민지가 독립하고, 유럽이 전후 재건 과정에서 산업의 부흥에 모든 에너지를 쏟으면서 많은 식민지 거주자들이 식민모국으로 이주하게 되었다. 경제가 급속하게 발전하면서 노동력의 부족에 시달리던 독일을 비롯한 많은 유럽 국가들은 초청 노동자를 유입하면서 다문화가 공존하는 사회로 전환하게 되었다. 이제 이주 연구는 다양한 문화의 공존에 따른 다문화주의, 문화적 정체성과 차이, 이주자 공간의 분리, 문화의 혼종화, 젠더 정치 등에 관심을 갖게 되었다.

1970년대 이후 국제이주의 주된 패턴은 개도국에서 선진국으로의 이주라 할 수 있다. 식민지배로부터 독립하였으나 개발 원조에 의존하던 개도국은 정치적 불안, 경제 정책의 실패, 사회 및 교육 기회의 부재 등에 직면하였다. 라틴아메리카는 농산물의 수출이 미국과의 경쟁에서 밀리면서, 많은 소작농 체제가 기업농의 체제로 변화하였고, 이 과정에서 일자리를 잃거나 농사의 터전을 잃게 된 많은 사람들이 도시로 이주하거나, 미국으로 이주하게 되었다. 개도국에서 선진국으로의 이주는 유학이나 고급 기술의 실천을 위한 자발적 이주도 있었으나, 빈곤에 의해 강요된 이주가 주를 이루었다.

선진국은 신자유주의가 확대되고 노동의 분업화가 심화되는 과정에서 3D 업종을 중심으로 이주자의 유입이 증가하였고, 맞벌이 부부의 증가에 따른 가사 및 육아와 관련하여 여성 이주자의 유입이 증가하였다. 전 세계적으로 이주자의 50% 이상이 여성인 '이주의 여성화'가 나타나면서 송출 지역과 정착 지역 모두에서 젠더 관계, 가족의 해체, 가족 전통의 변화 등이 사회적 이슈로 부상하였다.

이주는 텅 빈 공간에서 발생하는 것이 아니다. 이주는 한 곳에서 다른 곳으로의 이동인데, 이동은 무엇에 대한 욕망이나 필요에 의해 발생하는 것으로, 이주는 떠나온 곳과 정착한 곳의 사회와 공간을 변화시킨다. 이주자 입장에서 보자면, 이주란 낯선 문화 속으로 정착하는 것이며, 낯선 문화를 주류 문화로 받아들이는 것이다. 주류 문화의 주변부 공간에 정착하여, 이주자는 종족의 가치를 발견하고, 자신들의 식당, 식품점, 종교 공간, 문화 센터 등을 만든다. 이주자의 공간은 주류 사회와는 다른 경관을 갖게 되고, 결국 주류 사회와 분리된 공간을 형성한다. 이주자가 유입된다는 것은 곧 사회에 이주자의 영역이 만들어지는 것이다. 전 세계에 걸쳐 존재하는 이주자들의 공간은 서로 연결되면서 때로는 디아스포라의 이름으로, 때로는 K팝에 열광하는 공간으로, 때로는 볼리우드 영화가 작동하는 공간으로, 때로는 세계 정치의 연대 공간으로, 그리고 무엇보다 종교적 연대의 공간으로 작용한다.

이렇듯 이주는 한 공간을 다수의 문화가 공존하는 곳으로 변모시키고, 문화적 차이와 혼종이 새로운 공간성을 창출하는 역동적 과정을 생성시킨다. 우리가 이주에 주목해야 하는 이유가 바로 여기에 있는 것이다. 우리는 이주(자)와 직·간접적 관계를 통해 일상을 살고 있다.

2) 이주의 유형과 구분

이주는 다양한 시·공간의 관계로 구성된 것이다. 비록, 이주를 유형으로 범주화하거나, 유형에 따라 이주를 이분법적으로 구분하는 것은 문제가 있지만, 이주의 특성을 이해하는 맥락에서 이주의 유형을 살펴보는 것도 필요할 것 같다. 필자가 제시하는 이주의 형태는 편의상의 구분에 불과하다(표 1.1 참조).

이주자는 어느 한 유형에만 속하는 것이 아니라 여러 유형에 동시에 포함되는 특징을 보인다. 이주자는 어떤 측면에서는 개인 이주에 포함되지만, 어떤 측면에서는 집단 이주에도 포함된다. 비록 이주는 개인적 선택에 의한 것이지만, 이주가 사회의 분위기를 반영한다는 점에서, 그리고 이주자가 한 곳에 집중되어 거주한다는 점에서 집단이주의 성격도 동시에 갖는다(Hanlon and Vicino, 2014). 이처럼 서로 다른 이주자들이 약속이나 한 것처럼 한 공간에 집중되는 것은 이주가 갖는 매우 독특한 공간성이라 할 수 있다.

이주의 독특하고 복잡한 특성은 귀환이주, 노동이주, 결혼이주, 교육이주, 난민, 미등록 이주로의 구분을 통해 살펴볼 수 있을 것 같다. 언뜻 보면 이주는 개인적 선택인 것 같지만, 다른 각도에서 바라보면 국가적 및 세계적 스케일에서 작동하는 사회, 경제, 문화, 정치 시스템의 결과라 할 수 있다. 이주는 환영, 차별, 무시, 주변화, 폭력 등이 상호 교차하는 '공간의 정치'가 작동하는 원인이자 결과라 할 수 있는데(이영민 외 공역, 2013), 주류 사회와 소수로서 이주자는 동화, 배제, 포함, 갈등 등의 과정을 통해 사회를 구성하고 공간을 변모시킨다. 이러한 이주와 공간의 관계는 다음과 같은 이주의 특성들을 통해 살펴볼 수 있을 것이다.

귀환이주return migration란 이주자 본인 또는 자녀가 다시 본국으로 돌아가는 것으로, 이는 단순히 복귀만을 의미하지 않는다. 떠났던 곳의 상황, 정착했던 곳에서의 적응 정도, 종족 및 문화적 정체성과의 연대, 가족 관계 등이 복잡하게 연관된 것이 귀환이주이다. 이주자들은 정든 고향으로 다시 돌아갈 것을 염두에 두면서 이동하는 경향이 있는데(Anniste and Tammaru, 2014), 20세기 초 미국으로 이주한 1,600만 명의 유럽인 중에서 약 400만 명이 유럽으로 돌아갔다(Gmelch, 1980). 20세기 말과 21세기 초반, 영국으로 유입된 이주자 중에서 약 50%는 본국으로 돌아갔는데, 특히 선진국 출신의 이주자일수록 본국으로의 귀환 비율이 높은 것으로 나타났다(Dustmann and Weiss, 2007). 이주가 국가라는 영역에 고정된 것이 아니듯, 귀환이란 것도 이동의 끝이 아니라, 새로운 이주의 시작일 수 있다. 특히 디아스포라가 많은 국가에서 이민 정책에 포함되면서, 한 종족이 서로 다른 국민으로 존재하는 것이 더 이상 낯선 것이 아니게 되었다. 종족의 문화가 존재하는 곳은 어느 곳이나 새로운 이주의 대상지가 되고 있다.

노동이주labor migration는 주로 경제적 목적의 이주이면서, 세계 경제가 하나의 시스템으로 작동함을 보여준다는 점에서 주목할 필요가 있다. 노동이주는 대부분 임금이 높은 시장경제로의 편입이란 특징을 보이는데, 한 지역의 노동이주는 세계 경제와의 긴밀한 관계를 보여준다. 예를 들어, 두바이는 석유 자원을 바탕으로 전 세계적 쇼핑 및 관광 도시로의 변화를 꾀하고 있는데, 이를 위해 대규모의 도시개발을 추진할 수 있는 저임금의, 양질의, 대규모의 노동력이 필요하다. 두바이가 무슬림 사회라는 점에서 인도에서 차별 받는 많은 무슬림들이 이주하였고, 저임금 상태에서 벗어나고 싶은 많은 파키스탄 사람들이 두바이의 노동 현장에 고용되었다. 이처럼 노동이주는 돈을 벌기 위한 개인적 차원의 이동만 아니라, 전 세계적 수준에서 작동하는 경제, 사회, 문화 및 정치가 연루되는 관계적 시스템에 의해 작동하고 있다.

노동 이주자들은 아무리 교육을 잘 받았고 양질의 기술을 갖고 있더라도 본국에서처럼 대우를 받지 못하는 위치성에 놓이게 된다. 두뇌 유출의 위험성을 알면서도 노동이주가 장려되는 이유는 무엇인가? 이주자가 유입된 지역에서는 필요한 노동력을 확보하는 것이며, 송출 지역에서는 필요한 외화(돈)를 수입하는 원천이 된다. 이런 맥락에서 노동이주는 관계적으로 구성된다고 볼 수 있다.

결혼이주marriage migration는 결혼을 목적으로 이주한 것이란 점에서 다른 이주와 많은 차이점을 보인다(이용균, 2007). 다른 국가 출신을 배우자로 맞이한다는 것은 가족 관계를 다문화적으로 구성하는 것이며, 다문화 가정이 많은 로컬은 다문화 공간으로 변모한다. 결혼이주자는 출

표 1.1. 이주의 유형과 구분

구 분	내 용
공간의 범위	국내 이주 vs 국제 이주, 영내 이주 vs 영외 이주
이주의 기간과 성격	일시적(방문·체류) 이주, 영구적 이주, 순환 이주, 귀환 이주
이주의 규모	개인 이주, 가족 집단, 집단(종족) 이주
이주의 의지	자발적 이주 vs 강제적 이주
이주의 목적	노동 이주, 결혼 이주, 교육 이주, 난민
이주의 법적 상태	합법적 이주, 미등록 이주(불법이주)

자료 : 저자 정리

신지역의 문화를 바탕으로 로컬, 국가 및 글로벌 스케일의 사회적 관계를 형성한다. 결혼을 통한 두 국가의 문화가 서로 연결되는 것이 결혼이주라는 점에서, 그리고 사회의 문화적 혼종을 보여주는 대표적 사례라는 점에서 결혼이주에 대한 지속적 관심이 필요하다.

교육이주education migration는 흔히 유학이라고 말하는 것으로 다른 국가에 일시적으로 머물면서 공부하는 것을 의미한다. 최근 교육이주가 주목을 받는 것은 선진국에서 유학생을 유치하기 위한 경쟁이 치열하기 때문이다. 교육시장은 자체적으로 국가의 큰 수입원이다. 호주의 경우 2010년 유학생이 약 62만 명이었고, 이들로부터 발생한 부가가치 총액은 약 A$ 172억 달러에 이른다. 이는 관광을 통한 수입보다 규모면에서 더 크며, 교육이주의 부가적 이익은 국가의 이미지 제고, 가족과 친구의 방문, 재화와 서비스의 판매 증가, 유학생을 통한 국제적 네트워크 확대 등 엄청난 효과를 유발한다(이용균, 2012). 이러한 이유에서 선진국을 중심으로 교육이주를 활성화시키고 있으나, 유학생이 하나의 상품으로 전락되고, 차별과 주변화의 대상이 된다는 점에서, 그리고 교육을 통한 신-종속적 관계를 갖도록 한다는 점에서 비판의 대상이 되기도 한다.

난민refugee은 전쟁, 빈곤, 재해 등과 같은 원인에 의한 불안으로 특정 국가를 떠나 다른 국가에 보호를 요청하는 사람이다. 2013년 세계 난민은 4,300만 명이었으나, 2015년 6,530만 명(망명대기자 320만 명, 난민 2,130만 명, 강제이주자 4,080만 명)으로 급격히 증가하였다(UNHCR, 2016). 많은 수의 강제이주자가 국내와 인접 국가의 국경 지대에 위치한 난민캠프에 수용되나, 2,000만 명 이상은 해외 이주를 통해 신변 안전을 요청하였다. 대규모의 난민이 발생한 배경에는 미국이 주도한 이라크 전쟁, 아프가니스탄 전쟁, 그리고 지구상의 각종 분쟁과 전쟁 등이 있다. 그리고 2011년 '아랍의 봄'의 영향으로 북부아프리카와 서남아시아에서 정치적 위협과 빈곤에 의한 생명의 위험을 느낀 많은 난민이 발생하였고, 최근 시리아의 내전으로 많은 난민이 발생하였다(난민 수: 시리아 490만 명, 아프가니스탄 270만 명, 소말리아 110만 명; 강제이주자 콜롬비아 690만 명, 시리아 660만 명, 이라크 440만 명).

전쟁과 내전에 의한 난민은 주변국가로 피신하는 경우가 많으나, 시간이 지나면서 선진국으로의 난민 보호 신청이 많아지는 경향이 있다. 이슈가 되는 것은 북부아프리카와 서남아시아에서 유럽의 난민이 되기 위해 지중해를 지나면서 목숨을 잃는 사람들이 매년 증가하고 있다는 점, 그리고 무슬림이 주도하는 각종 테러에 의해 유럽 국가들이 난민을 받아들이는데 인색해하고 있다는 점이다. 2015년 지중해를 건너 유럽에 도착한 난민의 수가 100만 명에 이르며, 2015년 지중해를 건너다 사망한 난민의 수는 3,770명으로 추정된다(IOM, 2016). 독일은 아직까지 선진국과 유럽연합의 책무로서 난민을 받아들이고 있으나, 대다수의 유럽연합 국가들은 난민의 통제와 다문화주의의 후퇴를 명시하고 있다. 독일은 2015년 441,900명의 난민을 받아들였다. 우리나라도 시리아를 중심으로 난민이 유입되어 2015년 5,711명의 난민을 받아들였으나, 난민 신청자 중에서 난민의 지위를 인정받은 사람들은 105명에 불과하였다.

난민이 이주 연구에서 중요한 이유는 발생의 메커니즘이 매우 복잡하고, 글로벌 스케일에서 작동하는 사건이기 때문이다. 아프리카와 서남 아시아의 난민이 유럽으로 유입되는 것은 일종의 부메랑 효과라 할 수 있다. 식민 지배를 비롯하여 이들 지역에 대한 선진국의 정치적 개입은 각종 전쟁을 야기하였고, 글로벌 무역의 불균등한 구조는 이들 지역의 경제적 침체와 빈곤을 가져왔고, 식민모국에 형성된 이주자의 종족 경제는 난민의 유입을 자극하는 요소 중의 하나이다. 한 쪽에서는 목숨을 걸고 이주하는 것을 다른 쪽에서는 철책과 총으로써 막으려 하는 것이 현재 글로벌 이주의 일면이다. 이런 맥락에서 난민 연구는 글로벌 이주의 역동적 관계를 비판지정학적 관점에서 이해하는데 큰 도움이 된다.

우리는 흔히 불법이주자라는 말을 사용하는데, 불법이주라는 정의가 모호하기에 최근에는 미등록 이주undocumented migration라는 표현을 사용하고 있다(이영민 외 공역, 2013). 미국 내 미등록 이주자는 2008년에 1,200만 명에 이른 것으로 보도되었다(Hanlon and Vicino, 2015). 중요한 것은 이들이 어떻게 유입되었는지가 아니라, 이들이 미국에서 어떻게 살아가고 있는가이다. 이들도 누군가의 필요에 의해 미국으로 왔고, 체류 기간이 길어지면서 미등록 상태가 되었지만, 이들의 자녀와 부모 또는 친척은 미국의 시민일 수 있으며, 미국에서 정규 교육을 받은 시민의 구성 요소를 갖춘 사람일 수 있다. 미등록 이주자가 실업 상태에 있는 것이 아니라 무언가 일을 하고 있다는 사실에 주목할 필요가 있다. 이들은 어떤 경로를 통해 일을 하며, 어떤 곳에 거주하고, 사회에서 어떤 역할을 하기에 미국은 이들의 거주를 묵인하는지에 대해 관심을 가질 필요가 있다.

2. 이주 이론

이주는 매우 복잡한 상황 속에서 발생하고 때로는 매우 우발적 사건에 의해 발생하기에, 어떤 하나의 이론으로 복잡하고 다양한 이주의 원인과 결과를 설명한다는 것은 불가능하다(Massey, *et al*., 1998). 현재까지 글로벌 이주의 발생 요인을 설명하는 여러 이론들이 존재하는데, 이를 경제학적 관점, 세계화 관점, 이주네트워크 관점, 초국가적 관점으로 구분하여 살펴보면 다음과 같다.

1) 경제학적 관점

라벤스타인Ravenstein(1885, 1889)은 인구란 밀도가 높은 곳에서 낮은 곳으로, 소득이 낮은 곳에서 높은 곳으로 이동한다는 가정을 토대로 이주의 요인을 설명하고자 하였다(이영민 외 공역, 2013; 한국이민학회 역, 2013). 그는 1885년 '이주의 법칙the laws of migration'이란 논문을 통해 영국 농촌에서 도시로의 인구 이동을 연구하면서, 이주에는 7가지 법칙이 존재한다고 주장하였다(Hanlon and Vicino, 2014). 이주는 주로 단거리에서 발생하며, 장거리 이주가 발생하는 경우 정착지는 주로 도시이며, 이주는 유입과 유출을 동시적으로 반영하며, 이주자는 성장 지역으로 유입되며, 유입이 많은 지역의 인구가 성장하고, 농촌 거주자일수록 이주 경향이 높으며, 여성일수록 이주를 선택하는 경향이 높다는 것이다.

지역의 특성에 따라 이주자를 끌어당기고 이주자를 밀어낸다는 그의 이론은 배출-흡인push-pull 모델로 잘 알려져 있다. 그의 관점의 핵심은 이주는 현재의 장소를 이탈하도록 유도하는 배출요인과 다른 장소가 끌어들이는 흡인요인에 의해 이루어진다는 것이다. 배출요인으로는 인구 증가, 빈곤, 독재적 정부, 전쟁, 자원의 부족, 환경위기 등이 있으며, 흡인요인으로는 취업 기회, 정치적 안정과 자유, 삶에 대한 기대감 등이 있다(이영민 외 공역, 2013). 배출-흡인 모델은 당시 유행하였던 신고전 경제학의 영향을 받았는데, 거시경제학 관점을 통하여 왜 임금의 차이가 이주를 발생시키는지 설명하고자 하며, 미시경제학 관점을 통하여 개인의 비용 편익의 차이가 이주에 미친 영향을 설명하고자 한다(Hanlon and Vicino, 2014).

배출-흡인 모델은 가난한 국가에서 부유한 국가로의 이주를 설명하는데 주로 사용된다. 이주에 따른 상대적 비용과 편익에 대한 비교에 의해 이주가 발생한다고 본다. 즉, 사람들은 소득, 고용, 근무조건의 최적화를 추구하기 때문에 이주가 발생한다고 보며, 이민 송출지역은 인구감소에 따른 임금상승 효과가 나타나고, 이민 유입지역은 노동력 증가로 인한 임금 감소가 나타난다는 것이다. 결과적으로 배출-흡인 모델은 이주를 통하여 선진국과 개도국 간 균형적 발전이 가능해진다고 본다.

하지만 배출-흡인 모델은 여러 가지 한계가 있다. 대표적 한계 몇 가지를 살펴보면, 첫째, 이 모델은 왜 이주자가 특정 지역으로 밀집되는지를 설명하지 못한다(예: 터키인들이 프랑스나 영국보다 독일로 집중되는 이유). 둘째, 지나치게 경제적 요인에 의해 이주를 설명하는 경향이 있는데, 사회적, 문화적, 정치적 요인들이 이주를 결정하는데 많은 영향을 미치기 때문이다(Bartram, *et al.*, 2014; Gilmartin, 2008). 또한, 앞서 이주를 떠났던 사람들이 전해주는 현지의 이야기가 이주를 결정하는데 큰 영향을 미치는 요인으로 작용한다.

'이주의 신경제학new economics of migration' 관점은 개인의 선택보다 가족과 공동체를 위한 사회적 분위기 때문에 이주가 발생한다고 본다. 즉, 가족과 공동체를 위하여 이주가 발생한다는 것으로, 가족 경제를 책임지고 싶으나 국내의 경제 환경이 좋지 못하기 때문에, 가장은 어쩔 수 없이 해외로 노동이주를 떠난다는 것이다. 특히 이 접근은 노동자의 송금이 이주에 미치는 영향을 다루며, 특히 이주-발전의 연계를 통하여 이주가 발생하는 메커니즘을 이해하고자 한다.

최근 경제적 관점에서 가장 많이 언급되는 이주 이론은 노동시장의 분절화fragmentation of labor market이다. 국제이주는 세계, 국가 및 지역 수준에서 노동력의 분절(화이트칼라, 블루칼라, 핑크칼라 등)에 따른 틈새시장을 이주자가 메우면서 발생한다고 본다. 노동시장의 분절을 야기하는 요인으로는 젠더, 인종, 종족, 교육수준 등 다양한 요소가 있는데, 1970년대 이래 선진 산업경제는 정보, 지식, 서비스 중심의 사회로 변화하면서 고숙련 노동력뿐 아니라 미숙련 노동력에 대한 수요가 발생하였고, 부족한 수요를 충족시키기 위해 이주자가 유입되었다고 본다. 노동 시장이 분화되면서 3D 업종을 포함한 저임금의 근무환경이 열악한 부문에 대한 노동력 수급에 문제가 발생하면서, 이들 업종에서 필요한 노동력을 채우기 위해 이주자가 유입되었다는 것이다(이영민 외 공역, 2013). 선진국에서 저임금의 불완전 고용시장에 대한 기피는 개도국으로부터 이주자 유입을 가져오는데, 이는 특히 실업, 물가상승, 사회복지 등에서 심각한 문제를 겪고 있는 개도국의 이주를 자극하게 된다.

이주자는 노동 시장에 편입하는 과정에서 종족 경제에 의존하게 되고, 이는 결과적으로 이주자 종족의 집단 거주지가 주류 사회로부터 격리되는 엔클레이브enclave를 구성하도록 한다(이영민·이종희, 2013). 엔클레이브는 종족 경제 네트워크를 토대로 신규 이주를 유입하는 통로로 작용하고, 이주자들은 자신들의 경제 활동을 스스로 충족시키면서 엔클레이브의 경제를 더욱 활성화시킨다는 것이다(Massey, *et al.*, 1998). 노동 시장의 분절론은 국제이주를 노동과 관련시켜 분석하는 장점을 제공하지만, 현재의 글로벌 이주가 유학, 여행, 친척, 친구 등 다양한 사회적 관계에 의해 발생하는 과정을 충분히 설명하지 못한다. 송출지역과 정착지역의 다양한 사회경제적 상황에 영향을 받으면서 이주 집단의 네트워크가 새로운 이주를 자극한다는 점에서, 경제학적 관점의 이주 이론은 한계를 갖는다.

2) 세계화 관점

세계화 관점은 이주를 선진국이 자신들의 발전을 목적으로 개도국의 값싼 노동력을 이용하는 불평등 교환의 과정으로 이해한다(Sassen, 1988). 개도국에서 선진국으로의 이주는 식민 지배 과정에서 형성된 경제 시스템의 종속 관계에 기인한 것으로 볼 수 있다. 제2차 세계대전 이후 식민주의가 종말을 고하고, 미국이 세계 질서의 헤게모니를 장악하면서 핵심으로 부상하면서 개발의 수준에 따라 선진국과 개도국을 경계 짓는 기준이 만들어졌다(이용균, 2015a). 선진국은 개도국이 당면한 빈곤은 사회경제 시스템의 후진성에 기인한다고 주장하면서, 개도국이 후진성을 극복하기 위해서는 선진국의 경제 시스템을 적극 도입해야 한다고 주장하였다. 즉, 개도국의 빈곤은 정치, 경제, 문화의 후진성이 낳은 결과이며, 이를 극복하기 위해서는 선진국으로의 노동력 이동이 필요하다는 것이다.

서구가 주장하는 개발주의에 반대하면서 개도국의 빈곤은 자체의 문제에 의한 것이 아니라, 선진국에 의한 식민지배의 결과라는 종속이론dependency theory이 제기되었다(이영민 외 공역, 2013). 개도국의 빈곤은 식민지의 수탈적 사회 구조와 독립 후 식민모국을 비롯한 선진국의 다국적기업에 의한 종속 관계에 의한 것으로 본다. 개도국은 부가가치가 낮은 1차 산업의 생산에 의존하므로 경제 발전을 이끌 이윤 축적이 부족하고, 2차와 3차 산업을 선진국에 의존하기에 종속 관계가 심화된다는 것이다. 예를 들어, 라틴아메리카의 바나나 농장을 미국의 다국적기업이 운영하게 되면, 재래식 농업 방식 속에서 고용되었던 많은 농부들이 실업 상태에 직면하게 되고, 이들은 도시로 이주하지만 마땅한 직업을 찾지 못하기에 미국으로 이민을 떠난다는 것이다. 또한, 개도국의 경제는 고급 인재가 원하는 만큼의 임금을 지불할 수 없기에 고급 두뇌가 선진국의 노동 시장으로 떠나게 된다는 것이다.

종속이론이 개도국의 선진국으로의 사회적 및 경제적 종속 관계로써 이주를 설명한다면, 세계체계이론world system theory은 세계가 단일 경제 체계로 작동하는 과정을 통해 이주를 설명한다. 월러스틴Wallerstein(1974)은 한 국가의 경제 상황은 국가 단위로 해석될 수 없으며, 세계적 수준에서 이해되어야 한다고 주장하였다. 세계는 핵심부, 주변부 및 반주변부로 구성되며, 국가는 구조화된 세계체계에 종속된다고 본다. 핵심 국가의 기업과 경제활동이 주변부 국가로 유입되면, 주변부의 경제는 핵심국가에 종속되면서 실업과 비공식부문이 발달하고, 이는 결과적으로 노동의 신국제적 분업을 야기하면서 노동이주가 발생한다는 것이다. 예를 들어, 주변부에 속한 라틴 아메리카의 농업 부문이 핵심부인 미국의 영향을 받게 되면서 농업의 기업화가 촉진되고, 농업의 기계화는 전통적 소작농의 노동을 대체하면서 실업이 발생한다고 본다. 즉, 핵심부 경제가 주변부 경제에 영향을 미치면서 주변부 노동의 교란이 발생하고, 이로 인하여 이주가 발생한다고 본다(Hanlon and Vicino, 2014).

종속이론과 세계체계이론은 한 사회로의 이주자 유입은 사회 전반의 노동 가치를 하락시키면서 노동 계급의 권력을 약화시킨다고 본다. 이주자를 피착취 계급으로 인식하고, 선진국의 경기가 침체되면 귀국해야 하는 주변인으로 인식한다. 하지만 독일에서 경험하였듯이 초청이주자의 상당수는 정착을 선택하였고, 이주는 선진국과 개도국 간 자본축적의 관계로만 설명할 수 없는 복잡한 현상이 존재한다는 점에서 이들 이론의 한계가 드러나게 되었다.

3) 이주(자) 네트워크 관점

사회적 활동을 하는 사람들이 사회적 네트워크를 갖듯이 이주자도 가족, 친척, 친구, 동료, 고향의 지인 등으로 구성된 네트워크를 갖는다. 사회적 네트워크는 단순한 연결이 아니라, 공통의 관심사, 경제 활동, 정치적 견해, 문화 활동과 관련한 사회 구조를 형성하는 토대이다(Bartram, *et al.*, 2014). 이주(자) 네트워크 이론은 이주가 발생하는 요인을 송출국가와 정착국가 사이의 역사적, 경제적 및 정치적 관계, 그리고 그러한 관계에 의한 네트워크로 인식하면서, 이주자의 사회적 관계를 통하여 이주의 발생학적 특성을 이해하고자 한다(Massey *et al.*, 1987). 즉, 네트워크는 서로 다른 공간에 위치한 이주자를 관계적으로 연결시키면서 이주 및 연쇄이주를 발생시키는 핵심 요소로 인식된다.

이주자 네트워크 관점은 이주를 이해함에 있어 과거의 역사적 경로를 강조한다. 예를 들어, 알제리인이 프랑스에 많이 거주하는 것은 프랑스가 알제리를 식민지배한 것과 연관이 있으며, 카리브 해 지역 중에서 자메이카 사람들은 영국으로, 마르티니크 사람들은 프랑스로, 수리남 사람들은 네덜란드로 이주하는 것도 과거 식민 지배의 역사와 깊은 관련이 있다는 것이다(한국이민학회 역, 2013). 이주는 이주를 둘러싼 네트워크의 구조와 이주자의 행위주체성이 상호 연관되면서 만든 결과물이란 것이 이주(자) 네트워크 이론에서 강조하는 핵심이다.

이주는 세계시장과 같은 거시적 요소와 개인의 사회적 관계와 같은 미시적 요소가 동시적으로 작용하면서 발생하며, 국가의 이민 정책도 이주에 큰 영향을 미치는 요소로 인식된다. 예를 들어, 독일의 초청이주자에 대한 가족재결합 정책은 배우자와 자녀의 독일로의 이주에 큰 영향을 미쳤고, 한국 농촌 총각의 결혼 문제를 해결하기 위해 도입된 결혼이주 정책은 결혼 에이전트, 종교 기관, NGO 등 다양한 채널에 의한 국제결혼의 증가를 가져왔다(이용균, 2007).

이처럼 이주는 연쇄이주chain migration의 형태로 발생하는데, 맥도날드와 맥도날드MacDonald and MacDonald(1964)는 20세기 초 남부 유럽에서 미국으로의 대량 이주를 설명하면서 연쇄이주라는 용어를 처음으로 사용하였다. 연쇄이주의 관점에 따르면, 이주자들이 형성하는 사회적 관계가 국제이주를 촉진한다는 것으로, 송출지역과 정착지역 사이의 정치적, 문화적, 경제적 관계가 이주를 추동시키는 핵심이라는 것이다(Massey, *et al.*, 1987). 이주자의 사회적 관계는 사회적 자본으로 작동하는데, 이를 통하여 가족, 친척, 향우회와 같은 강한 연대(유대)가 형성 및 유지될뿐만 아니라, 공식 및 비공식 부문에서 행위자 네트워크가 구성된다고 본다(이영민 외 공역, 2013; Krissman, 2005).

최근 이주의 여성화가 많은 관심을 받고 있는데, 젠더는 이주를 결정하는데도 큰 영향을 미치지만, 정착 과정에도 큰 영향을 미치는 것으로 밝혀지고 있다(Pessar and Mahler, 2003). 젠더 연구는 특히 모빌리티mobility에 대한 여성의 불평등한 관계, 송출국가와 정착국가 사회에서 젠더 역할의 차이를 주요 이슈로 다룬다. 이런 맥락에서 선진국의 가사노동 이주자의 증가를 선진국 내 사회적 돌봄 서비스의 축소, 인구의 고령화, 맞벌이 부부의 증가와 가사노동의 시간 부족, 주택의 대형화, 가난한 국가 출신의 가정부를 고용함으로써 느끼는 감정적 우월감 등과 관련하여 설명한다. 한편, 송출국가에서 여성의 가사 노동 이주는 경제 침체와 가부장적 사회시스템을 중심으로 설명되며, 가사 노동과 이주 브로커 및 송금 대행사의 관계에 주목하고, 또한 송출국가에서 가사 노동을 부추기는 감정담론에 주목하면서 여성의 불균등한 사회 시스템을 비판적으로 접근한다(허라금 역, 2011).

이처럼 이주(자)를 둘러싼 네트워크는 국경을 넘고, 직업을 구하고, 거주지를 선택하고, 가족 및 친구와 연결되고, 이들의 이주를 독려하고, 정착지에서 종족 경제에 편입되고, 주류 사회와의 교류를 시작하는 등 이주의 발생과 정주에 큰 영향을 미치는 요소이다. 이주는 경제적 효과를 비롯한 많은 긍정적 기회를 제공하지만, 또한 이주는 매우 위험스럽고 불안정한 선택을 의미하기도 한다. 이런 점에서 이주가 실천되기 위해서 네트워크는 사회적 자본으로 작동해야 한다(Bartram, *et al.*, 2014). 이 관점의 연구자들이 주목하는 것이 바로 이주를 둘러싼 네트워크의 특성과 이주의 실천과의 관계라 할 수 있다. 하지만 이 이론은 이주의 발생을 국가, 자본 축적 또는 권력과 같은 거시적 측면보다 개인 및 집단 수준의 네트워크에 의존하여 설명한다는 점에서 한계를 보이기도 한다.

4) 초국가적 이론[1]

국경을 가로지르는 국가 간의 이주를 '국제이주international migration'라 하지 않고, 초국가적 이주transnational migration라고 하는 것은 그만한 이유가 있을 것이다. 왜 초국가적 이주는 국제 간 이주 연구를 지칭하는 하나의 용어를 넘어, 이주연구의 패러다임으로 인식되었는지를 밝히는 것은 의미가 있다. 초국가주의는 전통적 이주연구에서 간과한 이주자의 송출지역과 정착지역의 연결을 강조한다는 점에서 학계의 주목을 받았다.

초국가적이란 용어를 이해하기 위해서는 우선 '국경을 가로지르는 이주'가 무엇인지 고민할 필요가 있다. 국가적national 경계를 가로지르기 때문에 초국가적transnational이란 용어가 사용된 것으로 알려지고 있는데(이영민 외 공역, 2013), 1970년대부터 세계적 차원에서 전개되는 금융, 정보, 재화, 사람의 이동을 의미할 때 초국가적 이란 용어가 사용되었고(이용일, 2009), 1990년대 초반부터 국경을 가로지르는 이주를 설명할 때 초국가적 이주라는 용어가 본격적으로 사용되었다(Basch, *et al.*, 1994; Schiller *et al.*, 1992).

초국가주의transnationalism는 국가의 경계를 가로지르는 사회적 관계를 집합적으로 부르는 것으로, 이주자에 의한 상품, 문화, 정보, 서비스

[1] 이 내용은 이용균(2013), "초국가적 이주 연구의 발전과 한계"(한국도시지리학회지)의 38-39쪽의 내용을 발췌한 것임

의 연결과 상호 작용이 국경을 초월하여 발생되고 유지되는 현상을 의미한다(Vertovec, 2009). 이주자의 사회적 네트워크를 강조한다는 점에서 '이주자 네트워크 이론'과 유사한 점이 많으나, 이주자들의 초국가적 연결이 갖는 의미, 맥락, 과정에 보다 초점을 둔다는 점에서 차이를 보인다. 초기 초국가주의 연구는 이주자의 사회적 네트워크를 강조하면서 이주자의 정착 사회로의 적응에 주목하는 탈영역화deterritorialization'를 강조하였으나, 최근에는 이주자가 출신 지역의 문화를 정착 사회에 이식하면서 초국가적 로컬-로컬의 연대가 형성되는 재영역화reterritorialization 및 트랜스로컬리티translocality에 주목한다(남영호 외 역, 2010). 트랜스로컬리티는 아파두라이Appadurai(1996)가 제시한 주장을 토대로 형성된 개념으로, 이주자에 의한 로컬들 간의 연결성에 의해 창조되는 일종의 관계적 공간이다. 트랜스로컬리티는 송출지역의 로컬리티가 정작지역에 착근되는 과정으로, 국경을 초월한 로컬과 로컬이 연결되는 사회적 관계의 특별한 접합을 의미한다(이영민 외, 2012).

정착국가에 살면서도 출신국가의 가족, 전통, 제도, 문화와 긴밀한 관계를 형성 및 유지하는 이주자를 트랜스이주자trans-migrants라 하는데(이영민 외, 2012), 트랜스이주자에 의해 만들어지는 공간을 초국가적 공간transnational space이라 할 수 있다. 초국가적 공간은 이곳과 저곳을 가로지르는 이주자 종족 집단의 연결, 활동 및 결속이 초국가적 네트워크로서 나타나는 공간이다(Jackson, *et al.*, 2003).

하지만, 이주자의 초국가적 관계가 역사적으로 처음 나타난 현상은 아닌데(Waldinger and Fitzgerald, 2004), 산업사회로의 전환 시기에 미국으로 이주한 유럽인들은 초국가적 삶을 살았고, 1900-1906년 사이 미국으로 이주한 사람이 자신들의 고향인 이탈리아, 러시아, 오스트리아-헝가리로 보낸 송금액이 무려 9,000만 달러에 이른다는 점에서 초국가적 관계의 역사가 오래된 것임을 알 수 있다(Wyman, 1993). 이와 함께, 모빌리티를 갖고 있다고 판단되는 이주자의 숫자는 많지 않은 것으로 예상될 뿐만 아니라, 실제 정기적으로 출신 국가와의 정치적, 경제적 활동을 유지하는 이주자는 많지 않다는 연구 결과가 나오기도 하였다(Portes, 2003).

그럼에도 불구하고, 초국가적 이주는 왜 사회적 관심을 받고 있으며, 이주 연구의 패러다임으로 군림하고 있는가? 레비트와 자월스키Levitt and Jaworsky(2007)의 설명에 의하면, 1990년대 이래 이주자는 멜팅팟melting pot이나 샐러드 보울salad bowl과 같이 동화 또는 다문화 중 어느 한 가지 과정만 거치는 것이 아니라, 정착사회의 정치와 문화를 수용하면서도 국경을 가로질러 종족과의 연결을 유지하기에, 정착 국가의 틀 속에서 이주를 이해하는 것은 문제가 있다는 것이다. 이주자의 초국가적 삶은 세계 곳곳에서 보편적으로 경험되고 있으며, 이제 초국가적 활동은 세계 곳곳에서 직면하게 되는 일상이라 간주된다(이현욱 외, 2014; Yeoh, *et al.*, 2003).

한편, 초국가주의는 글로벌화처럼 국가의 역할을 간과하지 않는다. 초국가주의 연구자들은 이주를 둘러싼 담론과 정부 정책이 주류 사회의 이익을 대변하는 경향이 있음을 지적한다(이영민 외 공역, 2013). 하지만, 초국가적 이주연구는 이주자의 초국가적 연결을 강조하면서 이주자가 정착한 로컬의 변화를 간과한다는 비판에 직면하기도 한다. 최근 초국가주의 이주연구는 이주자의 사회적 관계에서 로컬의 중요성을 받아들이고, 이주자의 정착사회로의 동화와 출신사회로의 초국가적 연결을 동시적이고 상호 보완적인 관계로 인식한다.

3. 이주와 장소

1) 장소 렌즈

장소place(場所)는 일이나 사건이 일어나는 곳으로, 곧 인간의 일상이 전개되는 곳이나 위치와 관련된 것이다(이용균, 2016). 장소의 의미는 단순하면서도 복잡한데, 왜냐하면 장소들 간의 관계에 의해 의미가 생성될뿐만 아니라 장소 간 경합을 통해 그 의미가 변화하기 때문이다. 장소란 지구상의 '어떤 곳site'을, 그곳이 어디에 '위치location'하고 있으며, '다른 장소들과 어떤 관계locale'가 있는지를 동시적으로 의미하는 용어이다(Agnew, 1987). 우리가 흔히 '집 같은 곳은 없다'할 때 '집'이 바로 장소이며, 내 고향은 남쪽의 광주라 할 때 '광주'가 위치로서의 장소의 개념이며, '광주는 서울보다 작아'라고 이야기할 때, 관계로서 광주가 소개되는 것이다.

이처럼 장소란 일상에서 흔히 사용되면서도 다양한 의미와 관계를 담고 있는데, 이주 연구에서 장소가 중요한 이유는 이주가 장소를 토대로 발생하며, 장소를 변화시키는 가장 중요한 요소 중의 하나이기 때문이다. 로마 시대의 도시, 지리상의 발견 시대의 식민지 건설, 산업사회의 도시는 모두 이주(자)에 의해 장소의 의미가 부여된 사례이다. 이런 점에서 장소의 관점에서 이주를 바라보는 것은 '이주와 공간'의 역동적 관계를 이해하는 토대를 제공한다.

투안Tuan(1977)은 장소를 의미가 부여된 의미의 공간으로 인식한 바 있다. 장소는 세상의 축소판으로 우리가 세계를 이해하는 것 자체는 장소와 밀접히 관련된다. 인간주의자들은 인간의 경험을 바탕으로 장소를 이해하고, 장소에 대한 이해를 통해 세계를 이해하고자 하였다. 장소를 이해함에 있어 인간의 경험이란 주관적 요소가 중요하다는 것이다. 이는 우리가 흔히 장소감sense of place라 부르는 것으로, 한 경관이 주는 의미적 해석이 장소의 정체성인 것이다. 하지만 이러한 시각은 다른 측면에서 바라볼 때 문제를 갖기도 하는데, 예를 들어 한 장소의 의미로 구성되는 장소감이 어떤 것이라고 이야기할 때, 장소감은 시대, 상황 및 사람에 따라 달라지는데, 장소감을 '이런 것'이라고 규정할 수 있는지가 의문으로 남는다. 이주자의 유입에 의해 장소의 특성은 바뀔 수 있으며, 인구 유출이 심해질 경우 장소의 특성이 바뀔 것이다. 무엇보다 주관적으로 구성되는 어떤 장소감을 모든 사람이 공유하는 느낌, 정서, 분위기라고 할 수 있는지는 의문스럽다.

이를 고민하면서 매시Massey(2005)는 다른 장소와 연결된 공간으로서 장소를 이해하고자 하였다. 장소는 모든 공간들의 활동을 관계적으로 연결한다. 인간의 사회적 활동은 장소에서 일어나고, 우리는 직접 장소를 방문하거나 매개물(인터넷, 편지, 전화 등)을 통해 장소와 연결되면서 사회적 관계를 구성한다. 이주자는 거주지라는 물리적 장소에서 살아가지만, 이주자의 사회적 관계는 전 세계의 여러 장소들과 상호 연결되어 있다. 이주자의 장소란 실제 거주하는 물리적 장소만이 아니라, 여러 장소들이 서로 연결되어 하나의 장소처럼 작동하는 일종의 '사회적 장social field'을 형성한다(Lazăr, 2011). 교통과 통신이 발달하면서 이주자의 모빌리티가 증가하였다(이용균, 2015c). 1980년대 이후 다문화주의가 확대되면서 이주자의 초국가적 연결은 더욱 강조되었고, 국가적 차원에서 자국민에 대한 디아스포라 정책이 추진되어 국경을 초월한 로컬 간 연결이 확대되었다. 이처럼 이주자의 사회적 관계를 장소의 관점에서 바라보는 것이 바로 '장소 렌즈'의 관점이다(Gielis, 2009).

인간의 사회적 활동은 장소에서 일어나므로, 각각의 사회적 네트워크는 자체에 장소나 공간의 특성을 담고 있다. 예를 들어, 독일로 이주한 터키의 이주자는 도르트문트의 한 로컬 축구장에서 다른 이주자들과 어울려 주말에 축구를 한다. 물리적 장소는 독일의 도르트문트의 한 로컬이지만, 이들은 터키 이주자라는 유대를 통해 교류를 갖고, 축구가 끝나면 터키의 식당에 모여 터키의 정치 현안에 대해 이야기하고, 다음 달 터키인의 날 행사에 터키의 유명 인사를 초대하는 것을 의논한다. 이처럼 이주자의 장소란 어떤 곳(축구장, 식당), 위치(독일, 도르트문트), 장소의 관계(터키 이주자의 모임, 터키의 정치 현안과 유명 인사 초대)를 동시적으로 반영하는 것임에 주목해야 한다.

장소는 사회적 의미로 가득 차 있고, 장소는 사회 생활의 영역이자 사회적 관계가 만든 산물이다. 장소는 사회적 구성이며, 장소의 정체성 즉, 장소의 특성이란 다양한 사회적 관계들의 교차와 상호작용에 의해 구성되는 '어떤 것'이다. 로컬의 '어떤 것'이란 전 세계의 다른 로컬들과의 관계에 의해 구성되고 재구성되는 생성의 한 단면에 해당한다. 장소는 그 장소만이 갖는 고유성uniqueness를 갖는 것이 아니라 장소만의 개별성individuality을 가지며, 장소의 개별성이란 한 장소가 스스로 또는 자체의 역학적 힘에 의해서 구성되는 것이 아니라 다른 장소와의 관계에 의해 구성되는 것이다. 이주자는 한 장소에 정착하면서 다른 장소와의 연결과 관계(지역, 국가 및 세계 스케일)를 통해 장소의 특성을 생성한다(장소의 관계적 접근에 대한 상세한 내용은 6장 참조).

2) 이주자의 장소 만들기

대부분의 이주자들은 종족의 거주 지역을 형성하면서 정착 사회에 적응한다. 종족(민족) 중심의 사회적 관계는 이주자의 생활공간을 주류 사회와 분리된 장소에 집중시키는 결과를 가져온다(Mitchell, 2000). 흔히 게토ghetto나 엔클레이브enclave로 알려진 이주자의 거주지 형성은 주류 사회에 의한 차별의 결과이다. 게토는 주류 사회로부터 핍박과 차별에 의해 강제적으로 격리 당한 결과로 만들어지는데 반해, 엔클레이브는 자발적으로 특정 지역에 종족 경제가 집중되면서 나타난다. 하지만, 엔클레이브도 주류 사회로 쉽게 진입하지 못한 이주자의 집중에 의한 것이란 점에서 자발적이긴 하지만 차별에 의한 격리 현상이다.

이주자는 종족 경제에 포함되면서, 한편으로는 타지에서 생존을 꾀하고 다른 한편으로 삶의 가치를 (재)충전하는 계기를 갖는다. 종족 경제는 개인보다 공동체의 사회적 관계와 유대를 강조한다. 공동체 일원으로서 지켜야하는 규칙이 수익보다 우선시되는 특징을 보이기도 한다. 지속적 거래를 위해 종족 경제 구성원에 대한 존중이 그곳에 존재할 수 있는 필수사항이 되는 것이다. 이러한 구성원 간 신뢰의 유지는 종족 사회를 유지하고 이를 통한 경제적 효과를 발휘하는데 매우 중요한 요소로 작용한다.

초기 이주자 집단은 종족 공동체를 형성하면서 정착 사회로의 적응을 시도하고, 후발 이주자 집단은 초기 이주자 집단의 지식, 기억 및 경험을 전수받으면서 종족 경제를 견고하게 발전시킨다(Mitchell, 2000). 신규 이주자는 종족 공동체에 참여함으로써 다양한 경제적, 사회적, 문화적 이익을 얻게 된다. 동일 집단과의 자기 동일시를 통한 만족을 추구하게 되고, 주류 사회의 차별에 맞서 자신들의 소속감과 정체성을 유지하는데 매우 중요한 역할을 한다(이영민 외, 2012).

이주자는 종족 경제에 편입되면서 자신들의 장소를 만들어간다. 지배 집단의 차별이 강할수록 특정 장소에서 종족의 문화가 두드러지게 나타나는 경향이 있다. 이러한 이주자의 종족 경관의 조성은 주류 사회 입장에서는 이주자에 의한 장소 점유로 인식될 수 있는데, 이는 결과적으로 지배 집단이 역사적으로 형성해 놓은 장소의 흔적을 변형시킨다는 점에서 주류 사회와의 갈등을 야기하고, 이주자가 밀집된 공간은 타자의 공간으로 관념화되곤 한다(Anderson, 2010). 비록 타자의 공간이자 주목받지 못한 공간이지만, 하나의 종족 공동체는 다른 종족 공동체들과 연결되는 결절node로서 작용한다. 시간이 지나면서 이주자의 공간은 종족의 정체성을 반영한 경관을 창출하고, 이는 장소의 의미와 정체성의 변화에 큰 영향을 미친다.

이처럼 이주자는 지배 집단과의 갈등 속에 장소를 점유하고 자신들의 장소를 만들어간다(이주자의 장소 점유에 대한 상세 내용은 9장 참조). 시간이 지나면서 이주자의 공간은 주류 문화를 포함한 다수 종족의 문화가 혼종되는 새로운 복합 공간으로 변모한다. 대도시에서 흔히 볼 수 있는 이주자의 경관은 사실 출신 지역의 문화를 담고 있으나, 주류 사회의 문화와 다른 종족의 문화가 혼종된 일종의 변형된 것으로서의 트랜스로컬리티translocality를 형성한다. 이런 맥락에서 이주자의 공간은 단순히 거주와 일상의 장소가 아니라, 트랜스로컬리티를 형성하면서 원래의 로컬리티를 변화시키는 관계적 공간으로 작용한다(이영민, 2013; Watters, 2011).

제2장 이동, 관계, 주변화

1. 이동[2]

1) 모빌리티

이주는 이출 지역과 이입 지역을 서로 연결하면서 글로벌 스케일에서 로컬-로컬의 연결을 강화한다. 이주에 의한 로컬(들)의 연결은 새로운 형태의 글로벌화를 구성한다. 이주는 모빌리티의 특성을 통해 거대한 글로벌 시스템을 구성하는 핵심 요소가 된다. 모빌리티mobility란 관계를 만드는 구성 요소들의 이동을 의미한다. 하지만 모빌리티는 고정된 공간을 잠재적으로 연결시키는 부동적 요소를 포함하며, 이동에 의한 어떤 결과를 고정된 또는 정형화된 것으로 인식하지 않고 새로운 변화와 이동을 위한 하나의 과정으로 인식한다.

모빌리티를 이해하기 위해 움직임, 즉 이동에 대한 이해가 필수적이다. 우주의 움직임 속에, 고정된 사물은 존재하지 않는다. 정지된 것처

[2] 이 내용은 이용균(2016), "관계적 공간과 이동성", 이영민 외, 낯선 곳에 사는 사람들: 한국의 이주자와 한인디아스포라, 책과세계, pp.21-36의 일부를 발췌 및 수정한 것임

럼 보이는 것도 사실은 움직이는 과정 중에 있다. 시간과 공간은 이동 중인데, 이동에 의해 시간은 순간이 되고, 공간은 거리와 간격spacing이 된다(강현수·이희상, 2013). 모빌리티는 이동의 모습과 형태를 강조하는 것보다 이동에 내재한 의미를 해석하는데 더 많은 관심을 둔다. 왜냐하면, 어떤 이동이 발생할 때 이것은 자동적으로 발생하는 것이 아니라 다른 것과의 관계에 의해 발생하며(김수정·이영민, 2015), 이동에는 반드시 의미가 담겨 있기 때문이다(Cresswell, 2010). 모빌리티 관점에 의하면, 이주란 인간의 다양한 사회적 관계가 하나의 시스템으로 작동하면서 나타난 사건들의 집합이라 할 수 있다.

세상의 모든 관계와 일은 모빌리티에 의존한다. 학교나 직장을 가기 위해 이동이 필요하며, 공부와 일을 위한 자료들은 이동의 결과물이며, 지식과 정보는 인터넷을 비롯한 다양한 매개물을 통해 이동된다. 도시나 농촌의 구조 자체가 이동을 위한 공간으로 설계되었다는 점도 모빌리티의 중요성을 반영하는 것이다. 심지어 고정된 것도 사실은 이동을 위한 것인데, 공항은 비행기의 이륙과 착륙, 승객과 화물의 이동을 위한 시설이다. 공항은 전 세계를 연결하는 주요 통로이다. 사람과 재화의 이동과 함께, 문화의 전파가 이루어지는 출구가 바로 공항이다. 이런 점에서 고정된 시설로서 공항은 이동을 위한 수단이며, 다른 장소와의 연결을 구성하는 매개체이다.

이처럼 모빌리티 관점에서 이주를 바라본다면, 이주를 변하지 않는 현상으로 인식하거나, 이주와 관련된 법과 제도를 고정된 것으로 이해하거나, 또는 획일적 질서가 작동하는 하나의 제도로 이주를 인식하는 것은 문제가 있다. 이주는 하나의 사건이자 현상으로 권력을 작동시키고, 장소의 정치에 개입하면서 로컬의 변화를 주도하는 행위주체이다.

예를 들어, 이주자의 문화가 담긴 건물(경관)들은 단순히 건물이 아니라, 종족의 문화적 이미지를 떠올리게 하고, 종족 공동체로 하여금 문화적 정체성을 지속하도록 자극하고, 경우에 따라 로컬의 이미지까지 변화시키는 잠재력을 갖는다.

모빌리티는 복잡한 관계들의 구성에 의해 만들어진다. 이는 복잡성 사고complexity thought를 통해 이해될 수 있는데, 복잡성 사고는 인간의 통제 이면에 놓여 있는 복잡하고 우연적인 힘(또는 요소)에 의해 사건이나 현상을 이해하는 것이다(Sheller, 2011). 복잡성 사고에 따르면, 이주는 우연적이고 복잡하고 서로 얽혀 있는 다양한 사건, 행동, 작용의 세계로 구성되는 네트워크라 할 수 있다. 하나의 구조(또는 구성)이자 여러 개의 구조를 갖고서, 여러 사건과 현상이 서로 연결되어 구성되는 시스템이 바로 복잡성이다. 이주는 이런 복잡성 시스템의 일부이기도 하며, 또한 복잡성 시스템을 구성하는 실체가 되기도 한다.

이주는 우리가 위치한 장소를 다양한 공간과 장소로 연결시킨다. 나와 다수의 사람들이 서로 다른 시간과 공간에서 조우하는 것이 바로 이주에 의한 연결성인 것이다. 이런 점에서 이주는 다중적 관계라는 맥락에서 이해되어야 한다. 이동은 장소를 옮기는 나 혼자만의 관계에 의한 것이 아니라, 다른 곳에 위치한 사람 및 사물과의 관계에 의존한다. 이동한다는 것은 그곳에 가야하는 이유가 있거나, 어디론가 떠나고 싶은 욕망이 개입한 것일 수 있다. 중요한 것은 그곳이 있고, 그곳에 많은 사물이 직·간접적으로 나와 연결되기에 이주한다는 것이다. 이주는 이동을 통해 살아가던 장소를 바꾸는 실천이다. 이주는 타인의 삶 속으로 이동하면서 새로운 '관계'에 연루되는, 이주자의 소속과 기억을 재구성하는 '실천'인 것이다(모빌리티에 대한 상세한 내용은 4장 참조).

2) 경계, 경계 짓기/넘기

경계는 흔히 '영역으로 구분되는 것'을 의미한다. 표준국어대사전에 의하면, 경계boundary(境界)란 '사물이 어떠한 기준에 의하여 나누어지는 한계', '지역이 구분되는 한계'로 정의된다. 경계란 하나를 다른 것과 구분하는 것으로, 특히 공유되는 정체성을 갖는 집단을 구분하는 기준이다(Newman, 2009). 국경border이란 인접한 국가들 사이의 물리적 경계이자 문화적 경계를 나타내기도 한다.

경계는 다양한 공간적 및 사회적 스케일에서 사람들을 구분하는 것으로, 경계를 통해 포함과 배제가 결정되곤 한다. 경계는 실체(영역)들을 서로 구분하고, 각각의 실체(영역)들이 독특한 특성, 즉 차이로서 구분되도록 한다(Newman, 2009). 장소는 구성원의 기억에 의해 그 의미가 구성되며, 경계는 장소의 차이, 곧 문화의 차이를 통한 포함과 배제를 결정한다는 점에서, 장소의 정체성은 경계에 의존적이다.

이처럼 개인, 집단 및 국가의 정체성은 일정한 영역적 경계를 통해 구분되는 경향이 있다(이영민·이종희 공역, 2013). 집에서 내가 거처하는 방은 다른 방과 영역적으로 구분되고 방의 물건들은 방의 주인이 누구인지를 보여준다. 대학의 교수 연구실은 대학 내 다른 공간과 구분되는 영역적 구분을 가지며, 다른 공간과의 관계에 의해 교수 연구실은 교육 및 연구 관련 활동의 공간이란 의미가 부여된다. 이렇듯 한 장소의 경계(예: 교수연구실)는 다른 장소와 구분되는 특성을 가지며, 이러한 구분은 그곳만의 장소적 특성 즉, 장소 정체성을 부여한다.

경계는 지형과 같은 가시적인 자연적 특성에 의해 구분된다고 인식되기 쉬우나, 사실은 관계적 특성에 의해 경계가 설정된다(Newman,

2009). 아프리카 국가의 경계는 식민지배 과정에서 유럽인들의 권력 관계에 의해 인위적으로 설정되었고, 도시의 경계는 정치인, 행정가, 계획가 등에 의해 농촌과의 구분을 위해 설정된 것이다. 장소는 예전부터 외부 장소와 상호작용을 해왔고, 최근 국경을 초월한 이주, 무역, 협약 등이 흔하게 이루어지고 있다. 모든 장소가 상호 연결되어 있고, 경계 자체가 장소의 정체성을 구성하는 것만은 아니란 점에 주목한다면, 영역적 구분으로서 경계의 의미는 새롭게 해석될 필요가 있다.

디아스포라와 초국가적 이주는 국경을 횡단하는 경제, 사회, 문화 활동이 보편적 현상으로 작동하도록 하고 있다(이채문·이현철, 2014). 이주자의 사회적 및 경제적 삶이 더 이상 국가라는 경계에 제한되지 않게 되었다. 이처럼 장소들 간 관계가 확대되고, 장소의 정체성이 경계와 동일하지 않다는 점에서 장소와 경계는 동일선상에서 이해될 수 없다는 주장이 제기되었다(김지혜 역, 2014). 행정구역은 수시로 변화할 수 있으며, 종족의 문화권이 국경을 단위로 엄밀하게 구분되는 것도 아니다. 쿠르드 족은 여러 국가에 걸쳐 존재하지만, 자신들의 문화적 정체성을 유지하고 있다.

하지만 관계가 강조되는 현 시대에도 경계는 여러 측면에서 여전히 중요하고, 그 실체가 존재한다. 경계는 한 국가의 권력이 미치는 범위를 규정하고, 공공서비스가 제공되는 한계를 의미하며, 세금이 징수되는 토대가 된다. 우리와 같은 문화를 공유하는 중국 조선족은 우리와 동일한 문화권에 포함될 수 있으나, 사회복지의 혜택이 제공되고 세금이 징수되는 범위에 포함되지 않는다. 국경이 하나의 실체로서 권력을 갖는 사례는 이주에서 쉽게 찾을 수 있다. 모든 이주자는 출입국의 통제를 받게 되며, 체류 자격과 기준이 국가에 의해 통제된다. 특히 시민권은 국가라는 권력이 영역을 기반으로 작동되고 있음을 보여주는 대표적 사례이다. 안보의 측면에서 경계는 여전히 중요한 면을 지니고 있다. 또한, 경계는 교육, 의료, 보건, 교통 등과 같은 공공서비스의 제공에서 중요한 역할을 한다. 행정 경계를 벗어나는 순간 종전과는 다른 서비스의 공급과 규제가 따른다는 것은 익히 알려진 사실이다. 경계를 따라 획정되는 높은 세금을 피하기 위한 조세도피처는 전 세계의 주목을 받은 바 있다. 이처럼 경계는 권력 관계가 형성되고 작동되는 토대가 된다는 점에 주목할 필요가 있다.

그렇다면 관계와 경계는 어떻게 이해되어야 하는가? 관계가 강조되는 시대에 경계가 존재하지 않거나 의미 없다는 것이 아니라, 관계가 복잡해지면서 경계의 역할이 변화하고 있는 것으로 이해할 수 있겠다. 경계가 한 장소(공간)를 다른 장소와 구분시키면서 독립적이고 닫힌 공간을 부여한다고 인식하는 것은 바람직하지 않으며, 관계의 개방적이고 변화무쌍한 특성으로써 경계가 이해되어야 할 것이다. 경계는 사회적, 정치적 관계의 결과로 한 장소를 다른 장소와 구분하는 단순한 영역 구획이 아니라, 장소의 차이가 관계적으로 만들어지는 생성becoming의 과정이다. 세계화 과정이 장소마다 다르게 작동하는 것은 바로 장소의 차이 때문이며, 이때의 경계란 지리적 영역의 구분이 아니라 하나의 장소 정체성이 영향 미치는 범위라 할 수 있다. 이런 점에서 경계란 명확한 지리적 구분이 아니라 관계에 의한 인위적 또는 일시적 구분인 셈이다.

사회적 경계에는 안/밖, 중심/주변, 우리/그들, 여성/남성, 의식/무의식, 주체/타자, 육체/정신 등과 같은 구분이 있다. 지리적 경계와 다르게 사회적 경계는 쉽게 바뀔 수 있는 특징을 보인다. 교수와 학생의 관계는 주체와 타자의 관계일 수도 있으나, 상황에 따라 학부모와 교사의 위치로 바뀔 수 있다. 또한, 사회적 경계는 이분법적 구분이기에 많은 비판에 직면하고 있다. 엄밀하게 안과 밖이 구분되지 않고, 중심과 주변의 경계가 뚜렷하지 않고, 육체와 정신이 뚜렷이 구분되지 않으며, 또한 구분할 필요가 있는지도 의문이다.

경계 내부에서 동질적 문화가 작동하고, 동질적 가치관이 작동하는 과정에서 경계 짓기가 나타난다(최현덕, 2009). 경계 짓기란 구분을 위한 차이이지만, 이것은 언제든 차별이 될 수 있다. 지역이란 영역을 단위로 동일한 문화가 존재한다는 견해는 환상에 불과할 수 있다. 경계는 지속적으로 그어지고 변경되며, 경계에 의해 어떤 대립과 비교가 가능한 것은 아니다. 이런 점에서 열린 공간으로 경계를 인식함과 동시에, 경계로 구분되는 영역의 특성도 함께 고려해야 할 것이다. 우리는 어떻게 지리적 경계에 의해 그리고 지리적 경계를 초월하여 사회 현상을 설명할 수 있을까?

경계 짓기와 경계 넘기는 서로 다른 것이라기보다 보는 관점의 차이라 할 수 있다. 이주자의 초국가적 네트워크는 국경의 의미를 무색하게 하지만, 이주자가 공항을 통과할 때 국적은 여전히 개인 삶을 규정하는 기준이다. 다문화, 혼종화, 이동성의 사회에서 종족을 구분하는 것은 무의미할 수 있으나, 국가 없는 쿠르드 족은 국가 건설을 염원하며, 종족주의에 의한 전쟁은 전 세계 곳곳에서 발생하고 있다. 해외에 거주하는 같은 인도인이지만 모두가 인도로부터 이중국적을 부여받은 것은 아니다. 이런 맥락에서 경계 짓기와 경계 넘기는 서로 구분되는 것이 아니라 동시적으로 구성되는 것이며, 보는 관점에 따라 경계 짓기와 경계 넘기가 구분되는 것으로 이해하는 것이 타당할 것 같다.

3) 모빌리티와 귀환이주

모빌리티의 증가는 귀환이주를 자극하는 계기가 되었다. 귀환이주란 이주자가 본국으로 돌아오는 회귀성의 이주를 의미하는 것으로, 앞에서 살펴보았듯이 귀환이란 이주의 끝이 아니라 또 다른 이주가 태동하는 조건이나 배경이 될 수 있다. 귀환자는 단순히 본국에 재(再)소속되는 대상이 아니라 글로벌 이주를 하나의 순환 시스템으로 작동시키는 주체라는 점에 주목할 필요가 있다(Biao, 2013). 이주자의 귀국은 새로운 문화를 유입시키는데 영향을 미치고, 또 다른 이주자의 이출을 자극하기도 하고, 귀환자 스스로 새로운 이주의 대열에 합류하기도 한다. 이런 점에서 귀환이주는 이주의 끝이 아니라, 새로운 이주를 작동시키는 글로벌 이주 시스템의 핵심이라 할 수 있다.

2002~2009년 사이 파키스탄과 이란으로부터 아프가니스탄으로 귀환한 인구는 약 5백만 명에 이르는데, 이들은 대부분 난민 상태로 타국의 난민 캠프에 체류하던 사람들이었다(Biao, 2013). 2003~2007년 사이에 동부 유럽에서 서부 유럽으로 이동한 사람은 약 220만 명에 이른다(Smoliner *et al*., 2013). OECD(2008)에 의하면, 이주노동자의 20-50%는 5년 이내에 본국으로 귀환하는 것으로 조사되었다.

이주자의 귀환은 떠난 곳과 돌아온 곳에 많은 영향을 미친다. 왜냐하면, 귀환이주는 개인에 의한 결정보다 가족의 결정에 따른다는 점, 그리고 귀환의 이야기가 전 세계 디아스포라의 네트워크를 통해 소개되기 때문이다(Lang and Nadler, 2015). 하지만, 많은 국가들은 귀국하는 내국인에 대한 자료를 조사하지 않기 때문에 귀환이주자를 정확히 추정하기 힘들다(Lang and Nadler, 2015). 귀환이주의 과정은 복잡한데, 일반적으로 귀환이주는 정착 사회로의 통합 정도와 출신사회로의 연대 정도에 영향을 많이 받는다고 전해진다(Anniste and Tammaru, 2014). 송출국가에서 소수 종족이었던 사람일수록 송출국가와의 연대 정도가 낮아지는 것으로 나타난다. 이들은 정착국가의 소득수준에 더 끌리게 된다(Ivlevs, 2013, Anniste and Tammaru, 2014에서 재인용, p.379).

가족 · 친구에 대한 그리움, 향수병, 본국에서의 일자리 개선 등은 귀환이주를 자극하는 주요 요소이다. 귀환자는 소득과 경력의 우위를 바탕으로 본국 사회에 재진입을 시도하기도 하며, 자국의 경제 침체에 따른 실업 상태에 민감한 반응을 보이는 경향이 있다. 어떤 귀환자는 이주한 곳에서의 성과를 보여주기 위해 귀환하고(Piore, 1979), 어떤 귀환자는 경제적 실패에 의해 귀환하기도 한다(Bartram, *et al.*, 2014). 여러 연구를 종합할 때, 귀환을 결정하는 것은 경제적 요인보다 가족, 소외, 향수 등과 같은 비경제적 요인이라고 할 수 있다(King, *et al.*, 2000).

귀환이주는 이주자들이 정착사회에 적응하는 것이 쉽지 않음을 보여주는데, 특히 소수 종족의 이주자가 주류 사회로 포함되는 것은 쉽지 않음을 보여준다. 비록 귀환이주자에 대한 국제적 통계가 많지도 않고 정확하지도 않으나, 현재까지 조사된 연구에 의하면 귀환이주자의 상당수는 사회적 및 경제적으로 성공하지 못한 경우가 많다(Jensen and Pedersen, 2007; Anniste and Tammaru, 2014). 사회에 대한 여러 가지 갈등과 불만이 귀환을 자극한다고 볼 수 있다. 정착 사회에 인적자본을 많이 투자할수록 귀환의 확률이 낮아지는 경향이 있는데, 고급 두뇌의 이주자에 비해 저임금의 이주자일수록 귀환보다 정착을 더 선호하는 것으로 조사되었다(Anniste and Tammaru, 2014; Gundel and Peters, 2008). 특히, 개도국 출신의 전문직 종사자에 비해 단순직 종사자가 선진국으로의 정착을 희망하는 것으로 보인다.

글상자 2.1. 스위스에 거주하는 이탈리아인의 정체성과 귀환 이주

귀환이주는 새로운 환경으로의 통합에서 문제가 적고 모빌리티가 높은 사람들의 전략적 선택일 수 있다는 점에 주목해야 한다(De Hass and Fokkema, 2011). 특히, 이민 2세대의 귀환은 이민 사회에서 종족 정체성에 대한 주류 사회의 차별을 반영한다. 이들은 자신들의 진정한 소속이 어디인지 판단하기 힘든 상황에 직면하기도 한다(King and Christou, 2010). 일반적으로 이민 1세대는 본국과 정착 사회의 정체성을 뚜렷하게 구분하나, 이민 2세의 정체성은 주어진 상황에 따라 다르게 나타난다. 한편으로는 종족 정체성이 강하게 나타나고, 다른 한편으로는 정착 사회의 정체성이 강하게 나타난다. 대다수의 이민 2세가 경험하는 공통된 감정은 주류 사회로부터의 차별이라는 감정이다. 예를 들어, 스위스에 거주하는 이탈리아 이민 2세는 성장 과정에서 스위스인과는 다르다는 점 때문에 차별을 당한 경험이 많다고 한다(Wessendorf, 2010). 이들은 생활양식에서 스위스인과의 차이를 느꼈으며, 부모 세대와의 차이를 느끼는 경우도 많다. 이에 대해 이민 2세는 두 가지의 반응을 보이는데, 스위스인의 무시에도 불구하고 이탈리아의 정체성을 유지하면서도 스위스가 고향이라고 생각하는 한 부류가 있다. 이들의 부모는 자신들을 이탈리아인이라고 말하지만, 이탈리아에서 이민 2세를 스위스인이라고 말하는 것에 충격을 받고, 스위스에서 자신들은 이탈리아인으로 구분되는 것에 충격을 받는다. 그러면서도 자신이 태어난 스위스라는 장소에 대한 애착을 갖는다. 또 다른 부류의 이민 2세는 스스로 이탈리아인임을 의도적으로 드러내면서 기회가 되면 이탈리아로 회귀하려는 생각을 갖는다. 이들은 이탈리아 상품 소비를 선호하고, 스위스의 깨끗하고 질서정연함에 비해 자발적이고 즉흥적인 라틴 예술에 자부심을 갖는다. 이들은 스위스에서 태어났지만, 소속감을 줄 수 있는 장소가 이탈리아라고 인식하고, 일상적 삶에 배어있는 초국가적 삶을 통해 이탈리아에 대한 소속감을 강하게 느낀다.

귀환은 정착 사회에서 이주자의 상처를 치유해주는 수단이 되지 못하는 경우가 많다. 부푼 꿈을 갖고 귀국하지만, 현실은 귀환자에게 또 다른 상처를 제공하기도 한다. 떠났던 동안 고국의 상황은 너무 변해 새롭게 적응해야 하고, 자신들의 문화적 정체성이 구시대의 유물임을 느끼게 되고, 귀환자라는 낙인이 늘 따라다니는 것에 대한 부담감에 시달리는 경우도 있다. 브라질에서 일본으로 귀환한 일계인은 일본 문화를 제대로 모르는 대표적 사례일 것이다(한영혜, 2010). 일본 사회는 일계인을 일본인으로 인식하기보다 일본 혈통의 브라질인으로 인식하는 경향이 있다는 점도 이주연구에서 신중히 다룰 점이다(권숙인, 2010). 이러한 현상은 중국에서 한국으로 귀환한 중국 조선족이 느끼는 공통된 감정일 수 있으며(신현준, 2013), 광주의 고려인마을에서 한국사회로의 적응을 모색하는 고려인의 일상에서 느낄 수 있는 정체성의 감정일 것이다(김경학, 2015; 김재기, 2014). 이처럼 귀환이주자들은 본국의 상황이 너무 많이 변해서 힘들기도 하고, 반대로 너무 변화하지 않아서 적응이 힘들기도 하며, 본국에서 적응이 힘들어 다시 이민 사회로 복귀하는 사례도 심심치 않게 나타난다(Boccagni, 2011).

귀환이주는 영역적으로 고정된 국가의 권력과 초국가적 이동이 상호배타적이면서 동시적으로 작동할 수 있음을 보여주는 좋은 예이다. 귀환이주는 정착 사회에서 이주자의 정체성 정치가 왜 중요한지 반영하며, 본국에서 귀환자를 대하는 차별을 이해할 수 있으며, 무엇보다 모빌리티가 증가하는 사회 속에서 이주가 하나의 순환 시스템으로서 전세계적 수준에서 작동함을 보여준다는 점에서 의의가 있다.

2. 관계

1) 관계적 공간

이주는 관계relations의 산물이다. 관계는 사회를 형성하고 사회를 변화시키는 토대인데, 이주도 사회를 구성하고 사회를 변화시킨다는 점에서 관계적으로 이해할 필요가 있다. 세상의 모든 장소와 공간은 저마다의 의미를 갖는다. 의미가 구성된다는 것은 특정 공간(장소)의 인간·사물의 관계가 다른 공간(장소)과 구분되는 특성 때문이다. 다른 것과의 관계에 의해 구분이 이루어지고, 다름이 구체화된다. 관계적 공간과 장소 연구에서 선구적 역할을 하였던 매시Massey (2005)는 공간(장소)의 의미는 그 자체로 구분하여 설명될 수 없다고 단언한다. 공간이 개방적인 이유는 외부 공간과의 상호작용에 의해 공간의 의미가 구성되기 때문이다. 누군가의 방문을 기다리면서 선험적으로 의미가 부여된 공간은 존재하지 않으며, 또한 펼쳐진 지도의 공간처럼 미리 구성된 공간이란 존재하지 않는다. 공간은 인간과 사물의 관계에 의해 의미가 지속적으로 변화하고, 다양한 관계의 다중성에 의해 의미가 부여 및 변화하는 실체이다.

주지하다시피 아인슈타인Einstein은 공간을 상대적 관점에서 인식하였다. 공간과 시간이 절대적으로 존재하거나 선험적으로 의미를 갖는 것이 아니라, 관찰자에 따라 상대적으로 결정된다고 보았다. 우리는 유럽의 알프스를 겨울의 낭만을 만끽할 수 있는 곳으로 인식할 수 있으나, 그곳에서 거주하는 사람들에게는 힘든 노동이 요구되는 삶의 현장일 수 있다. 알프스 산맥에서 거주하는 사람들은 알프스를 거대한 산맥이라 인식하겠으나, 지리학자들은 히말라야 산맥이나 안데스 산맥에 비교하여 알프스 산맥은 작다고 인식할 수도 있다. 이처럼 공간의 의미는 선험적으로 존재하거나 동질적인 것이 아니라 상황에 따라 구성되고 변화하는 것이다. 즉, 공간은 관계적인 것이다.

공간을 관계적으로 이해하듯이 이주도 관계적 구성이다. 이주는 행위자 간 관계가 국제적 이동으로 나타난 결과로 볼 수 있다. 하지만, 어떤 사람의 사회적 관계는 이주를 실천하도록 하며, 어떤 사람의 사회적 관계는 이주로 실천되지 못한다. 이에 대해 일부 학자들은 이주 당사자의 초국가적 연결이 하나의 관계로서 작동되어야 이주가 발생할 가능성이 높다고 인식한다(Fasit *et al*., 2013; Vertovec, 2009). 국제적으로 작동하는 종족(민족)의 네트워크가 활성화될 때 이주가 자극된다는 것이다.

이주를 사회적 관계라는 맥락에서 이해할 또 다른 이유가 존재한다. 이주자는 정착지역의 경관을 구성하면서, 의도적이건 비의도적이건 경관의 의미와 특성을 변화시키는 핵심 주체이기 때문이다(Massey, 2005). 이주자의 종족 경제로의 연결이나 초국가적 연결이 강하면, 주류 사회에 이질적 문화경관이 나타남은 당연한 결과이다. 이주자에 대한 차별과 이로 인한 엔클레이브의 형성은 주류 사회와 이주자를 둘러싼 관계와 경계짓기란 맥락에서 이해되어야 할 것이다. 관계에 대한 상세한 내용은 6장에서 설명된다.

2) 스케일

스케일이란 세계를 이해하기 위한 장소 구분(범주화)으로 이미 결정된 공간범위를 의미하는 것이 아니라 정치적, 사회적 과정의 결과로서 생성되는 공간범위이다(Herod, 2003). 전통적으로 스케일은 계층적 구조로 인식되었다. 세계는 커뮤니티 → 지역 → 국가 → 세계와 같이 계층적으로 구분되는 범주로 구성된다고 보았다. 지역화localization는 국가적 영역보다는 작은 지역단위에서 나타나는 특성을 이해하기 위한 공간적 범위spatial resolution를 의미하였고, 글로벌화globalization는 전 지구적 규모에서 나타나는 현상을 이해하기 위한 공간적 범위spatial resolution로 인식되었다.

현재는 장소의 관계성을 강조하면서 스케일의 의미가 변화하였다(박규택, 2016). 스케일은 복잡한 사회적 관계(장소 간 갈등과 타협의 과정)를 통해서 생산된 공간적 범위를 의미한다(Herod, 2003). 국가적 스케일national scale이란 국가라는 영역 내에서 발생하는 과정을 이해하는 것이 아니라, 행위자 사이의 상호작용의 결과가 국가적 수준에서 전개되는 것을 의미한다. 글로벌 스케일global scale이란 어떤 사회적 과정의 상호작용이 세계적 수준에서 전개되는 것을 의미한다. 즉, 스케일은 지리공간의 구분이 아니라 상호작용이 작동하는 공간의 범위를 의미하며, 스케일은 고정된 것이 아니라 사회적 관계에 의해 생성되는becoming 것이다.

최근 스케일 연구에서 강조하는 것은 공간의 복잡한 상호연결성을 다중스케일multi-scalar의 관점에서 이해하는 것이다(Jones, 2009). 지구상의 한 공간은 다른 공간과의 연결 속에 존재한다. 즉, 세계의 로컬들은 서로 연결되어 있으며, 한 로컬에서 사건이나 현상은 독립적으로 존재하거나 발생하는 것이 아니다. 글로벌 시장은 전 세계 로컬의 자원, 생산, 노동에 의존하고, 글로벌 시장의 가격 변화는 전 세계의 로컬에 영향을 미친다. 광주에서 커피 공장을 설립한다면, 커피 공장은 베트남의 커피 생산자 및 중간 판매상, 홍콩이나 싱가포르에 위치한 커피 유통회사, 그리고 국내 커피 소비시장과 다양한 관계를 구성한다. 이처럼 사회적 관계가 다양한 로컬의 연결을 통해 동시적으로 발생하고 변화하는 현상을 다중스케일의 관계라 한다.

한편, 스윙기도우Swyngedouw(1997)는 현 시대가 경험하는 공간스케일의 대명사는 글로벌화globalization도 지역화localization도 아니라고 주장한다. 유럽의 국가들의 경우, 한편으로는 유럽연합이 창설되면서 국가의 제도적 기능의 일부는 유럽연합으로 이관되는 스케일의 계층적 상승이 나타났고, 다른 한편으로는 지방분권주의와 규제완화를 통하여 중앙정부의 제도적 기능이 지방정부나 개인에 이관되는 스케일의 하강 현상이 나타났다. 그는 이처럼 국가의 기능과 권력이 상위와 하위로 동시적으로 이행되는 현상을 '글로컬라이제이션glocalization'이라 하였는데, 이는 일종의 복합-스케일의 개념에 해당하는 것이다(야마자키, 2010).

이주를 포함한 인문지리학은 다양한 스케일의 로컬들이 상호 연결되는 정치 활동에 주목한다. 두바이는 한국에 위치한 기업들과 무역관계를 갖고 있으며, 한국인은 항공기의 환승 또는 관광을 목적으로 두바이의 공항, 쇼핑센터, 호텔을 이용한다. 두바이 건설 현장에 종사하는 파키스탄 출신의 노동자는 한국인 방문자에게 열악한 노동 현실을 이야기하고, 이 사실은 인터넷을 통해 글로벌 NGO인 어떤 단체에 알려지고, 이 단체는 두바이의 노동 착취에 대한 비판 운동을 전개할 수 있다. 이처럼 특정 목적을 달성하기 위해 다양한 공간스케일을 활용한 정치가 작동되는 '스케일 정치'가 자주 목격된다.

스케일 정치는 멕시코 마킬라도라의 여성노동자에 대한 인권침해에서 잘 나타난다(야마자키, 2010). 인권침해에 대해 마킬라도라에서 노동자 연대가 형성되고, 이는 멕시코 노동운동의 한 이슈로 부상함과 동시에, 개도국 노동 착취에 반대하는 반-글로벌화 운동과 연결된다. 또한,

이 사건은 페미니즘 운동과 연결되면서 결국 로컬에서 발생한 한 여성 노동자에 대한 인권침해는 글로벌 스케일의 운동과 페미니즘 운동으로 확장되는 스케일의 정치가 된다.

이주와 관련된 스케일 논의는 네 가지로 구분하여 살펴볼 수 있다(표 2.1. 참조). 첫째, 글로벌주의globalism는 '세계'를 분석의 단위로 간주하면서, 국경을 초월한 물자, 금융, 정보의 자유로운 이동과 흐름에 의한 세계 시장의 통합을 강조한다. 국가보다는 초국가적 기업의 자본에 의해 글로벌화가 나타나는 현상에 주목한다. 글로벌주의는 이주를 로컬과 분리된 탈영역화deterritorialization의 맥락에서 바라보면서, 국가보다는 전 세계적 수준에서 작동하는 자본과 시장의 역할을 강조한다는 점에서 많은 비판을 받고 있다.

둘째, 초국가주의transnationalism는 이주자가 주도하는 초국가적 연결을 강조하는 공간스케일에 대한 설명이다. 세계화된 자본이나 시장보다는 이주자의 네트워크가 국제이주의 흐름과 통제를 결정하는 핵심으로 이해된다. 특히, 이주자의 탈영역성을 강조하는 글로벌주의를 비판하면서, 이주자의 문화적 정체성은 초국가적으로 연결됨과 동시에 정착 지역에 그대로 착근된다는 재영역화re-territorialization를 강조한다.

셋째, 초지역주의translocalism는 초국가주의의 주장과 유사하나, 차이점은 이주자의 이동성이 증가하면서 출신지역의 로컬리티가 국경을 넘어 정착지역의 로컬리티에 이전되어, 새로운 로컬리티로 형성되는 공간스케일을 강조한다는 것이다. 이주자에 대한 사회적 분석의 단위를 국가나 종족 단위보다 로컬 수준에서 이해하고자 한다. 이를 통해 하나의 로컬에서 다수의 로컬이 초국가적으로 연결 및 관계되는 특성을 이해하는데 초점을 둔다.

넷째, 웰쉬Welsch(1999)는 문화를 동일하고 종족(민족) 단위로 분리될 수 있다고 인식하는 다문화주의와 상호문화주의를 비판하면서, 새로운 관계의 스케일로 초문화주의transculturalism을 주장한다. 상호문화주의는 문화를 고립된 영역sphere으로 인식하기에 문제가 있고, 다문화주의는 한 국가의 공동체 내에 다수의 문화가 존재하면서 이를 대표하는 문화가 있다고 인식하는 것이 문제라고 지적한다.

표 2.1. 글로벌주의, 초국가주의, 초지역주의, 초문화주의

구분	글로벌주의 (globalism)	초국가주의 (transnationalism)	초지역주의 (translocalism)	초문화주의 (transculturalism)
의미	국경을 초월한 물자, 금융, 정보의 자유로운 이동과 흐름	국가 이외의 주체에 의한 국경을 초월한 활동이나 관계	행위주체의 이동성에 의한 로컬리티의 초국가적 이전	문화는 분리될 수 없고, 다수의 문화가 혼종되어 존재
핵심	국경을 초월한 이동과 흐름	여러 국가에서 특정 국가 구성요소의 연결성	국경을 초월한 로컬리티의 연결성	로컬 문화의 혼종화
사회 분석의 단위	세계	국가	로컬	로컬
추동력	자본	종족	로컬리티	문화(혼종)

출처 : 저자 정리

초문화주의는 문화를 섬과 같은 고립된 영역으로 인식하기보다 다수의 문화가 상호 공존하고 상호 침투하는 과정으로 인식한다. 서로 다른 문화는 하나의 형태로 존재하거나 상호 간 동질화되지 않고, 둘이 상호 작용하여 새로운 또 다른 문화가 창조된다는 것이다. 즉, 이주자는 주류 사회로 동화되는 것만도 아니며, 초국가적 연결을 통하여

종족의 문화정체성을 유지하는 것만도 아니며, 출신지역의 로컬리티를 정착지역에 착근시키는 것만도 아니다. 이주자의 사회적 관계는 다양한 문화가 혼종되는 초문화적 특성을 갖는다는 것이 초문화주의가 강조하는 점이다.

3. 주변화

이주자는 주류 사회에서 포함과 배제를 동시적으로 경험한다. 배제exclusion라는 용어는 빈곤과 비슷한 의미로 19세기 영국의 산업화에 따른 도시 빈민의 위치를 설명하기 위해 도입되었다(Bernt and Colini, 2013). 빈곤은 존재를 위한 물질적 수단이 부족한 상태를 의미하였다. 최근 빈곤이 단순히 물질적 부족만을 의미하는 것이 아니라, 선택과 기회의 부족 그리고 이로 인간 존엄성 실천의 부재를 의미하듯이(UN, 1998), 사회적 배제는 사회적 참여의 부족, 사회적 통합의 낮음, 그리고 이로 인한 권력의 부족을 의미한다.

번트와 콜리니Bernt and Colini(2013)는 사회적, 경제적, 정치적 불평등을 '과정으로서의 배제'로 보고, 개인이나 집단의 권력, 기회, 자원에 대한 불이익이나 접근 불가를 '조건으로서의 배제'로 구분한다. 미첼Mitchell(1996)은 경관을 사회적 배제가 투영된 실체로 인식하였고, 시블리Sibley(1995)는 지배 집단이 구성한 사회-공간적 경계를 통해 사회적 배제를 설명하고자 하였다(Trudeau and McMorran, 2011).

메이May(2014)에 의하면, 배제는 첫째, 물질적으로 풍요롭지 못하고, 사회적으로 필요하지 않는 존재를 만들고, 둘째, 사람과 사람을 구분하는 기준을 만들며, 셋째, 포함과 배제가 서로 중첩되고, 넷째, 배제는 계급, 젠더, 인종, 종족, 섹슈얼리티, 연령, 건강 등의 다중적 관계에서 작동되며, 다섯째, 배제에 대한 절대적 기준이 정해진 것은 아니라고 주장한다. 메이의 배제에 대한 주장에서 알 수 있듯이 포함과 배제는 동시적으로 나타난다. 이런 맥락에서 배제 또는 사회적 배제는 차별받는 이주자의 위치성을 대변하기에는 다소 부족한 용어이다. 이 보다는 주변화marginalization란 개념이 이주자의 위치성을 잘 대변한다고 보여진다.

사전적 정의에 따르면, 주변화란 어떤 사람이나 어떤 것을 중요하지 않게 하거나 포함시키지 않는 것이며, 어떤 사람이 권력을 갖지 못하도록 하는 것을 의미한다(MacMillan Dictionary, 2016). 주변화는 주변부peripheral의 위치성을 갖도록 하는 과정으로, 어떤 개인과 사회 집단을 불평등한 상태나 낮은 위치성에 처하게 하는 것을 의미한다(Trudeau and McMorran, 2011).

주변화를 학문적으로 접근한 최초의 학자는 파크Park(1928)일 것이다. 그는 주류 문화로 통합되지 못하고 이방인의 위치에 처하게 되는 현상을 '주변성marginality'이라 하였다. 현재 여러 학자들이 보편적으로 주장하는 주변성의 개념은 사회적으로 통합의 정도가 낮고, 발전의 정도가 낮으며, 불이익의 상태에 위치하는 것이다(Billson, 2005; Schmidt, 2007). 즉, 주변성이란 '어떤 것something'으로부터 배제되는 것이며, '어떤 환경a certain environment'으로부터 차별받는 것이며, '어떤 것something'에 대한 제한적 접근이 이루어지는 것을 의미한다(Gatzweiler, 2011). 이주자는 사회적 주변화와 공간적 주변화를 동시적으로 경험한다(Gurung and Kollmair, 2005). 사회적 주변화는 계급, 인종, 종교, 젠더, 종족, 교육 등과 관련하여 이주자가 차별적 위치에 처하게 되는 것으로, 특히 이주자의 존재가 무시되고 소외되는 과정이다. 반면에 공간적 주변화는 이주자 거주지의 위치와 거주환경에 의해 주변성을 경험하게 되는 것을 의미한다(Larsen, 2002). 프랑스의 북부 아프리카 이주자가 밀집한 방리유banlieus는 지역개발 계획에서 배제되고, 취업 기회가 제한되는 주변화의 대표적 사례로 자주 언급된다(Samers, 2010).

워퀀트Wacquant(2008)는 도시 불균형을 분석하는 방법으로 주변성을 관계적 맥락에서 이해하고자 한다. 그에 의하면, 프랑스의 방리유에 이주자가 거주하는 것은 단순히 선택이 아니라 정치적 결과인데, 억압, 권력 부재, 불이익이 이들 이주자를 빈곤과 배제의 상태로 만들고, 결국 이들 거주지를 게토로 만든다는 것이다. 좀 더 다른 맥락에서 하우겐Haugen(2013)은 중국 내 아프리카 이주자에 대한 공간적 주변성을 드러낸다. 중국은 외국인의 교회 활동을 제한적 측면에서 허용하고 있다. 아프리카 이주자를 위한 교회는 도시경관에서 쉽게 찾아볼 수 없어, 부재의 상태를 보여준다. 또한, 상당수의 아프리카 이주자들은 불법체류 상태이기 때문에 교회 활동을 드러내놓고 하지 못하지만, 이들에게 있어 교회란 정보를 얻고 상호 소통하는 매개체가 된다.

이주자의 주변부 위치성은 일상에 착근되어 있는데(Clayton, 2008), 다문화주의라는 것도 사실은 '차이와 함께 사는 것living with difference'에 불과한 것이다(Amin, 2002). 비록, 이주자에 대한 차별이 주류 사회에서 공공연하게 전개되지는 않을지라도, 주류 사회는 이주자를 '불편한 감정sense of unease'으로 대한다. 이는 이주자의 존재가 무시되는 일종의 '부재감sense of absence'의 현상인데, 부재란 단순히 차별하는 것이 아니라, 그곳에 무엇이 있는가를 그곳에 무엇이 없는가를 통해 이해하는 것이다. 즉, 이주자의 부재감이 존재한다는 것은 결국 이들의 존재가 무시되는 주변부의 위치성을 드러내는 것이다(Gervais, *et al.*, 1999).

제2부

이주와 모빌리티의 지형

제3장 글로벌 이주의 역동성

제4장 모빌리티의 구성과 실천

제5장 초국가적 이주

제3장 글로벌 이주의 역동성

1. 글로벌 이주와 거버넌스

1) 이주의 시대

인류의 발전은 아마 이동을 통해 가능하였을 것이다. 이는 이동 수단이 인류에 미친 영향을 생각하면 짐작이 가고도 남는다. 채집 사회에서 농경 사회로 변화하면서 인간의 이동이 제한되었다고 보는 것은 잘못이다. 농경 사회에서도 다양한 채집 활동이 이루어졌고, 농사는 많은 이동을 요구하는 활동이다. 농업 발달은 시장의 형성과 발달에 큰 영향을 미쳤으며, 도시의 출현과 상공업의 발달은 지역 간 교역을 촉진하였다. 이처럼 인류는 공간을 가로지르면서 공동체를 유지하고 사회를 발전시켰다.

국가적 차원에서 인간의 이동에 관심을 갖게 된 것은 근대국가의 출현과 밀접한 관계가 있음은 잘 알려져 있다. 국민국가의 출현은 동질문화를 강조하면서도 국력 강화를 목적으로 이주자 유입을 장려하기도 하였다. 유럽인에 의한 식민지 개척은 세계적 수준에서 대규모 인구 이동을 야기한 대표적 사례이다. 식민지 시대에는 지배 국가와 식민지 간 노동(노예), 원료 및 제품의 이동이 전 세계적 수준에서 전개되었다. 이 과정에서 유럽의 문화, 종교 및 가치가 식민지로 이동하였고, 유럽의 경관은 세계 곳곳에 이식되었다. 제국주의의 확장은 국제 이주를 더욱 자극하였고, 새로운 기회를 모색하는 중산층에게 이주는 꿈을 실천하는 실질적 수단이었다.

이런 점에서 유럽에 의한 식민지 개발은 글로벌 수준의 이주가 작동하는 계기를 제공하였다. 하지만 식민지 시대의 이주는 현재의 이주와 많은 차이를 보이는데, 특히 이동성에서 많은 차이가 있다. 현재의 이동 수단, 이주자 네트워크, 세계무역의 작동 메커니즘은 식민 및 제국주의 시대와는 차원이 다른 면을 보이는데, 바로 이동성의 차이라 할 수 있다. 이동성의 증가는 언제든지, 어디에서든지, 누구에게라도 이주가 발생할 수 있는 가능성을 제공하며, 무역, 정치, 문화 등의 측면에서 글로벌 사회의 역동적 관계는 이동을 끊임없이 생성하고 있다. 즉, 이주의 시대가 도래한 것이다.

카슬과 밀러Castles and Miller(2009)는 현 시대를 이주의 시대라 칭하면서, 과거와의 차이점은 이주의 세계화, 이주의 가속화, 이주의 다양화, 이주의 여성화, 이주의 정치화, 이주의 동시화가 나타나고 있다고 본다(한국이민학회 역, 2013). 전 세계의 어떠한 국가나 장소도 이주와 무관하지 않으며, 어떠한 국가라도 이입과 이출을 동시적으로 경험하고 있다. 이주의 세계화에 가장 큰 영향을 미친 것은 아마도 신자유주의와 국제 정치의 불안정일 것이다(이영민 외 공역, 2013). 신자유주의는 표면상으로는 정부 주도적 개발에서 시장 주도적 개발로의 변화를 의미하나, 그 내면에는 사회적 부양에서 개인적 부양으로의 변화를 의미한다. 신자유주의는 보다 나은 소득과 만족을 추구하면서 무한 경쟁의 사회를 가져왔고, 직업의 파편화, 3D 업종의 기피, 여성의 고용 증대를 가져왔다. 개도국 경제로 침투하는 선진국의 다국적기업은 개도국에서 대량 실업을 양산하였으나, 개도국 내에서 고용은 포화 상태에 이르게 되었다. 이와 함께, 미국의 헤게모니와 이슬람 근본주의가 충돌하고, 종족 분쟁과 인종 차별이 지구촌 곳곳에서 발생하면서 이주의 세계화가 나타났다. 정치와 경제가 안정화된 곳으로 이동이 주로 발생하는 것이 현 이주 시대의 주요 특징이라 할 수 있다.

이와 함께, 이주의 규모가 꾸준히 증가하는 것도 주목할 필요가 있다(세계 인구의 3%가 이주자임). 경제 활동의 글로벌화, 미국 주도적 헤게모니에 대한 찬성과 반대, 자기주도적 발전 계획 등은 이주를 자극하고 있으며, 특히 운송 수단을 비롯한 이동에 대한 안정성과 친숙감 증대는 이주를 자극하고 있다. 모바일 환경은 이주로 인한 고립을 경감시키면서 이주의 가속화에 큰 영향을 미치고 있다.

이주는 한 가지 유형이 주도하는 것이 아니라 다양한 형태의 이주(노동, 가사, 교육, 난민 등)가 동시적으로 발생하는 것이며, 각각의 이주는 서로 영향을 미치고 있다. 노동이주는 가족 동반의 이주로 변화하고, 친척과 친구의 연쇄적 이주를 자극하고, 교육이주에도 영향을 미치면서 다양한 형태의 이주가 서로 상호작용하는 이주의 시대에 접어들었다. 이러한 이주의 다양화와 함께 나타난 현상은 '이주의 여성화 feminization of migration'이다. 전체 이주에서 여성이 차지하는 비율은 50%를 넘어서게 되었고, 여성의 이주로 인한 가족의 해체와 젠더 관계의 변화가 세계 곳곳에서 경험되고 있다.

글상자 3.1. 이주의 여성화와 가사 노동

이주의 여성화는 매우 복잡한 현실을 드러내고 있다. 이주자는 이방인으로 간주되었고, 이주자는 주류 사회에서 가장 힘들고 기피하는 일에 종사하기에, 이주는 남성성의 상징이었다. 이렇게 소외되고 힘든 이주의 영역에서 여성이 차지하는 비율이 50%를 넘어서게 되었다. 부분적으로 엔터테인먼트와 성 산업에 종사하는 여성 이주자가 많다고 하더라도 전 세계 이주자의 절반 이상이 여성이란 점은 쉽게 납득하기 어려운 부분이 있다.

현재 여성의 이주를 추동하는 대표적 사례는 바로 가사 노동이라 할 수 있다. 여성들은 선진국뿐만 아니라 비슷한 처지의 보다 소득이 높은 개도국으로도 가사 노동을 떠나고 있다. 그 이유는 무엇일까? 여성이 다른 나라의 가정부로 편입되는 것은 무엇을 의미하는가? 자국의 여성들이 가정을 뒤로하고 해외에서 돈을 벌기 위해 가정부가 되어야 하는 현실은 어떤 요인에 의한 것인가?

선진국에서 외국인 가사 노동자가 필요했던 이유는 신자유주의라는 맥락에서 설명될 수 있다. 신자유주의가 추진되면서 사회복지가 개인의 책임이 되었고, 이는 여성들의 경제 활동 참여를 요구하게 되었다. 결과적으로 맞벌이 부부가 증가하게 되었으나, 임금 상승에 비해 소비 증가도 빠르게 이루어졌다. 여성들은 더욱 더 일을 많이 해야 했고, 값싼 임금으로 가정 일을 대신할 수 있는 가정부가 필요하게 되었다.

라틴아메리카, 필리핀을 비롯한 개도국은 여성의 가사 노동 수출을 통해 사회가 당면한 문제를 해결할 필요가 있었다. 실업은 사회적 문제로 대두되었고, 외화를 벌어들일 수단이 필요했던 것이다. 여성은 해외에서 일하더라도 가정에 충실한 존재로 인식되면서, '훌륭한 어머니'는 가정의 어려운 환경을 극복하기 위해 해외에서 일하려는 불굴의 투지를 가진 어머니로서, 그리고 해외에서도 자녀와 가족을 돌보는 자상하고 헌신적인 어머니로 담론화되었다(허라금 편, 2011).

해외 가사 노동은 '가족의 해체'라는 사회적 문제를 양산함에도 불구하고 사회적 담론은 외화 벌이에 더 큰 비중을 두었다. 가사 노동자들은 자신의 자녀들은 다른 사람들의 손에 맡기고 다른 자녀들을 보육하는 상황에 직면하였고, 가족의 해체는 남편 및 자녀들과의 관계에서 많은 문제를 노출하게 되었다. 이혼과 자녀 교육은 가사 노동 이주로 인한 또 다른 사회적 이슈로 부상하기에 이르렀다.

그러면서도 사회는 여전히 해외로의 가사 노동에 정당성을 부여하고, 심지어 가사 노동을 위한 전문 학원까지 등장하고 있다(르몽드, 2012). 이들 학원은 부자들의 저택에서 가정부의 역할을 교육시키는데, 주인과의 불화 예방, 자녀 양육, 식사 예절 등에 대한 체계적인 훈련을 제공하고 있다. 가사노동 이주의 정당성을 부여하는 사회 담론들은 실제 가사 노동의 상황이 어떤 것인지를 설명하지는 않는다.

이주가 한 번의 사건으로 끝나지 않는 다는 점에서 이주는 역동적이다. 이주자는 필요에 의해 유입되었지만, 여전히 주류 사회로부터 주변부에 위치하게 되고, 이주로 인한 여러 문화의 공존과 혼종은 다문화사회로의 전환을 추구하나, 실제로는 다문화주의의 취지에 반하는 인종과 종족 차별을 가져오고, 결국 이민에 대한 보수적 정치가 작동하는 사회 시스템을 견고하게 구축하기도 한다. 그러면서도 이주자의 문화는 로컬에 뿌리 내리면서 결국 한 사회와 국가의 정체성에 커다란 변화를 가져온다. 이것이 이주의 역동적 본질일 것이다.

2) 글로벌 이주 거버넌스

글로벌 이주의 시대에 중요하면서도 자주 간과되는 것은 이주에 대한 글로벌 거버넌스의 필요성과 '이주와 국가의 관계'에 대한 이해이다. 전 세계가 하나의 이주 네트워크로 작용하고 있음에도 불구하고, 이주로 인한 문제가 발생하였을 때 전 세계적 수준에서 해결할 어떤 제도적 장치가 마련되어 있지 못하고, 설령 제도가 마련되어 있다고 하더라도 제대로 실천되지 못하고 있다.

글로벌 이주에서 종족 경제와 종교가 중요한 역할을 한다는 것은 주지의 사실이다. 하지만 신자유주의가 단순히 탈규제화, 민영화, 자유화를 표방하는 것이 아니라 사실은 특정한 계급을 위한 규제 강화로 인식되어야 하듯이, 글로벌 이주는 표면적으로는 이민에 대한 국가의 역할이 약화됨을 보여주지만, 사실은 필요한 부분에 대해서는 국가의 권력이 더욱 강화되는 현상을 보여준다.

이런 맥락에서 글로벌 이주의 거버넌스를 이해하는 것은 매우 중요하다. 이주는 이주자 자신의 삶에만 영향을 미치는 것이 아니라 떠나온 곳과 정착한 곳에 있는 자신의 가족과 친척, 그리고 자식과 미래의 세대에도 영향을 미치는 매우 중요한 사건이자 실천이다. 또한, 이주가 일시적 거주로 끝나는 것이 아니라 장기적이고 궁극적으로 영주를 위한 이주로 변화한다는 점에 주목할 필요가 있다. 이주는 한 시점, 한 장소, 한 세대의 독립적 현상이 아니라, 시대와 상황 그리고 공간을 가로지르는 역동적 관계임에 주목해야 한다.

UN, EU, OECD와 같은 국제기구는 창설되면서부터 인구 이동과 이주에 관심을 갖고 있었으며, 대부분의 국가 정부는 이주에 대한 통제 및 관리를 정책적으로 추진하고 있다. 그럼에도 불구하고, 글로벌 차원에서 이주의 거버넌스는 작동되지 못하고 있다. 글로벌 이주의 거버넌스를 제도화하고자 2001년 글로벌국제이주위원회GCIM: global commission of on international migration가 창설되었고, 글로벌 이주의 거버넌스에 대한 필요성을 제기한 보고서가 2005년 발간되기도 하였다(한국이민학회 역, 2013). 2006년 UN은 '이주와 발전에 관한 고위급 회담'을 개최하였고, 2007년에는 '이주와 발전에 관한 국제포럼global forum on migration and development'이 개최되기도 하였다. 하지만 아직까지 글로벌 거버넌스에 대한 제도화는 제대로 추진되지 못하고 있다.

왜 글로벌 이주의 시대에 접어들었음에도 불구하고 국제사회는 이주 거버넌스를 작동시키지 못하고 있는가? 아마도 그 이유는 이주가 국민국가의 정체성을 유지하는 주요 수단으로 작용하고 있기 때문일 것이다(이영민 외 공역, 2013). 이주자의 유입, 내국인의 이출, 이주자의 사회복지와 시민권 부여, 해외 동포 대상 이중국적의 부여, 해외 디아스포라 정책, 이주자 유입을 통한 비공식 부문의 역량 강화, 이주자 교육과 다문화 정책 등은 국가가 이주를 통제 및 관리하는 핵심 주체임을 보여준다. 국가는 이주를 강력하게 통제하고 관리하기 때문에 글로벌 차원의 이주 거버넌스가 작동되기 힘들다. 반면에, 외국인 노동력은 쉽게 구할 수 있으며, 이주자에 대해 관대한 정책은 국민의 반감을 사기 쉬우며, 특정 국가가 주도하는 이주 프로그램이 없다는 점이 글로벌 이주 거버넌스가 작동되지 못하는 이유일 것이다(한국이민학회 역, 2013).

미등록 이주는 글로벌 거버넌스가 필요한 이유를 적절히 제시할 것으로 판단된다. 흔히 불법 체류(자)라고 하는 미등록 이주는 다양한 경로와 상황에 의해 발생한다. 일부 미등록 이주자는 원래는 합법적 체류 조건으로 입국하였으나 체류 기간을 넘기게 되어 미등록 이주 상태가 되기도 한다. 하지만, 대다수의 미등록 이주는 비합법적 경로를 통한 이주에 해당한다.

미등록 이주자는 매우 복잡한 상황과 맥락에서 정착 사회로 포함과 배제를 동시적으로 경험하는 주변부의 위치성을 갖는다. 미등록 이주는 국내 저숙련 노동자의 고용을 불안하게 하고, 이들의 임금 수준을 감소시키고, 노동자의 권리가 약화되어 전체 노동조합의 권리를 약화시키기도 한다(한국이민학회 역, 2013). 미국을 비롯한 대부분의 선진국은 미등록 이주를 단속하면서도 암묵적으로 이들의 존재를 인정하는 분위기이다. 한편으로 국가는 이들을 단속하는 것이 국가의 질서와 평화를 유지하는 것이라 주장하고, 다른 한편으로 필요한 경우에만 이들을 단속하면서 경제적 효율성을 강화하고자 한다.

글로벌 차원에서 작동해야할 거버넌스의 범주를 우선 고려해 보면, 미등록 이주자와 미숙련 노동자를 동시에 보호하고, 자본에 의한 지나친 노동 착취가 발생하지 않도록 제도적 뒷받침이 강구되어야 할 것이다. 여기서 간과해서는 안 될 사항 중의 하나는 현 글로벌 시스템 속에서 미등록 이주는 쉽게 발생할 수 있으며, 자본-노동-국가(또는 사회)의 상호 간 필요에 의해 미등록 이주가 묵인되기 쉽다는 점이다. 또한 미등록 이주의 문제는 어느 한 국가의 문제가 아니라 여러 국가가 동시에 서로 관련되는 문제이다. 예를 들어, 태국의 노동자는 말레이시아에서 미등록 이주 상태가 되고, 버마의 이주자는 태국에서 미등록 이주의 상태가 된다(IOM, 2005). 또한, 이주자는 에이전트나 예속노동bonded labor의 상태로 이주한 경우도 많다(Hugo, 2005). 만약 에이전트가 관리하는 이주자들의 비자 연장이 실패하게 되면, 다수의 이주자가 미등록 상태에 빠지게 되는 것이다.

대부분의 국가는 밀입국 노동을 불법으로 규정하고 있다. 그러나 많은 밀입국자가 노동 현장에서 일하고 있다는 것은 불법적 동업자가 존재하며, 최소한 이들에 대한 일자리가 있다는 의미이다(이현욱 · 송정아, 2016). 터키를 통해 EU로 진입하는 밀입국 노동자만 한 해에 약 200만 명에 이른다는 통계는 미등록 이주가 유럽에서 사회적 이슈가 되고 있음을 반영한다. 전 세계적으로 인신매매에 연루된 사람은 약 2억 명으로 추정되고, 연간 50억 달러 이상의 매출이 발생하는 것으로 보인다(한국이민학회 역, 2013). 인신매매의 규모만 보더라도 왜 글로벌 이주의 거버넌스가 필요한지 알 수 있다.

미등록 상태를 불법으로 규정하면서 미등록 이주자를 규제하는 것은 쉽지 않다. 현재 많은 국가들의 법적 시스템에 의하면, 이들을 고용하거나 이용한 사람들은 법의 울타리에서 쉽게 벗어나도록 되어 있다. 미등록 이주자를 고용하는 보편적 이유는 이들은 저임금의 열악한 노동조건을 마다하지 않고, 유순하고 성실하기에 사업체의 노동 생산성을 높인다는 것이다(Rose, 2003). 이는 왜 미등록 이주가 많이 발생하는지를 보여주는 단서인데, 미국과 멕시코의 국경에는 15,000명의 국경 경비요원이 1,000마일의 국경선을 따라 감시하고 있으나, 다양한 채널로 유입되는 밀입국자를 완벽하게 통제한다는 것은 불가능하다. 또한, 아시아의 사례에서 보여주듯이 인신매매를 통한 밀입국은 견고한 네트워크로 작동하기에 통제가 매우 어렵다. 공무원(행정 직원, 경찰, 국경수비대 등), 인신매매 업체, 매춘업체, 성매매 수요자 등이 하나의 네트워크로 구성되어 저마다 다른 담론을 주도하는 것이 현재 벌어지고 있는 일부 아시아에서 인신매매에 대한 미등록 이주의 단면이다(이영민 외 공역, 2013).

미등록 이주를 방지하고자 EU는 이들을 이용하는 고용주에게 경제적 제재조치를 취하고 있으며, 일부 미등록 이주자에 대해 합법화 프로그램을 작동시키고 있으며, 합법적 이주자에 대한 사회 서비스 확대를 추진하고 있다. 하지만 어느 국가를 막론하고 미등록 이주자 문제를 전담할 인력은 부족하고, 관련된 국내 및 국제 기관들 사이의 협조가 힘들고, 설령 불법적 체류가 밝혀지더라도 이들에 대한 사법 조치가 제때에 제대로 이루어지기 힘들고, 고용주와 미등록 이주자의 저항도 만만치 않는 상황이다(한국이민학회 역, 2013). 이런 맥락에서 미등록 이주를 포함한 글로벌 이주의 거버넌스가 제도화되어 체계적으로 작동할 필요가 있다. 여기에서 간과할 수 없는 점은 이주의 시대에 유독 문제가 되는 것은 저임금의 일자리를 두고 전 세계의 가난한 노동자가 치열한 경쟁을 벌이고 있다는 점이다. 이런 맥락에서 글로벌 이주의 역사를 개략적으로 살펴보면서 이주의 발생학적 과정을 이해하는 것이 중요할 것 같다.

2. 이주의 역사와 지리

1) 식민시대 이전의 이주

역사적으로 전쟁은 많은 인구 이동을 유발하였는데, 특히 정복과 제국의 형성은 대규모 난민과 인구 이동을 야기하였다(한국이민학회 역, 2013). 피정복민을 노예로 삼거나 다른 지역으로 축출하는 것은 보편적 현상이었고, 정복 사업으로 지배 집단이 된 종족을 중심으로 정주 체계가 개편되는 것이 보통이었다. 예를 들어, 유럽은 5세기 이후 대규모의 인구 이동을 경험하였는데, 북부, 서부 및 동부로부터 서로마 제국으로 많은 이민족의 침입이 있었다. 이들 이민족들은 아시아로부터 훈족의 침략을 피해 이동한 사람들로 남부의 따듯한 기후는 이들의 침략을 부추기는 요소 중의 하나였다(이민아 역, 2007). 이러한 인구 이동은 문화의 혼종, 상업의 발전 및 도시의 성장을 가져오는 계기가 되곤 하였다.

중세에 접어들어 인구 이동이 공간과 장소에 미치는 영향이 더 커지게 되었는데, 11세기부터 시작된 십자군 원정은 장기간의 전쟁과 정복으로 기존 정착민의 축출과 신규 정착민의 유입을 가져왔고(이민아 역, 2007), 13~14세기 몽골의 정복 사업은 아시아와 유럽의 많은 지역에서 대규모의 인구 이동을 동반한 큰 변화를 야기하였다. 르네상스를 거치면서 인구가 증가하자 유럽의 곳곳에서 지역 간 인구 이동이 활발하였고, 유럽인에 의한 세계의 탐험은 아프리카로부터 약 1,000만 명의 노예가 아메리카 대륙으로 이동하는 결과를 가져왔다(박상은 역, 2011).

2) 식민시대~제1차 세계대전 이전

식민지에서의 생산 활동은 노예에 대한 의존이 높았는데, 노예 제도는 영국 식민지에서 1834년까지, 네덜란드 식민지에서 1863년까지, 미국 남부에서 1865년까지 지속되었다(한국이민학회 역, 2013). 부족 간 갈등으로 포획된 사람들은 노예로 팔려 신대륙으로 이송되었고, 사라진 젊은 연령층을 대신할 인구학적 회복이 쉽게 이루어지지 못하여, 그 결과 노예가 많이 발생하였던 서부와 동부 아프리카 일대는 수 세기에 걸쳐 노예 제도의 피해로부터 쉽게 헤어나지 못하였다.

유럽에서 근대화와 산업화가 나타나고 국민국가가 탄생하면서 유럽이 주도하는 글로벌 이주가 나타났다. 국민국가는 동질적 정서를 갖는 공동체 신화를 창출해야 했기에 이주자는 이방인이 되었다(한국이민학회 역, 2013). 유럽 내부의 이주자가 이방인으로 규정되는 반면에, 식민지로 이주하는 유럽인은 지배 집단의 동질적 정체성을 형성하는 것으로 인식되었다. 해외 식민지로의 이주는 국민국가의 동질적 정체성을 구현하는 식민지 전략의 일환이었던 것이다.

농산물과 공업의 원료에 대한 노예 노동과 식민지 노동의 착취는 식민 정부의 부를 창출하였고, 식민 지배의 효율성을 제고하고자 더 많은 유럽인들의 이주로 이어졌다. 특히 산업화로 빈부 격차가 심해지고 노동자 계급의 빈곤 수준이 개선되지 않으면서 식민지로의 대량이주가 나타났다. 스토커Stalker(2000)에 의하면, 1846~1939년 사이 유럽에서 아메리카, 호주 및 뉴질랜드로 이주한 유럽인은 약 6,000만 명에 이른다(한국이민학회 역, 2013: 30 재인용). 1900년 러시아를 포함한 유럽의 인구가 약 4억 명이었다는 점을 감안하면, 당시 유럽에서 식민지로 흘러간 유럽인의 이주 규모를 예상할 수 있다.

한편 1865년 이후 노예무역이 사라지면서 부자유계약 노동자identured workers라 불리는 새로운 형태의 노동이주가 나타났다(한국이민학회 역,

2013). 노예 대신 대규모의 노동자 모집이 있었는데, 영국은 주로 인도에서 노동자를 모집하여 트리니다드, 기아나, 말레이시아, 피지, 동아프리카 등의 사탕수수 농장, 광산 및 철도 건설 현장에서 종사하도록 하였다. 많은 쿨리coolie로 불리는 중국인 노동자들이 계약 노동자로 모집된 것도 이 시기에 이루어졌다. 노동 조건은 혹독하였으나 빈곤에서 벗어나고 자유를 원하는 많은 하층 계급의 지원자가 있었다. 노동 계약이 끝나면, 이들은 소규모의 자작농이 될 수 있었고, 일부는 본국으로부터 가족을 데리고 와서, 가족 전체가 정착하는 경우도 나타났다.

산업화로 양모에 대한 수요가 증가하면서 영국의 농장은 목장으로 변하였고, 소작농은 실업자가 되어 도시의 노동자 계급에 편입되었다. 산업화는 공장의 생산성 증가에 기여하였으나, 다른 한편으로 공장 간 경쟁이 심해지면서 실업이 증가하였고, 노동자의 수입은 빈곤 수준에서 벗어나는 정도였다. 1850~1914년 사이 미국으로 이주한 유럽인의 대부분은 아일랜드, 이탈리아, 스페인 그리고 동부유럽 국가의 출신이었다. 당시 약 3,000만 명이 미국으로 이주한 것으로 추정된다(한국이민학회 역, 2013).

이들 이주자들은 미국에서 도로와 철도의 노동자, 광산의 광부, 목장의 카우보이(남미의 경우는 가우초), 공장의 노동자가 되었다. 이들의 일상은 힘든 것이었으나 빈곤에서 벗어나고 자녀를 교육시킬 수 있는 환경을 누리게 되었다. 1880년까지 미국에서는 이민에 대한 규제가 존재하지 않았다. 당시 유럽인들은 대서양을 건널 돈만 있으면, 미국으로 이주가 가능하였다. 1880년 아시아인의 입국을 제한하는 배제법exclusionary law이 제정되었으나, 1920년까지 유럽인과 라틴 아메리카인들은 자유롭게 미국으로 이주할 수 있었다(한국이민학회 역, 2013). 1800

글상자 3.2. 아편전쟁과 쿨리의 이주

19세기 청나라의 상황은 좋지 못하였다. 서구의 침입, 농민 반란, 관료의 부정부패는 중국을 황폐한 상황으로 이끌었고, 1850~1920년 사이 약 70만 명이 중국을 떠나 동남아 등지로 이주하였다(이혜경 외, 2016). 특히 아편전쟁은 중국인의 이주에 막대한 영향을 미쳤다. 아편전쟁 이전까지의 이주는 대개 화교 집단을 통한 이주였는데, 1842년 난징조약이 체결되어 홍콩이 영국에 할양되고 5개의 항구도시가 서구의 영향에 놓이게 되면서, 항구는 중국의 노동력을 공개적으로 모집하는 창구가 되었고, 영국이 퍼뜨린 아편의 피해를 본 해안 지역은 노동시장이 파괴되어 이주를 희망하는 사람들이 증가하였다. 남중국 일대에서 외국에서 일할 값싼 노동자인 '쿨리(coolies)'가 대거 모집되었고, 쿨리들은 아메리카 대륙과 호주로 이주하였다(이영옥 역, 2014). 백인이 가는 곳에 중국인 쿨리가 있을 정도로 중국인의 이주가 많았다.

식민지의 백인 노동자들은 중국인이 적은 임금을 받고 자신들보다 더 열심히 일하는 것을 보면서 자신들의 직업이 없어질 것을 걱정하였고, 백인의 농장주와 광산주는 열심히 일하는 중국인 쿨리가 반가운 존재였다. 쿨리들은 금광 주변으로 빠르게 몰려들었는데, 1848년 캘리포니아에서 금광이 발견되고 1850년 1,000명이던 금광 일대의 인구가 1852년 27,000명으로 증가하였는데, 이 중 10%가 중국인 노동자였다. 캐나다와 호주에서 금광이 발견되면서 중국인 쿨리의 이주도 동시에 이루어졌다. 호주에서 금광이 절정이었던 1857년 약 2만 5천 명의 중국인 노동자가 광산에 유입되었고, 당시 호주 인구 중에서 중국인은 6.4%를 차지하게 되었다(이영옥 역, 2014).

1901년 호주 연방이 탄생하면서 '백인 호주' 정책이 전면적으로 실시되었다. 광활한 영토에 국가를 세운 영국인 이민자들은 인구가 적다는 것에 대해 늘 불안감을 감추지 않았고, 중국인의 노동 시장의 잠식과 시장에서의 영향력 증대는 사회적 불안감과 인종주의를 촉발하는 계기가 되었다. 20세기 초 시드니가 위치한 뉴사우스웨일스 주에서 거래되는 바나나의 대부분은 중국인에 의해 거래되었다. 중국 이민자의 근면성과 상업적 수단은 결국 '백인 호주' 정책으로 귀결되었고, 유색인종에 대한 이민 제한은 1973년까지 지속되었다(이용균, 2012).

년대 중반부터 제1차 세계대전 이전까지 유럽의 이주자들은 미국의 제조업이 성장할 수 있었던 원동력이었다. 운하와 철도 건설을 위해 많은 아일랜드인, 이탈리아인, 유태인들이 동원되었고, 이들은 철도 건설의 노선을 따라 이주하는 패턴을 보였다.

한편, 캐나다는 미국혁명이후 영국 왕당파의 이주가 많았으나, 18세기말부터 영국, 프랑스, 독일 및 북부 유럽인의 이주가 많아졌다. 미국으로부터 탈출한 노예가 캐나다에 정착하였고, 19세기 골드러시gold rush와 대평원의 개발은 많은 이주자가 캐나다에 정착하는 계기가 되었다. 1895~1914년 사이에는 남부와 동부 유럽 출신의 이주가 증가하였으나, 여전히 앵글로-색슨의 문화가 주도하는 생활양식이 나타났다.

호주와 뉴질랜드는 영국의 식민지로 개발되었고, 모직, 밀, 금을 비롯한 원자재의 공급지였다. 초기 영국으로부터 많은 이주자의 유입이 있었으나, 19세기 중반에 접어들어 영국으로부터의 이주가 호주의 노동 수요를 충족시키지 못하면서 영국 식민지 곳곳으로부터 이주자의 유입이 이루어졌다. 남부 및 동부 유럽인의 유입과 함께, 중국과 인도인의 유입이 증가하면서 호주는 1901년 '백인 호주' 정책을 도입하였고, 뉴질랜드는 영국인의 유입을 제외하고는 비교적 엄격한 이민 통제를 실시하였다.

식민지로 유럽인의 대량 이주가 나타나면서 유럽 문화가 식민지 곳곳에 이식되었다. 현재 아메리카 대륙과 오세아니아의 정치, 경제, 사회, 문화는 유럽 이주자의 뿌리에 의한 것이며, 이들 이주자의 문화는 경관에 그대로 내재되어 있다.

3) 제1차 세계대전~제2차 세계대전

제1차 세계대전이 끝나고 유럽에서는 신생 국가가 많이 생겨났다. 전쟁이 발발하면서 군대로 차출되는 사람들이 증가하였고, 이는 노동력의 부족으로 나타났다. 독일과 러시아는 노동자의 해외 유출을 막았고, 프랑스는 식민지, 남부 유럽 및 중국 등으로부터 노동자를 모집하는 정책을 추진하였다. 당시 프랑스는 이민으로 부족해진 노동력을 만회하고자 자신의 식민지로부터 약 20만 명의 노동자(군인 포함)를 본국으로 유치하는 정책을 추진하였다(한국이민학회 역, 2013).

이 기간 동안 국제이주는 주춤한 것으로 나타난다. 세계 대공황이 발생하였고, 높은 실업 상태에서 이주자에 대한 적대감이 증대하여 이주가 감소하였다. 호주에서는 유색 인종의 이민이 제한되면서 남부 유럽인의 유입이 증가하였다. 과거 유색 인종이 했던 노동을 남부유럽인이 대신할 것으로 기대했으나, 결과는 반대로 나타나면서 결국 남부 유럽인들의 이주도 감소하였다.

미국은 남부 유럽인에 대한 이민을 제한(쿼터제 실시)하면서 부족한 노동력은 미국 남부의 흑인들로 대체하는 정책을 추진하였다. 이는 미국 내 인구의 대이동을 가져온 계기가 되었고, 북동부의 많은 지역에서 흑인 게토가 형성되는 결과를 가져오기도 하였다.

유럽 내에서 이민자의 유입이 가장 많았던 곳 중의 하나는 프랑스이다. 프랑스는 제1차 세계대전으로 많은 사망자가 발생하여 노동력의 유입에 적극적이었다. 1920~1930년 프랑스로 유입된 외국인 노동자 수는 약 200만 명으로 추산된다(한국이민학회 역, 2013). 전쟁으로 사망한 남성이 많았다는 판단 하에 남성의 유입이 많았고, 1931년 프랑스 내 외국인은 약 270만 명에 이르게 되었다. 하지만 프랑스에서 세계 대공황의 여파가 확대되면서 외국인 노동자에 대한 해고가 급격하게 나타났고, 1936년 외국인 노동자는 50만 명으로 급격히 감소하였다. 이처럼 제1차 세계대전과 세계 대공황의 후유증은 전 세계적으로 이주의 감소에 영향을 미쳤다.

4) 1945~1980년대

제2차 세계대전 이후 유럽은 전후 복구 과정에서 제조업이 급격히 성장하고, 이 과정에서 신생 독립국가로부터 많은 노동이주가 식민 지배국으로 유입되었다. 1970년대 초반까지 국제이주는 서부유럽의 재건에 따른 노동력 부족을 메우기 위한 초청이주, 구식민지에서 식민지배국가로의 노동이주, 북미와 오세아니아로의 영구이주가 주된 특징이다(한국이민학회 역, 2013).

독일, 프랑스, 영국, 벨기에 등에서 단기 노동자의 수급 정책으로 초청노동자 제도를 도입하였다. 이 과정에서 남부 유럽을 포함한 터키, 북아프리카 등에서 수백만 명의 이주자가 유입되었다. 초기에는 단기간의 노동력 수급을 원하였으나, 노동력 부족 현상이 유럽 전역에서 나타나면서, 숙련된 노동력을 확보하는 전략으로 기 초청노동자에 대한 가족재결합 프로그램이 추진되었고, 이 과정에서 수백만 명의 노동자가 가족과 함께 서부유럽에 정착하게 되었다. 이미 1970년대에 프랑스에는 200만 명의 외국인 노동자와 약 70만 명의 노동자 가족이 거주하였고, 독일은 초청노동자를 체계적으로 관리하고자 노동자 송출국 정부와 협정에 따른 근로조건과 사회보장을 준수하였다. 그러나, 초청노동자의 가족재결합이 추진되면서 1973년 외국인 노동자는 260만 명으로 급격히 증가되었다. 1973년 제1차 석유파동이 나타나면서 독일 정부는 초청노동자 제도를 전면 중단하게 되었다.

구식민지로부터 이주는 서부유럽 사회에 큰 변화를 가져왔다. 1950년대 초 약 20만 명에 불과하던 구식민지 이주자가 1961년 약 54만 명으로 급격히 증가하자 영국은 '영연방이민자법 1962commonwealth immigrants act of 1962'을 제정하여 이민을 규제하였다(한국이민학회 역, 2013). 하지만 영연방으로부터 기 이주자의 가족이 유입되면서 1971년 영국은 이민법을 통해 이주자의 유입을 보다 강력히 제한하였으나, 1981년까지 영연방으로부터 150만 명이 유입되었다. 프랑스는 북부아프리카로부터 많은 이주자가 유입(1970년 기준 60만 명의 알제리인이 거주)되면서 이주자 집중거주지역이 형성되었고, 나중에 이 지역은 게토로 변화하게 되었다. 미국은 1965년 이민법을 개정하면서 라틴아메리카와 아시아로부터 많은 이주자의 유입이 나타났다. 미국으로의 이주자 수는 1950년대 연간 25만 명에서, 1960년대 연간 33만 명으로 증가하였다. 미국의 농촌에서는 단기 취업의 형태로 멕시코와 카리브 해 출신의 이주자를 받아들였다. 반면, 호주는 1945년부터 대규모 이민을 받아들였지만 영주이민의 형태이거나 가족이민 형태로 추진되었다.

제2차 세계대전부터 1970년대 중반까지는 전후 황금기로 서구 경제는 고도의 성장을 경험하였다. 이 과정에서 부족한 노동력을 해외로부터 수급하는 정책을 추진하였으나, 단기적 수급 계획이 가족재결합을 통해 영구 거주로 바뀌면서 서부 유럽을 중심으로 문화의 혼종화를 경험하게 되었다.

5) 1990년대 이후

1989년 구소련체제와 동구권이 몰락하면서 전 세계적으로 이주의 변화가 급격히 나타났다. 동부유럽에서 서부유럽으로의 이주가 급격히 증가하였고, 소비에트 연방의 해체로 중앙아시아의 경제 침체가 장기화 되었다. 중앙아시아의 많은 노동자들이 동아시아, 러시아 및 유럽으로 유입되었고, 아시아 내부에서 결혼이주, 노동이주, 교육이주가 크게 증가하면서 국제사회로부터 아시아의 이주가 주목을 받게 되었다.

유고슬라비아 연방이 해체되고 종족 간 전쟁에 휘말리면서 1992년 한 해에만 70만 명에 달하는 망명 신청자가 발생되었고, 이는 국제사회에 큰 충격으로 다가왔다. 1990년대 유럽에서 나타난 국제이주(망명 포함)의 패턴은 종족 단위라는 특성을 보인다. 독일 종족집단에 포함되는 사람들은 독일로, 유대계 러시아인들은 이스라엘로, 터키계 불가리아인들은 터키로, 흑해 연안의 그리스계 사람들은 그리스로 이주하였다(한국이민학회 역, 2013).

서부유럽은 기존 초청노동자의 가족 재결합에 의한 이주자 증가가 1990년대에도 지속되었다. 독일은 이민 유입을 엄격하게 통제하였으나, 체류 외국인 수가 1996년 730만 명에 이르렀다. 2004년 670만 명으로 다소 감소되었으나, 전체 국민 중에서 외국인이 약 10%를 차지하게 되었다. 남부유럽(이탈리아, 그리스, 에스파냐 등)으로의 이주자의 유입도 크게 증가하였다. 1980년대 이탈리아의 체류 허가 외국인은 30만 명이 증가하였고, 2000년대 초 이탈리아의 외국인 수는 약 240만 명으로 크게 증가하였다.

국제이주가 가장 활발한 곳은 미국이었다. 1971~1980년까지 합법적으로 미국으로 이주한 사람은 450만 명이었고, 1981~1990년 730만 명이 이주하였고, 1991~2000년까지 910만 명이 추가로 이주하였다. 이들 이주자의 대부분은 라틴아메리카와 아시아 출신이라는 특징을 보인다. 캐나다, 호주, 뉴질랜드는 미국에 비해 이민자의 규모는 작으나, 전문기술을 가진 기술이민이나 사업 투자의 능력을 갖춘 투자이민 중심의 이민 정책을 고수하는 특징을 보였다. 이들 국가들은 주류 사회와 이민자가 함께 연대하면서 다문화사회를 열어가는 개방성을 추구하였는데, 국가가 당면한 노동력 부족, 고령화 등의 문제를 유능한 이주자의 유입을 통해 해결하는 정책을 추진하였다.

1990년대 이후 국제이주의 특징은 개도국에서 선진국으로의 이민이 많아졌고, 국제이주는 노동이주, 결혼이주, 교육이주 등으로 다변화되었다. 또한, 국제이주는 이주자의 다양한 사회적 관계에 의해 추진되고 있으며, 송출 지역과 정착 지역 간 개인 및 단체 또는 국가 간 이주연계가 긴밀하게 추진되는 특징을 보인다.

3. 글로벌 이주가 야기한 변화들

1) 이주와 경제

이주의 규모가 증가하면서 이주자는 송출국과 정착국의 경제에 막대한 영향을 미치는 것으로 알려지고 있다(Guarnizo, 2003). 특히 해외로부터 송금이 국가 경제에 커다란 영향을 미치는 필리핀, 파키스탄, 라틴아메리카 국가들은 해외 이주자가 국내 경제와 시장에 편입되도록 다양한 정책을 추진한다. 이들의 송금은 단순히 돈이 아니라, 일종의 사회적 자본으로 활용되기에 '사회적 송금social remittance'이라 불리기도 한다(Levitt, 2001). 은행으로 유입된 돈은 국가에서 필요한 외화이며, 교육, 의료, 상·하수도, 전기 등의 사회적 기반을 구축 및 정비하는데 활용된다. 또한 이주자는 돈만 송금하는 것이 아니라 정착지의 가치관과 문화도 전파하는 것이다.

하지만, 국제 이주는 국가 경제에 긍정적 효과만을 가져오는 것은 아닌데, 개도국은 고급 두뇌의 유출, 가족의 해체에 따른 사회 보장 비용의 증대, 선진국으로의 경제적 종속과 같은 부정적 효과도 동반한다. 이주와 경제의 관계를 긍정적 측면과 부정적 측면으로 명확히 구분하는 것은 불가능하나, 이주-개발을 둘러싼 여러 가지 주장이 제기되고 있어 긍정적 효과와 부정적 효과로 구분하여 살펴보고자 한다.

라벤스타인Ravenstein(1885, 1889)이 배출-흡인 모델에서 밝히고 있듯이 이주가 발생하는 근본적 요인 중에서 가장 중요한 것은 경제적 요인이다. 이주는 한 개인적 수준에서만 전개되는 것이 아니라 집단적으로 이루어진다는 점에서 이주가 경제에 미치는 영향은 막대하다. 유엔개발계획UNDP: United Nations Development Programme의 조사에 따르면 이주자의 송금에 의존하는 전 세계의 인구는 약 5억 명으로 추정된다(한국이민학회 역, 2013). 이들의 송금이 없다면 이들 5억 명의 빈곤은 매우 심각한 상태일 것이다. 가난한 개도국의 입장에서 해외 노동이주는 빈곤을 해결하기 위한 수단임을 부인하기 힘들 것 같다.

미등록 이주에서 살펴보았듯이 태국의 노동자는 말레이시아로 이동하고, 버마의 노동자는 태국으로 이동한다. 우리가 흔히 생각하는 것처럼 노동이주는 개도국에서 선진국으로의 흐름만은 아닌 셈이다. 국제적 차원에서 이러한 연쇄적 노동이주가 발생한다는 것은 생활 수준과 임금 수준이 맞지 않기 때문이며, 지역 내 실업 수준이 높기 때문일 것이다. 노동이주는 일시적이긴 하지만 실업의 문제를 다소 해결한다는 점에서 긍정적 효과를 가져오며, 송금으로 가족의 사회 복지가 향상된다는 점에서 고무적 결과를 가져온다(Chishti, 2007).

이주자는 거주하는 곳의 사고방식, 가치관, 문화 등을 전파하고, 이를 통하여 고향에서 행동 양식과 태도의 변화(예: 선진 문화의 수용)에 고무적인 영향을 미친다. 새로운 영농 기술이 고향에 전파될 수 있고, 교육에 대한 관심을 제고시킬 수도 있을 것이다. 특히 가난한 개도국에서 송금은 자녀의 교육 기회를 높이는 등 국가와 사회가 제공해야할 사회복지 서비스를 분담하는 효과도 가져 온다.

두뇌유출brain drainage은 다른 측면에서 바라보면 두뇌획득brain gain 또는 두뇌순환brain circulation이 될 수 있다(한국이민학회 역, 2013). 이동성이 증가하면서 이주자의 출신 지역과의 관계는 쉽게 발생되며, 선진국으로 떠났던 고급 노동자의 복귀가 나타나고, 많은 유학생들이 복귀하면서 선진 문화와 기술의 도입이 이루어지고 있다. 특히 우리나라, 인도, 타이완, 중국 등은 선진국으로부터 전문가와 유학생의 귀환을 통해 경제, 사회, 교육, 의료 등의 발전을 이룩하였다. 최근 인도가 세계적 IT 강국으로 성장할 수 있었던 배경에도 선진국으로부터 귀환하는 두뇌순환에 기인한다(Khadria, 2008).

이처럼 개도국에서 선진국으로의 노동 및 교육 이주는 개도국의 발전에 긍정적 효과를 가져 오는데, 개도국은 초기 발전 단계에서 우수한 과학자와 기술자를 수용할만한 기반이 조성되지 못하기에, 자국에서 충족시킬 수 없는 능력에 대해 선진국의 조건을 활용하는 것이 긍정적으로 평가된다. 즉, 선진국에서 유학한 인재들의 귀국은 교육의 질적 향상뿐 아니라 사회 전반의 발전에도 긍정적 영향을 미친다는 것이다.

결과적으로 이주는 송출 지역에 선진국의 문화를 알리고, 선진 기술과 교육을 이식시키고, 민주주의와 같은 사회적 가치도 이식시키면서 발전을 가져온다는 것이다(Faist, 2008).

한편, 국제이주의 증가는 송출 지역의 발전에 회의적이라는 주장도 제기되고 있다. 회의적 주장의 학자들은 국제이주가 발생하는 원인을 선진국과 개도국 간 불공평하고 불균형적인 역사와 사건들에 기인한 것으로 인식하면서, 국제이주 자체가 선진국을 위한 행동이자 실천이라 인식한다(이영민 외 공역, 2013). 1950~60년대 많은 식민지 국가들의 독립이 이루어졌고, 1960~70년대 선진국의 경제 성장은 개도국과의 유리한 무역 조건에 기인한 것으로, 선진국의 경제 성장은 개도국의 경제 침체와 실업을 가져왔다는 것이다. 특히 선진국의 다국적 기업이 개도국 시장에 침투하면서 개도국의 농업을 비롯한 산업 전반에서 위기가 나타났고, 이 과정에서 선진국으로의 종속 관계가 심화되었다는 것이다. 이러한 이주와 발전의 관계에 대한 부정적 효과를 살펴보면 다음과 같다.

탈식민화를 거치면서 개도국 엘리트의 선진국으로 이주가 급격히 증가하였다. 1965~1975년 기간 중 인도에서 미국으로 이주한 과학자, 의사 및 전문가의 수만 10만 명 정도에 이르게 되었고, 1990년대 말까지 개도국의 과학자와 기술자의 약 30%가 선진국으로 이주한 것으로 추정된다(한국이민학회 역, 2013). 페이스트(Faist, 2008)는 개도국의 기술자와 과학자 중 약 60%는 OECD 국가에서 일하는 것으로 추정하기도 하였다. 경제개발협력기구(OECD, 2007)의 보고서에 의하면, 미국 의사의 25%, 영국 의사의 33%는 국제이주자인 것으로 나타났다. 일부 개도국은 자국 의사의 50% 이상이 해외에 거주하는 것으로 나타나고 있는 실정이다. 남아프리카공화국을 제외한 사하라 이남의 아프리카 전역에서 각종 전염병과 질병에 대처할 의사의 수가 부족한 것도 두뇌유출과 밀접한 관계가 있다. 상당수의 개도국은 경제 침체를 거듭하고 있으며, 갈수록 사회간접자본의 악화가 나타나는 가운데, 엘리트에게 필요한 시설이 낙후되어 있으며 이들에게 적절한 임금을 제공할 수 있는 수준도 아니다. 개도국의 두뇌유출은 단순히 엘리트가 유출되는 현상이 아니라 국가의 사회 전반이 선진국에 종속되는 현상으로, 개도국의 지속 가능한 발전을 저해하는 요소로 지적된다(이영민 외 공역, 2013). 또한 현재의 두뇌유출이 미래의 두뇌유출로 이어질 가능성이 높다는 점이 우려의 대상이다.

이주자의 송금은 단기적으로 보면 가계와 국가 경제에 도움이 되는 것이 사실이나, 장기적으로 보면 이주자가 정착한 국가의 경제에 종속되는 결과를 가져올 수 있다. 개도국의 이주자는 선진국의 사회를 동경의 시선으로 바라보고, 이는 고향의 가족, 친척, 친구 및 지인들에게 전달된다. 선진 문화와 기술에 대한 동경은 선진국 제품에 대한 소비를 자극하면서 자국 제품에 대한 불신을 가중시킬 수도 있다. 지역 노동자들이 지역의 노동 환경을 개선하는데 노력하지 않고, 선진국으로의 이주를 탐색하는데 집중하도록 할 우려도 간과할 수 없다. 무엇보다 노동시장의 분절화를 강조하는 이주 학자들이 주장하듯이 선진국과 개도국 간 생산, 무역, 노동 등에서의 차이가 심화되면서 개도국의 선진국으로의 종속적 환경이 지속될 가능성도 배제할 수 없는 상황이다.

지멜Simmel(1908)이 언급하듯이 이주자가 된다는 것은 주변부의 위치성을 경험하는 것이다. 아무리 재능이 있고 능력 있는 이주자라 할지라도 정착지에서 이주자의 능력이 제대로 평가받을 수 없으며, 이들이 전문성을 살릴 기회도 매우 제한적이다. 이런 점에서 이주는 개인의 발전을 제대로 살리지 못한다는 점에서 이주를 통한 발전은 제한적일 수밖에 없다. 또한, 선진국은 자국의 3D 업종에 대한 근무 환경을 개선하려고 하지 않을 것이며, 이주자 유입의 증가는 선진국 내 노동시장의 파편화를 가져오면서 소득 불평등의 심화를 가져올 것이다. 이런 점에서 이주는 경제적 측면에서 개도국에게만 문제를 야기하는 것이 아니라 선진국에도 문제를 야기하고 있다. 중요한 점은 이주를 통해 개도국과 선진국의 경제적 문제가 해결되지는 않을 것이란 점이다.

이주를 비관론과 낙관론의 어느 관점에 초점을 두면서 해석하는 것은 문제가 있을 수 있다. 비관론에 문제가 있다고 해서 낙관론이 전적으로 맞는 것은 아닐 것이며, 이주가 어느 특정 지역에만 국한된 문제도 아니다. 만약, 이주를 통해 어떤 지역이 발전을 경험했다면 다른 지역은 왜 그러한 효과가 없는지도 고민해야 할 것이며(de Hass, 2007), 이주와 지속가능한 발전의 관계를 보다 심도 있게 고민할 필요가 있을 것이다. 이런 점에서 이주와 포스트개발post-development의 관계를 모색하는 것도 의미 있다. 개발과 발전은 성장 위주로만 판단해서는 안 되며, 지역이 발전의 계획과 실천을 주도하고, 사회 정의와 단순한 삶simple life의 조화를 통한 발전을 지향하며, 생산과 소비의 다운스케일을 강조하며, 서구 자본주의와 개발주의의 한계를 인식하는 것도 중요하다고 생각된다. 이주와 경제의 관계는 한 로컬만 관련되는 현상이 아니라 전 세계가 동시에 관련되는 현상임을 인식하는 것이 중요하다.

2) 이주가 사회에 미친 영향

글로벌 이주는 사회적 네트워크를 통해 작동된다(이영민 외, 2013; Massey, *et al.*, 1987). 이주자는 송출 지역과 정착 지역을 포함한 광범위하고 복잡한 사회적 네트워크를 통해서 이주에 대한 생활 정보(예: 직업, 주택, 종교, 문화 등)를 얻게 된다. 사회적 네트워크는 이주에 대한 불안을 감소시키고, 이동과 정주에 드는 비용은 감소시킨다. 이런 점에서 이주자의 사회적 네트워크는 사회적 자본으로 작동한다. 이주가 사회에 미치는 영향은 다양하나, 종족 공동체의 형성, 가족의 해체, 정체성의 변화를 중심으로 살펴보고자 한다.

이주와 종족 공동체는 불가분의 관계로 작동하는데, 이주자는 정착 사회에서 종족 단위의 경제활동이나 사회적 활동에 참여하고, 출신 국가의 가족, 친척, 향우회에 소속되면서, 종족 중심의 다양한 사회적 활동에 공식적 또는 비공식적으로 참여한다(Krissman, 2005). 종족에 포함된다는 것은 비슷한 정서적 공감대를 지닌 공동체의 일원이 되는 것이다. 종족의 존재감은 영역에 포함되는 구성원이 갖는 문화적 동질성에 의해서가 아니라, 종족을 구성하는 소속(감)에 의해 부여된다(장문석, 2011). 순수한 종족이 존재하는 것은 아니지만, 종족이 살아 있는 실체가 되는 이유는 개인이 많은 노력을 통해 현재의 위치와 위상을 만드는 것처럼 그리고 그것이 가문의 역사가 되듯이, 종족도 풍요로운 기억의 상상과 이에 대한 구성원의 묵시적 동의에 의한 유산으로 사회의 정체성과 관계들이 생산 및 재생산되는 토대가 되기 때문이다. 이런 점에서 종족은 동질 문화로 구성된 사회 집단을 지칭하는 것이 아니라, 하나의 사회 집단에 소속되는 개인(들)의 문화적 정체성이라 할 수 있다.

이주자는 왜 종족 공동체에 포함되며, 왜 이주자의 공동체는 특정 지역을 중심으로 엔클레이브enclave를 형성하는 것일까? 이주자의 종족 공동체는 생활 정보의 제공, 종족 단위의 경제 형성, 문화의 정체성 유지 등에 있어 매우 중요한 요소임은 잘 알려진 사실이다. 이주자는 동일 집단과의 자기 동일시를 위한 이익을 위해서, 그리고 정착 사회의 차별에 맞선 연대를 형성하기 위해 종족 공동체를 구성한다 (Mitchell, 2000).

이주자의 종족 공동체는 단순히 특정 종족이 집중된 현상을 의미하는 것이 아니라, 다른 곳과 독립된 특정 종족의 공간이 존재함을 의미한다. 이런 점에서 이주자의 종족적 분포는 정착 지역의 종교, 정치, 교육, 경제 등에 큰 영향을 미치는 것으로 인식된다(이영민 외 공역, 2013). 예를 들어, 미국에서 아프리카계의 분포가 높은 곳은 실업률이 높고 범죄 발생률이 높으며, 교육열은 상대적으로 낮다. 2004년 영국의 런던에는 서로 다른 종족이 집중된 엔클레이브가 100개가 존재하고 있었다(박경환 외 공역, 2012).

런던에 100개 이상의 종족 엔클레이브가 존재하는 것은 이주자 문화가 주류 문화에 쉽게 포함되지 못함을 의미한다. 엔클레이브는 특정 종족에 대한 사회적 차별이 존재할 때 주로 발생한다. 이주는 서로 다른 문화의 섞임과 혼종을 가져오지만, 이는 또한 지배 집단과는 문화적으로 다른 종족 거주지의 탄생을 의미한다. 한 사회에서 집단 간 차별이 나타나는 근본 이유는 지배 집단이 헤게모니를 정당화하기 때문으로, 지배 문화가 무엇인지에 대한 사회적 관습이나 담론이 존재해야 지배 집단의 우위가 형성되기 때문이다. 집단을 구별하는 기준이 있어서가 아니라 우열을 가리기 위해 구별 기준을 만들게 되는 것이다(박경태, 2007).

이주자는 한 공간에 고립되는 단순한 거주자가 아니다. 이들은 종족 공동체를 통해 자신의 문화적 경관을 장소에 이식시키는 장소 만들기의 핵심적 행위자이다. 런던의 100개 종족 공동체는 자신들의 문화가 담긴 식당, 가게, 종교 시설을 통해 런던이란 공간에 자신들의 종족 경관을 뿌리 내렸고, 런던은 다문화가 공존하는 글로벌 도시로 변모하였다. 이주자의 종족 공동체가 한 로컬의 내부에만 존재하고 한 장소의 경관과 정체성에만 영향을 미치는 것이 아니라, 전 세계적 종족 문화의 네트워크와 연결된다는 점에 주목해야 한다. 런던에 위치한 인도의 공동체들은 영국 내 다른 로컬의 인도인과 네트워크를 형성하고, 인도의 전반적인 가치와 문화에 영향을 받으며, 전 세계의 인도인 디아스포라와 연결된다는 점에 주목해야 한다. 즉, 런던의 인도 공동체는 런던, 영국, 인도 및 세계 곳곳의 장소 정체성에 영향을 미치고 있다.

둘째, 이주가 미치는 사회적 영향 중 가족의 해체에 대해 살펴보면 다음과 같은 특징을 접하게 된다. 한 개인의 이주는 가족과의 일시적 또는 장기간의 결별을 의미한다. 2000년대 초반 한국을 뜨겁게 달구었던 '조기유학의 붐'은 기러기 엄마, 기러기 아빠라는 표현과 함께 가족의 분절과 해체라는 사회적 이슈를 가져왔다(박경환·백일순, 2012; 이영민, 2012). 조기 유학은 부모의 경제적 부담을 가중시키면서 외화 유출과 원화 하락에 영향을 미치기도 하였고, 한국과 유학 현지에서 유학 시장의 성장을 가져왔고, 자녀의 적응 실패에 따른 후유증이 심각한 사회적 이슈로 부상하기도 하였다. 무엇보다 자녀가 대학을 마칠 때까지 분절 가구의 형태가 장기간 지속되어 조기유학은 가족의 미래를 위한 선택이 아니라 가족의 해체로 인식되기도 하였다.

한편, 개도국에서 여성의 노동이주가 경제 발전에 지대한 공헌을 한 것이 사실이나, 이는 다른 한편으로 가족의 해체에 따른 다양한 문제를 야기하기도 하였다. 여성이 이주하면서 부부 관계, 자녀와의 관계, 친척과의 관계에서 문제가 대두되기 시작하였으나, 이러한 문제에 대한 비판의 핵심은 여성 이주자에게 부과되는 결과를 가져왔다(허라금 편, 2011). 가정을 둔 어머니의 입장에서 이주를 결심하는 것은 쉽지 않지만, 가정의 현실과 사회의 현실이 여성들로 하여금 가사 노동을 떠나도록 유도하고 있다.

예를 들어, 필리핀에서는 여성의 해외 노동이주를 고무시키는 '감정 담론emotional discourse'이 작동하고 있다. 외국에서 가정부 생활의 어렵고 힘든 점을 잘 알면서도 가족과 사회를 위해 자신을 희생하는 여성이자 자랑스러운 어머니의 이미지가 사회적 가치로서 담론화 되는 것이다(허라금 편, 2011). 가사 노동이 확대된 배경은 단순하지는 않는데, 선진국에서는 신자유주의가 확대되면서 돌봄 서비스의 축소, 인구의 고령화, 맞벌이 부부의 증가, 가사노동 시간의 부족 등과 관련된다. 주택의 대형화로 가사 서비스에 대한 필요가 증대하였으며, 이동성이 증가하면서 개도국의 가정부를 저비용으로 고용할 수 있게 되면서 개도국 여성들의 가사 노동이주가 증가하였다. 외국인 가정부의 고용은 선진국 중산층에게 우월감을 심어주었고, 가사와 육아에 대한 전문 지식을 갖춘 가정부의 능력은 선진국 내에서 가사 노동에 대한 해외 의존도를 높이게 되었다(이영민 외 공역, 2013).

감정 담론에 이끌려 해외에 거주하게 된 여성들은 해외에서도 자녀의 양육에 대한 책임감으로부터 자유롭지 못하고, 본국에 남겨진 남편과의 관계는 시간이 갈수록 악화되어 남편의 외도가 문제로 부상하고, 자녀들은 어머니를 사랑과 애정의 존재로 인식하기보다 돈을 보내는 사람으로 인식하기도 하고, 사소한 잘못에도 추방의 위험에 직면하는 가사 노동의 성격은 이주 여성들이 공통적으로 경험하는 문제들이다. 가사 노동이 가정에서 일하는 노동이기에 안전하다는 인식은 잘못된 것일 수 있는데, 예를 들어 싱가포르 가정에서 가정부에 대한 학대는 가정이 안전한 공간이라는 인식에 문제가 있음을 보여준다(Huang and Yeoh, 2007). 물론 가사 노동의 성공 사례가 많겠지만, 감수성이 예민한 어린 자녀를 두고 해외로 떠나는 것은 가족의 해체를 포함한 다양한 사회적 문제를 야기함을 간과할 수 없다.

셋째, 이주는 정체성의 변화를 가져오는 사회적 실천이다. 세대를 거쳐 이주자는 주변부에 위치하게 되고, 후속 세대는 문화적 정체성의 차이로 인하여 정착 사회에 적응하지 못하는 경우가 발생한다(Vertovec, 2009). 그러면서도 대다수의 이주자는 거주하는 곳을 떠나 종족의 고향으로 귀환하지 않는 것이 일반적 현상임에 주목할 필요가 있다. 이는 이주자가 갖는 정체성이 하나가 아니라 주어진 상황에 따라 다른 모습을 보이는 '다중정체성multiple identity'의 특성을 반영하기 때문일 것이다. 일부 학자들은 이주자의 정체성은 다중성multiplicity의 성격을 보이는 것이 아니라 다수성plurality의 성격을 갖는다고 주장하기도 한다(Massey, 2005). 정체성이 하나의 다이아몬드가 보여주는 여러 면의 성격이 아니라, 여러 개의 다이아몬드를 갖는 특성이라는 것이다.

앞에서 언급했던 사회적 송금으로서 이주는 사회 정체성 변화에 큰 영향을 미치는데, 한편으로는 선진 문화의 우수성이 전달되기도 하지만, 다른 한편으로는 마약, 술, 담배, 범죄 등과 같은 부정적 측면이 나타나기도 한다(Smith, 2006). 선진국의 문화가 유입되면서 전통문화에 대한 가치가 폄하되거나, 세대 간 문화적 차이에 따른 갈등이 유발되는 경우도 흔히 나타난다. 젊은 세대는 선진 문화에 대한 수용력이 빠른 반면에, 연령대가 높아질수록 외국 문화에 대한 경계가 큰 게 사실이다. 정체성은 또한 개인의 위치성과도 관련되는데, 경제적 소득이 높을수록 일반 이주자 집단과 분리된 삶을 지향하기도 한다.

이주는 젠더 관계에 큰 변화를 수반한다. 특히 무슬림 가족이 서구로 이주하는 경우 여성의 젠더 역할에서의 변화가 나타나기도 한다(이영민 외 공역, 2013). 남성 중심의 무슬림 전통이 유지되는 가운데 여성의 권리가 확대되고, 세대를 걸쳐 종교적 실천에서의 차이도 나타난다. 또한 대도시와 농촌 지역은 종족 정체성이 서로 다르게 영향을 미치는 공간인데, 대도시일수록 종족 정체성이 약한 특징을 보인다. 그러면서도 이주자의 젠더는 주류 사회의 영향을 크게 받는데, 특히 이주자의 정체성 규정은 남성성의 영향을 많이 받는다. 예를 들어, 독일에서 터키에 대한 정체성은 터키 남성성에 기인한 것으로 공적 공간에서 터키 여성도 남성성에 의한 정체성의 규정에 영향을 받는다(Ehrkamp, 2008). 또한 젠더의 정체성은 고용, 결혼, 거주 상태에 따라 다르게 작동하는 것으로 나타났다(이영민 외 공역, 2013). 자녀를 가진 기혼 여성일수록 돌봄을 목적으로 출신 지역의 친척과 긴밀한 관계를 가지면서, 출신 지역의 젠더 정체성을 드러낸다.

이주와 정체성의 관계에서 가장 주목할 현상은 초국가적 소속감일 것이다. 두 국가와 두 종족성 사이에서 느끼는 소속감을 '초국가적 소속감transnational belonging'이라 하는데(Levitt, 2001), 이주자는 여기와 저기에 동시에 포함된다고 생각하고 이는 때로 모순적인 방법으로 나타나기도 한다(Turner, 2008). 이러한 예는 해외 영주권자가 한국에서 활동을 하고 싶지만 군대에 입대하는 것은 피하려는 모습에서 쉽게 발견된다. 여기와 저기에 동시에 소속된다는 것은 어느 곳에도 깊숙이 소속되지 못함을 의미하기도 한다.

초국가적 소속감이란 매우 복잡하고 모호한 것으로 예를 들어, 한 인도계 영국인 2세의 남성은 국적으로는 영국인이지만, 종교적으로는 힌두 사회에 포함되고, 인종적으로는 아시아에 포함되는 복잡한 소속감을 가진다. 그는 현재 런던에 거주하고 런던의 한 대학에 다니지만, 방학 때마다 방문하는 인도의 뭄바이는 고향이란 향수를 불어 넣는다. 대학을 마치면 인도로 건너가 대형 법률회사에서 근무하고 싶은 인도계 영국인 2세는 복잡한 초국가적 소속감을 갖게 된다.

초국가적 소속감의 형성에서 종교는 큰 영향을 미친다. 런던에 거주하는 소말리아인은 광범위한 아프리카의 디아스포라에 포함되기보다 무슬림에 소속되며(Grillo and Mazzucato, 2008), 종교적 신념은 일상의 활동에 내재되는 것이 보통이다. 이런 경우 종교는 초국가적 소속감을 구성하는 핵심 요소가 되는데, 정착 사회에서 출신 지역의 종교가 실천되는 경우를 쉽게 발견할 수 있기 때문이다(Riccio, 2008). 이민 2세의 경우 자신의 문화적 정체성을 발견하고자 종교 활동에 더욱 열심인 경우도 많이 나타난다(Cadge and Ecklund, 2007). 이에 대해 일부 학자들은 신자유주의가 확대되면서 이주자에 대한 사회복지가 축소되었는데, 그 빈 공간을 종교 단체가 대신하기 때문이라고 주장한다(Ley, 2008).

초국가적 소속감에서 간과할 수 없는 점은 이주자의 소속감은 정착 사회만의 문제가 아니란 점으로, 송출 국가는 동포 담론 또는 디아스포라의 정치를 통해 이민자의 위치성에 많은 관심을 갖기 때문이다. 이런 점에서 초국가적 소속감에 영향을 미치는 송출 국가의 정치에 주목할 필요가 있는데, 이는 다음 내용의 이주와 정치에 대한 부분에서 설명된다.

3) 이주가 정치에 미친 영향

공항을 통과하는 것은 내가 속한 국가가 어디인지를 확인하는 과정이다. 이주자에게 공항은 이곳에 포함되기 위해 필요한 서류가 무엇인지를 보여주는 대표적 상징물일 것이다. 이주와 정치의 관계는 시민권과 디아스포라를 중심으로 살펴볼 수 있을 것 같다.

시민권citizenship이란 예전부터 존재하였으나, 이주자가 급격히 증대하면서 큰 주목을 받게 되었다. 특히 최근 이주자를 위한 사회서비스의 제공은 서구 사회에서 뜨거운 이슈로 부상하고 있다. 난민과 비호신청자의 증가는 서구 사회에서 시민권에 대한 관심을 더욱 고조시켰다 할 수 있겠다. 일반적으로 시민권은 국가의 구성원으로서 법률적 지위를 갖도록 하는 것으로 국가적 스케일에서 작동하며, 국제적 스케일에서 개인 구성원의 소속을 결정하는 국적과 차이를 보인다(Sassen, 2006).

시민권은 이주자가 정착 사회에 거주하면서 갖게 되는 권리에 해당한다. 일반적으로 서구의 시민권은 두 가지 원칙에 의해 부여되는데, 하나는 미국이나 프랑스처럼 인종, 종족, 국적에 상관없이 태어난 곳을 기준으로 시민권을 부여하는 것이고, 다른 하나는 독일처럼 혈통에 근거하여 시민권을 부여하는 것이다. 이주하는 국가에 따라 시민권을 부여받는 방법이 달라지는 것이다. 이주자는 시민권 획득을 통해 시민의 기본 권리(공정한 심판, 발언과 이동의 자유), 정치적 권리(투표), 사회적 권리(사회보장)를 갖게 된다(이영민 외 공역, 2013).

이주자가 시민권을 받기 이전에 생활에 필요한 사회보장 서비스를 제공 받고, 선거에 부분적으로 참여할 수 있는 권리를 공민권denizenship이라 하는데, 이주자 유입이 증가하면서 시민권에 앞서 공민권이 부여되는 경우가 흔하게 나타나고 있다. 중요한 점은 시민권이나 공민권의 부여가 모든 이주자에게 공평한 조건에서 이루어지지 않는다는 점이다. 예를 들어, 유럽에서는 특정 국가의 시민, 유럽연합의 시민, 비-유럽연합 유럽인, 망명 신청자에 따라 시민권과 공민권의 부여가 달라지는 '시민권의 계층화 현상'이 존재한다. 비록 유럽연합이 통합되었으나 시민권 부여는 국가 단위로 이루어지고 있는데, 유럽연합 시민들은 유럽연합 안에서 경제 및 사회적 권리가 보장되지만, 공무원이 되는 것과 같은 정치적 권리는 국가 단위의 결정 사항이다.

소이잘Soysal(1994)은 국가들의 연합체가 증가하면서 향후 개인의 권리와 특권은 국가보다 EU처럼 상위국가 체계의 영향을 많이 받게 되고, 국제 헌장과 국제법이 국가의 법보다 중요한 영향을 미치는 글로벌 인권 시대가 될 것이라 예견하였다. 이러한 소이잘의 포스트-국가적 시민권post-national citizenship 논의에 대해 사센Sassen(2006)은 비판적 견해를 보이는데, 국민국가는 국제 규준과 권고를 수용하면서도 이주자의 시민권 부여에 대한 권리를 포기하지 않는다. 심지어 국가는 국제적 기준과 상황을 고려한 정책적 변화를 통해 종래의 국가의 역할에 변화를 가하는 '탈국가화denationalization' 현상을 가져온다는 것이다. 이주자의 시민권 부여에 관해서 국가의 영역은 여전히 중요하며, 소이잘의 주장처럼 글로벌 인권의 시대가 열리는 것이 아니라 국가의 인권 시대가 지속되고 있다.

글로벌 이주의 증가에 맞추어 각 국가들은 시민권에 대한 새로운 기준을 적용하기 시작했는데, 가장 대표적인 것이 아마 이중국적 제도일 것이다. 이중국적이란 어떤 국가에 소속되는 시민권을 갖고 있는 상태에서 출생, 혈통, 결혼, 영주를 통해 또 다른 국가의 시민권을 획득하는 것을 의미한다. 일종의 복수 국적을 갖게 되는 것이다. 현재 전 세계의 약 50% 국가들은 이중국적을 허용하고 있는데, 스위스 시민의 약 60%는 이중국적자로 추정된다(Bauböck, 2006).

이중 시민권의 허용 기준은 국가마다 차이가 있는데, 국가 정체성 또는 종족 정체성이 큰 영향을 미친다(표 3.1 참조). 인도는 해외에 거주하는 인도인에 대하여 비교적 개방적인 시민권 제도를 갖고 있으나, 그 혜택은 과거 영국 식민지배 시대에 노동계약으로 해외로 떠났던 노동자들은 제외하면서 논란이 야기되었다. 인도는 해외 인도인의 복귀를 통한 경제발전과 상상적 민족주의를 강화하려는 전략을 이중 시민권 제도를 통해 추진하고 있다. 영국은 복수 시민권이 허용되고 이중 시민권의 부여가 비교적 관대하나, 정부가 이주자의 귀화를 적극적으로 제안하거나 이주자가 갖고 있는 시민권을 포기하라고 강요하지도 않는다. 반면에, 미국은 이중 시민권의 부여가 상당히 제한적인데, 이주자가 시민권을 받는 경우 원래의 국적을 포기하도록 요구한다(비록 강제는 아니지만).

이처럼 이중 국적 제도는 모든 동포나 이주자를 대상으로 하는 것은 아니며, 그 자체에 포함과 배제의 논리가 작동한다. 최근 라틴 아메리카의 국가들은 미국에 거주하는 이주자들이 자국의 정치, 경제 및 문화에 지속적인 관심을 갖도록 유도하기 위해 이중 시민권 제도를 확대하였는데, 이는 미국 내 라틴 아메리카 이주자에게 큰 영향을 미쳤다. 이로 인해 미국 내 라틴 아메리카 이주자들이 보다 적극적으로 미국의 시민권을 획득하려고 노력하고 있으며, 미국은 히스패닉계의 이주를 제한하고자 많은 노력을 기울이고 있다.

표 3.1. 인도, 영국, 미국의 이중 국적의 특성

국 가	유 형	특 성
인도	개방형	· 이중시민권법안(2003)을 제정하여 해외 인도인에 시민권 부여 · 포함과 배제가 작동하는 계층화된 이중 시민권 제도
영국	관대형	· 시민권 부여가 대체적으로 관대함 · 이주자의 귀화와 기존 시민권의 포기를 강요하지 않음
미국	제한형	· 이중 시민권은 부분적 및 제한적으로 사용 · 이주자가 시민권을 부여 받는 경우 기존의 국적 포기를 요구 (강제하지는 않음)

자료 : 이영민 외 공역(2013)의 내용을 재구성하여 저자 정리

최근 국가들은 디아스포라 정책에서 변화를 가져오고 있다. 과거에는 해외에 거주하는 동족 집단은 이민을 떠나야 했던 특별한 이유나 상황이 있었음에도 불구하고, 본국으로부터 각광받지 못하는 존재가 되었다. 하지만 최근에는 국경을 초월한 종족 네트워크가 정치, 경제, 사회, 문화에서 중요한 위치를 차지하면서 디아스포라가 주목을 받고 있다. 디아스포라는 오랜 역사를 갖고 있다. 실크로드를 통한 동·서양의 문물 교환은 종족의 네트워크를 세계로 확대하는데 큰 역할을 하였을 것이다. 우리는 흔히 유태인을 비롯한 특정 종족의 이산(離散), 추방, 상실, 고난 등을 디아스포라로 이해한다. 하지만 디아스포라는 단순히 종족의 이산을 의미하는 것이 아니라, 타 국가에 거주하면서도 고국을 지향하는 연대 의식을 갖는 것을 의미한다(Brubaker, 2005).

디아스포라는 다시 돌아가거나 의지할 수 있는 '고국'과 '귀환'이라는 상상력에 의존한다. 하지만, 영주권이나 시민권을 획득한 이주자 중 상당수는 본국으로 귀국을 희망하기보다 정착국가에서 출신국가의 문

화와 공동체 감정을 유지하길 희망한다(Brubaker, 2005). 그러면서도 많은 이주자들은 사회 적응을 목적으로 종족 네트워크와의 연결을 추구하고, 이 과정에서 여러 국가 또는 글로벌 수준에서 작동하는 종족 네트워크가 작동하는데, 이것이 디아스포라의 정치에서 핵심이 된다.

글로벌 수준에서 작동하는 종족 네트워크는 한 국가의 자산으로 인식되면서, 국가마다 해외 동포 끌어안기에 열을 올리고 있다. 멕시코 정부는 해외 거주 멕시코인들이 국내 투표에 참여할 수 있도록 배려하면서 디아스포라를 정치와 연결시키고 있다. 인도는 전 세계에 퍼져있는 인도인의 네트워크를 통해 인도의 위상 강화를 추구하고 있다. 일례로 인도 영화는 인도인의 문화적 정체성에 동질성을 부여하는 주요한 수단이 되고 있다.

이처럼 디아스포라는 영역에 기초한 민족 또는 국가 정체성을 강조하는 것이 아니라 초국가적 또는 탈영역적 민족 상상력에 기초한다(포르티어, 2011). 정주와 소속의 위치가 다르다는 것이 디아스포라 연구에서 강조하는 것인데(Gilroy, 2000), 미국에 거주하지만 한국에 소속되는 위치성이 디아스포라의 정체성이 되는 것이다. 하지만 미국에 거주하는 한국 동포는 한국적 문화를 간직하면서도 미국의 문화가 내재된, 제3의 문화적 정체성을 갖는데 흔히 말하는 혼종성hybridity의 특성을 갖는다. 이처럼 디아스포라는 고국이란 감정에 기초하여 전 지구적으로 흩어져 존재하는 특정 집단을 문화적으로 통합되고 동질적 집단으로 규정하는 힘을 지녔다는 점에서, 글로벌 이주의 시대에 국가의 전략적 수단으로 '모국의 정치'와 연결된 국가 영역의 외부 지지 세력으로서 디아스포라 담론이 생산되고 있다.

디아스포라는 종족이 흩어지게 된 배출 요인에 관심을 가지며, 정착

지역에서의 문화적 차이에 주목한다. 이주자의 소속감, 장소감 및 삶의 방식은 디아스포라 주체를 주류 사회와 다르게 위치시키는데, 대개 '타자의 문화'로 규정되고 주변화된다. 이는 왜 백인은 디아스포라의 주체가 되지 않는가를 이해하도록 한다(정영주 역, 2014). 문명의 척도에서 우수하다고 인식되는 백인은 타자에 속하지 않기에, 결국 디아스포라의 주체가 되지 않는다는 것이다. 인종적으로 우수한 백인은 원하면 언제든지 어디든지 갈 수 있는 존재이기에, 고국에 대한 향수를 기억으로만 간직하는 디아스포라의 주체가 될 수 없는 것이다.

많은 국가는 해외에 거주하는 동포의 동향을 파악하고, 이를 정책에 반영하려고 노력하고 있다. 우리나라는 1970~80년대 우수한 인력이 선진국에서 유학한 후 귀국하여 여러 분야에서 선진 기술이 사회에 확산되는 정책을 추진하였고, 터키는 독일에 거주하는 노동자의 귀환에 관심이 높고, 멕시코는 미국 내 거주하는 노동자의 귀환에 관심이 많다. 이처럼 귀환 이주는 국가의 전략에 많은 영향을 받는데, 특히 일시적으로 노동력을 활용할 때 재외 동포를 활용하는 전략도 활용된다.

우리나라는 1999년 '재외동포법'을 제정하여 재외 동포의 거주권과 사회권을 부여하고 있으나, 중국, 구소련, 재일조선의 동포는 제외했다는 점에서 많은 비판에 직면하였다. 비록 재외 동포의 구분이 선진국과 사회주의 개도국으로 구분되는 계층화의 문제가 있음에도 불구하고(신현준, 2013), 우리나라는 2007년 '방문취업제'를 통해 재외 동포의 국내에서 노동 참여의 기회를 높여주었다. 우리나라는 중국 조선족, 고려인의 귀환 및 순환 이주가 많이 나타나는데, 특히 고려인은 가족과 친척에 의한 강한 연대, 문화와 민족에 대한 약한 연대가 동시적으로 작용하면서 한국으로의 이주가 증가하고 있다(김경학, 2015).

제4장 모빌리티의 구성과 실천*

1. 이주와 모빌리티

우리는 현재 이동의 시대에 살고 있다고 해도 과언이 아닐 것이다. 2014년 한 해 동안 세계 인구 75억 명 중 11억 명이 관광을 하였고(UNWTO, 2014), 세계 인구의 약 3%는 국제이주를 경험한 사람들이다. 우리의 일상은 이동을 수반하고, 사람·사물·정보의 이동이 많아지고 빨라질수록 일상의 관계들은 한층 다양하고 복잡해지고 있다. 교통기술의 혁신은 인간과 사물의 이동에 큰 영향을 미쳤다. 이동의 속도가 증가했을뿐만 아니라 이동의 안정성도 개선되었다. 교통기술의 혁신과 함께 이동에 큰 영향을 미친 것은 정보통신기술의 혁신이다. 인터넷은 실시간 정보와 서비스를 제공하면서 전 세계를 하나의 네트워크로 작동시키고 있다(박행웅 역, 2009; Castells, 1996). 세계적 차원에서 금융의 실시간 거래와 자본의 순환, 그리고 초국가적 자본의 유동은 전 세계를 흐름과 이동의 장으로 만들고 있다.

* 이 연구는 2015년 12월 한국도시지리학회지에 게재된 "모빌리티의 구성과 실천에 대한 지리학적 탐색"의 내용을 수정한 것임.

이동과 흐름에 대한 관심이 최근에 나타난 것은 아니지만, 과거와는 다른 맥락과 차원에서 이동이 발생하고 있다는 점에 주목할 필요가 있다. 현 시대의 이동은 복잡한 사회적 관계와 네트워크에 의한 결과이면서, 이동에 의한 관계와 네트워크의 재구성도 동시적으로 나타나고 있다. 이처럼 이동이 구성되고, 실천되는 관계와 체계를 모빌리티mobility라 하는데(강현수·이희상 공역, 2014), 모빌리티는 인간, 사물 및 정보의 이동만을 의미하는 것이 아니라, 이동에 내재하는 다양한 관계들의 의미와 실천을 포함하는 개념이다(Cresswell, 2006). 모빌리티 개념에는 이동의 대상, 이동할 수 있는 능력(사회적 위치성), 이동에 의한 공간(장소)의 변화가 포함된다(Urry, 2007).

모빌리티가 사회에서 어떻게 발생하고 작동되는가는 글상자 4.1의 내용을 통해 이해될 수 있는데, 장소 간 이동이 있다는 것은 곧 장소에 이동을 유발하는 것이 있음을 의미한다. 이동의 주체와 대상이 있고, 이동하는 목적이 있고, 이동 수단이 있고, 이동의 시간과 속도가 필요하고, 이동을 위한 교통과 통신의 인프라가 필요하고, 이동을 도와주는 사람들이 필요하다. 또한, 항공사, 렌트카 회사, 호텔, 공항, 식당 등은 자체적으로는 부동적 특성을 보이나 이동을 위해 꼭 필요한 요소들이다. 무엇보다도 여행을 결정하고, 숙박을 결정하고, 렌트카를 결정하고, 식사를 결정하고, 호텔을 결정하는 것은 자금을 포함한 권력과 밀접한 관계가 있다.

모빌리티 연구는 이동을 하나의 시스템으로 이해하고자 하는데, 특히 이동의 지리적 특성(경계, 거리 등), 이동하는 주체(대상)의 위치성, 이동의 정치와 권력에 관심을 갖는다. 우리의 일상이 다양한 관계와 관계들의 실천이란 점에서 일상 자체가 모빌리티인 셈이다. 라이프니츠Leibniz,

글상자 4.1. 모빌리티 이해하기

광주에 사는 A씨는 7시에 일어나 아내와 함께 쓰레기를 버리고 청소를 하고 짐을 챙기고 아이들을 깨운다. 차에서 아침 대용으로 먹을 고구마, 귤, 쥬스를 챙겨 넣고, 아파트의 번호 키를 잠그고 엘리베이터를 통해 지하주차장에 도착한 후 8시 50분 주차장을 출발한다. 전날 장거리 운전에 대비하여 차량 정비를 마친 상태라 차는 부드럽게 나간다. 10분 후 제2순환도로에 진입하여 하이패스로 1,200원을 지불하고 바로 시속 100km의 속도로 달리기 시작한다. 일요일 오전이라 차는 막히지 않고 불과 몇 분 만에 제2순환 도로는 호남고속도로로 이어진다. 여산휴게소에 잠깐 정차하여 화장실에 다녀오고 물을 산 뒤 하이패스에 100,000원을 충전한다. 충전하는데 1분 정도의 시간을 소요한 후, 바로 고속도로를 달려 천안-논산 고속도로에 접어든다. 시속 110km의 속도로 달리다 경부고속도로에 합류하기 전 다차로 하이패스 인식시스템으로 속도를 크게 줄이지 않으면서 요금을 자동으로 납부하고, 경부고속도로에 진입한 후 신탄진 휴게소에 잠시 정차한다. 11시 신탄진 휴게소를 출발한 차량은 속도 50~110km의 불규칙한 주행을 반복하다, 11시 40분에 신갈 IC에 도착하여 영동고속도로에 진입하고 인천 방향으로 차를 달린다. 일요일이라 차량이 크게 밀리지 않는 상태에서 시속 90~100km의 속도로 인천대교에 진입하여 하이패스로 통행료를 지불한다. 인천 공항까지 100km의 속도를 유지하다 12시 30분에 장기 주차장 입구에 진입하고 3분간의 노력 끝에 겨우 주차할 공간을 찾는다. 장기 주차장에서 짐을 내려 셔틀버스를 타고 5분 후에 공항에 도착하여 엘리베이터로 3층 국제선에 도착한다. 항공권 발권을 위한 긴 행렬 속에 20분을 보낸 뒤, 어린이를 동반한 고객으로 분류되어 항공사로부터 비즈니스 석을 이용할 수 있는 혜택을 부여받는다. 어린이를 동반하였기에 패스트 트랙(fast track) 전용 출국장을 통해 단 2분 만에 모든 출국수속이 완료된다. 예정보다 1시간 먼저 탑승 수속을 마치고 면세점에서 주류 가격을 확인하고 남성용 화장품을 하나 사고, 롯데리아에서 가벼운 점심을 먹는다. 20분 후 식사를 마치고 휴대전화 로밍을 마치고 12번 gate로 이동한다. 15시 30분 오키나와 출발 비행기는 항공사 사정으로 40분이 늦게 탑승하게 된다. 1시간 이상 기다리는 동안 이곳저곳을 보면서 아이패드로 가족들과 사진을 찍고 던킨 도너츠에서 커피를 마시고 잠시 애들이 조용한 틈을 타서 책을 본다. 16시로 예정되었던 탑승은 지연되어 비행기는 16시 50분에 이륙한다. 기내에서 간단한 식사를 제공받고 아이에게 좌석에 비치된 모니터를 통해 뽀로로를 보여주고 책을 잠시 본다. 이륙은 원래 예정 시간보다 1시간이 지연되었으나 나하공항에는 원래 도착보다 25분 늦은 18시 20분에 도착한다. 비행기 도착 후 10분 후에 입국 수속을 마치고, 15분 후에 짐을 찾아 출구로 나오자 OST 렌터카에서 마중 나온 직원으로부터 공항 옆에 주차된 회사 전용의 버스로 안내를 받고, 10분 후 버스는 어둠을 헤치고 출발한다. 공항에서 10분을 더 달려 위치한 OST 렌터카 회사에 도착한다. 간단히 보험과 운전에 대한 주의사항을 듣고 캠리 하이브리드 차량에 승차하여 한국인 직원으로부터 내비게이션의 작동 방법을 설명 듣는다. 설명이 끝나자 19시 30분 몬테레이 호텔로 이동한다. 낯선 교통 상황과 어두운 밤 거리에 익숙해지는데 약간의 시간을 보낸 후, 왼쪽 주행에 신경을 쓰면서 고속도로에 진입하고 시속 80km의 속도로 20분을 달린다. 잠시 후 내비게이션의 안내를 받아 고속도로에서 빠져 나오고 일본의 하이패스인 ETC 카드가 정착되지 않는 차량이라 일반 출입문을 통해 관리자에게 통행료를 지불하고 고속도로를 빠져 나온다. 2차선의 좁고 한산한 도로를 10분간 더 달려 호텔인 몬테레이에 도착하고 주차 안내원의 안내를 받아 가족은 1층 로비에 하차하고 차는 지하 주차장으로 진입한다. 지하 주차장에 대기 중인 안내원을 통해 주차할 곳을 배정받고 엘리베이터를 통해 호텔 로비에 도착한다. 호텔 종업원의 안내를 받으면서 바다가 보이는 호텔 방에 20시 30분에 도착하고, 짐을 풀고 내일 일정을 확인하면서 부족한 저녁 식사를 보충하고 애들의 간식을 사러 걸어서 5분 거리에 있는 편의점으로 향한다. 1월 20℃의 바닷가에서 불어오는 바람을 맞으면서 앞으로 2박 3일 간 왼쪽 주행을 걱정하면서 편의점에 들어선다.

아인슈타인Einstein, 지멜Simmel, 베르그송Bergson, 라투르Latour, 부르디외Bourdieu, 하비Harvey, 매시Massey 등과 같은 유명한 자연과학 및 인문·사회과학자들은 공통적으로 모든 사물의 의미와 위치는 사물들 사이의 관계에 의해 형성된다고 주장한다(홍성욱 편, 2010; 장세용, 2012; 정인모·배정희 공역, 2010). 애디(Adey, 2010)는 베르그송Bergson의 주장에 근거하여 부동적으로 보이는 것도 사실은 활성을 갖거나 변화하는 과정이라 주장하면서 이동에는 부동의 개념이 포함되어 있음을 강조한다. 이러한 관계를 강조하면서 모빌리티 연구는 이동의 현상과 과정에 대한 행위주체의 사회적 관계를 실천과 수행이란 관점에서 접근한다. 모빌리티 연구는 사회 현상을 새롭게 이해하고 조명하는 관점을 강조하기에, 이는 새로운 패러다임으로 주목받고 있다.

2. 모빌리티 패러다임

교통과 통신 기술의 혁신은 이동에 소비하는 시간은 줄이면서 사회적 관계는 더욱 확대하는 결과를 가져왔다. 어리(Urry, 2004)는 기술혁신이 이동과 사회 변화에 미친 영향에 주목하면서 현재의 이동은 과거의 이동과 다르다고 주장하였다. 비록 이동이 과거부터 존재한 것이나, 현재의 이동은 관계와 복잡성의 차원에서 과거와 질적으로 다르다는 것이다. 현재의 이동은 통계분석처럼 수치에 의한 고정된 값으로 설명될 수 없고, 구조주의 접근처럼 불변적 구조로서 설명할 수 없다. 이동을 이해하기 위해서는 흐름과 변화를 가져오는 복잡한 관계에 주목해야 하는데, 복잡성의 관점에서 이동을 이해하는 방법을 모빌리티 관점 또는 모빌리티 렌즈라 한다. 모빌리티 패러다임이란 모빌리티 렌즈로 세상을 이해하자는 학문적 운동이다.

모빌리티 패러다임은 사회와 공간의 경계 내·외부를 관통하는 다양한 네트워크와 흐름에 의한 모빌리티의 특성을 밝히고, 모빌리티에 내재한 계급, 젠더, 인종, 종족의 관계를 이해하고, 모빌리티가 생산 및 재생산하는 사회성sociality과 정체성identity을 이해하고자 한다(Adey, 2010). 인간의 사회적 현상과 관계는 인간주의humanism에서 접근하는 것처럼 상호 독립적으로 작용하는 개인의 주관성에 의한 것으로 이해할 것이 아니라, 다양하고 상호 교차하는 관계로서 이해되어야 한다는 것이 모빌리티 패러다임에서 강조하는 것이다.

상호 교차하는 사회적 관계로써 모빌리티를 인식하는 것은 아인슈타인의 상대적 공간 개념에서도 그 배경을 찾을 수 있다. 아인슈타인은 공간과 (공간의)사물은 서로 분리된 것이 아니며 공간은 부동 상태가 아니라 항상 움직이는 사물의 관계적 질서라고 보았다(정인모·배정희 공역, 2010). 비슷한 맥락에서 라이프니츠도 사물은 다른 사물과의 관계에 의해 그 의미를 이해할 수 있다고 보았다. 이들의 견해에 따르면, 공간과 시간은 절대적인 것이 아니라 관찰자의 기준에 따라 상대적으로 또는 관계적으로 이해되어야 한다는 것이다. 속도 또한 절대적인 것이 아니라 다른 사물과의 관계로서 이해되어야 한다. 이런 관점에 의하면, 공간의 변화는 곧 시간의 변화이고, 시간의 변화는 곧 공간의 변화인 셈이다. 시간은 흐르지만 공간은 불변하다는 인식은 관계를 강조하는 모빌리티 연구자들이 경계하는 것이다(강현수·이희상 공역, 2014).

모빌리티의 중요성은 근대부터 다양한 분야의 학자들에 의해 논의되었다. 전술한 바와 같이 베르그송은 부동 상태의 사물은 존재하지 않는다고 보았고, 중심지이론을 만든 크리스탈러도 정적인 상태stationary state는 허구이고, 활동motion이 실제reality라 보았다(Adey, 2010). 교통분야의 선구적 역할을 하였던 지프Zipf는 사람을 신체를 통하여 움직이는 물질과 에너지의 시간적 집합으로 인식하면서 사람을 경로path로 인식하였다(Adey, 2010). 부르디외는 인간의 이동, 실천, 관습에 의해 사회적 규범과 가치가 형성된다고 보았고, 이를 아비투스habitus라고 부르면서 스스로의 변동이란 측면에서 생성becoming과 이동의 개념을 강조하였다(최종철 역, 2006).

이동의 의미와 인식에 대해 가장 많은 고민을 했던 최초의 학자는 아마도 지멜일 것이다(조애리 등 공역, 2008; 강현수·이희상 공역, 2014). 그는 경계boundary를 인위적으로 설정된 사회적 행위로 이해하면서, 경계에 의해 지역은 서로 다른 사회적 공간으로 구분된다고 보았다(정인모·배정희 공역, 2010). 그는 고정된 장소의 연결을 이동으로 인식하였다. 하천의 제방은 분리되어 있으나 다리에 의해 연결되듯이 세상의 모든 장소는 잠재적 분리 상태에 있다는 것이다. 지멜은 이동이란 흐름flow이 아니라 유동flux이라 인식하는데, 이동에는 긴장, 갈등 및 투쟁과 같은 복잡한 것이 포함되어 흐름으로 설명하기 어려운 점이 있다는 것이다.

이러한 지멜의 주장은 최근 모빌리티 패러다임에 그대로 녹아있다. 모빌리티 연구자들은 이동에 내재하는 관계성relationality과 교차성intersectionality을 이해하고자 하는데(Sheller, 2011), 특히 인간-사물-정보 사이의 관계가 어떻게 이동(부동 및 고정 포함)의 맥락에서 작동하는가를 이해하고자 한다. 모빌리티 연구는 '관계(인간-사물-정보)들의 관계'를 복잡성의 관점에서 동시적으로 고려하고, 각종 사회문제(환경, 범죄, 교통, 주택, 인종차별 등)가 발생하는 과정을 다양한 연결, 분리 및 해체의 맥락에서 상호 관련시킨다.

모빌리티 패러다임은 다양하고 복잡한 '관계들의 관계', 즉 관계들의 시스템을 우연적, 창발적, 개방적 관점에서 다룬다. 이러한 관계들로 구성되는 시스템의 복잡성을 강조하면서, 쉘러Sheller(2011)는 조심스럽게 모빌리티 패러다임은 기존의 사회연구, 공간연구, 문화연구를 통합하는 아이디어와 성찰을 제공할 수 있다고 주장한다. 사회연구는 '주체'를 강조하면서 불균형, 권력, 계층을 설명하고자 하며, 공간연구는 '공간'을 강조하면서 영역, 경계, 스케일을 설명하며, 문화연구는 '의미'를 강조하면서 담론, 재현 및 인지를 설명한다는 것이다. 반면에, 모빌리티 연구는 사회·공간·문화연구의 핵심 주제와 메타포를 동시적으로 고려할 수 있는데, 관계와 교차는 이들 연구의 강조점을 종합할 수 있는 가능성을 제공한다는 것이다(그림 4.1 참조). 즉, 모든 사물(사람, 정보)의 의미는 관계에 의해 구성되고 관계의 네트워크에 의해 실천되므로, 관계들의 관계(교차성)라는 시스템을 통해 그 의미(본질, 특성)를 설명할 수 있다는 것이다.

모빌리티 패러다임은 관계적 사고에서 강조하는 관계를 더욱 강조하지만, 관계적 사고에서 간과하는 재현과 권력을 관계들의 시스템이란 맥락에서 강조한다. 하지만, 모빌리티 연구자들은 포스트구조주의와 포스트식민주의의 핵심 주제와 메타포인 탈영역화deterritorialization, 노마디즘nomadism, 리좀적 접근rhizomatic perspective을 비판한다. 왜냐하면, 이들 논의가 지나치게 모빌리티의 의미를 단순화시키면서 모빌리티에 내재한 담론, 실천, 권력의 관계를 간과한다고 보기 때문이다(강현수 · 이희상 공역, 2014; Adey, 2010; Cresswell, 2006; Sheller, 2011; Cresswell and Merriman, 2012).

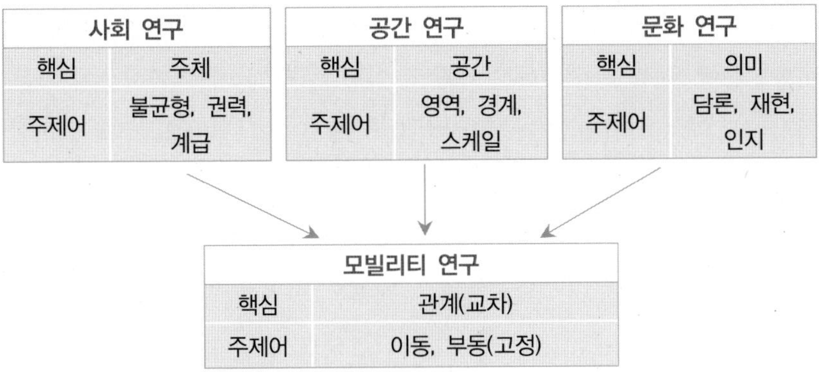

자료 : Sheller(2011)의 연구를 기초로 저자 구성

그림 4.1. 모빌리티 패러다임의 관계성과 교차성의 역동적 관계

이들 모빌리티 주창자들은 관계를 보다 역동적이고 변화무상한 관점에서 접근하는데, 특히 매시Massey(1994)가 주장한 개방적 관점에서 글로벌-로컬의 관계를 강조하면서도 이동의 관계에 내재하는 복잡하고 역동적인 구성과 실천의 권력을 강조한다. 또한 관계의 네트워크에서만 작동하는 행위자 네트워크 관점을 보다 개방적 조건에서 이해하면서, 주체-행위 간 관계의 구성과 실천을 성찰적 방법을 통해 접근하고, 무의식적이고 일상적이며 인간의 통제 이면에 놓여 있는 우연적이고 복잡한 사회적 관계의 메커니즘을 이해하고자 한다.

3. 모빌리티의 구성

크레스웰Cresswell(2006)은 모빌리티의 의미를 밝히는데 많은 관심을 두었다. 그에 의하면, 사물은 그냥 이동하는 것처럼 보이나 사실은 이동의 원인과 목적이 있기에 이동에는 의미가 포함될 수밖에 없다는 것이다. 이동은 다양한 형태와 속성으로 구분될 수 있는데, 흔히 육체이동, 물리적 이동, 상상이동, 가상이동, 통신이동으로 구분된다(강현수 · 이희상 공역, 2014). 육체이동은 사람의 이동, 물리적 이동은 사물의 이동, 가상이동은 이미지의 전달, 통신이동은 메시지의 전달을 각각 의미한다. 이러한 이동들은 우리의 다양한 사회적 관계를 서로 연결시키고, 이들 관계를 바탕으로 일상의 의미가 생산 및 재생산된다.

이동의 원인과 목적, 즉 이동을 구성하는 관계들은 필연적으로 권력 관계를 수반한다. 따라서 이동의 권력 관계를 이해하면 모빌리티가 어떻게 그리고 왜 작동하는가를 이해하게 된다(Cresswell, 2010a). 이동은 결코 자유롭지도 공평하지도 않다. 사물의 연결과 관계에 내재하는 권력의 차이가 바로 모빌리티의 의미를 구성한다. 런던을 방문하고자 할 때 방문할 수 있음 자체가 권력을 의미하고, 방문에 포함되는 이동의 수단과 숙박 그리고 부가적인 서비스의 차이가 바로 모빌리티에 내재된 권력인 것이다. 사회적으로 이동이 증가한다는 것은 권력 관계가 많아지는 것이며, 다양한 권력 관계가 장소에 재현되고, 장소 간 갈등과 대립이 나타나고, 결국 공간과 장소의 변화는 이동에 의해 주도됨을 의미한다. 이렇듯 이동의 증가로 나타나는 사회적 권력 관계의 복잡성과 이것이 사회와 공간에 미치는 영향에 모빌리티 연구자들은 주목한다. 쓰리프트(Thrift, 2004a, 2004b)는 이동과 권력의 관계에 주목하면서, 이동이 생성하는 공간을 연구하였다. 그는 이동에 내재하고 이동이 만들어내는 관계의 공간을 이동-공간movement-space이라 하였는데, 공간은 시작도 끝도 없는 유동적 힘fluid forces에 의해 그 의미가 구체화(또는 재현)되고, 이를 통해 관례, 기술, 형태, 장르, 개념, 감정 등이 생성된다는 것이다. 이동-공간이란 곧 이동하는 관계가 만들어 내는 공간으로 데카르트적 공간이 아니라, 인간과 사물의 상호작용, 그리고 그 실천과 수행을 통해 끊임없는 변형이 이루어지는 생성becoming 과정으로서의 공간이다. 예를 들어, 도로에 유비쿼터스 기술이 접목되고, 이를 통해 사회적 관계가 교차되면, 운전을 통한 감정이 생성된다는 것이다. 쓰리프트Thrift(2004b)는 유비쿼터스와 같은 '컴퓨터가 제공하는 기술 환경'이 이동-공간의 전제 조건임을 강조한다.

이동-공간으로 구성되는 모빌리티는 사회적 관계의 교차를 가져오는데, 애디Adey(2010)는 모빌리티 연구는 이동과 관계가 만들어내는 정치, 실천 및 장소에 주목해야 한다고 주장한다. 그에 의하면, 모빌리티란 개인(또는 사물, 지역) 간 이동의 차이가 만드는 '정치'이며, 행위주체(사람과 사물)의 다양한 경험과 의미가 결합되고 '실천'되는 관계이며, '장소'에 의해 이동의 성격이 나타나고 또한 이동의 특성이 장소(장소의 정체성)를 만든다는 것이다. 즉, 모빌리티는 단순히 사물의 장소 간 이동이나 이를 통한 공간의 변화shift of space가 아니라, 이동에 내재하고 이동에 의해 나타나는 다양한 정치, 실천 및 장소의 '관계(들)'라는 것이다.

이와 유사한 맥락에서, 이동이 생성하는 관계에 주목하면서 카우프만Kaufmann(2002)은 사회란 사물의 이동과 관계가 만든 결과라고 주장하면서, 사회라는 용어보다 이동이란 용어가 더 적합하다는 주장을 피력하였다. 그에 의하면, 사회는 이동의 관계들이 만든 결과로 구성된 것이며, 사회의 정치와 권력은 이동 자체이거나 이동에 의한 것이기에, 사회보다 이동이라는 개념이 훨씬 더 현실적인 개념이라는 것이다. 그의 주장은 카스텔Castells(1996)이 언급한 네트워크 사회의 특성에 주목하게 한다. 카스텔은 글로벌 사회는 복잡하고 이질적인 관계들의 연결과 상호 의존성의 결과인데, 사회는 결국 네트워크(이동)에 의해 구성되고, 권력도 네트워크의 결과라고 주장했다. 이들의 주장은 이동에 의해

글상자 4.2. 네트워크 사회

세상의 모든 것은 다른 모든 것에 연결되어 있다는 생태학의 제1법칙을 생각한다면, 네트워크의 중요성을 쉽게 짐작할 수 있다. 네트워크는 사물의 연결과 관계의 구성을 의미하는 것으로, 네트워크는 연결을 주도하는 행위자(actor), 연결을 통한 관계가 생성되는 과정(process), 의미와 권력을 작동시키는 시스템(또는 구조)으로 구성된다(박행웅 역, 2009). 카스텔은 과거의 사회가 개인, 회사, 국가에 기초한 사회적 단위의 사회였다면, 네트워크 사회는 경제, 문화, 정치 및 사회의 다양한 관계들이 네트워크로 작동되는 사회를 의미한다고 주장하였다(강현수・이희상 공역, 2014). 네트워크는 그냥 연결되는 것이 아니라 연결을 선택하는 것이며, 네트워크의 특성은 연결되는 구성요소에 따라 가변적이며, 네트워크로 존재할 때 또 다른 네트워크가 생성되는, 일종의 시스템이다.

사회적 네트워크 이론은 세계는 서로 연결된 방식으로 존재한다고 인식하고, 연결이 갖는 관계적 구성에 주목하면서, 결절(node)은 행위자(개인, 집단, 국가 등)로 인식하고 네트워크는 '행위자 간 연결(인식, 협력, 공유, 거래 등)'로 인식하는 접근이다(이호영 외, 2007). 사물을 연결하는 네트워크는 복잡성의 성향을 띠는데, 사회적 행위는 네트워크를 통한 관계 속에서 발생하고, 이를 통해 새로운 관계들은 지속적으로 생성된다. 네트워크의 가치는 참여하는 대상이 많을수록, 공유를 통한 기여가 높을수록, 네트워크의 개방성이 높을수록 크다고 인식된다.

개방성이 높은 연결을 느슨한 연결이라 하는데, 그레노베터(Granovetter, 1983)의 연구에 의하면, 직업을 구한 84%의 사람들은 서로 잘 알지 못하는 관계로 구성되어 있었다. 어리는 사람들은 다양한 장소에 살고 있지만 서로 연결되고, 관계되고, 교류하고 있다고 주장한다. 네트워크를 구성하는 개인의 삶은 개인적이나, 네트워크는 사회적이란 점에서 사회적 네트워크를 형성하게 되는 것이다.

행위자-네트워크(actor-network) 이론은 행위자 간 상호작용이 네트워크를 구성하는 관계를 이해하는 것이다(조동준, 2008; 최병두, 2015). 행위자 간 연결이 형성되면, 연결을 상호작용하는 매개물이 등장하고, 행위자와 매개물의 상호작용이 네트워크로 구성되면, 행위자와 네트워크가 서로를 구성하는 관계가 나타난다는 것이다. 사회의 복잡성을 이해하기 위해서는 세계를 실재와 흐름의 복합적이고 이질적인 결합체로 인식할 필요가 있으며, 인간과 비인간의 관계적 결합을 통해 의미와 실제 행위가 실천되는 맥락을 이해할 수 있다는 것이다(박성일 역, 2010). 하지만 행위자-네트워크의 분석은 마치 네트워크가 관계되는 행위자로만 구성되는 독립된 것으로 인식되는 문제를 가지며, 하나의 네트워크에 존재하는 서로 상반되고 연관되지 않는 다른 행위자의 특성을 간과하고, 네트워크를 형성하고 지속시키는 권력 관계를 소홀히 하는 문제가 있다(박성일 역, 2008).

세상의 의미가 부여될 뿐만 아니라 세상을 변화시키는 실제적 힘이 이동이란 것이다. 비록 이동이라는 용어가 사회라는 말을 대체하지는 않을지라도, 이동 없이 사회를 이해할 수는 없다는 것이다.

애디Adey(2014)는 이동의 사회성을 재현이란 맥락에서 설명한다. 사회적, 경제적, 문화적 재현이 이동과 관련되는 것은 쉽게 짐작할 수 있다. 그가 모빌리티 개념을 통해 강조하고자 하는 것은 언어, 문화, 종교 자체가 사회를 구성하는 것이 아니라, 이들 사이의 관계를 구성 및 작동시키는 이동이 사회를 구성한다는 것이다. 즉, 사회적 관계를 구성하고 재현하는 것은 모빌리티라는 것이다.

하지만 이동이 사회를 구성한다는 것은 이동에 너무 많은 의미를 부여하는 것이며, 이는 이동이 갖는 본질에 혼란을 가져올 수도 있다. 이런 점에서 쇠더스트롬과 크롯Söderström and Crot(2010)은 모빌리티 개념을 명료화하고자 하였다. 그들은 모빌리티(이동)가 신체, 주체성 및 물질성에 의해 구성된다고 보았다. 하지만, 모빌리티에는 너무 많은 의미와 관계가 동시적으로 포함되므로, 모빌리티는 이동 모빌리티(이동하는 것)와 구성 모빌리티(구성되는 것)로 구분할 필요가 있다고 주장한다(표 4.1).

이동 모빌리티는 관계의 경로, 속도, 리듬 및 공간적 스케일에 관한 이동에 초점을 두는 것이다. 차량의 이동은 경로를 통해 이루어지고, 고속도로는 자동차가 고속으로 달릴 수 있는 시스템이다. 하이패스나 유료도로는 경제적 수준과 상황에 따라 경로가 선택되는 시스템이며, 자동차의 속도는 고급 승용차일수록 안정성을 확보한 상태에서 속도를 낼 수 있다. 또한 빠른 이동을 위해 비행기를 선택하는 것도 경제적 상황과 밀접한 관계가 있다. 글로벌화는 인간, 재화, 서비스, 아이디어의 전 세계적 차원에서의 이동 속도에 의해 촉진된 것이다. 이처럼 경로와 속도는 불평등한 사회적 관계의 위치성을 반영하고, 공간과 장소를 구분(일반실/특실, 일반주거지역/고급주거 지역 등)하게 한다. 이동의 경로와 속도는 일상이라는 리듬과 함께 전개되고, 사람, 사물, 아이디어, 지식 및 실천의 이동은 다양한 공간스케일에서 작동한다.

표 4.1. 모빌리티의 구분

구 분	내 용
이동 모빌리티	경로, 속도, 리듬, 공간적 스케일
구성 모빌리티	의미, 경험, 능력(접근성)

출처 : Söderström and Crot(2010), The Mobile Constitution of Society.

구성 모빌리티는 이동의 의미, 경험 및 능력에 대한 것으로, 이동을 통한 관계와 권력이 작동되는 메커니즘에 대한 것이다. 전술한 바와 같이 이동은 인간 경험이 내재된 실천이며, 이동에 의해 접근성의 차이가 나타난다. 이런 점에서 이동에 대한 접근성은 권력 관계가 사회적으로 재현되는 수단인 셈이다. 이동의 능력과 접근성의 차이는 사회적 관계에 그대로 반영되면서 '공간의 재현'이 나타나고, 공간의 재현 속에서 작동하는 이동(즉, 관계)에 의해 '재현의 공간'이 형성된다. 이런 점에서 모빌리티는 단순한 이동이 아니라 관계의 구성을 통제하고 사물들의 공간 관계를 지배하는 일종의 시스템이다.

모빌리티 연구는 전통적 이동의 개념과 접근을 무시하는 것이 아니라, 이동의 관계를 사회적(또는 물질적)으로 재해석하고자 한다(Cresswell, 2010a). 이동의 결과는 장소에 고착된 관계를 형성하기도 하지만, 열린 상태로서 다양한 장소와의 끊임없는 관계를 생성한다. 이런 측면에서 이동의 사회적 관계는 근접성 자체보다 어딘지 모르는 다양한 장소와의 연결(즉, 접근성)이 중심이 되는 상상적 현존imagined presence과 관련된다(강현수·이희상 공역, 2014).

이동은 다양한 사회적 공간을 연결하고, 연결과 소통의 상호관계를 통해 현존은 의미를 갖게 된다. 다양한 공간스케일에서 작동하는 연결들은 느슨하게 결합된 체계로서 복잡한 아상블라주complex assemblage가 되고(Urry, 2004), 이 과정에서 자율적으로 보이나 사실은 권력에 의해 작동하는 이동이 나타난다. 권력을 동반한 이동은 다양한 공간적 범위를 빠르게 움직이는 구조화된 이동 경로를 갖는데, 경로의 범위, 복잡성, 선택은 갈수록 전문지식에 기반을 두면서, '모빌리티 권력'이 발생하는 토대가 된다(강현수 · 이희상 공역, 2014).

모빌리티는 생성becoming의 과정이기에 정지 상태란 존재하지 않는다. 오직 창조와 변형의 과정만이 이동을 낳는 셈이다. 따라서 모빌리티란 모든 사물이 존재하기 위한 전제 조건이다(Lash, 2005). 모든 관계는 이동에 의해 구성되고, 이동에 내재하는 권력은 사회와 공간의 차이를 가져온다. 이러한 차이를 통해 사물은 결합 및 재결합되고, 사물의 의미는 재-접합re-articulation의 과정을 갖는다(Cresswell, 2010a). 곧 모빌리티란 우연적이고 창발적 관계의 결합인 복잡성complexity으로 이해되어야 한다(표 4.2 참조).

복잡성 사고는 뉴턴이 강조했던 불변적이고, 측정가능한 시간과 공간의 개념에 대한 반대로서 등장하였다. 화폐, 이미지, 정보, 자본의 이동은 특정한 질서를 보이는 것이 아니라 우연적이고 무질서한 패턴을 보인다. 따라서 모빌리티란 정해진 규칙이나 메타 서사로 설명될 수 있는 것이 아니라 그때그때의 상황과 조건에 따라 다른 구성을 갖는 체계로 인식되어야 한다. 시간과 공간은 즉시성instantaneity, 동시성synchrony, 예측 불가능성unexpectability의 특성을 가지며, 부분들의 상호작용이 부분 자체보다 더 근본적인 요소를 구성한다(Massey, 2005). 이것이 복잡성의 맥락에서 이해하는 모빌리티의 핵심이다.

표 4.2. 뉴턴적 사고와 복잡성 사고의 비교

구 분	관 점
뉴턴적 사고	· 불변적 시간 개념 · 공간단위로 분할되는 시간 · 길이로 측정 가능한 시간 · 숫자로 표현 가능한 시간 · 가역적 시간의 관점
복잡성 사고	· 관성계와 독립된 고정되고 절대적 시간은 존재하지 않음 · 시간과 공간은 서로 분리되지 않음 · 시간과 공간은 동시에 창조된 우주 시스템의 일부

출처 : 강현수·이희상 공역(2014)의 내용에 기초하여 저자 재구성

복잡성 연구는 시스템(모빌리티)을 구성하는 요소들의 관계가 집단의 특성에 어떤 변화를 주는가를 밝히고자 한다. 특히 시간의 흐름에 따라 시스템이 자기 조직화를 거치면서 적응 및 진화하는 변화(다중적 혼종시스템이라 함)를 밝히고자 한다. 시스템 내 요소들이 일정하고 정해진 결과가 아니라 상황에 따라 다른 결과를 생성함을 연구자들은 주목한다. 시스템 내에서 행위자는 주어진 상황에서 적응력을 높이는 선택을 하는데(불확실성의 세계에서 안정을 추구하는 과정), 이 과정에서 경로의존성path dependency이 나타나고, 이를 통한 관계는 고착lock-in 현상을 가져

와, 결국 시스템의 질서가 유지된다. 하지만, 작은 변화를 유발하는 상호작용과 관계가 일정 한계를 넘어서는 전환점tipping point에 도달하면, 시스템은 새로운 선택(적합도)을 추구하는 자기조직화 과정의 변화를 추구한다.

복잡성 사고에 따르면, 이동은 이동의 속성만을 갖는 것이 아니라 부동immobility의 속성을 포함한다(Cresswell, 2010b). 비행기를 타기 위해 공항이 필요하듯이 이동은 부동(경계, 국경, 장소, 영토, 경관 등)과 함께 작동한다. 인간과 사물의 이동을 위해서는 항구, 공항, 기차역, 도로 등과 같은 부동적 요소가 필요하다. 따라서 모바일 환경을 구축한다는 것은 모빌리티를 작동시키기 위한 다양한 장치의 설치를 필요로 하며, 이러한 장치는 이동을 위한 부동적 요소인 것이다.

이런 맥락에서 이동을 이해하기 위해 정박moorings의 역할을 알아야 한다(Cresswell, 2010b). 정박이란 고정되고, 정적이고, 부동적 상황과 현상을 의미하는데(Urry, 2004), 사람과 사물의 이동은 부동적 인프라에 의존한다. 이런 점에서 부동성과 고정성fixity은 모빌리티를 작동시키는 필수 요소라 할 수 있다(Adey, 2010). 하비Harvey(1989)는 도시를 자본축적을 위한 생산과 소비가 창출되는 공간적 고정spatial fixes으로 인식한바 있으며, 르페브르Lefebvre(1990)는 생산자본의 축적이 고정된 도시공간을 통해 생산되고 재생산되는 관계를 밝혔다(양영란 역, 2011). 즉, 도시공간의 부동성과 고정성이 상호 작용하면서 이동이 실천되고 작동한다.

모빌리티는 복잡성이란 시스템이며, 이 시스템은 이동 및 부동의 요소가 결합하면서 작동된다. 모빌리티가 구성되고 실천된다는 것은 다른 측면에서 보자면 자연의 한계를 극복하는 역사의 과정이라 할 수 있다. 산업화는 이동의 증대를 가져왔고, 계몽주의는 흐름과 이동을 사회적으로 확대하였다. 20세기에 활용된 전화, 자동차, 철도, 항공, 통신은 모빌리티 시스템의 혁신을 가져왔고, 이동의 속도, 흐름 및 양에서 엄청난 변화를 가져왔다. 이런 맥락에서 모빌리티는 인류의 역사와 궤적을 같이 한다.

4. 모빌리티 렌즈와 모빌리티 실천

모빌리티 렌즈는 현 사회를 변화와 생성의 관계로 이해하자는 관점이다. 장소의 의미는 미리 존재하는 것이라기보다 이동에 의해 만들어지고 변화한다. 이는 장소의 개별성individuality이 중요하지 않다는 것이 아니라, '관계들의 시스템'에서 장소의 개별성은 매우 중요한 역할을 한다는 것이다. 왜냐하면 장소마다 독특한 이동을 만들기 때문이다. 모빌리티 렌즈는 장소의 개별성을 이해하는 새로운 안목을 제공한다.

지리학은 1930년대부터 이동과 장소의 관계에 관심이 많았다 (Cresswell and Merriman, 2012). 20세기 초기의 지리학자들은 이동하는 사람과 사물에 관심을 가지면서, 이동의 기원, 목적지, 그리고 이동이 지역에 미치는 영향에 관심을 가졌다. 1960~70년대 계량지리학자들은 장소의 입지를 이동과 이동 패턴을 통해 이해하고자 하였고, 헤게르스트란트Hägerstand(1970)는 시간의 흐름에 따라 달라지는 공간 현상을 이해하고자 하였다. 이들 연구는 인간 활동의 이동을 강조한 지리학 연구의 사례들이다.

모빌리티 렌즈는 이동에 의한 사회적 위치성의 차이를 권력 관계에 의해 이해하고자 한다. 모든 사물(사람, 장소)은 정보, 문화, 정치, 경제의 접근에서 차이를 갖는데, 이는 이동에 의한 결과라는 것을 앞에서 살펴보았다. 중요한 것은 권력의 차이는 이동의 차이를 가져오고, 다시 이동의 차이는 권력의 차이를 공고히 한다는 것이다. 정보와 문화의 접근은 사회적 신분과 위치에 따라 달라지는데, 부르디외의 설명처럼 개인의 계급 관계에 따른 문화적 자본의 차이가 모빌리티의 차이를 가져오고(최종철 역, 2006), 지구화 시대의 연결성은 정보와 자본에 대한 접근이 부족한 계급의 모빌리티를 제한한다(남영호 등 공역, 2010). 이처럼 모빌리티의 차이는 사회 활동의 기회와 생활양식의 차이를 가져오고, 이에 따라 계급의 차이에 따른 문화적 자본의 차이가 발생한다.

사회 계급의 위치성에 따른 모빌리티의 차이가 야기한 불평등 사례는 2005년 미국 허리케인 카트리나에 의한 홍수 피해에서 살펴볼 수 있다(Adey, 2014). 당시 홍수 대피 정책은 자가용을 소유한 사람 위주로 전개되었고, 자가용이 없었던 흑인 저소득층은 대피 정책 과정에서 배제되는 결과를 가져왔다. 이슈가 되었던 것은 대중교통이 도시의 이동 시스템으로 존재하고 있었음에도 불구하고, 자가용 중심의 대피 정책을 추진했다는 점이다. 이는 의도적으로 자가용이 없어 이동 능력이 부족한 저소득층의 흑인을 홍수 피해에 노출시키려는 백인들의 차별 의식이 작동하였다는 점에서 충격을 주었다.

어리Urry(2007)는 이동이 갖는 권력 관계를 보다 세부적으로 이해하고자 네트워크 자본network capital이란 개념을 사용하였다. 네트워크 자본이란 이동의 접근과 이동 수단의 이용에서 프리미엄이 작용하는 조건을 의미한다. 부르디외가 주장하였던 아비투스habitus가 취향에 대한 실천이 재현된 세계이자, 신체가 만들어낸 취향의 물질화라면(최종철 역, 2006), 어리의 네트워크 자본은 이동을 상품화한 신체로서의 아비투스이다.

글상자 4.3. 모빌리티로 뉴올리언스 재현하기

2005년 허리케인 카트리나(Katrina)는 뉴올리언스(New Orleans)에 막대한 피해와 상처를 남겼다. 엄청난 홍수에 직면하였으나, 많은 사람들이 피신하지 못하여 많은 재산과 인명 피해를 당해야 했다. 1,500명 이상이 사망하고 도시의 80%가 물에 잠기는 상황에 직면하였다. 당시 홍수 대피는 개인 승용차 위주로 전개되면서 자가용을 갖지 못하였던 빈곤한 흑인들의 피해가 컸다. 막대한 예산을 투자하여 기상 시스템을 구축하였고, 상당히 정확한 예보를 발령했음에도 불구하고, 많은 피해가 발생한 것은 뉴올리언스 당국이 적극적으로 가난한 계층을 위한 대피를 실시하지 않았기 때문으로 드러났다(Adey, 2014).

당시 흑인들의 모빌리티가 낮다는 것은 이 지역에서는 잘 알려진 사실이었다. 이는 누적적 결과로 흑인과 저소득층이 거주하는 지역에 대한 투자가 끊기면서 사회 인프라는 노후화되고 주택이 불량해지면서, 경제적 능력이 있었던 사람들은 이미 저소득층의 밀집지역에서 다른 곳으로 이동한 상태였다. 차량을 가진 백인 위주로 대피 정책이 실시된 것은 이곳에 만연한 인종차별을 반영하는 것으로 흑인이 없는 세상을 꿈꾸는 일부 백인의 오만함이 홍수 대피 정책에 내재되어 있었다.

이동 능력이 없었던 가난한 흑인들은 홍수 속에 그대로 집에 남겨지거나 슈퍼돔으로 이동해야 했다. 느린 구조 속에 어둡고 추운 집에 남겨진다는 것은 신체적 피로, 배고픔, 그리고 공포감을 주었고, 슈퍼돔으로 피한 많은 사람들은 부족한 위생 시설로 오물과 쓰레기 속에서 상당한 시간을 보내야 했다. 뉴올리언스의 홍수는 인종차별이 어떤 것인지를 보여주는 대표적 사례였다. 침수된 지역에 남겨진 흑인들은 먹을 것이 없어 슈퍼마켓에서 먹을 것을 찾았는데, 주류 사회의 미디어는 이를 범죄와 테러 행위로 간주했지만(Adey, 2014), 백인이 빈 슈퍼마켓에 나타난 것은 빵과 음료수를 찾기 위한 힘겨운 투쟁으로 보도되었다.

하지만 뉴올리언스가 더 큰 충격에 직면한 것은 대재앙을 수습하는 과정에서 백인 경찰에 의해 상당수의 흑인들이 목숨을 잃었던 사건들이 사실로 드러나면서부터이다. 차량으로 대피하던 흑인들이 총을 소지했다는 이유로 경찰로부터 무차별 공격 끝에 일부 흑인들이 사망하였고, 쇼핑몰 근처를 배회하다 총살된 흑인의 시신이 경찰에 의해 불태워지는 등 흑인에 대한 만행에 연루된 경찰관만 20명에 이르게 되었다. 2016년 12월 뉴올리언스 시장은 시를 상대로 민사 소송을 제기한 17명에게 총 158억 원을 배상하기로 결정하였다(연합뉴스, 2016년 12월 20일). 이처럼 모빌리티는 이동의 편리함을 제공하면서도 모빌리티가 부족한 사람에게는 소외와 배제의 수단이 될 수 있다.

퍼트남Putnam(1993)은 근접한 공동체 사이에서 발생하는 긍정적 효과를 사회적 자본social capital이라 하면서, TV 시청이 확대되면서 사회적 신뢰와 집단의 소속감이 약화되었다고 주장하였다. 하지만 최근의 연구에 의하면, TV, 인터넷, 휴대전화는 사회적 관계와 친밀감을 저하시키는 것이 아니라, 오히려 사회적 관계를 확대하고 있다(김미숙 등 공역, 2011). 이처럼 퍼트남의 주장과는 다른 현상이 나타나는 이유는 모빌리티의 증가로 사회적 자본이 다른 맥락에서 작동하기 때문이다. 부동적 시설로서 TV, 컴퓨터(인터넷), 모바일기지국(휴대전화)은 사람, 사물 및 정보의 이동을 대체하는 것이 아니라 더 활성화한다는 것이다. 이들 모빌리티 시스템은 예측 불허의 다양한 관계들을 작동시키면서 느슨한 형태의 사회적 관계가 사회적으로 확대되도록 한다.

모빌리티에 의한 느슨한 사회적 관계는 글로벌화 과정에서 잘 나타난다. 국경을 초월한 자유무역과 시장시스템은 초국가적 기업들 간 강한 연계보다 유연적이고 느슨한 관계들을 양산하고 있다. 또한, 국경을 초월한 이주의 초국가적 네트워크도 느슨한 사회적 관계를 끊임없이 생성한다. 이주자는 출신지와 정착지 사이의 느슨하고 강한 다양한 사회적 관계를 교차시키고 접합시킨다.

모빌리티가 권력의 산물인 것처럼, 이주자의 모빌리티는 사회적 위치성과 밀접한 관계가 있다. 이주자의 사회적 위치성은 특수한 정치적 상황, 그리고 장소의 계급, 인종, 종교 및 젠더의 영향을 받는다(Smith, 2006). 주류 사회와의 권력 관계에서 주변부의 공간으로 내몰린 이주자는 종족 네트워크를 작동시키면서 로컬의 네트워크를 강화시키고, 이를 기반으로 초국가적 네트워크도 발전시킨다. 하지만 모빌리티 자본이 약한 이주자들은 초국가적 네트워크를 발전시킴에도 불구하고, 종족 경제에 의존적인 엔클레이브enclave를 형성할 수밖에 없다. 모빌리티가 약하기에 이주자는 종족 경제에 의존하고, 종족 중심의 엔클레이브를 형성하는 것이다.

이주자의 문화적 정체성이 한 장소에 뿌리를 내리는 트랜스로컬리티translocality도 일종의 모빌리티의 한계에 의한 선택이라 할 수 있다. 정착 지역에서 자신들의 문화적 정체성을 유지하고 이것을 거리의 경관으로 재현한다는 것은 이들의 모빌리티가 주류 사회에 포함되는데 한계가 있기 때문일 것이다. 물론 이러한 현상이 모든 이주자가 공통으로 경험하는 것이 아니며, 이주자의 모빌리티가 작동하지 않거나 매우 제한적이라고 설명하는 것도 아니다(트랜스로컬리티가 정착한 곳과 떠나온 곳의 긴밀한 모빌리티에 의존하는 것임은 잘 알려져 있다). 상대적으로 모빌리티의 구성과 실천에서 이주자의 위치성이 낮다는 것이다.

이주자의 위치성이 낮음에도 불구하고, 이들의 모빌리티는 상당히 역동적인 모습을 보인다. 예를 들어, 중국 조선족은 중국과의 초국가적 연결, 한국사회에서의 중국 조선족의 연결과 소통의 네트워크 구축, 한국 내 중국 조선족과 한족 간 권력 관계의 구성에서 다양한 모빌리티를 구성하고, 로컬의 특성을 변화시키고 있다(이영민 외, 2012). 중국 조선족의 모빌리티가 연변 조선족 자치주의 노동, 인구 및 가족 구조의 변화에 큰 영향을 미쳤음은 익히 알려진 사실이다(이현욱 외, 2014).

비록 이주자가 모빌리티를 구성하고 실천하는 관계의 힘이 약하더라도 이주자는 사회와 공간을 변화시키는 행위주체인데, 이는 이주자의 약한 모빌리티의 위치성이 느슨하고 긴밀한 관계적 네트워크를 발전시키기 때문일 것이다. 중요한 점은 이주로 인한 공간과 장소의 변화를 연구할 때 모빌리티 관점이 적절하게 사용될 수 있다는 점이다. 관계들의 시스템은 네트워크 또는 영역을 통해 권력으로 구성되는데, 권력을 구성하는 핵심이 모빌리티라 할 수 있다.

5. 모빌리티와 공간연구의 미래

이 연구는 그동안 공간연구에서 지속적으로 관심을 가져왔음에도 불구하고, 그 활용의 가치가 간과되었던 이동을 모빌리티라는 관점에서 살펴보았다. 모빌리티 관점은 이동이 단순히 한 곳에서 다른 곳으로의 움직임과 흐름만이 아니라, 이동에 담겨진 담론과 이데올로기를 동시적으로 고려해야함을 강조한다. 이동한다는 것은 이동할 곳이 있고, 이동시킬 무엇이 있으며, 이동에 의해 변화하는 과정과 결과가 있다는 것이다.

최근 지리학에서 주목을 받고 있는 '관계적으로 공간을 사고하기'란 관점은 모빌리티와 여러 면에서 유사한 점을 보인다. 의미가 사물의 관계에 의해 구성된다는 점, 우연적이고 창발적 상황을 강조한다는 점 등이 유사하다. 그러나 관계적 사고가 관계의 개방성을 강조하면서 영역, 재현 및 권력을 다소 고정된 것으로 인식하는 반면에, 모빌리티는 개방성에 고정이란 요소가 포함된 것으로 인식하기에 관계적 사고보다 더 유연한 사고 체계를 갖는다.

모빌리티는 사물·공간·관계를 동시적으로 고려한다. 여기에서 관계는 단순히 인간이라는 행위주체에 의해서만 형성되는 것이 아니며, 동물, 사물, 정보도 매우 중요한 행위주체에 해당한다. 이는 행위자네트워크 연구에서 네트워크로 연결되는 모든 사물을 행위주체로 인식하는 것과 유사한 것이다. 사물·공간·관계를 동시적으로 고려하기에 모빌리티의 메타포는 공간연구, 문화연구 및 사회연구에서 각각 강조하는 메타포를 유연하게 수용하거나, 부분적으로 결합하거나, 또는 통합하는데 용이하다.

모빌리티 연구는 구조주의와 포스트구조주의를 상호 보완적 관계에서 조명하는 장점을 지닌다. 구조주의 공간연구는 다소 결정론적이고 거대담론에 의존하는 경향이 있고, 포스트이론(포스트모더니즘, 포스트구조주의, 포스트식민주의)들은 정형화되고 거대담론 의존적인 설명을 해체하고자 한다. 포스트이론들은 사회 현상의 역동성을 설명하기에 보다 적합한 관점이란 점은 잘 알려져 있다. 하지만, 이들 이론들은 사회와 공간의 본질을 간과한다는 비판도 받고 있다. 예를 들어, 자본주의의 불균형에 대한 문제 인식에 있어 포스트이론들은 권력에 내재한 다양한 사건들의 역사와 관계를 이해하면서, 구조주의적 공간연구에서 사회적 불균형의 본질이라 인식하였던 계급의 문제를 간과하는 경향이 있다. 그 대신에 사회 각 부문에 존재하는 차이와 담론의 분석에 더 많은 관심을 둔다. 구조주의적 공간연구는 포스트이론이 차이와 담론의 정치를 강조하기에 문제인 것이 아니라, 사회적 불균형을 가져오는 소득 분배의 문제가 젠더, 인종, 다문화, 양성평등, 이주 등의 이슈에 파묻히기 때문에 문제라고 본다. 차이와 (비)재현의 정치에 앞서 불균등한 계급과 권력의 문제가 발생하는 원인 분석 및 이에 대한 해결에 우선적 관심을 가져야 한다는 것이다.

모빌리티 이론은 구조주의와 포스트구조주의의 관점을 상황에 따라 적절히 접목하는데 유용하다. 모빌리티를 관계와 사건으로 구성되는 '관계의 시스템'으로 인식하면서도(구조주의적 관점), 관계들의 결과를 불확정적 과정의 연속으로 인식한다(차이와 담론을 강조하는 포스트이론의 관점). 구조와 행위를 서로 보완적이고 상호 의존적 관계에서 인식한다는 것이 모빌리티가 갖는 개방성의 특징이다.

모빌리티는 시·공간을 관계라는 맥락에서 접근하기에 시간과 공간을 별개의 것으로 구분하지 않는다. 관계로 구성되는 공간은 하나의 생성 과정이며, 공간의 사건과 수행의 실천은 시간(성)을 포함하고 있다. 비록 공간과 시간을 동시적으로 고려하는 관점을 실제 연구에서 적용한다는 것이 쉬운 일은 아닐지라도, 모빌리티는 공간의 사건과 수행을 공시적 및 통시적 관계들의 교차와 접합으로 인식하고, 여러 장소들이 사실은 하나의 열린 공간이란 시스템으로 작동함을 강조한다.

모빌리티 연구는 행위주체의 관계를 권력에 기초하여 이해하고, 사회의 복잡하고 다중적 관계를 복잡성의 관점에서 이해하면서, 인간과 사물의 관계들이 어떻게 교차하고 결합하는지 사유하도록 한다. 하지만 모빌리티 렌즈는 아직 현실화되기 힘든 여러 문제점도 갖고 있다. 이동과 부동의 사회적 관계는 너무나 많은 행위자와 관계를 포함하기에, 매우 복잡하고 이를 쉽게 설명하기란 쉽지 않다. 또한, 모빌리티 관점은 구조화된 권력을 이해하고자 하는데, 이는 복잡하고 다양한 우연적 요소가 작동하는 다양한 관계들을 간과할 수 있다는 단점을 지닌다. 그럼에도 불구하고 모빌리티 접근은 공간연구의 시야를 넓혀주고, 개방적 사고를 갖도록 한다는 점에서 의의가 크다.

제5장 초국가적 이주*

1. 초국가적 렌즈

초국가주의transnationalism는 이주자가 지리적, 문화적, 정치적 국경을 가로지르면서 사회적 장social field(社會的 場)을 형성하고, 출신국가와 정착국가 사이의 다양한 사회적 관계를 만들고 유지하는 현상에 주목한다(Basch, *et al.*, 1994). 국가의 경계를 넘어 이주자의 사회적 관계가 형성되고 유지되는 네트워크의 집합을 초국가적 사회의 장이라고 하는데, 초국가적 활동은 가족(친족), 문화, 경제, 정치의 관련 속에서 유지되고, 변화하고, (재)구성된다(Schiller, *et al.*, 1992).

초기 초국가주의 접근은 이주자의 정착 사회로의 동화보다 초국가적 활동을 강조하는 경향이 있었으나, 최근의 연구는 초국가적 활동이 이주자의 정착 사회로의 적응, 동화 및 착근과 동시적으로 일어난다고 본다(Smith, 2006). 이주자의 초국가적 활동은 문화적, 경제적, 정치적 측면에서 발생하기 때문에 '초국가주의'라는 용어는 이주자의 국경을 초월

* 이 내용은 한국도시지리학회, 2013년 4월호 "초국가적 이주 연구의 발전과 한계: 발생학적 이해와 미래 연구 방향"을 수정한 것임

한 상품, 문화, 정보 및 서비스의 연결을 총 망라하는 의미를 담고 있다(Faist, 1999; Vertovec, 2009). 초국가적 활동이 다양하고, 자주 변화하며, 일상생활이 초국가적 활동에 영향을 받기 때문에 초국가주의를 일목요연하게 이해하는 것은 쉽지 않다(Yeoh, *et al.*, 2003).

초국가주의를 이해하기 위해서는 국제적international, 다국적multinational, 초국가적transnational이라는 용어가 어떤 차이를 갖고 있는지를 이해하는 것이 중요하다. 국제적이란 (국민)국가의 활동과 프로그램이 국가들 사이에서 발생하는 현상을 의미하며, 다국적이란 기업과 종교와 같은 대규모 조직의 활동이 여러 국가에서 전개되는 현상을 의미하며, 초국가적이란 비제도적non-institutional 행위자에 의한 국가의 경계를 초월하는 활동을 의미한다(Portes, 2001). 초국가주의가 제도적 요소의 영향을 받지 않는다는 것이 아니라, 행위 주체가 비제도적 개인과 집단에 의해 주도된다는 것이다.

초국가적 활동은 역사적으로 최근에 출현한 현상은 아니다. 스미스Smith(2001)의 주장에 의하면, 국제무역, 이주, 국경을 초월하는 정치적, 문화적 상호침투에 의한 초국가적 네트워크는 마르코 폴로의 여행, 도시국가의 경제적 동맹, 20세기 초반의 대량이주, 이탈리아 통일의 정치적 행위 등에서 이미 나타났다(남영호 외 역, 2010). 최근의 초국가적 활동을 초국가주의라 하는 것은 이들 활동이 사회 변화를 주도하는 새로운 관점을 재현하고 있기 때문이다(Portes, 2003). 스미스R. Smith(2003)는 과거의 초국가적 삶은 사회 변화를 이해하는 핵심이 되지 못했으나, 현재의 초국가적 활동은 사회 변화를 이해하는 새로운 관점, 즉 '초국가적 렌즈transnational lens'를 제공한다고 본다.

초국가적 렌즈는 국가의 경계를 가로지르는 사회적 활동의 네트워크, 위치성 및 결합이 형성되고 유지되는 관계에 주목한다. 이는 초국가적 실천이 사회에서 어떻게 재현되는지에 관심을 두며, 초국가적 활동은 초국가적 집단transnational groups, 초국가적 회로transnational circuits, 초국가적 공동체transnational communities를 포함한다(Faist, 1999). 초국가적 집단은 국경을 초월하여 가족과 친척의 연결을 주도하는 구성원으로, 이들의 초국가적 활동은 호혜주의, 규범, 도덕에 기초한 유대적 관계에 기초한다. 송금, 고향방문, 투자는 출신국가의 경제에 큰 영향을 미치면서 초국가적 집단의 활동이 지속되는 원천에 해당한다(표 5.1 참조).

초국가적 회로는 종족(민족) 경제에 기반한 국경을 초월한 무역에 초점을 두는 것으로 상품과 서비스의 교환이 이주자의 무역 네트워크를 통해 유지되는 것을 의미한다. 종족 경제는 해외에서 종족 정체성에 기반한 사회적 관계가 뿌리 내리는 토대인데, 종족 경제가 활성화 되는 과정에서 출신국가와의 경제적 활동이 매우 중요한 요소로 작용한다.

초국가적 공동체는 출신국가와 정착국가를 넘나드는 이주자 네트워크의 공동체이다. 이러한 네트워크는 출신국가의 구성원과 이주자를 공유된 문화라는 매개를 통해 결속하는 역할을 수행한다. 흔히 디아스포라로 일컬어지는 종족 구성원 간 국경을 초월한 사회적 관계가 초국가적 공동체에 해당한다.

표 5.1. 초국가주의의 구성적 관계

구 분	관계의 형태	대표적 사례
초국가적 집단(친족)	호혜주의, 사회규범	송금
초국가적 회로	교환	무역 네트워크
초국가적 공동체	결속	디아스포라

출처 : Faist(1999)의 내용을 재구성

초국가적 사회공간에서 문화적, 정치적, 경제적 과정들은 경제적 자본, 인적 자본, 사회적 자본을 활용하고 축적하는데, 이주자의 초국가적 삶 자체는 생존과 번영을 위한 전략일 수 있다. 페이스트(Faist, 1999)는 초국가주의를 경제적, 정치적, 문화적 과정으로 구분하면서 각각에 대한 행위자와 관련된 초국가적 활동을 설명하고 있다.

경제적 과정에서 초국가주의의 주된 행위자는 사업가와 이주자로, 이들은 초국가적 비즈니스를 실행하고, 정착국가에서의 직업 정보를 제공하고, 출신국가로의 송금을 통하여 정착국가와 출신국가의 경제적 관계를 형성 및 유지한다. 정치적 과정에서 초국가주의의 주된 행위자는 이주자와 (국민)국가이며, 이주자는 종족 정체성에 기반한 정치 참여를 통해서, (국민)국가는 이주자의 선거권과 이중국적에 대한 정책을 통해 초국가주의에 개입한다. 문화적 과정에서 초국가주의는 주로 이주자에 의해 실천되는데, 이주자의 언어, 종교, 규범, 젠더, 음식 및 2세 교육에서 종족 정체성이 강조되면서 초국가적인 사회적 관계가 형성 및 유지된다. 기존의 이주 개념으로는 이주자의 초국가적 연결을 설명하기 힘들었는데, 특히 이주자가 한 곳에 정착하면서도 자신의 문화를 유지하고, 여기와 저기에 동시에 소속되는 현상을 설명하기 힘들었다. 이주자의 초국가적 활동은 교통과 정보통신의 혁신에 영향을 받았으며, 경제와 문화의 글로벌화 과정에서 나타났다. 쉴러(Schiller, *et al.*, 1995) 등은 초국가적 이주를 글로벌 경제의 확대에 따른 초국가적 삶을 추구하는 이주의 새로운 형태로 본다. 즉, 초국가주의는 글로벌화, 이주자에 대한 차별, (국민)국가의 국민강화 프로젝트에 의해서 등장하였다고 본다. 이러한 주장을 토대로 초국가주의 등장을 살펴보면 다음과 같다.

첫째, 초국가주의는 글로벌화의 진전과 함께 등장하였다(Basch, *et al.*,

1994). 하지만 초국가주의는 글로벌 담론과는 다른 관점을 강조한다. 글로벌 담론은 국경을 초월하는 흐름과 이동을 강조하면서, 국가의 기능과 영역성을 간과하는 경향이 있다. 또한 글로벌 담론은 국경을 초월한 자유로운 이동과 흐름에 의한 전 세계적 수준의 시·공간의 압축과 수렴은 국가의 역할을 축소시키는 탈영역화의 과정을 수반한다고 주장한다. 글로벌과 로컬은 분리된 것으로 인식하며, 사회분석의 단위를 세계적 규모에서 접근하고자 하며, 사회적 연결의 주체를 자본과 정보로 인식한다. 그러나 글로벌 금융과 자본, 교통과 통신의 발달, 글로벌 문화의 교류와 문화적 혼성은 국제이주를 확대하였고, 국제이주의 확대는 아래로부터의 글로벌화로 일컬어지는 초국가주의를 가져왔다.

초국가주의는 국경을 초월한 국가 구성요소(사람, 상품, 정보, 서비스 등)의 연결성을 강조하면서도, 여기와 저기에 동시적으로 소속되는 정체성은 국가라는 영역에 고정되지 않는다고 주장하며, 이주자의 정착은 출신 지역의 문화적 정체성이 정착지에 착근되는 재영역화의 과정을 가져온다고 주장한다. 이처럼 초국가주의는 글로벌과 로컬을 분리된 것이 아니라 상호 통합된 것으로 인식한다. 사회분석의 단위를 국가로 보고, 사회적 연결의 주체를 행위자agent로 인식한다. 이런 맥락에서 초국가적 활동은 글로벌 수준에서 발생하지만, 초국가적 의미, 중요성 및 효과는 국가를 단위로 설명된다(딜릭, 2010). 하지만, 초국가주의는 국가보다는 초국가적 활동을 더 강조하는 경향이 있다.

둘째, 정착 사회에서 이주자에 대한 차별은 이주자의 초국가적 활동을 확대하는 계기를 제공하였다. 이용일(2009)은 초국가주의는 중심에 대한 주변부의 인정투쟁으로 인식하는데, 탈식민화와 함께 자의식이 강해진 주변부(이주자)는 문화, 기술, 진보가 중심으로부터 일방적으로 주변부로 흐르는 것이 아니라 상호영향의 관계에 있으며, 이러한 상호작용의 맥락에서 이주자의 초국가적 실천이 나타난다는 것이다.

쉴러(Schiller, *et al.*, 1995) 등은 미국과 유럽의 인종차별은 새로운 이주자와 자녀에 대한 경제적, 정치적 불안을 가져오게 되었고, 이는 이주자 스스로 초국가적 연결을 시도하게 된다고 본다. 앤더슨Anderson(1991)은 캐나다 밴쿠버의 차이나타운은 백인 지배 집단으로부터 중국인이 미개하고 부도덕한 존재로 차별을 받게 되었고, 이러한 차별 속에서 살아남기 위해 중국인들은 종족 경제를 토대로 초국가적 활동에 적극적으로 참여하게 되었다고 주장한다. 바센도르프Wessendorf(2010)의 연구도 비슷한 결과를 보이는데, 스위스에서 이탈리아 이주자에 대한 차별은 이탈리아계 이민 2세에까지 영향을 미친다. 이민 2세 중 일부는 스위스에서 태어났지만 소속감을 주는 장소는 이탈리아로 인식하고, 이탈리아의 상품과 문화를 선호하고, 이 과정에서 초국가적 활동이 나타난다. 이처럼 이주자에 대한 정착 사회의 차별은 초국가적 활동에 영향을 미친다.

셋째, (국민)국가의 국민강화 프로그램은 초국가적 활동을 자극한다. 세계의 많은 국가들은 해외에 거주하는 자국의 국민을 위한 다양한 정책을 추진하고 있는데, 디아스포라 정책은 흩어져 있는 국민을 하나로 규합하는 수단으로 각광을 받고 있다(이영민 외 역, 2011). 자국민을 위한 디아스포라 정책은 해외로부터 초국가적 활동을 자극하는 요인이 되는데, 인도는 2003년 이중시민법안을 제정하면서 해외에 거주하는 인도인에 대한 시민권을 부여하고 있다(Samers, 2010). 인도정부는 서구에 거주하는 성공한 이주자를 대상으로 시민권을 부여하면서, 이들이 인도 경제로 포함되는 전략을 추진하였고, 이는 '상상적 국가주의imaginary nationalism'를 통한 인도인의 결속을 강화시키는 역할을 하였다.

국가 주도의 국민강화 프로그램은 이주자의 송금과 관련하여 추진되는 경우가 많은데, 외화 획득을 이주자의 송금에 의존하는 라틴아메리카의 국가들은 해외에 거주하는 이주자에 대한 선거권과 이중국적을 부여하면서, 이주자의 국내경제로의 편입을 전략적으로 추진하고 있다(남영호 외 역, 2010). 이러한 국민강화 프로그램은 이주자 사회에서 다양한 공동체가 활성화되는 계기를 제공하는데, 미국에 결성된 멕시코의 이주자 공동체만 약 2,000개에 달하는 것으로 추정되며, 라틴아메리카 이주자 송금의 약 10%는 출신지역의 발전을 위한 프로그램에 사용되는 것으로 추정되고 있다(Levitt and Jaworksky, 2007).

이처럼 세계화, 이주자에 대한 차별, 국민강화 프로그램은 이주자의 초국가적 연결과 결속을 강화시키는 결과를 가져오게 되었고, 이 과정에서 이주자의 초국가적 사회관계는 확대되고, 변화하고, 재구성되었다.

2. 초국가적 사회공간의 형성과 작동

초국가적 사회공간transnational social space은 국가의 경계를 가로지르는 개인과 집단의 사회적 관계와 결속이 형성되는 사회적 장을 의미한다(Faist, 1999). 이는 국경을 초월하여 정보, 재화 및 서비스가 교환되고, 조직되고, 변형되는 사회적 관계의 연결 공간이다(Levitt and Schiller, 2004). 사회적 장에서 강조하는 것은 이주자의 네트워크가 갖는 관계인데, 이주자의 일상이 곧 초국가적 공간을 형성한다(Schiller *et al.*, 1992). 따라서 국경은 이주자의 공간과 사회를 분리하지 않으며, 출신 지역과 정착 지역은 하나의 장으로 연결된다(Lazăr, 2011).

여러 지역에서 동시적으로 작동하는 열린 공간으로서의 이주자 네트워크는 직업과 거주공간의 선택, 재화와 서비스의 이용, 심리적 안정과 사회생활에 대한 중요한 정보를 제공한다(Vertovec, 2009). 초국가적 연결과 관계는 이주자 개인 및 집단의 특성과 상황에 따라 달라지는데, 특히 소득, 젠더, 교육, 연령, 종교 등이 정착 생활의 사회적 관계 형성에 큰 영향을 미친다.

레비트Levitt(2001)는 보스톤의 도미니카공화국 이주자에 대한 연구를 통해 이주자의 일상은 정착 지역의 사람, 돈, 정보, 자원 등에 의존하지만, 출신 지역과의 특별한 관계가 일상의 토대가 되고 있음을 주장한다. 그녀에 의하면, 이주자가 본국의 가족과 친척에 보내는 돈, 즉 사회적 송금은 초국가적 마을이 형성되는 토대가 된다. 초국가적 마을은 다양한 종교적, 시민적, 정치적 조직으로부터 정착 사회에서 출현되어 출신 지역으로 연결된다. 계급, 젠더 및 세대는 이주자의 초국가적 실천에 영향을 주고, 시간이 흐르면서 이주자의 초국가적 실천은 많은 변화를 거듭한다(글상자 5.1 참조).

비슷한 맥락에서 스미스(R.Smith, 2006)는 초국가적 삶transnational life을 통해 이주자 사회공간의 특성을 설명한다. 뉴욕에 거주하는 멕시코 티쿠아니Ticuani 사람들은 초국가적 삶을 통해 그들의 일상과 정체성을 실천한다. 초기 노동계약으로 이주한 티쿠아니 사람이 뉴욕에 정착하고, 정착한 이주자의 소개와 정보를 바탕으로 새로운 이주자가 뉴욕에 유입된다. 뉴욕으로 연쇄이주가 확대되면서 뉴욕에 종족 공동체를 형성하고, 토착 문화와 스페인 문화의 혼종화에 의한 로컬리티를 구성한다. 고향으로의 송금, 휴가철 고향 방문, 고향의 지역문제 개입 등을 통해 이들은 뉴욕에 거주하면서도 티쿠아니의 사회, 경제 및 정치에 실질

글상자 5.1. 초국가적 마을(transnational village)

레비트(Levitt, 2001)는 도시지역은 아니지만 정착 지역과 고향 사이의 국경을 초월한 사회적 관계가 빈번히 나타나고, 이러한 연결이 정착지 및 고향의 로컬에 큰 변화를 미치는 현상을 초국가적 마을(transnational village)란 개념으로 소개하였다. 레비트는 이주자의 사회적 및 경제적 삶은 국가라는 경계에 국한되지 않음을 보여주고자 했다. 이주자의 사회적 관계가 형성되는 초국가적 마을의 특성은 다음과 같이 요약될 수 있다. 첫째, 이주자들은 사실상 고향 마을(또는 초국가적 사회의 장)의 일원이 될 필요는 없다. 하지만, 국가는 지속적으로 이주자의 삶에 영향을 미치고, 결국 초국가적 관계에 연루되도록 한다. 이주자를 본국과 연결시키는 것은 다름 아닌 사회적 관계라 할 수 있는데, 정착지와 고향의 로컬은 긴밀하게 연결되면서 초국가적 마을이 형성된다. 둘째, 초국가적 마을은 이주자가 보내주는 사회적 송금(social remittance)에 의존하여 변화를 경험하는데, 이주자는 단순히 돈만 보내는 것이 아니라 선진 문화, 선진 기술, 그리고 미래를 보는 시각 등을 함께 보내고, 이것이 고향의 발전에 큰 영향을 미친다는 것이다. 따라서 이주자들 사이에 형성되는 사회적 네트워크는 일종의 사회적 자본으로 작용한다. 셋째, 초국가적 마을은 다양한 공동체(종교, 정치, 문화 등)로부터 출현되지만, 시간이 지나면서 초국가적 마을이 공동체의 활동을 생성하는 역할을 한다. 사회적 관계는 로컬의 문화적 정체성에서 비롯되고, 로컬의 정체성은 사회적 관계에 의해 그 의미와 활동이 영향을 받는다. 넷째, 사회적 비용이 초국가적 마을의 형성과 변화에 큰 영향을 미친다. 현지 고향의 경제적 상황이 좋지 못하기 때문에, 이주자의 송금이 지역경제에 미치는 영향은 막대하다. 어떤 이주자는 부자가 되고, 어떤 이주자는 떠날 때와 비슷한 수준을 유지하거나, 더러는 이전보다 못한 상황으로 변화하기도 한다. 이러한 이주자들의 상황이 그대로 고향의 현지에 영향을 미치고, 이는 다시 초국가적 연결을 통해 공동체의 계급, 젠더 및 세대적 분화에 영향을 미친다.

적인 영향을 미친다(글상자 5.2 참조).

초국가적 사회공간을 주장하는 학자들의 연구를 통해 이주자의 공간 실천은 탈영역화보다 오히려 재영역화에 가깝다는 것을 알 수 있다. 초국가적 실천이 형성 및 유지되기 위해서는 이주자가 여기와 저기에 동시적으로 소속되는 소속감이 필요하다. 초국가적 소속감은 두 국가 사이에서 형성되는 복잡한 사회적 결속인데(Levitt, 2001), 이주자의 경제, 사회 및 정치적 활동의 중심을 종족에 위치시키도록 한다.

과거의 이주자들은 정착 사회로의 동화를 필수적인 과정으로 인식하였으나, 현재의 이주자들은 초국가적 실천을 통해 정착 사회로의 적응을 도모한다. 비록 동화와 초국가적 실천이 서로 다른 맥락에서 설명되고 있으나, 이는 서로 분리되어 작동하는 것이 아니라 동시적으로 작동하는 것으로 이해해야 한다. 최근의 연구는 초국가적 실천을 위해 이주자의 정착 사회로의 적응과 동화가 중요하며, 정착 사회에 적응을 잘하는 이주자일수록 초국가적 실천도 왕성한 것으로 나타난다(Portes, 2003).

이처럼 초국가적 소속감은 이주자로 하여금 자신과 주류 사회의 가치, 종교, 언어 등에서의 차이를 경험하게 하고, 주류 사회로부터의 차별에 따른 주변화를 경험하고, 무엇보다도 이주자로 하여금 여기와 저기를 동시적으로 생각하도록 한다(Turner, 2008). 때로는 모순적으로 보이는 초국가적 소속감이 이주자로 하여금 정착 사회로의 적응과 초국가적 실천을 가져온다.

이처럼 초국가적 실천은 이주자가 종족 공동체에 참여하면서 본격적으로 나타나는데(Mitchell, 2000), 이주자가 종족 공동체에 참여하는 이유는 첫째로 동일 집단과의 자기 동일시를 통해 이익을 얻고자 하는 욕

글상자 5.2. 초국가적 삶(transnational life)

뉴욕의 티쿠아니 사람들은 종족 공동체를 통해 직업을 구하는데, 대부분 식당이나 소규모의 공장에서 저임금의 노동에 종사한다. 이들은 비록 임금이 낮아도 티쿠아니에서의 삶보다 낫다고 판단하면서 저임금의 노동구조에 대한 불만을 제기하지는 않는다. 임금이 다소 낮아도 불평하지 않으면 해고되지 않는다는 믿음을 심어주면서 티쿠아니 공동체는 유지된다. 한편 다른 라틴아메리카 이주자들은 티쿠아니 사람들이 저임금 상태를 유지하게 한다고 하면서 비판을 하지만, 라틴아메리카 출신 이주자의 대부분은 주어진 임금에 저항하지는 않는 경향이 있다.

티쿠아니 이주자의 삶에서 문제로 등장하는 것은 자녀의 교육으로 대부분의 이주자들은 자녀의 교육에 무관심하다. 일부 자녀들은 주변부의 위치성에 의한 탈선을 경험하고, 일부는 주변부 위치성을 극복하기 위해 주류 사회로의 편입을 시도한다. 이 과정에서 티쿠아니 공동체는 세대를 거치면서 서로 분리되는 양상도 보인다. 하지만 티쿠아니 공동체를 하나로 연결시키는 것은 고향과의 관계이다. 이들은 고향의 발전과 변화에 지대한 관심을 갖고, 고향 일에 적극적으로 개입한다. 송금과 고향방문은 이들의 고향에 대한 애착을 반영하며, 고향의 정치에 대한 참여의 관심도 높은 편이다. 특히 멕시코 정부가 미국에 거주하는 멕시코 이주자의 권익보호와 경제발전을 목적으로 디아스포라 정책을 추진하고, 이와 동시에 이주자들에게 선거권과 이중 시민권을 부여하면서 티쿠아니 공동체의 고향과의 초국가적 관계는 더욱 긴밀해지고 있다.

망 때문이다. 즉, 이주자는 종족 공동체가 형성한 사회적 자본을 활용하고자 한다. 둘째로 정착국가로부터의 차별은 가족과의 연결, 취업, 거주지 선택, 종족(또는 집단) 정체성 형성에 영향을 미치면서 이주자로 하여금 종족 공동체의 일원이 되도록 한다는 것이다.

3. 초국가적 이주 연구의 핵심 주제

베르토벡Vertovec(2009)은 초국가주의 연구 주제를 다음과 같은 여섯 가지로 구분하였는데, 사회적 형태학으로서의 초국가주의, 인식으로서의 초국가주의, 문화적 재생산과 양식으로서의 초국가주의, 자본으로서의 초국가주의, 장소 또는 로컬리티로서의 초국가주의로 구분하였다. 레비트와 자월스키Levitt and Jaworsky(2007)는 초국가적 이주의 분야를 경제, 정치, 사회, 문화, 종교로 구분하여 언급하였다. 필자는 이들 연구를 종합하여 초국가적 이주 연구를 초국가적 사회의 형성, 초국가주의와 정체성, 초국가주의와 문화의 재생산, 초국가주의와 경제, 초국가주의와 정치, 초국가주의와 장소로 구분하여 그 핵심을 살펴본다.

첫째, 이주에 대한 초국가주의 연구는 '초국가적 사회의 형성'에 관심을 갖는데, 이는 국경을 가로지르는 사회적 관계의 형성에 관심을 두는 연구이다(Vertovec, 2009). 디아스포라의 연구는 초국가주의 연구와 긴밀히 관련되는데, 디아스포라의 존재와 소속에서 강조하는 것은 하나의 민족이 세계적으로 이산되었지만, 집단으로서 정체성을 공유하면서 조상으로부터 기억되는 고국과의 직·간접적 연결을 추구한다는 것이다(Cohen, 1997). 이런 맥락에서 디아스포라 연구는 자연스럽게 초국가적 이주와 긴밀하게 연관되어 연구가 진행된다(임채완, 2008). 초국가주의는 네트워크에 의한 사회적 관계와 실천이라는 구조 또는 시스템인데, 모빌리티(예: 인터넷, 휴대전화 등)는 복잡한 관계의 시스템으로 구성된 이산적 디아스포라의 구성원, 그리고 신규 이주자를 초국가적 공동체에 소속시키면서 초국가적 활동을 자극한다(Guarnizo and Smith, 1998). 이처럼 초국가적 사회의 형성에 대한 연구는 이주자의 정착과 초국가적 네트워크의 특성에 관심을 갖는다.

둘째, 초국가주의 이주 연구는 '초국가주의와 정체성'에 관심이 많다. 특히, 개인의 소속감과 장소에 대한 애착에 관심을 갖는데, 이주자의 이중 또는 다중 정체성의 특성을 '여기와 저기'에 동시적으로 연결되는 탈중심화된 소속감의 맥락에서 접근한다(Vertovec, 2009). 이주자로 하여금 다중 정체성을 갖게 하는 것은 여기에 살면서 저기와 연결될 수 있다는 생각인데, 이주자가 처한 로컬과 글로벌 상황에서의 억압적 환경은 한 장소에 고착되어야 한다는 감정을 부정하면서, 역사, 공동체, 자아에 대하여 다중성multiplicity을 갖게 하고, 이는 결국 초국가적 연결을 실천하고 유지하게 하는 토대가 된다는 것이다(Conradson and McKay, 2007).

최근의 초국가적 소속감 연구에서는 두 문화 속에 살면서 여기와 저기에 완전히 포함되지 못하는 상황을 강조하기도 한다(Riccio, 2008). 다수의 초국가적 이주연구가 하위 계급의 이주자에 관심을 두면서 부유하고 눈에 잘 띄지 않는 이주자의 정체성을 간과하는 경향이 있었다. 예를 들어, 영국으로 이주한 짐바브웨 이주자의 계급적 차이는 정착 과정에서 그대로 반영된다(이영민 외 공역, 2013). 상당한 돈과 고도의 숙련 기술(지식)을 갖고 이주한 짐바브웨의 상위 계급은 런던에서 작은 비즈니스를 운영할 여유가 있으나, 대다수의 일반 이주자는 청소와 같은 저임금의 단순 직업에 고용되면서 이주자 사이의 계급 분화가 존재함을 보여준다. 이처럼 출신국가에서의 사회적 계급의 차이가 정착 과정에 영향을 미치고, 특히 하위 계급의 초국가적 실천이 계급이나 신분의 위치성과 관련된다는 생각이 주목을 끌고 있다(Levitt and Jaworsky, 2007).

셋째, 초국가적 이주 연구는 '초국가주의와 문화의 재생산'에 관심을 둔다. 이주자는 문화의 섞임과 혼종을 경험하는데, 초국가적 이주 연구는 이주자가 글로벌 미디어에 영향을 받으면서 초국가적 실천에 따른 하나 이상의 문화적 혼종화를 경험하고 있음에 주목한다(Vertovec, 2009). 특히, 젊은 세대의 이주자는 하나 이상의 문화를 선택하고, 문화적 혼종화를 받아들이는 과정이 요구됨에 주목한다(Gilmartin, 2008). 이와 함께, 이주자의 세대별 초국가적 실천의 차이에 주목하는데(Wessendorf, 2010), 일반적으로 세대가 지나면서 초국가적 활동이 감소한다고 인식하고 있으나, 이민 2세 또는 3세는 부모 세대로부터 물려받은 언어, 가치, 재화에 친숙하기 때문에 언제든지 마음만 먹으면 초국가적 삶을 실천할 수 있는 잠재성이 있다고 본다.

한편, 젠더는 좀 더 다른 관점에서 초국가주의를 바라보게 한다. 예를 들어, 자녀 돌봄에서 서구 문화와 전통 문화의 충돌은 최근 젠더 연구에서 주목하는 현상 중의 하나이다. 젠더 연구는 서구 사회에서 이주자의 젠더가 인종차별의 수단으로 전유되는 것에 주목하며, 동일 종교에서의 젠더 차이에도 많은 관심을 갖는다(Ehrkamp, 2008). 예를 들어, 이주자의 젠더 정체성은 같은 무슬림 사회에서도 차이가 나는데, 말레이시아와 방글라데시를 비교할 때 말레이시아가 더 개방적이므로, 방글라데시에서 말레이시아로 이주한 여성들은 본국으로부터 행동과 태도에 대한 모니터링의 대상이 된다.

종교는 초국가적 정체성과 실천에서 매우 중요한 요소인데, 서구 미디어가 주목하는 것은 무슬림 근본주의이다. 하지만, 종교적 신념은 무슬림에 제한되지는 않는다. 초국가주의 연구자들은 종교가 초국가적 정체성을 구성한다는 점에 주목한다. 예를 들어, 서구의 무슬림 사회에서 젠더의 불균형은 모든 이주자 집단에 동일하게 나타나지 않으며, 또한 세대에 따라 종교적 신념은 달라진다. 초국가주의 연구자들이 주목하는 것은 서구 사회에서 종교가 젠더의 불균등에 영향을 미치는 이유는, 다름 아니라 이주자들이 종교를 통해 초국가적 소속감을 유지하려고 하기 때문이란 것이다(Cadge and Ecklund, 2007). 독일 사회에서 터키와의 연결을 유지하기 때문에 종교에 기반한 젠더의 차별이 독일 사회에서 나타난다고 보는 것이다. 또한 종교와 신자유주의는 초국가적 이주 연구자들이 주목하는 또 다른 현상인데, 신자유주의가 확대되면서 이주자에 대한 사회복지의 축소는 종교 단체로 하여금 이주자에 대한 돌봄 및 보호의 책무를 떠넘기고, 결과적으로 종교 단체가 이주자와 긴밀한 관계를 갖게 한다는 점에 주목한다(이영민 외 공역, 2013). 종교는 또한 이주자가 주류 사회에 저항하는 수단으로 작용하는데, 종교가 종족 정체성을 고양시키는 수단으로 작용하고, 이 과정에서 이주자의 초국가적 실천은 확대된다고 본다.

넷째, 초국가적 이주 연구는 '초국가주의와 경제'의 관계에 관심이 많다. 이 분야의 연구에서 주요 관심 사항은 이주자의 송금과 지역 발전의 관계이다(Smith, 2006). 앞서 언급한 바와 같이 이주자의 송금은 국가 및 지역 경제에 큰 영향을 미치는데, 약 36개의 개도국은 외화 수입을 이주자의 송금에 의존하는 실정이다(Levitt and Jaworsky, 2007). 이주-발전의 관계는 특히 라틴 아메리카에 대한 연구에서 주목하는 사항인데,

라틴아메리카의 이주자들은 초기에는 출신국의 경제 프로그램에 순순히 경제적 목적으로만 참여하나, 차츰 출신국의 정부 정책에 개입하는 매우 복잡한 관계를 형성한다(Portes, 2003). 라틴아메리카에서 미국에 거주하는 자국의 이주자에게 각종 지역개발 프로그램에 참여하도록 하는 것은 초국가적 자본을 활용하는 장점이 있으나, 개발의 통제(예: 특정 개발 프로그램에 대한 외부 압력)와 주권의 문제(개발자가 해외에 거주) 등에서 심각한 위험부담을 가져오기도 한다(Andrade-Eekhoff and Silva-Avalos, 2003).

종족 경제의 네트워크를 통한 초국가적 실천은 많은 학자들로부터 지속적인 관심을 받아온 연구 분야이다(McEwan, 2005). 이주자가 종족 경제에 참여하는 이유는 종족의 친밀함을 통한 최소비용과 최대수익이라는 신고전경제학의 논리보다 주류 사회에 포함되지 못하기 때문으로 인식된다. 과거의 이주자는 로컬 의존적 종족 경제의 형태를 보였으나, 초국가 시대의 이주자는 로컬뿐만 아니라 글로벌 수준의 종족 경제에 참여한다(Mitchell, 2000). 종족 경제는 정착 지역에서 이주자의 일상에 필요한 사회적 자본을 제공할 뿐만 아니라, 정착국가의 차별에 맞서 소속감과 정체성을 형성하는 요소로서도 작용한다는 점이 주목을 받고 있다(이영민 외, 2012).

다섯째, 초국가적 이주 연구자들은 '초국가주의와 정치'에 관심이 많은데, 특히 이주와 국민국가의 관계에 주목한다(남영호 외 공역, 2010). 글로벌 시대에 경제에 대한 국가의 역할은 축소되었으나, 사회, 문화, 정치 측면에서 국가의 역할은 막대하다. 특히, 이주와 이민정책에 대한 국가의 역할은 절대적이다. 국가는 디아스포라 정책을 통하여 재외 국민의 통합을 추진하고, 이주자의 시민권을 통제하고, 다양한 방식으로 이주의 흐름을 중재 및 통제한다. 이런 점에서 국가는 초국가적 이주에 직접적으로 개입하며, 국가적 실천과 초국가적 실천은 상호 보완적 관계에 놓이게 된다(남영호 외 역, 2010).

이주자의 정치 참여는 많은 연구자의 주목을 끌었는데, 이주자의 정치 참여 방법은 선거 참여, 정치위원회의 회원 활동, 정당 및 캠페인 활동, 로비활동이 대표적이다(Levitt and Jaworsky, 2007). 최근 이주자의 NGO 활동이 증가하면서 이주자의 정치 참여가 증가하고 있으며, 디아스포라의 네트워크를 활용한 다양한 정치 참여가 나타나기도 한다(Vertovec, 2009). 이와 관련하여, 이주자를 많이 배출한 국가는 자국의 이주자를 보호한다는 명분하에 다른 국가의 정책에 개입하기도 한다. 예를 들어, 모로코는 프랑스의 정책에 개입하려고 하며, 터키는 독일의 정치에 개입하려고 한다(Samers, 2010).

여섯째, 초국가적 이주 연구는 '초국가주의와 장소'에 관심을 보이는데, 특히 지리학에서는 이주와 장소(또는 공간)의 관계를 이해하는데 관심을 둔다(Vertovec, 2009). 잭슨Jackson(2003) 등은 초국가성transnationality이 공간과 장소에 따라 달라진다고 주장한다. 예를 들어, 미국과 멕시코 사이에서 이루어지는 초국가적 이주는 아시아 국가들 사이에서 이루어지는 초국가적 이주와는 다른 공간(장소)적 특성을 나타내고 있음에 주목한다.

초국가주의 연구에서 로컬리티에 대한 관심이 확대되면서 이주자의 초국가적 실천이 출신 및 정착 지역의 로컬리티에 어떤 영향을 미치는지에 대한 연구가 주목을 받고 있다(Dahinden, 2010). 로컬리티는 이주자의 모빌리티에 따라 변화의 정도가 달라지는데, 로컬리티 변화는 이주자가 장소에 미치는 다양한 현상에 주목한다(Gelis, 2009; Mitchell, 1997). 앞서 살펴본 것처럼 이주자의 종족 경제로의 편입은 로컬리티의 변화를 수반한다.

이주자는 장소 변화를 가져오는 핵심적 행위자로써 관계 자체가 출신 및 정착 지역의 로컬리티를 구성 및 변화시키는 요소로 작용한다(Brickell and Datta, 2010). 트랜스로컬리티translocality는 이처럼 이주자가 여러 로컬에 동시적으로 연결되면서 장소의 변화를 가져오는 메커니즘을 분석하는데 초점을 둔다. 특히 초국가적 소속감은 트랜스로컬리티의 수행에서 매우 중요한 요소로 작용하며(Salzbrunn, 2007), 행위주체로서 이주자가 만들어가는 로컬리티 변화에 대한 연구가 주목을 받고 있다.

4. 초국가적 접근의 한계와 미래

초국가적 이주연구는 글로벌 담론의 한계를 지적하면서 세계의 변화를 바라보는 새로운 관점을 제시하고, 이주의 특성은 한 국가 내부에서 파악될 것이 아니라 이주자의 사회적 관계가 연결되는 여러 국가에 위치한 다수의 로컬 간의 변화를 통해 살펴보아야 하며, 이주자는 단순히 주변화된 존재가 아니라 로컬을 변화시키는 핵심 주체로 인식해야 한다는 점 등에서 초국가적 이주연구가 제시한 주장은 매우 가치가 있다. 그럼에도 불구하고, 초국가적 이주연구는 아직 해결해야 할 많은 과제를 담고 있다.

첫째, 초국가적 이주 연구는 이주자의 모빌리티와 초국가적 연결을 강조하면서 고정적 요소로소 로컬리티가 갖는 특성을 간과하는 경향이 있다(McEwan, 2004). 비록 최근의 초국가적 이주 연구가 로컬리티의 변화에 주목하지만, 초국가적 연결(모빌리티 포함)과 종족 경제의 토대가 되는 지역 착근성에 대한 관심이 부족하다(Gelis, 2009; Salzbrunn, 2007). 초국가적 이주가 발생하기 위해서는 정박지anchorage 역할을 하는 로컬이 필요하고, 한 로컬로부터 다수의 로컬이 연결되면서 이주자의 사회적 관계가 초국가적 모습으로 나타난다. 이처럼 이주자의 사회적 관계는 다수의 로컬들 사이의 동시적 연결과 그러한 연결에 내재한 메커니즘을 밝히는데 주력해야 할 것이다(Dahinden, 2010; Portes, 2003).

둘째, 이주자 중에서 초국가적 실천을 지속적으로 유지하는 사람은 그다지 많지 않으나, 초국가적 이주 연구는 초국가적 실천이 보편적 현상인 것처럼 과장하는 경향이 있다(McEwan, 2004). 포르테스Portes(2003)는 1996~1998년까지 미국 내 이주자의 초국가적 관계에 대한 대규모의 설문조사를 토대로 정기적으로 초국가적 활동에 참여하는 이주자는 약 10-20% 정도에 불과하다고 주장하였다. 초국가적 실천은 이주자의 사회적 활동에서 가장 중요한 것이 아닐 수 있으며, 상당수의 이주자는 떠나온 곳을 잊고 정착 지역의 주류 사회로 편입하는 경우도 많다. 물론, 정착 사회에서 적응 과정은 종족 경제로의 직·간접적 편입을 가져오고, 이는 초국가적 실천으로 이어지지만, 많은 이주자가 일상에서 늘 초국가적 실천을 하는 것은 아니다. 이주자의 초국가적 활동은 개인이 처한 환경에 따라 달라지며, 초국가적 실천과 주류 사회로의 동화는 동시적으로 전개된다고 보아야 한다.

셋째, 초국가적 이주 연구는 이주자의 모빌리티를 부각시키면서 이주를 강제한 글로벌 자본주의의 특성을 간과하는 경향이 있다(McEwan, 2004). 2장과 3장에서 살펴 보았듯이 라틴 아메리카의 많은 국가들은 글로벌 자본주의의 영향으로 이주를 경험하게 되었다. 급격한 산업구조의 조정은 많은 실업자를 양산하였고, 선진국의 다국적 기업이 농업에 개입하면서 소규모 농업 생산의 구조가 파괴되어, 결국 미국으로의 이주가 급격히 증가하였다는 것이다. 초국가적 이주 연구는 이러한 글로벌 자본이 이주자의 배출에 미친 영향을 다소 간과하고 있어 문제로 지적된다.

우리의 일상에서 국경을 초월한 정보, 사람, 재화, 서비스의 이동과 흐름은 보편적 현상이 되었다. 초국가주의는 여러 가지 문제점에도 불구하고 국경을 가로지르는 이주를 설명하는 패러다임으로 정착되고 있다. 이주자의 초국가적 실천은 다양한 주체(친족, 경제, 문화, 디아스포라 등)의 사회적 관계가 구성되고 변화하는 과정이다. 초국가주의는 글로벌 차원의 이주 현상에 관심을 갖는다는 점에서 글로벌 담론과 맥을 같이 하면서도, 국가의 역할을 강조한다는 점에서 글로벌주의와 반대되는 입장을 취한다. 국가의 영역성을 강조한다는 점에서 글로벌주의와 차이가 있으나, 초국가주의는 흐름, 경계초월, 문화 혼종화를 강조한다는 점에서 글로벌주의와 유사한 점이 있다. 초국가적 이주 연구는 이주자의 네트워크를 강조하는데, 이러한 네트워크가 이주자의 일상을 지배한다고 본다(Schiller *et al.*, 1992).

그동안 초국가적 이주 연구는 초국가적 사회의 형성에 관심을 두면서 여기와 저기에 동시적으로 소속되는 초국가적 소속감을 강조하였다. 특히, 초국가주의 접근은 문화의 혼종화와 재생산을 강조하였는데, 특히 종교, 젠더, 세대에 따른 초국가적 실천의 차별성을 강조하기도 하였다. 초국가주의는 국제이주를 설명하는 패러다임으로 자리 잡으면서 많은 관심을 받았고, 그간에 제기된 문제점을 해결하기도 하였으나, 근본적으로 해결되지 못하는 문제에 직면하고 있다. 비록, 초국가주의에서 이주자의 착근성과 장소의 역할을 인식하지만, 여전히 초국가적 연결과 모빌리티를 강조하면서 로컬리티나 장소로의 고착성은 간과되고 있다. 또한, 초국가적 실천은 대부분의 이주자에게 보편적인 현상으로 과장되는 경향이 있으며, 국경을 가로지르는 이주를 이주자 개인의 선택으로 인식하면서 이주를 강제하는 글로벌 자본주의의 역할을 간과하는 경향이 있다.

초국가주의는 이주와 장소와의 관계를 보다 심층적으로 접근할 필요가 있다. 장소는 모든 공간스케일의 활동과 연결되어 있으며, 이주자의 장소 점유는 이주자의 장소를 만들고, 결국 로컬의 특성을 변화시킨다. 인간의 사회적 활동은 장소를 통해 매개되고, 장소는 다양한 공간스케일의 사회적 관계가 함께 경험되는 공간이므로, 이주연구에서 장소 렌즈는 다중적 정체성의 이주자의 지역성이 어떻게 경험되고 변화하는지를 보여주는 좋은 방법에 해당한다. 초국가적 실천이 증가하는 시대에 이주자는 단순히 초국가적 실천에 의해 무장소성을 형성하는 대상이 아니라, 장소를 변화시키는 주체로 인식해야 할 것이다.

이주와 관계의 지형

제3부

제6장 이주의 관계적 이해

제7장 다문화와 이주자 통합의 정치

제8장 결혼이주 여성의 사회적 관계

제6장 이주의 관계적 이해*

1. 관계적으로 사고하는 관점

사물의 의미를 자체의 본질이 갖는 속성으로 설명할 수 없다는 견해는 사물의 의미가 다른 사물과의 관계를 통해 이해되어야 한다는 라이프니츠Leibniz의 견해에 기초한다. 사물은 다른 사물과의 관계에 의해서만 이해될 수 있고, 관계는 사물 내부의 시·공간적 관계를 연결하는 이질적 네트워크와 사건의 지속적 생성에 의존한다. 관계에 의한 사물의 의미 구성을 강조하는 관점을 '관계적 사고relational thought'라 하는데, 흔히 지리학에서는 관계적 지리relational geography라 한다. 매시Massey(1994, 2005), 아민Amin(2002), 쓰리프트Thrift(2006)의 연구로 대표되는 관계적 사고는 다음의 두 가지 가정에 기초한다. 첫째, 공간은 사물들 사이의 관계로 정의되어야 하며, 둘째, 어떠한 사물이라도 선험적 정의를 갖거나 고정된 관계로 존재하는 것은 없다는 것이다(Jones, 2009).

이러한 맥락에서 매시Massey(2005)는 공간을 관계의 산물로 인식하며,

* 이 연구는 2017년 한국도시지리학회에 투고된 "이주의 관계적 사고와 이주자 공간의 위상 읽기: 관계, 위상 및 아상블라주의 관점을 중심으로"를 재구성한 것임.

관계란 필연적으로 나타나는 물질적 실천에 착근되는 과정으로 인식한다. 공간은 명확히 구분되는 경계를 가지면서 이미 '존재'하는 것이 아니라, 다양한 관계로 구성되는 것이다. 이를 열린 상태로서의 공간이라 하는데, 공간(또는 장소)의 본질은 이미 정해진 것이 아니며, 관계에 의해 의미가 구성되므로 모든 사람이 동질적으로 인식할 수 있는 공간에 대한 인식 또는 장소감이란 존재할 수 없다. 상황과 조건에 따라 관계가 형성되고, 관계의 결합이 나타나고, 이로 인하여 공간의 의미가 구성된다. 이는 인간주의 지리학을 비롯한 전통적 장소에 대한 관점을 거부하는 것으로 선험적인 공간과 장소의 의미란 있을 수 없으며, 따라서 공간과 사회의 관계는 구조-행위의 맥락보다 우연적이고 불확실한 사건의 수행 및 실천을 통해 이해되어야 함을 강조한다.

관계적 사고는 공간을 하나의 정체성으로 설명할 수 없다고 보면서, 공간의 의미는 다수의 감정에 기초한 다중성multiplicity의 맥락에서 이해되어야 한다고 본다. 하나 또는 몇 개의, 그리고 선험적으로 정형화된 의미가 아니라, 상황에 따라 구성 및 재구성 되는 것이 다중성으로서의 의미 체계이다. 시대, 상황, 주체에 따라 공간의 의미는 달라지는데, 이런 점에서 공간은 서로 다른 역사와 사건들이 동시적으로 의미를 구성하는 일종의 영역sphere이다. 이런 점에서 매시Massey(2005)는 공간이나 장소를 하나의 특성으로 규정하는 것을 본질주의의 오류라고 지적한다. 모든 사람이 공유하는 장소감이란 존재할 수 없는데, 이것이 바로 관계적 사고의 핵심이다.

관계적 사고는 정체성identity, 실체entity, 공간성spatiality이 모두 동시적으로 구성된다고 본다. 그렇다면, 동시적으로 구성되는 세계는 어떻게 이해할 수 있을까? 관계적 사고를 주장하는 학자들은 세계를 '다수에 의한 특별한 이야기'로서 이해한다(박경환 외 공역, 2016). 따라서 일부의 사람들이(예: 백인), 특정한 시기에(예: 제국주의), 특정한 목적(예: 식민지 개척)을 위해 구성한 '세계에 대한 의미'는 거부될 필요가 있다. 이는 근대화 과정에서 '백인 남성 엘리트'가 정의한 세계에 대한 인식일 뿐인데, 이것을 현재에도 진리인 것처럼 받아들이는 것은 오류이다. 특정 집단이 이해하는 세계관을 전 세계의 공통적 세계관으로 규정하는 본질주의는 관계적 사고에서 가장 경계하는 요소이다. 개방적이고 상호작용적인 공간에는 항상 만들어져야하는 연결이 존재하고, 상호작용을 활발하게 하는 것들이 존재하고, 성취되거나 성취되지 못하는 관계가 존재하기 때문이다.

다수(주류와 타자들)에 의한 역사와 이야기를 통하여 서로 다른 공간의 의미가 동시적으로 공존하게 된다. 예를 들어, 글로벌화를 '역사적 연속'이란 현상으로 상상하는 것은 '서로 다른 상황의 공간'을 같은 것으로 인식하는 오류이다(박경환 외 공역, 2016). 글로벌화의 특성을 모든 공간에 동일하게 적용하는 것은 공간마다 서로 다른 고유성과 역사를 간과하는 것이다. 글로벌화는 필요에 의해 세상 사람들의 합의에 의해 이루어진 것이 아니다. 세계를 관계로 이해한다는 것은 글로벌화가 선진국과 개도국 간 불공정하고 불균등한 무역 시스템에 의한 것이며, 선진국의 부는 개도국에 대한 착취의 결과임을 이해하는 것이다.

이처럼 글로벌화에 대한 인식과 실천이 장소마다 다른 것은 글로벌화를 이해하는 배경, 상황, 조건 등이 장소마다 다르기 때문이다. 사회적 가치관이 다르기에 글로벌화에 대한 해석이 다른 것이다. 이와 함께, 글로벌화는 한 장소만의 독립된 현상이 될 수 없다. 뉴욕의 경제와 라틴 아메리카의 경제는 서로 분리된 것처럼 보이나, 사실 글로벌화란 맥락에서 서로 연결 및 상호 작용하는 관계이다. 라틴 아메리카에서 미국으로의 이주는 미국의 다국적기업이 라틴 아메리카에 진출하면서, 지역 경제를 침체시키고 실업을 양산했기 때문일 것이다. 이처럼 공간은 분리되어 존재하는 것이 아니라 서로 다른 공간과 연결되어 있으며, 상호 영향을 미치고 있다는 것이 관계적 사고가 강조하는 점이다.

공간의 의미가 관계로 구성된다는 것은 공간을 텍스트, 개념 및 재현으로 이해할 수 없음을 의미하기도 한다. 공간은 공간의 문제와 이슈들이 어떻게 연루되는지에 대한 상황을 통해 이해되기 때문이다. 재현representation이란 공간에 대한 개념화conceptualization인데, 마치 재현과 공간이 같은 것으로 인식되는 것이 문제로 지적된다(박경환 외 공역, 2016). 공간은 (정형화된) 개념으로 설명될 수 없고, (미리 구성된) 텍스트처럼 이해될 수 없다는 것이다.

관계적 사고는 어떤 현상이 발생하는 장소나 공간 자체에 관심을 두는 것이 아니라 그러한 '현상이 관련되는 방식'을 이해하는데 초점을 둔다(Murdoch, 2006). 도시를 관계적 사고로 이해한다는 것은 도시를 다양한 흐름이 배치되고 접합되는 지점으로 인식하고, 관계적 네트워크가 겹쳐지는 장소이자, 시간과 공간이 과거와 중첩되고 변화하는 공간으로, 개방적 흐름과 연결의 관계적 연결망에 의해 구성되는 공간으로 인식하는 것이다(Amin, 2004). 도시의 의미는 관계적 흐름에 의해서 나타나거나, 사회적 관계로 연결되는 순간에 나타나는 것이다. 따라서 도시는 영역으로서 이해되는 것이 아니라, 복잡하고 고착되지 않는 접합들의 관계로서 이해되는 것이다.

이처럼 선험적 개념과 정의를 부정하고, 관계를 고정된 것으로 인식하는 것을 거부하는 것이 관계적 사고이다. 그렇다면, '바다'는 어떻게 관계적으로 이해될 수 있을까? 바다를 육지의 반대로서, 또는 민물의 반대적 의미로서 이해하는 것은 관계적인 이해가 아니다. 사람에 따라 바다의 의미는 다를 수 있고, 시대와 장소에 따라 바다의 의미는 달라질 것이다. 캐나다 북쪽에 거주하는 이누이트 족에게 바다는 육지보다 더 친숙한 공간이었음은 잘 알려진 사실이다. 친숙하다는 것은 관계를 의미한다. 바다에 대한 감정과 상황은 관계에 따라 다르게 이해될 것이다. 친구와 기분 좋게 바닷가를 산책했을 때, 바람이 많이 불고 추운 날 아침 고기를 잡기 위해 바다로 향할 때, 거친 파도를 헤치어 여객선을 타고 고향의 섬으로 향할 때, 친구와 바다가 보이는 카페에서 바다를 바라볼 때 등, 바다는 상황과 맥락에 따라 다른 의미를 구성한다.

그렇다면, '고래의 공간으로서 바다'는 어떻게 이해될 수 있을까? 바다는 단순히 넓게 펼쳐진 망망대해가 아니라, 아마도 자체의 역학과 감각을 지니면서 고래의 일상이 실천되는 공간으로 이해되어야 하지 않을까(Thrift, 2006). 이처럼 공간은 단순히 서로 연결되고 관계를 구성하는 것이 아니라, 의미와 감정이 작동하는 실체이다. 공간의 의미는 일상의 수행을 통해 구성되고, 어떠한 사물(예: 공간)도 수행과 실천이 없는 부동 및 고정의 상태로 존재할 수 없다.

쓰리프트Thrift(2006)는 관계적 사고로서 공간을 다음과 같이 강조한다. 세상의 모든 것은 공간적으로 분포하는데, 아무리 작은 핀의 끝이라도 자체의 공간을 갖고 있으며, 모든 공간은 경계 없이 다공질의 형태로 항상 움직이고, 안정된 공간이란 존재하지 않으며, 공간은 한 가지 형태가 아니라 점, 면, 포물선, 얼룩 등 다양한 형태로 공존한다. 공간은 시간과 분리될 수도 없고, 공간은 구조의 밖에 존재하는 것으로 인식될 수 없고, 이동과 분리된 상태로 인식될 수 없으나, 그렇다고 공간을 통해 어떤 진정성을 바로 이해할 수 있는 것도 아니다. 이런 공간에 대한 인식이 바로 관계적 사고의 핵심이다. 하지만, 관계적 사고는 관계를 강조하면서 간과한 영역, 권력, 계급 등을 강조하는 시각, 특히 구조주의와 정치경제학파의 영향을 받은 학자들로부터 거센 비판에 직면하게 되었다(김지혜 역, 2013).

2. 관계적 사고의 확대

1) 위상 공간

관계적 사고가 포스트구조주의와 함께 정교한 철학적·개념적 인식을 토대로 전개되었으나, 사실 '관계적으로 이해하기'란 사고는 고대사회부터 사회를 이해하는 핵심으로 존재하였고, 공간과 사회를 관계적으로만 이해할 경우 관계 이면에 놓여 있는 권력, 재현, 젠더, 계급, 종교, 종족 등의 역동적 특성을 간과하기 쉽다는 측면에서 관계적 사고에 대한 비판이 제기되었다(김지혜 역, 2013). 이러한 비판적 견해 중 구조주의와 정치경제학파의 영향을 받은 일단의 학자들은 관계적 사고 자체를 거부하기보다 관계적 사고를 확대할 필요가 있다고 주장하는데, 대개 공간을 관계가 만드는 위상적 관계 또는 단계 공간으로 이해할 것을 주장한다. 이들은 기존의 관계적 사고에서 간과한 영역, 경계, 스케일, 네트워크, 권력을 관계라는 맥락에서 확대 해석할 것을 강조한다(Jessop, *et al.*, 2008; Jones, 2009).

공간을 관계에만 초점을 두어 이해하는 것은 공간을 고정된 것으로 만드는 다양한 행위를 설명하기 힘들게 하고, 공간을 제한시키고 구조화하고 연결시키는 요인(예: 법, 제도, 질서, 이데올로기 등)들을 파악하기 힘들게 한다는 것이다(Jones, 2009). 예를 들어, 아민(Amin, 2004)이 강조한 관계적 지리는 시·공간의 동시성과 연결성은 강조하지만, 영역적 특성(로컬 정체성, 스케일의 정치, 거버넌스 등)을 간과한다는 것이다. 세금, 시민권, 국방, 외교와 같은 정치는 영역에 의해 작동하며, 영역은 한 공간을 다른 공간과 구분하는 공간적 범위로 인식할 것이 아니라(박배균, 2015), 네트워크에 의한 관계가 작동하는 공간적 범위로 이해해야 하며(Painter, 2008), 네트워크의 관계로서 어떤 공간적 범위가 작동할 때, 경계로서 영역화가 나타난다는 것이다. 이런 맥락에서 포함과 배제는 네트워크 관계의 구분, 즉 경계라는 영역화를 통해 나타난다고 본다.

계급을 관계로만 이해할 경우, 계급을 둘러싼 권력의 실체를 이해하기 어려울 수 있다. 예를 들어, 대기업의 위상은 단순히 관계로만 설명될 수는 없는 측면이 있다. 관계를 넘어 작동하는 권력 시스템이 대기업의 위상을 설명한다. 한편, 장소 정체성을 다중성multiplicity의 맥락에서 설명하는 경우 장소의 개별성이 간과되기 쉽다(물론 장소를 관계적으로 이해함으로써 장소가 갖는 개별성이 부각되기도 하지만). 관계가 진정으로 사물을 이해하는 핵심이라면, 관계를 형성하는 사물이나 실체의 본질도 중요하게 인식할 필요가 있다(Melpas, 2012).

이런 점에서 관계적 사고는 다음과 같은 측면에서 재고가 필요할 것으로 판단된다. 공간은 상황에 따라, 열린 것으로 또는 닫힌 것으로 동시적으로 고려될 필요가 있으며, 관계 이면에 존재하는 계급, 인종, 젠더, 종족 및 영역의 개념도 간과되어서는 안 될 것이다. 상황에 따라 공간은 다른 모습으로 구성되며, 특히 공간을 설명할 때는 닫힌 모습으로 설명해야할 경우가 있을 것이다(예: 텍스트의 서술). 부연하자면, 공간은 이동의 특성을 갖고 있음에도 불구하고, 고정된 상태에서 작동되는 관계도 존재할 것이다. 예를 들어, 시민권과 국가 또는 국민의 관계를 설명할 때, 국민 또는 국가의 개념은 상당 부분 닫힌 영역의 공간성에 기초하여 규정되고 이해된다.

위상학적 관계topological relations에 주목하면서 존스(Jones, 2009)는 위상학topology의 개념을 관계적으로 해석함으로써 위상 공간phase space을 제시하였다. 위상학topology은 1847년 리스팅Listing이 상이한 공간 형태의 존재에 주목하면서 수학에 도입한 것으로, 관계에 의해 서로 다른 공간의 형태가 구성됨을 이해하려는 분야이다(최병두, 2015). 위상학적 관점은 사물과 공간을 정해진 형태로 이해하는 것이 아니라 관계에 의해 사물과 공간의 생성, 변화 및 소멸이 동시적으로 이루어지는 것으로 이해한다. 공간은 종이처럼 펼쳐지거나 겹쳐질 수 있으며, 종이를 접으면 가장 멀었던 곳들이 가장 가까운 곳이 되듯이 거리가 연결의 정도를 결정하지 않는다고 인식한다. 사물의 결합으로 네트워크는 시간과 공간을 갖게 된다. 라투르Latour가 주장하듯이 로컬의 철도는 철길을 따라 대륙으로 연결된다. 한 장소에서의 연결이 곧 세계가 되는 것으로, 위상학적 관점에 따르면 엄밀하게 로컬과 글로벌이 구분되는 것은 아니다(최병두, 2015). 사물들 사이의 관계는 네트워크라는 위상을 형성하는데, 우리가 흔히 지하철의 연결망에서 보는 것처럼 각 노선별 역을 연결한 것이 위상학적 관계의 네트워크이다. 각 역의 위치는 실제 지리 공간상의 위치와 다르며, 네트워크의 거리(지하철 역 간의 거리)는 사물(역)들 간 관계를 의미한다(Murdoch, 1998).

글상자 6.1. 위상학(topology)

위상학적 관점은 다양한 구성 부분들이 결합되는 과정과 구성의 특성을 설명하려는 것이다(권첼, 2010). 라이프니츠는 사물 간의 비교 기준이 없다면, 비교에 사용되는 기본 개념은 무의미하다고 주장하였는데, 이 주장을 보다 위상학적으로 확대한 것이 오일러(Euler)의 그래프 이론으로, 쾨니히스베르크의 강에 놓인 일곱 개의 다리를 중복 없이 건너는 방법을 거리와 상관없이 연결 관계(점과 선)를 통해 설명하였다. 1847년 요한 베네딕트 리스팅(Johann Benedict Listing)이 '공간적 형태들의 양상적 관계'란 이론으로 수학에 도입한 것이 위상학이 본격적으로 발달한 계기가 되었다. 라이프니츠와 함께 위상학을 발전시킨 것은 리스팅의 스승이었던 가우스(Gauß)가 제시한 비유클리트 기하학이었다(권첼, 2010). 공간은 굽은 상태, 펼친 상태, 압축된 상태 등 다양한 형태로 존재할 수 있는 것이다. 다만, 공간의 구조를 만드는 점들의 연결에는 단절이 없다는 가정이 존재한다.

위상학은 철학의 현상학에 도입되었고, 하이데거(Heidegger)는 존재의 조건으로서 공간 구조에 관심을 가지면서, 공간을 조건지우는 것을 존재라는 개념으로 재현하였다. 한편, 들뢰즈(Deleuze)는 '순수공간(reines spatium)'이란 개념을 통해 위상학적 접근을 시도하는데, 공간을 거리, 연장 및 관계성에 기초하여 설명하고자 하였다. 라캉(Lacan)은 정신분석의 측면에서 위상학적 구조 분석을 수행하였는데, 한편으로는 단어 의미에서 제어와 관련된 사이버네티스에서, 그리고 다른 한편으로는 심리분석의 맥락에서 사용하였다. 라캉은 프로이트의 자아, 초자아, 원초아를 심리적 위치론에서 분석하면서 실재계, 상상계, 상징계의 심급으로 동일시하였다(권첼, 2010).

존스Jones(2009)가 주장한 위상 공간은 공간의 개방성, 연결성, 복잡성을 인정하면서도, 공간이 갖는 고정성, 관성 및 개별성을 강조한다. 공간은 네트워크처럼 유동적 특성과 함께, 스케일, 영역, 지역과 같은 고정적 의미도 동시적으로 갖는다는 것이다. 영역적으로 정박·고정되는 공간과 위상학적·유동적·관계적으로 이동하는 공간 사이에는 모종의 절충이 필요한데, 변화의 경로를 이해함과 동시에 구성되고 창발적인 공간적 인식이 필요함을 강조하는 것이 위상 공간이다. 한 단계(국면)의 관계들이 의미를 구성하면 영역적 특성이 나타나고, 이는 다음 단계(국면)의 공간으로 이동한다는 것이다.

위상 공간은 복잡성의 개념과 유사한데, 공간을 다수의 수행적 관계들이 교차하고 새로운 국면을 생성하는 중첩의 형태로 이해한다. 예를 들어, 기업의 활동은 수많은 사업 관련 사건들에 의해 구성되는 것으로, 다양한 국면의 수행성을 만드는 것은 관계들의 실천으로 구성되고 작동한다는 것이다. 이러한 실천은 수많은 공간을 가로지르는 이질적이고 파편적이고 우연적인 관계들의 시스템으로 작동한다. 실천들의 집합에 의해 시스템이 구성되고, 습관적 행동(예: 권력, 영역성, 이데올로기 등)이 작동하는 메커니즘에 의해 시스템이 작동되는 것이다. 따라서 기업의 사업 관계를 만드는 것은 다름 아닌 행위주체들 사이에서 발생하는 사건과 수행에 대한 실천이다.

이러한 위상 공간은 역사 · 지리적으로 구성되는데, 변화하는 관계에 의해 정의될뿐만 아니라 제한되기도 한다(Jones, 2009). 장소는 반-본질적으로 존재하고, 실체entity는 추상을 통해 인식되며, 역사적 사건을 통해 이들에 대한 이해가 가능해진다. 장소는 공간에 위치하고, 공간을 구성하는 위상 공간이 곧 장소인 것이다. 따라서 장소는 다양한 관계들에 의한 활동의 부분이며, 정치적, 경제적, 문화적, 행정적 실천과 담론이 창조되는 사회적 구성이다.

위상 공간은 국경을 가로지르는 복잡성과 긴장, 전략과 전술에 민감하게 반응할 수 있는 개념이며, 펼쳐지고fold, 역동적이며, 중첩되는 공간을 의미한다. 이는 영역, 공간, 흐름을 동시적으로 고려하는 방법이 내재되어 있으며, 사회공간적 관계들이 갖는 다형태적 존재polymorphic organization를 이해하는 방법을 제공하고, 스케일, 장소, 위치성, 네트워킹 및 이동성을 동시적으로 고려하는 것이다(Jones, 2009). 하지만 이들의 논의는 사회와 공간의 관계를 영역, 장소, 스케일, 네트워크라는 일련의 원칙과 형태가 존재하는 관계로 규정한다는 점에서 일종의 선험적 정의에 따르는 결정론적 관점이 내재된다는 비판에서 자유롭지 못한 점이 있다(Anderson, *et al*., 2012).

2) 아상블라주

관계적 관점을 보완하면서 관계가 갖는 우연성, 창발성, 복잡성을 아우르는 관점으로 최근 사회과학 전반에서 주목을 받고 있는 개념이 '아상블라주assemblage'라는 개념, 또는 관점이다. 위상 공간에서 살펴보았듯이, 관계를 벗어나 사회 현상을 설명하기 힘드나, 관계로만 현상을 이해하는 것은 뭔가 부족함이 있다. 이런 점에서 사물의 관계를 강조하면서도 사물과 관계의 실재를 동시에 강조할 수 있는 개념이 바로 아상블라주이다. 관계 자체도 중요하지만 관계를 구성하고 권력을 작동시키는 사물object이나 실체entity의 결합도 중요하기 때문이다.

아상블라주는 들뢰즈와 가타리가 주조한 개념으로, '느슨하게 결합된 시스템의 집합'을 의미한다(Anderson, *et al*., 2012). 들뢰즈와 가타리는 인간의 존재론적 사고에서 가장 큰 문제는 세상을 이해하기 위한 주요 개념인 철학, 욕망, 신체, 영역, 이동 등에 내재된 '주관적 개념'을 해체하는 것이라 인식한다(김숙진, 2016). 아상블라주는 정해진 의미가 있는 고정된 개념이 아니라 고정된 사유의 체계를 해체하는 일종의 수단이자 도구이다. 사물은 서로 다른 조건terms들에 의해 구성되는 다양한 연결과 관계의 시스템이라 할 수 있다. 이러한 시스템은 구조처럼 정형화되거나 계층화된 모습이 아니라, 서로 다른 사물들의 관계에 의한 구성으로 상황과 맥락에 따라 구성의 형태와 특성이 달라진다(Muller, 2015). 아상블라주는 시스템을 형성하는 구성 요소들의 집합이자 일종의 배열인데, 사물은 부분 구성 요소들의 관계에 의해서 구성되지만 관계가 구성 요소들을 지배하지 않으며, 또한 구성 요소들의 집합이 전체로서 관계(시스템)의 특성과 동일한 것도 아니다. 이렇듯 부분이 전체를 구성하지만, 전체가 부분을 제한 또는 결정하지 않고, 부분의 합이 전체와는 같지 않는 것이 아상블라주의 유연적인 개념이다. 따라서 관계들이 필연적으로 사물을 구성한다고 전제할 수 없고, 관계의 특성도 우연적이고 일시적인 과정일 뿐이다.

이처럼 관계는 시스템의 내부에 속하지만 동시에 외부에도 속하는, 들뢰즈의 표현에 의하면 '관계는 사물이 구성되는 조건terms들의 외재성exteriority'인 것이다(김숙진, 2016). 또한, 아상블라주의 관점은 관계를 하나의 시스템이 아닌 복수의 것으로 이해하는데, 사건event은 관계를 해체하고 방해하고 변화시키며, 또한 새로운 관계가 형성되는 계기를 제공하기도 한다. 아상블라주 사고는 인간과 비인간 사이의 행위가 어떻게 구성되는가에 대한 과정을 이해하는데 도움이 되며, 사회를 다양한 부분으로 구성되는 복잡한 전체로 이해하는 틀을 제시하고, 실체의 중요성을 인지하도록 한다.

앤더슨 등(Anderson, *et al.*, 2012)은 아상블라주 관점이 갖는 4가지 장점을 다음과 같이 제시한다. 관계적 사고가 경험하는 문제에 대한 대안적 사고로 사용될 수 있으며, 관계적 세계relational world에 대한 이론화가 가능하며, 행위주체에 대한 재인식이 가능하고, 집합적 질서assembled orders에 대한 이해가 가능하다는 것이다. 이러한 장점을 바탕으로 현실 세계의 관계를 이해하는 수단으로 아상블라주 관점이 도입되었다. 예를 들어, 도시 계획에 관련되는 행위주체(개발 프로젝트, 정부, 계획가, 정치가, 사업가, 학자, 주민, 기업 등)들의 권력은 기존의 연구들에서는 동일하거나 지속적인 것으로 이해되었다. 하지만 아상블라주 관점은 이러한 권력 관계는 일정한 패턴을 지니는 것이 아니라 상황에 따라 다른 모습으로, 그리고 다른 영향으로 나타나며, 또한 정책 결정에 참여하지 않았던 요소들도 실제 결과에는 포함되는 결과를 가져오기도 한다는 것이다(McCann, 2011). 도시개발로서 특정 프로젝트는 정형화되고 일관된 계획에 따른 것이 아니라 다양한 행위주체들의 우연적이고 우발적인 관계들이 창발적 상황에서 작동하는 일종의 '질서가 없으면서도 질서'로 구성되는 실천의 과정인 것이다(Anderson, *et al.*, 2012). 이처럼 아상블라주 관점은 특수한 공간적 상상력에 국한되지 않고, 공간과 관련된 다양한 의미를 포괄할 수 있으며, 사회적 공간이 구성되는 과정을 이해하도록 한다. 개발 프로젝트의 다양한 관계들이 시스템으로 연결되어 하나의 사업이 완료되고, 연결을 가져왔던 행위주체가 또 다른 특성을 갖는 개발 프로젝트의 구성 요소가 된다. 이런 맥락에서 아상블라주의 관점은 사회의 변화를 관계가 구성하는 여러 이질적 시스템의 결과로 인식하고, 변화에 관련되는 어떠한 행위주체, 예를 들어 권력은 하나가 아니라 상황에 따라 조금씩 달라지는 다수의 권력들로 구성된다고 인식한다.

3. 이주의 관계적 해석

1) 관계로서의 이주

글로벌 이주를 관계적 맥락으로 접근한다는 것은 이주를 둘러싼 사회, 경제, 문화, 환경, 정치 등의 다양한 요인, 그리고 교통의 접근성과 같은 물리적 조건을 동시적으로 고려하는 것이다. 이주는 이동, 흐름 및 정주로 구성된 이동성과 관계의 대표적 사건, 현상 및 사례이다. 이러한 이동과 정착의 과정에는 다양한 주체, 권력, 인종, 젠더, 종교 등의 관계들이 서로 관련되면서 복잡한 시스템을 구축한다. 이주란 이동의 연속, 단속 및 누적이 빚어낸 '역사와 공간의 산물'이다. 이런 점에서 이주는 시대적 변화라는 통시적diachronic 특성, 그리고 시·공간을 통한 동일한 현상과 사건의 연속(연장)이란 공시적synchronic 의미를 동시에 내포한다.

이주는 특정 시점, 특정 장소, 특정 사람들의 이야기가 아니라, 다중적 관계에서 작동하는 다수의 이야기이다. 예를 들어, 중국 연변에 살고 있는 조선족들은 서로 다른 배경과 맥락에 의해 거주하게 되었다. 부모 또는 조부모가 이주했던 이유, 고향에 대한 애착 등은 서로 다르다. 어떤 사람들은 이주 배경 때문에 중국에서 환영을 받았고 어떤 사람들은 차별을 받았다. 공산주의 시절에는 서로 다른 이유 때문에 힘든 삶을 보내야 했고, 남한과 북한과의 관계나 유대감도 다를 것이다. 어떤 사람은 고향이 경상도일 것이고, 어떤 사람은 함경도일 것이고, 어떤 사람은 농사를 지었고, 어떤 사람은 사업을 했을 것이다.

이처럼 이주의 발생학적 맥락과 배경은 서로 다르기에 이주와 디아스포라 접근은 행위자들의 관계를 '사건들의 집합'으로 이해할 필요가 있으며, 부분이 모여 전체가 되는 것이 아니라 부분이 맺는 관계들은 상황에 따라 서로 다른 부분과 전체를 구성하는 것으로 이해되어야 한다. 한 남성에 대한 구술사가 부인의 입장에서는 다르게 해석될 수 있으며, 질문의 의도와 방법에 따라 '고향과 종족에 대한 기억·향수·애착'은 다른 답변으로 구성될 수 있을 것이다. 또한, 교수가 질문했을 때와 학생이 질문했을 때, 대답의 내용과 구성도 다를 수 있다.

이주와 디아스포라는 다양한 시간과 공간의 이야기이다. 연변이란 공간 자체의 이야기가 아니라, 한국, 중국, 그리고 일본 등이 서로 관련되고, 과거와 현재, 그리고 다양한 장소들이 서로 관련되는 관계들의 구성인 것이다. 종족 네트워크를 통한 중국 조선족의 연결은 때로는 로컬 수준에서 때로는 초국가적 수준에서 나타날 것이다. 이들은 다양한 로컬과 연결되고, 종족 또는 다른 집단과의 연대를 통해 삶을 모색하고, 때로는 장소의 정치를 통해 자신들의 정체성을 드러낼 것이다. 예를 들어, 경기도 포천에서 일하는 중국 조선족은 연길의 가족에 돈을 송금하고, 주말에는 서울의 대림동에서 고향 친구들과 식사를 하고, 고향 출신의 지인들과 연길의 지역개발사업에 대한 투자를 고민하고, 연길의 조선족 공동체 모임에 자신의 의사를 표명하는 등 다양한 활동을 실천할 것이다. 이처럼 이주는 다수의 로컬을 연결시키는 장소의 이동이며, 떠나온 곳과 정착한 곳의 로컬리티를 변화시키는 과정이다.

2) 이주를 통한 관계적 사고의 확대

일부 관계적 사고(관계적 지리, 행위자-네트워크 이론)의 주창자들은 관계의 공간적 범위는 상황에 따라 변화(열린 상태, 개방적 상태)하기에, 관계를 스케일과 경계와 같은 공간적 범주로 파악하는 것은 의미가 없다고 주장한다(Thrift, 2006). 하지만 경계를 관계들이 작동하는 공간적 범위로 이해할 수도 있는데, 특히 시민권, 인종, 종족, 젠더, 종교 등은 영역(성)의 영향을 많이 받는다. 이주는 다양하고 이질적인 행위주체(예: 이주자, 국가, 종족 공동체, 이민 제도, 종교, 고용 시장 등)가 서로 연결 또는 해체되는 관계들의 구성이다.

이주자는 출신 지역으로부터의 분리와 정착 사회로의 연결을 지향하는 탈영역화de-territorialization, 그리고 정착 사회에 자신들의 문화적 정체성을 이식하는 재영역화re-territorialization를 동시적으로 실천한다(Vertovec, 2009). 글로벌 이주의 사회적 관계는 문화의 혼종을 가져오는데, 여기서 주목할 점은 혼종화란 것이 공간성을 갖는다는 점이다(Welsch, 1999). 서로 다른 문화는 하나의 형태로 존재하거나 상호 간 동질화되지 않고, 둘이 상호 작용하여 새로운 또 다른 문화를 창조한다. 문화적 혼종은 '로컬로의 착근'을 수반한다는 점에서 제3의 공간성을 출현시킨다. 이런 점에서 이주자의 관계적 구성은 기존의 공간성과는 다른 이질적이고 혼종적인 공간성을 야기하고, 문화적 혼종은 다중-스케일의 차원에서 이주자의 네트워크를 작동시킨다.

제3의 공간 또는 혼종적 공간성은 경계에 대한 기존의 인식에 변화가 필요함을 제시한다. 전통적으로 경계boundary란 한 장소를 다른 장소와 구분하는 선이나 구획으로 인식하면서(Newman, 2009), 장소의 경계는 공유된 문화의 정체성이 내부에서 구성되고 다른 장소와 구분되도록 하는 기준이다. 경계는 단순히 지리 공간을 서로 구분하는 선이 아니라, 인종, 젠더, 계급처럼 사회적 관계를 구분하는 기준이 된다. 주류와 소수 종족 사이에 포함과 배제가 작동하는 것이 바로 사회적 관계에 기초한 경계 설정에 기인한다. 즉, 경계란 인간 삶의 사회적 관계를 서로 구분(예: 남성 vs 여성, 백인 vs 유색인종 등)하는 기준인 것이다.

매시Massey(1995)는 한 장소의 사회적 공간은 다른 장소와의 관계에 의한 것이며, 장소의 경계를 토대로 세금과 정치가 작동하므로, 장소의 경계는 권력이 형성되는 토대라고 주장한다. 그러면서도 그녀는 장소 정체성이 '장소의 경계'와 일치하지 않는다는 점에서, 경계에 의한 장소의 구분에 대해 회의적이다. 장소의 경계는 지리적으로 고정되는 것을 의미하는데, 장소의 정체성은 외부와의 관계에 의한 다공질적이고 개방적인 특성을 보이기 때문이다. 이런 맥락에서 일부 학자들은 장소의 정체성과 장소의 경계가 불일치하다는 이유로 경계의 중요성을 간과한다(김지혜 역, 2013). 이러한 견해가 잘못된 것은 아니나, 문제가 되는 것은 경계를 지나치게 이분법(예: 내부 경계/외부 경계, 내적 공간/외적 공간 등)의 맥락에서 사고한다는 것이다. 경계가 구성되는 것이라면, 영토적 경계도 지리적으로 구분되는 선이 아니라 사회적 관계로 구성되는 구분으로 인식되어야 하는데, 경계를 과거의 이분법적 정의에 의존하는 것은 문제가 된다. 경계도 관계적으로 해석될 필요가 있는 것이다.

이주, 즉 국경을 넘는다는 것은 포함, 배제, 타협, 통합 등의 관계를 수반하는 사건이다. 국경은 국민이란 정체성이 상상되는 범위이며(Newman, 2009), 다양한 사회복지가 제공되는 공간적 범위이다. 영역적 경계를 넘는다는 것은 다른 정치가 작동하는 영역으로 들어섬을 의미한다. 밀입국은 경계를 넘는 대표적 사례로 전 세계적으로 보편적 현상이다. 밀입국은 이주자가 단순히 국경을 넘는 범죄적 행위로 이해될 것이 아니라, 이주자의 욕망, 밀입국 알선업자, 입국 희망 국가 및 주변 국가들의 난민 정책 등과 같은 복잡한 관계로 작동하는 시스템이다(이영민 외 공역, 2013). 미등록 이주자와 난민은 환영받지 못한 존재로 인식되어 감금과 추방을 경험하기도 한다. 아감벤Agamben이 말하는 '벌거벗은 생명bare life'은 경계가 이주자의 권리에 있어 얼마나 중요한 역할을 하는지를 잘 설명한다. 망명 수용소라는 것은 보호를 받기 위한 경계 구역인데, 사실 시민의 권리가 작동하지 않는 특별한 공간이 된다. 이처럼 경계는 구성원에게 소속(감)을 부여하면서 공간을 구분 짓지만, 경계를 통해 다른 공간과의 연결이 이루어진다는 점에서, 경계는 열린 상태로 존재한다(Melpas, 2012). 경계는 사물이 이동하는 통로이며, 경계 안에는 채워지는 구성물이 존재한다.

4. 이주자 공간의 관계와 위상

1) 이주자 공간의 관계적 이해

투안Tuan(1977)은 인문학과 사회과학 전반에서 장소를 새롭게 인식하는데 선구적 역할을 한 지리학자이다. 그는 공간과 장소의 현상학적 이해에 기초하여 장소를 인간의 주관과 감정에 의해 의미가 부여되는 공간으로 인식하였다. 경험과 기억으로 구성되는 장소는 인간 삶의 역사이자, 곧 세계의 축소판이다. 비록 투안이 관계들로 구성되는 세계에 대해 강조하지는 않았으나, 경험과 기억으로 인식되는 장소는 인간의 사회적 관계의 산물이란 점에서 현대적 의미의 관계적 사고와 크게 다르지 않은 것 같다. 인간주의 지리학자들은 인간의 경험을 통해 장소를 이해하고, 장소에 대한 이해를 통해 세계를 이해하고자 하였다.

하지만, 인간주의적 장소관은 관계적 관점에 의해 본질주의 사고로 폄하되는데, 모든 사람이 공유하는 장소 정체성과 장소감이란 존재할 수 없기 때문이다. 인간주의적 장소관은 한 장소를 다른 장소와 구분시켜 의미를 파악하는데, 장소는 열린 상태로 존재하고 주관적 경험과 기억은 변화하기에, 관계적 사고에서 동질성의 장소는 거부되는 것이다 (Massey, 1995). 장소는 다른 역사를 지닌 구성원들이 살아온 역사이며, 시대, 상황, 사람에 따라 장소에 대한 감정은 다를 수밖에 없다. 모든 장소는 다른 장소와 직·간접적 연결 상태로 존재한다. 장소의 정체성은 다른 장소와의 관계에 의한 것이므로, 한 장소의 고유성에는 다른 장소의 의미, 경험, 기억도 담겨있다. 이것이 장소의 정체성이 사회적으로 구성되는 위상학적 해석이다.

이주는 한 장소의 문화를 다른 곳에 착근시키는 관계들의 구성으로, 서로 이질적이고 독특한 위상학적 공간을 창출한다. 농촌의 결혼 이주여성들은 가족 중심의 네트워크(주거, 쇼핑, 자녀 교육, 친척 방문 등), 이웃 및 주변 다문화 가정과의 네트워크(만남, 교류 등), 출신 국가 이주자들과의 네트워크(지역 및 국가스케일), 출신국과의 교류(글로벌 수준) 등에 의한 서로 다른 위상학적 공간 관계를 갖는다. 이주여성에게 가장 친밀한 사회적 관계는 지리적으로 멀리 떨어져 있는 친정과의 연결일 것인데, 이는 지리적 거리는 멀지만 네트워크에서는 가장 가까운 공간이 되는, 겹치고 접히는 폴드fold로서의 공간이 된다. 한편, 지리적으로는 가까운 주변에 위치하지만 이주여성과 이웃의 관계는 가장 소통이 적은 공간으로 작동하기도 하는데, 이 역시 위상학적 관계의 일면이다.

이주의 위상학적 관계는 이주자 공간을 중심으로 파악되어야 한다. 공유하는 동질감이 존재한다는 것은 위상학적 관계가 구성되는 토대이다. 피부색이 같고, 언어가 같고, 문화적 성향이 같다는 것은 결집의 1차적 요소가 된다. 하지만, 이주자의 공간은 이주자의 문화뿐만 아니라 주류 사회의 문화와 다른 이주자 집단의 문화가 서로 결합되고, 절충되고, 경쟁하면서 문화적 혼종화가 발생하는 관계적 공간이며, 또한 경쟁, 다툼 및 불신의 관계가 작동하는 장소 정치의 공간이다.

이주자 집단은 종족 공동체에 편입되면서 사회의 적응에 필요한 지식과 경험을 전수받는다(Mitchell, 2000). 주류 사회로부터의 차별은 이주자의 집중 거주지역이 형성되는데 큰 영향을 미치는 요소로, 종족 경제에 편입된다는 것은 타자화된 이주자의 로컬리티에 포함됨을 의미한다(Anderson, 2010). 이주자의 로컬리티는 복잡한 관계가 작동하는 과정들의 결합인데, 이는 결과적으로 지배 집단이 형성한 경관의 흔적을 바꾸고, 이주자 문화가 지배적인 공간을 형성하게 된다. 이주자 로컬리티는 단순히 주류 사회의 고립된 장소에 국한되는 것이 아니라, 다수의 국가에서 작동하는 이주자의 네트워크에 포함되는 관계적 공간이다. 교통과 통신이 발달하면서 세계적 수준에서 로컬들 간 소통은 증대하고, 이주자는 다수의 로컬에서 작동하는 종족 공동체의 의식을 공유하게 된다(Appadurai, 2003).

이런 맥락에서, 주류 문화와 구분되는 경관을 형성한다는 것은 새로운 공간의 역사가 쓰여지고, 이질적 문화들이 장소에 공존하면서 정체성의 정치들이 서로 충돌하는 관계적 공간의 구성이다. 이주자는 지배 집단과의 갈등과 교섭의 정치를 통하여 새로운 장소를 만들어가고, 주류 사회 안에 다수의 이주자 공간을 태동시키게 된다. 이주자의 거주지는 단순한 주거 공간이 아니라, 이질적·혼종적 문화가 다중-스케일의 맥락에서 서로 연결되고 작동하면서 갈등과 대립의 정치를 가져오는 관계적 공간인 것이다(Watters, 2011).

2) 이주를 위상학적으로 상상하기

국가는 상상적 공동체가 존재하는 거대한 공간이라 할 수 있다. 우리는 흔히 특정 국가 출신의 이주자가 모두 동일한 정체성을 갖는 것처럼 묘사하는 경우가 있다. 라오스 출신의 이주여성은 필리핀 출신의 이주여성에 비해 '어떻다'라는 표현이 바로 이주여성이 마치 출신 국가를 대표하는 존재처럼 인식되는 경우에 해당한다. 국가와 사회가 동일한 것처럼 인식하는 것을 방법론적 국가주의methodological nationalism라 한다. 이러한 동일시(이주자=국민=국가)는 개인의 정체성을 사회 집단의 특성으로 이해하고, 사회 집단을 국가의 특성으로 이해하는 오류를 낳는다(Schiller and Çağlar, 2009; Wimmer and Schiller, 2002). 방법론적 국가주의는 개인이란 위상이 국가(또는 민족)라는 위상으로 잘못 해석되는 위상학적 오류에 해당한다.

이주자는 종족, 인종, 종교와 관련하여 집단 정체성의 일부를 갖고 있으나, 모든 이주자가 동일한 집단 정체성을 갖는 것처럼 인식하는 것은 '개인 정체성'을 '집단 정체성'으로 해석하는 위상학적 오류이다. 이라크 출신의 이주자는 무슬림일 확률이 높으나 모두가 무슬림에 대해 긍정적 사고를 갖는 것은 아니며, 이라크는 다양한 종족으로 구성되어 있고, 수니파와 시아파가 혼재하고 있다. 또한, 수니파와 시아파도 엄격하게 구분되기 힘든 혼종적인 특성도 있거니와, 종파에 대한 생각 자체가 없는 이주자들이 상당히 많을 것이다. 이라크 이주자들은 서로 다른 위상학적 속성을 갖는 주체들이 맺는 관계들의 집합이다. 아상블라주의 논의에서도 살펴보았듯이 집합이 구성 요소의 합으로 이해되는 것은 관계적 사고에서 경계할 요소이다. 개인별 정체성의 차이에 영향을 미치는 요소는 권력, 계급, 젠더, 종교 등 다양한 가치관과 관련된다(Levitt and Jaworsky, 2007). 부분으로서 전체를 설명하는 오류도 조심해야 하지만, 전체로서 부분을 설명하려는 오류도 조심해야 할 것이다.

이주자의 위상학적 연결은 매우 역동적인 양상을 보인다. 이주자는 가족 및 친척의 네트워크에 의한 다수의 로컬과 연결되고, 일상과 관련된 복잡한 사회적 네트워크를 갖고 있으며, 이러한 사회적 네트워크는 전 세계의 로컬과 연결되어 있을 것이다. 예를 들어, 연변은 중국 조선족의 이출이 많아지면서 많은 변화를 경험하였고, 경제와 인구 규모에서가 아니라 이주자의 네트워크 차원에서 국제도시가 되었다. 연변은 한국, 일본, 영국, 미국 등에 거주하는 중국 조선족들의 사회적 네트워크의 허브로 작동하고 있다. 핵가족화의 영향으로 3명이 한 가족을 구성하지만, 부모들은 각각 연변과 서울에 거주하고, 자녀는 미국에서 유학하는 등 가족의 분절화에 따른 글로벌화를 실감하는 장소가 바로 연변이라 할 수 있다. 떠나올 때는 중국의 부동산이 비싸지 않았으나, 돌아가려는 시점에는 중국의 부동산 값과 물가가 상승하여, 쉽게 연변으로 귀환하지 못하는 많은 중국 조선족이 등장하면서 이들의 글로벌 연결망은 더욱 복잡한 양상을 보이고 있다.

이처럼 중국 조선족의 이주는 수도권의 지하철 지도보다 훨씬 복잡한 위상학적 연결을 갖고 있다. 이들의 사회적 네트워크를 위상학적으로 표현한다는 것은 매우 복잡하지만, 위상학의 장점은 이러한 복잡한 네트워크를 '양상mode'으로 제시한다는 점이다. 중국 조선족의 복잡한 연결망은 연변과 서울이 센터로 작동하고, 일본, 영국, 미국 등이 주변으로 연결되는 간단한 연결망의 도식으로 이해될 수 있을 것이다.

위상학적 접근은 공간의 스케일을 상황에 따라 유연적으로 해석하는 장점을 지닌다. 이주자는 직·간접적 관계를 토대로 세계의 여러 로컬에 연결되는 위상학적 관계도 갖지만, 대부분의 일상은 로컬이란 공간에서 이루어지며, 로컬의 일상적 관계가 공간적으로 확대되는 양상이다. 이주자의 사회적 연결과 관계는 매우 다양하고 복잡한 위상학적 패턴을 갖는다. 우선 이주는 이출과 이입을 통해 2개 국가 사이에서 발생하는 이동의 관계를 가지며, 이주자의 사회적 관계는 로컬과 글로벌의 수준에서 동시적으로 나타나고, 국가는 이입과 이출을 관리 및 통제할 뿐만 아니라 해외에 거주하는 동포의 삶에도 개입하는 경우가 많다. 흔히 디아스포라는 떠나간 국민에 대한 관리를 하겠다는 국가의 욕망으로도 해석될 수 있기 때문이다.

글로벌 또는 초국가적 시대의 주장과 반대로, 국가, 영역 및 종족은 이주를 구성하는 핵심 요소이다. 국가는 시민권을 통해 이주자를 통제하고, 영역의 정치는 디아스포라 또는 난민의 지정학에 큰 영향을 미치며, 종족은 정체성과 소속감의 토대로 작동한다(Waldinger and Fitzgerald, 2004). 다문화주의의 후퇴는 종족, 인종 및 종교에 대한 글로벌 정치가 국내의 정치적 실천으로 환원되는 위상학적 현상이다. 이는 글로벌과 로컬이 위상학적으로 분리된 공간이 아니라 서로 연결된 개방적 공간임을 보여준다.

이방인으로부터 주류 사회를 보호하겠다는 사회 통합 정책은 '보호와 안전'에 관한 계층적 경계 짓기를 가져온다. 대도시를 비롯한 경제가 성장하는 곳은 이주자에 대해 비교적 관대할 것인데, 이는 이주자의 필요성에 대한 인식이 착근되었기 때문일 것이다. 반면에, 지역 경제가 취약한 곳에서 이주자의 유입은 기존의 문제에 또 다른 문제를 중첩시키는 원인으로 해석될 수 있을 것이다. 이런 점에서 이주는 장소마다 다른 견해를 가져오며, 상황에 따라 이주자에 대한 인식도 달라질 것이다. 이런 점에서 이주는 위상학적으로 이해될 필요가 있고, 이주를 둘러싼 배경, 상황 및 맥락에 따라 이주의 역동적 관계가 공간에 미치는 영향은 매우 복잡한 양상을 보이게 된다.

3) 아상블라주로서 이주자의 주변성 이해하기

이주자의 위치성은 주류 사회에서 포함과 배제를 동시적으로 경험한다는 점에서 아상블라주의 관계적 상황에 놓여 있다. 포함과 배제는 엄밀하게 구분되는 것이 아니라 맥락과 상황에 따라 달라지는 성격을 갖는다. 이는 권력이 모든 대상에 따라 균등하게 작용하지 않기 때문일 것이다. 한국의 이민 정책은 모든 이주자에게 공평한 것이 아니라 계층성을 반영하는데, 다른 이주자에 비해 중국 조선족과 재외 동포의 이주자에 대한 배려가 존재한다. 다른 이주자의 입장에서 보면 중국 조선족과 고려인들은 한국사회로의 포함이 높다고 볼 수 있을 것이나, 중국 조선족과 고려인의 입장에서 본다면 한국 사회는 여전히 그들을 배제한다고 인식할 것이다.

워퀀트Wacquant(2008)에 의하면, 프랑스의 게토라고 불리는 '방리유'에 이주자가 집중되는 것은 단순히 선택이 아니라 정치적 결과인데, 억압과 배제 상태에 놓인 이주자들이 선택할 수 있는 유일한 곳이 방리유였다는 것이다. 주류 사회는 이주자를 공공연하게 차별하지 않지만, 이주자의 존재 자체가 주류 사회에 '불편한 감정sense of unease'을 제공하고, 이는 이주자의 존재가 무시되는 일종의 '부재감sense of absence'으로 나타난다. '부재감'이란 단순한 차별이 아니라, 존재 자체를 무시하는 것이다(Gervais, *et al.*, 1999). 이는 '있음'에 의해 '없음'을 이해하는 위상학적 또는 아상블라주의 단면을 제공한다.

난민은 있음에 의해 없음이 이해되는, '없음'의 대표적 사례일 것이다. 난민은 보호를 받기 위한 존재인데, 난민수용소는 난민의 권리를 제한하는 공간이다. 또한, 같은 수용소에 갇힌 난민이지만, 어떤 난민은 연민의 대상이 되고 어떤 난민은 잠재적 테러리스트가 된다. 이는 난민에 대한 국가의 권력이 느슨한 시스템으로 작동함을 보여준다. 이러한 계층화된 권력 앞에서 난민은 자신들이 받아들여질 수 있는 국가를 모색하게 되고, 인권 단체에 호소하여 자신들의 주변화된 위치성을 부각시킨다. 중요한 점은 난민 스스로 자신들의 부당한 대우와 주변화된 위치성을 이야기할 기회는 없다는 점이며, 난민의 주변성은 주류 사회의 인권 운동가에 의해 대리된다는 것이다. 즉, 스스로 말할 수 있는 기회조차 부재한 것이 난민의 위치성이다. 이처럼 난민의 정치란 난민 스스로 주체성을 찾는 과정으로 해석되지만, 그 이면에는 인권 운동가와 인권 단체들의 역할이 있다. 난민에 대한 국가의 폭력에 맞서 인권 운동은 난민을 위한 저항의 정치를 실천하지만, 결국 힘을 얻게 되는 것은 '난민'이 아니라 '인권운동가'와 '인권 단체'이다. 다양한 사회운동이 전개될수록 권력의 위상학적 관계가 복잡해지는데, 서발턴은 권력을 얻지 못한 상태에 놓이기 쉽다. 이들에게는 권력을 실천할 수 있는 관계가 제대로 작동하지 않기 때문일 것이다.

제7장 다문화와 이주자 통합의 정치*

1. 이주와 다문화

전 세계적으로 이주가 빠르게 증가하면서 모든 국가는 이입과 이출을 동시에 경험하고 있으며, 주된 이출 국가들도 이입에 따른 사회적 변화에 직면하고 있다. 이주의 증가는 한 장소에서 다양한 문화를 경험하는 기회를 제공하지만, 동시에 다양한 문화에 대한 거부감이 나타나기도 한다. 이주는 단순히 사람만 이동하는 것이 아니라 문화까지 이동 및 정착한다는 점에서, 이주의 증가란 곧 다문화로의 전환을 의미한다. 현 시대가 글로벌 이주의 시대란 점에서 다문화사회로의 전환은 극히 자연스런 현상일 것이다.

유럽은 한 지역이 다문화를 경험하는 배경, 맥락 및 과정을 잘 보여주는 대표적 사례일 것이다. 유럽은 16세기 대항해 시대가 열리고 18~19세기 식민지 건설이 본격화되면서 많은 이주자를 역외로 배출시켰으나, 1950년대 이후 많은 이주자가 유입하는 지역으로 변모하였다.

---

* 이 내용은 2014년 2월 한국지역지리학회지에 실린 "서구의 이주자 정책에 대한 비판적 접근과 시사점: 동화, 다문화주의, 사회통합 정책을 중심으로"를 수정한 것임

제2차 세계대전 이후 많은 식민지가 독립하였고, 식민 모국을 따라 아프리카, 카리브 해, 아시아 등지에서 많은 이주자가 유입되었다. 특히 영국과 프랑스는 식민지배 지역들로부터 많은 수의 이주자가 유입되면서 다양한 사회적 변화에 직면하였다. 유색 인종이 자신들의 문화적 정체성을 이주와 함께 유입했음은 물론이거니와 식민지에 거주하다 유입된 백인들도 일종의 혼종화된 문화를 갖고 있었다.

전 세계적으로 영주를 목적으로 한 이주가 증가하는 가운데, 초청노동자 등 일시적 이주자가 현지에 정착하면서, 세계의 곳곳은 문화의 다양성과 혼종화를 경험하게 되었다. 이주자가 급격히 증가한 곳들은 이주자와 원주민 간 충돌이 나타났고, 문화적 차이, 다문화, 문화변용acculturation, 인종차별 등이 사회적 이슈로 등장하였다. 한편, 글로벌화 과정에서 미국 문화가 전 세계적으로 확산되면서, 지역문화 속으로 미국 문화의 침투가 나타났다. 이를 통해 전 세계적으로 획일적 문화보다는 문화의 다양성이 강조되어야 한다는 분위기가 조성되었는데, 미국 중심의 문화에 반대하는 맥락에서도 다문화주의는 진전되었다(박성일 역, 2008; 이영민·이종희 역, 2013).

이주자의 증가로 다양한 종족이 유입되고, 종족 집단의 규모가 커지면서, 서구 사회는 지배 집단의 문화적 가치가 유지되면서도 소수 종족의 문화가 어느 정도 존중되는 다문화주의를 추진하게 되었다. 다문화주의는 단순히 소수 종족의 문화를 인정하는 것에 그치지 않고 소수 종족의 문화와 주류 문화가 서로 존중되는 가운데 좋은 점을 공유하면서 서로 변해가는 문화변용을 강조하였다(Kymlicka, 1995; Phillips, 2007).

주요 선진국은 이주자 유입의 변화에 따라 다양한 이주 정책을 추진하였다. 이주자를 주류 사회로 포함시키는 정책을 편입 정책incorporation policy이라 하는데, 문화적 차이가 나타나는 소수 종족(인종)을 지역사회 일원으로 포함시키는 것을 의미한다(이영민 외 공역, 2013; Portes and Zhou, 1993). 이주자 편입 정책은 국가에 따라 차이가 있고, 사용하는 용어가 일치하지는 않지만 차별배제difference exclusion, 동화주의assimilationism, 다문화주의multiculturalism, 그리고 통합integration 정책 등이 있다.

편입 정책은 이주자의 사회적응을 안내하기 위한 것이지만, 그 내면에는 이주자에 대한 포함과 배제가 담겨있다. 일반적으로 이주자 편입 정책은 국가에 따라 차이가 나타나는데, 영국은 다종족 국가이므로 집단 정체성을 인정하나, 프랑스는 국민을 강조하면서 집단 정체성을 인정하지 않으며, 독일은 혈통과 종족 정체성을 강조하는 경향이 있다(한국유럽학회, 2011).

20세기 중반까지 서구의 이주자 편입 정책의 중심은 동화주의였다. 그러나 1970년대 캐나다와 호주가 다문화주의를 도입하면서 1980년대부터 서구 사회는 대체적으로 다문화주의를 채택하게 되었다. 1990년대를 거치면서 다문화주의의 가치와 필요성은 한국과 일본 등 아시아 국가들에서도 다각적으로 검토되었다. 하지만, 2001년 911 사건은 서구의 다문화주의 정책에 큰 변화를 야기하였다. 무슬림 테러에 대한 위협은 서구의 곳곳에서 다문화주의를 포기하고 사회통합 정책을 추진하는 계기가 되었다(Joppke, 2007). 다문화주의는 이주자의 문화 정체성을 인정하지만, 이것은 결과적으로 이주자를 주류 사회로부터 격리시키고, 주류-이주자(특히 무슬림) 간 갈등과 대립 관계를 양산한다는 것이다(Kostakopoulou, 2010).

다문화주의가 후퇴한다는 것은 단순한 정책 변화가 아니라 그동안 이주자에게 일정 부분 베풀었던 모종의 혜택을 제한함을 의미한다. 다문화주의의 장점이 사회적으로 공감대를 형성하였음에도 불구하고, 일련의 폭력 사태와 보수 정치의 실현은 소수 종족으로 하여금 주류 사회의 문화와 가치를 학습하도록 요구받는 상황으로 변하게 되었다. 필자는 서구의 다문화주의의 후퇴를 시대적 변화를 수반한 담론적 맥락에서 검토하고, 사회통합 정책에 담긴 이슈와 문제를 살펴보고자 한다.

2. 동화주의와 이주자 정체성

지금으로부터 거의 100년 전에 파크와 버제스Park and Burgess(1921)는 이주자에 관심을 가지면서, 이주자의 주류 사회로의 동화assimilation를 '어떤 사람이나 집단이 다른 사람이나 집단의 기억, 감정 및 태도를 받아들이는 침투와 용해의 과정'이라고 정의한 바 있다(Kostakopoulou, 2010, p.831 재인용). 동화란 이주자 집단이 정착 사회의 문화와 가치를 받아들이면서 주류 사회와의 동질성을 증가시키는 현상으로(Brubaker, 2001), 떠나온 사람이 새로운 사회의 문화를 받아들이는 것은 당연하다는 논리가 바탕에 깔려 있었다.

1980년대 이전까지 미국의 이주자 정책은 동화주의에 바탕을 두었다. 용광로처럼 모든 이주자는 '미국의 문화'에 동화되는 것을 기정사실화 하였다. 미국은 유럽의 여러 국가와 국민들로 구성된 '이민 국가'였으나, 미국인이 된다는 것은 백인-앵글로·색슨계의 프로테스탄트WASP: white, anglo-saxon and protestant 문화를 받아들이는 것이라 인식하였다(곽재석 역, 2009). 미국은 다양한 유럽의 문화를 앵글로·색슨 문화에 포함시키면서 '미국 문화'를 형성하였고, 모든 이주자에 '미국 문화'를 강요하였다.

프랑스의 동화주의는 미국과는 다른 맥락에서 형성되었다. 프랑스는 나폴레옹 전쟁 이후 약화된 국력을 강화시키고자 외국인의 유입을 적극적으로 환영하였다(송태수, 2011). 하지만 1880년 무렵 이주자 유입이 100만 명을 넘어서면서 계획은 변경되었고, 이주자 유입을 제한하였다. 하지만 프랑스는 공화주의의 기본 원칙인 시민성을 강조하였는데, 혈통과 인종이 다르더라도 프랑스의 시민권을 갖는 사람은 국민으로서 인정받았다. 제1차 세계대전이 발발하자 군대 복무를 조건으로 이주자에게 시민권이 부여되기도 하였다. 프랑스는 이주자에 대해 비교적 관대한 정책을 펼쳤으나, 공화주의 전통에 따라 프랑스의 언어, 문화, 가치가 수용되는 시민성을 강조하였다(김남국, 2011). 공화주의 전통이란 다름 아닌 프랑스의 전통과 문화를 수용하는 동화주의인 것이다.

하지만, 국제이주 환경이 변화하면서 동화주의 정책은 변화를 경험하게 되었다. 미국은 1970년대 이후 이주자의 다수가 히스패닉계와 아시아계로 변화하면서 WASP에 기초한 동화주의는 실효성을 잃게 되었다. 프랑스는 1960년대 이후 과거 식민지로부터 많은 이주자가 유입되고, 이들이 과거와는 다르게 자신들의 문화를 유지하면서, 다양한 문화가 프랑스에 공존하게 되었다. 세계의 곳곳에서 이주자들은 경제적으로는 주류 사회에 통합되면서도 문화적으로는 분리되는, '분절된 동화 segmented assimilation'라는 상황에 놓이게 되었다(Zhou, 1997).

또한, 이주자의 동화 양상도 개인과 집단의 특성에 따라 달라지는 모습을 보이게 되었다. 일부 이주자는 백인 중산층에 쉽게 동화되었으나, 일부는 쉽게 동화되지 못하였고 주류 사회보다 종족 공동체에 포함되는 삶을 선택하였다(Alba and Nee, 2003; Portes and Zhou, 1993). 이주자의 계급과 위치성에 따라 동화의 차이가 나타나면서, 이주 정책은 종교, 가족, 계급(문화적 자본), 이동성의 차이 등을 고려할 필요가 제기되었다.

동화주의는 본질적으로 주류 사회의 문화와 이주자의 문화가 다르다고 인식하는 것으로, 주류 사회의 문화를 강조한 점에서 비판의 대상이 된다. 동화를 강요하는 것은 소수 종족의 문화를 배제하는 것으로, 결국 소수 종족을 사회적 주변부에 위치시키는 것이다. 에흐르캄프 Ehrkamp(2006)는 독일 내 터키 이주자에 대한 연구를 통해 '독일인다움 Germanness'이 동화주의에 어떤 영향을 미치는지 보여준다. 미디어는 터키인이 독일인과 비슷해져야 한다는 동화 담론을 형성한다. 그러나 미디어 보도의 초점은 터키와 독일의 문화적 정체성의 차이가 아니라, 터키인의 문화적 차이가 독일 사회에 동화되기 힘든 점을 부각시킨다. 이는 터키 이주자를 독일인의 반대편에 위치시키면서 터키인으로 하여금 스스로 주류 사회보다 종족 공동체에 편입시키는 결과를 가져온다. 이처럼 독일의 동화주의는 주류 사회의 동요를 적게 하면서 소수 종족을 주류 사회와 격리시키는 결과를 가져왔다. 동시에 소수 종족으로 하여금 자신들이 주류 사회에 포함되지 못한 아쉬움은 바로 이질적 문화에 기인함을 받아들이도록 한다.

이처럼 동화주의는 이주자의 문화를 단순히 무시하는 수준이 아니라, 차별의 대상으로 인식한다. 이처럼 국제이주의 변화에 따른 이주자 구성의 차이, 이주자의 위치성에 따른 동화 양상의 차이, 획일적 문화에 대한 거부감 등이 주류 사회로 하여금 동화주의에서 다문화주의로의 전환을 요구했던 것이다. 소수 종족이 주류 사회의 가치와 문화에 흡수되도록 강요하는 정책은 더 이상 사회의 지속가능한 발전에 도움이 되지 못한다는 인식이 확대되면서 다문화주의는 확대되었고 사회의 주목을 받게 되었다.

3. 다문화주의 확대와 한계

다문화주의는 소수 종족의 문화적 가치가 존중되어야 하며, 문화의 다양성과 혼종성이 사회 발전에 장점으로 작용한다는 인식 체계라 할 수 있다. 다문화사회란 지배 집단의 문화에 다수의 소수 문화가 포함되는 사회로의 변화, 소수 종족의 구성원이 차별받지 않고 자신들의 권리를 갖게 되는 사회로의 변화, 이주자에 대한 관용과 배려가 보장되는 사회로의 변화를 의미한다(한국사회학회, 2007; 황정미 외, 2007, Phillps, 2009).

전 세계에서 다문화주의가 이주자 정책으로 가장 먼저 추진된 국가는 캐나다이다. 1970년대 초반 캐나다는 다민족, 다인종 사회가 갖는 문제점을 문화적 다양성의 수용이란 측면에서 해결하고자 하였고, 특정 종족이나 집단에 소속되는 것이 사회적 차별과 배제의 원인이 되지 않도록 정책적 해결책을 모색하였다(정의철, 2011). 1980년대에 접어들어 다문화주의 정책은 유럽에서 확대되기 시작하였다. 아프리카, 카리브해, 아시아 등지로부터 유입된 이주자는 종족의 문화와 가치를 지키려는 의지가 강하였다. 이는 이주자의 문화적 정체성이 주류 사회와 쉽게 동화되지 못하는 특징을 지니고 있었기 때문이다. 유럽에는 주류 사회의 문화와 동질화될 수 없는 다수의 문화가 존재하였고, 다문화의 공존이 사회발전에 기여한다는 인식이 대두되었다. 유럽의 다문화주의는 주류 문화와 소수 문화가 상호 인정되면서 안정적 사회를 추구하는 전략으로 추진되었다.

이처럼 다문화주의는 하나의 양상을 갖는 것이 아니라 국가마다 서로 다른 배경과 맥락에서 추진되었다. 일반적으로 서구의 다문화주의 담론은 이데올로기, 전통, 상식으로 구분하여 설명될 수 있다(표 7.1 참조).

표 7.1. 서구 다문화주의 담론의 틀

구 분	다문화 정치와 내용	
이데올로기	동일성의 정치	주류 사회와 동일한 노동권 부여
	표상의 정치	주류 사회와 동일한 시민권 부여
	차이의 정치	소수 종족(집단)에 대한 적극적 조치
전 통	인정의 정치	소수 종족(문화) 공동체에 대한 인정
상 식	생활의 정치	일상에서 문화적 차이의 인정 및 무관심

자료 : 최종렬(2009)의 내용을 재구성(p.60)

이데올로기로서 다문화주의 담론은 소수 종족(집단)에 대한 정의와 분배의 차원에서 추진되었다. 노동권 부여, 시민권 부여, 차별 금지 등이 이에 해당한다(최종렬, 2009). 서구는 이주자의 법적 지위와 차별의 금지를 위한 다양한 제도적 정비를 추진하였는데, 대표적인 것으로는 귀화 절차의 간소화, 이주자의 선거 참여, 복수 국적의 허용 등이 있다. 다문화주의 정책에서 초점을 둔 것은 계급, 젠더, 성별에 상관없이 이주자의 자유와 평등이 보장되는 사회 건설이었으며, 이주자 개인의 자유와 평등이 보장되기 위해서는 삶의 기회를 평등하게 만드는 계급의 정치학이 필요하였다(Kymlica, 1995). 사회적으로 정의와 분배를 이룩하기 위해서는 소수 종족에 대한 노동권과 시민권 부여가 선결되어야 한다는 인식이 존재하였던 것이다.

다문화주의는 다양한 사회 프로그램을 통해 소수 종족의 문화에 대한 이해를 바탕으로 추진되었다. 이주자(소수 종족) 언어 방송은 다문화주의 정책의 대표적 사례로 이주자의 문화적 전통을 주류 사회가 이해하려는 배경에서 추진되었다. 다문화 방송은 동질 문화를 강조하는 국민성nationhood을 경계하는데, 킴리카Kymlicka(1995)는 사회의 문화적 편견은 국민성에 근거하고, 동질 문화에 바탕을 둔 국민성은 교육, 미디어, 시민권을 통해 재생산된다고 보면서, 바람직한 다문화 사회의 구현을 위해서는 동질 문화에 대한 강조가 포기되어야 한다고 주장하였다. 소수 종족의 공동체가 주도하는 문화적 차이를 주류 사회는 문화적 다양성의 하나로 인정하고, 다문화 현상을 사회 변화의 일부이자 바람직한 현상으로 인식하자는 것이 다문화주의의 강조 사항이었다.

한편, 상식으로서 다문화주의는 일상에서 소수 종족(집단)의 문화적 차이가 당연한 것으로 인정되고, 문화적 차이에 대한 주류 사회의 관심이 무디어지거나 존재하지 않는 상태에 해당한다. 다문화주의가 확대되면서 소수 종족의 권리가 공적 공간에서 적극 보호되면, 주류 사회와 이주자(소수 종족)의 구분이 필요하지 않게 되고, 사회 전반에서 소수자에 대한 인식이 희미해지면서 소수 종족이 주류 사회의 일원이 된다는 것이다.

하지만 서구의 다문화주의 정책은 다양한 측면에서 비판에 직면하였다. 이데올로기와 관련하여, 다문화주의는 소수 종족의 보호를 위한 것이 아니라 주류 사회의 가치를 보존하기 위한 국가주도의 프로젝트라는 비판에 직면하게 되었다(Michaels, 2006; Samers, 2010). 다문화주의는 국가 내에 존재하는 소수 종족의 불만을 적절히 억제하면서 주류 사회의 문화적 가치를 보편적이고 타당한 것으로 재생산하는 효율적인 수단으로 활용 되었다. 예를 들어, 미국의 다문화주의 정책은 경제적으로는 신자유주의적 사고에, 정치적으로는 공동체주의에, 그리고 미국식 민족주의와 애국심 강조에 기초하고 있다(이선미, 2010).

이와 비슷한 사례는 네덜란드에서도 찾아볼 수 있다. 네덜란드는 역사적으로 대규모의 이민을 수용했던 국가는 아니었으나, 1970년대부터 초청노동자 중심의 이주자 증가를 경험하였다. 1970년대 후반부터 다문화주의 정책이 도입되면서 명시적으로는 관용의 정신과 차이의 정당성이 사회적으로 인정되는 사회를 추구하게 되었다. 1980년 중반부터 1990년대 초반까지 이주자의 법적 지위, 차별 금지, 귀화의 간소화, 지방선거 참여, 복수국적 허용 등과 같은 이주자의 권리가 다문화주의 정책 하에 추진되었다(허영식·정창화, 2012). 네덜란드는 초청노동자와 그 가족을 대상으로 출신국의 언어와 문화를 교육하는 프로그램을 제공하였는데, 이는 이주자의 자녀가 본국으로 돌아갔을 때 사회 적응이 쉽도록 배려하기 위함이었다(Lenard, 2012). 이와 함께, 출신 국가의 교육 및 종교 단체의 학교 설립을 허가하였는데, 그 이유는 무슬림 이주자와 네덜란드인이 섞이는 것을 방지하기 위한 격리 정책의 일환이었다(Entzinger, 2006; Kymlicka, 2008). 이처럼 네덜란드에서 다문화주의 정책은 실제로 소수 인종을 보호하기 위한 것이라기보다 소수 인종과 네덜란드인을 분리하면서 주류 사회의 문화와 가치를 수호하려는 의도에서 제도적으로 추진된 것이라 볼 수 있다.

전통과 상식으로서 다문화주의 담론은 문화적 상대주의를 인정하지만, 결국은 주류-소수(종족)라는 이분법적 틀 속에서 문화적 다양성이 인정되므로 그 자체에 '차별'이 내재되어 있다. 사실 서구의 다문화주의는 개인을 권리의 주체로 인식하던 전통에서 벗어나 종족을 권리의 주체로 인식하는 것이며, 소수 종족(집단)의 문화적 차이는 불평등 관계에 따른 사회적 과정의 산물이 아니라 주어진 것으로 인식하는 경향이 있다(엄한진, 2011; 정의철, 2010; Phillips, 2007). 이러한 인식은 소수 종족의 일부에 의한 폭력을 전체 집단의 도덕적 문제로 확대하는 결과를 가져오면서 이주자에 대한 차별을 사회적으로 재생산한다.

911 사건 이후 무슬림 문화는 서구 문화와 다르다는 그 자체 때문에 차별의 대상이 되고 있다. 유럽에 거주하는 많은 무슬림은 실제로 무슬림 폭력 단체와 직접적 연관이 없으나, 서구 사회는 마치 모든 무슬림이 폭력 단체와 연관 또는 잠재적 위협의 대상이되는 것으로 인식하면서, 테러리즘을 다문화주의와 관련시키는 경향이 있다(Fukuyama, 2007). 서구에서 무슬림으로 살아가면서 차별을 받지 않기 위해서는 자신이 테러리즘과 관련이 없으며, 주류 사회의 가치를 존중하고 있다는 증거를 끊임없이 제시할 필요가 있는 것이다.

이처럼 서구의 다문화주의 정책은 소수 종족의 문화적 정체성을 주류 사회와 구분되는 것으로 인식하기에 사회를 다수의 정체성으로 파편화시키는 결과를 가져오고 있다. 이는 이질적 문화를 '다문화'라는 통합적 요소로 동질화하면서도 주류 문화와 소수 종족 문화를 다른 것으로 인식하는 모순을 반영한다(이영민 외 공역, 2013). 이처럼 서구의 다문화주의는 추상적 문화를 구체화가 가능한 대상으로 인식하고, 이를 제도화하는 모순을 보이며, 집단에 따라 문화적 정체성이 규정될 수 있다는 한계를 가진다.

서구의 다문화주의 정책은 사회에 내재한 '계급의 문제(상위 계급과 하위 계급의 문제)'를 '문화적 정체성의 이슈(주류 사회와 이주자 사회의 관계)'로 효율적으로 전환시키고, 사회적 불평등의 문제를 문화적 차이가 가져온 문제에 집중시키는데 성공하였으나(Michaels, 2006), 다문화주의 정책이 가져온 부작용은 사회 곳곳에서 나타나게 되었다. 이러한 문제와 부작용이 나타나는 근본적 이유는 다문화주의 담론이 소수 종족의 문화적 차이를 부각시키면서 이주자에 대한 주변화와 타자화를 가져왔기 때문일 것이다. 결과적으로 다문화주의 정책은 집단 간 차이를 강조

글상자 7.1. 무슬림의 테러에 대한 두려움

911 사건은 전 세계적으로 반-무슬림 정서가 확대되는 계기였다. 반-무슬림 정서는 미국, 유럽, 호주 등 서구 사회에서 심하게 나타난다. 왜 서구 사회에서 무슬림은 두려운 존재인가에 대해 아파두라이(Appadurai)는 의문을 던진다(장희권 역, 2011). 서구에서 무슬림은 소수인데 다수의 유럽인이 두려워한다는 것은 뭔가 이해되지 않는 구석이 있다는 것이다.

대부분의 국가에는 종족 소수자가 존재하며, 종족 소수자는 주류 사회로부터 많은 차별을 받고 있다. 대개의 경우 소수 종족은 주류 사회로부터 언어적, 종교적, 경제적 핍박을 받고 있다. 소수 종족은 주류 사회의 필요에 의해 유입되었으나, 주류 사회와 하나가 될 수 없는 존재이다.

이처럼 서구 사회에서 두려움을 느끼는 것은 소수인 무슬림이어야 하는데, 주류 사회를 구성하는 유럽인이 무슬림을 두려워하고 있다. 아파두라이는 소수자란 타고난 것이 아니라 사회에 의해 만들어진다고 본다. 주류 사회의 폭력에 의해 소수 종족은 소수자로 낙인찍히고 주류 사회와는 분리된 삶을 산다는 것이다.

역사적으로 주류 사회에 의한 소수자의 폭력은 세계 곳곳에서 경험된 사실이다. 왜 주류 사회는 수적으로 열세인 소수 집단을 두려움과 증오의 대상으로 인식하고, 탄압하고 감금하고 심지어 죽음에 이르게 하는가? 역사적으로 다수의 집단을 지배하기 위해 집권자 또는 지배 집단은 다수와 구별되는 타자를 생성했고, 타자는 다수를 위협하는 존재로 구성되었다.

타자화되는 소수는 주류 사회의 질서를 해치는 존재로 담론화된다. 이교도, 이방인은 실제로 무시무시한 힘을 가져서가 아니라 주류 사회의 가치관과 다르기에 위협적 존재가 된다. 중세의 마녀사냥, 나치의 유대인과 집시 학살, 아프리카와 발칸 반도 등에서 행해진 종족 분쟁 등은 타자에 대한 두려움이 이끈 학살이나 전쟁에 해당한다.

유럽은 식민지 독립과정에서 식민지로부터 많은 이주자의 유입을 경험했는데 그 중 상당수는 무슬림이었다. 제2차 세계대전 후 경제 성장의 붐을 타면서 노동력 부족을 채워주었던 많은 노동자들도 무슬림이 다수를 차지하였다. 필요와 선택의 결과로 이주하게 된 무슬림 이주자에 대해 서구 사회는 비교적 관대한 정책을 펼쳤으나, 911 사건은 유럽인들이 무슬림에 대한 분노와 두려움을 동시에 느끼게 하는 계기를 제공하였다.

유럽인이 무슬림에 대해 느끼는 가장 큰 공포 중의 하나는 자살 테러이다. 자살 테러는 육체와 무기 사이의 경계를 없애는 역할을 한다(장희권 역, 2011). 자살을 통해 테러를 감행하는 장면을 목격하거나 미디어를 통해 그 참상을 보게 되면 누구나 테러의 가능성에 대해 두려움을 느끼게 된다. 폭탄이 터지면서 떨어져 나간 살점은 공포를 자아낸다. 평범한 시민의 모습이 잠재적 폭발물이 될 수 있다는 긴장감은 거리에서 무슬림을 보는 것 자체가 긴장을 불러오는 요인이 된다. 소수의 무슬림 중에서도 단지 몇 명에 의해 자행된 폭탄 테러와 자살 테러는 많은 유럽인으로 하여금 공포와 불안감을 조성하게 하고, 이는 결국 사회의 질서를 위협하는 존재로 낙인찍히게 된다.

하기 때문에 복지와 분배에 대한 시민의식이 약화되고, 소수 종족에 대한 차별화가 심화되면서 사회적 긴장과 폭력을 야기하는 등의 정책적 실패에 직면하게 되었다.

4. 다문화주의 논쟁

서구의 다문화주의 정책은 겉으로는 소수 종족의 권리와 문화를 포용하고 있으나, 사실은 소수 종족에 대한 차별이 내재되어 있는 불완전한 정책이었다. 그럼에도 불구하고, 서구의 담론은 다문화주의 정책이 소수 종족의 이주자에 대한 특별 배려인 것처럼 강조하였다(Fukuyama,

2007). 다문화주의는 집단 간 차이를 강조하기에 정책 자체가 개인에 초점을 둔 것이 아니라 종족에 초점이 두어졌고, 결과적으로 사회 구성원의 문화적 차이가 강조되면서 이주자의 사회 참여가 약화되고, 주류 사회-이주자 간 사회적 결속의 약화를 가져왔다. 영국의 경우, 2005년 7월 무슬림에 의한 자살 테러는 보수주의가 주도하여 다문화주의 정책을 포기하는 계기가 되었다(Phillips, 2007). 영국의 보수주의 담론은 다문화주의가 포기되어야 하는 이유를 다음과 같이 설명하였다. 1970년대 이후 사회 전반에서 문화적 차이가 인정되면서 무슬림 문화의 확대가 나타났고, 이는 무슬림 인구의 증가와 무슬림 공동체의 발전을 가져왔다는 것이다. 이 과정을 거치면서 무슬림 청소년의 사회 부적응이 나타나고, 이들에 대한 주류 사회의 반감이 커지면서, 무슬림 청소년은 테러리스트로 변모하게 되었다는 것이다.

다문화주의 정책은 사회적 고립과 격리를 야기한다는 주장이 사회적 지지를 받게 되면서 영국과 독일의 수상은 공식적 자리에서 다문화주의 정책은 실패한 것으로 언명하기에 이르렀다. 보수 담론은 국가에 대한 소속감과 국가 정체성에 대한 제고가 필요함을 강조하였고, 소수 종족에 비하여 주류 사회의 문화와 가치가 더 우월하다는 인식이 확대되었다. 즉, 소수 문화가 보호되기에 앞서 주류 사회의 문화와 가치에 대한 인식이 선행되었고, 이는 문화적 다양성에 앞서 주류 문화로의 동화가 선행되어야한다는 인식에 바탕을 둔 것이다.

한편, 다문화주의 정책의 실패에 대한 근본적 문제점을 제시하는 주장도 사회적 주목을 받았다(Kymlicka, 2008; Lenard, 2012; Parekh, 2002; Vertovec and Wessendorf, 2010). 이들은 다문화주의 정책의 실패를 무슬림의 탓으로 돌리는 것에 대해 비판적 입장을 취한다. 보수 담론은 다문화주

글상자 7.2. 문화 없는 다문화주의

다문화주의는 종족성과 정체성의 형성에 결정적 영향을 미치는 '문화'를 강조하지 않으면서 사회 변화를 해석하고자 한다(부산대 사회과학연구소 역, 2011). 앤 필립(Anne Phillips, 2007)은 「문화 없는 다문화주의(multiculturalism without culture)」라는 저서를 통해 '문화'라는 개념에 대한 이해 없이 문화 집단들 간의 불평등을 해결하려는 다문화주의에 대해 비판적 견해를 제시한다. 그녀에 따르면, 종족 집단의 차이는 문화적 차이에서 비롯되며, 문화적 차이는 문화 집단들 사이의 불평등한 권력 관계를 생산하게 된다. 다문화주의는 서로 다른 문화가 어떤 것인지에 대한 고민이 부족했는데, 집단 간 문화적 차이를 인정하면서도 주류 문화의 가치관과 이데올로기가 지속될 수 있다고 보며, 이를 통해 인종차별이 극복될 수 있다고 보았다.

다문화주의는 이주자의 사회 적응을 위한 이데올로기인데, 문제가 되는 것은 집단 간 서로 구분되는 정체성을 갖는다고 인식하는 점이다. 개인이 개별성을 갖는 주체로 인식되는 것이 아니라 집단의 일원으로 인식되는 것이다. 이주자는 정착 사회의 문화에 동화되지도, 자신들의 문화를 포기하지도 않는 존재로 인식된다. 즉, 이주자는 개인으로서 인식되는 것이 아니라 집단으로서 인식되는 것이 다문화주의의 핵심이다. 다문화주의는 지배적 문화의 다양성을 동질성으로 이해하고, 다른 문화적 배경을 이국적이거나 이방인의 것으로 규정하게 된다. 이런 점에서 다문화주의는 문화에 대한 해방이 아니라, 문화를 더욱 구속적 상황으로 이끄는 것이다(부산대 사회과학연구소, 2011). 또한, 문화는 투과적이고 혼종적인 것이어서 문화로서 집단을 구분하는 것은 쉽지 않다. 문화는 우리가 세계에 의미를 부여하는 방식이며, 사회의 지배 질서가 작동하는 토대가 된다. 젠더, 인종, 종족과 관련된 정체성은 개인의 인식과는 상관없이 개인의 정체성에 영향을 미친다. 소수 종족의 이주자는 주류 사회로부터 형성된 종족에 대한 차별과 배제로부터 자유롭지 못하다. 우리가 세계를 이해하는 방식 그리고 그 속에 존재하는 계층화된 불평등은 문화에 대한 인식 없이는 이해될 수 없다. 이런 맥락에서 애초에 문화 없는 다문화주의는 문제를 안고 시작했던 이데올로기였다.

의 정책의 실패를 무슬림의 사회적 적응과 통합의 실패로 설명하는데, 사실 무슬림이 유럽 사회에 통합되지 못하는 근본적 이유는 무슬림에 대한 사회적 차별에 기인한다는 것이다. 보수 담론이 무슬림 책임론을 제기하는 이유는 이주자의 사회적 적응과 통합의 책임을 사회보다 이주자(무슬림) 개인에게 떠넘기기 위함이란 것이다.

예를 들어, 무슬림 여성이 시민권을 서약하기 위해 히잡을 벗어야 하는데, 이는 무슬림에 대한 차별과 혐오가 반영된 것이다. 캐나다에서는 선거에 참여하기 위해 무슬림 여성은 히잡을 벗어야 하며, 호주에서는 안전을 목적으로 얼굴을 드러낼 것이 요구되며, 프랑스는 시민권을 심사할 때 베일 착용을 금지하고 있다. 유럽사회에서 무슬림 여성에 대한 히잡 착용 금지는 남녀평등이란 사회적 가치관에 기초한다고 설명되나, 히잡의 금지가 무슬림 여성으로 하여금 공적공간에서의 활동을 촉진하기보다 활동을 집으로 제한시키는 결과를 야기할 수도 있다(Laborde, 2008). 즉, 서구 사회에서 무슬림의 사회적 활동을 제한하는 것은 무슬림에 대한 주류 사회의 차별 때문이다. 이와 비슷한 맥락에서 파레크Parekh (2000)는 서구의 다문화주의를 다시 생각할 것을 요구한다. 아무리 다문화주의 정책이 개인의 사회적 참여 기회를 제공할지라도 이주자는 그러한 기회를 활용할 능력이 부족하거나 문화적 성향이 다르다는 것이다. 이주자가 사회에 적응하고 통합되는 데는 상당한 시간이 필요하며, 이를 위해서 주류 사회의 관심, 배려 및 인내가 필요하다. 비록 다문화주의 정책이 소수 종족의 이주자에게 완벽한 정책으로 발전하지 못하였으나, 다문화주의 정책 자체 때문에 이주자가 주류 사회로부터 분리된 것은 아닐 것이다. 이 보다는 이주자의 정치적 및 사회적 위치성이 주류 사회에 비해 낮기 때문에 사회적 참여와 포함이 낮은 것이다.

글상자 7.3. 상호문화주의

상호문화주의(interculturalism)는 여러 문화가 조화를 이루면서 잘 살아가는 방법을 의미한다(장한업 역, 2012). 문화적 차이에 따른 의사소통의 문제를 극복하고, 문화의 다양성이 사회적 풍요가 될 수 있다는 인식 체계가 상호문화주의의 핵심이다. 다문화주의는 다른 문화를 인정하나 직접적으로 타문화와 소통할 것을 강조하지 않으나, 상호문화주의는 친근하지 않는 문화에 다가서고 의사소통을 하는 의지를 강조한다는 점에서 다문화주의와 다르다.

정체성이 변화한다는 것은 잘 알려진 사실이다. 상호문화주의는 정체성의 변화와 같은 상대화를 강조한다. 고정된 것은 없고 모든 것이 유동적이거나 이동 중에 있다. 개인과 집단의 가치는 고정된 것이 아니라 다른 집단에 의해 상대적으로 구성된다. 상호문화를 결정짓는 것은 이와 같은 문화적 혼종과 변화를 사회의 이념으로써 받아들이는 것이다.

사회에서 다양한 문화들은 평등한 관계로 존재하는 것이 아니라 불평등한 역학관계에 얽혀 있다(장한업 역, 2012). 타문화를 존중하더라도 타문화를 일상에서 받아들이는 것은 쉽지 않다. 상호문화주의는 개인이 특정 문화에 소속되는 것을 당연하다고 인식하나, 개인을 특정 문화에 구속하는 것을 거부한다.

근대화를 통해 민족 또는 국민(성)은 순수성을 갖는 집단으로 규정되었고, 그 전통이 아직까지 남아있다. 이주자의 음식을 낯선 음식으로 인식하는 것은 바로 순수성에 기초한 민족이나 문화에 대한 인식 때문이다. 민족이나 문화는 순수한 것이 아니라 혼종적이며, 각각의 문화적 공동체는 국가와 사회라는 틀 속에서 상호 관계를 갖는다. 상호문화주의가 강조하는 것은 문화의 혼종과 타문화와의 관계이다.

여러 문화가 서로 관계되는 것 자체는 상호문화사회라 할 수 없다. 다른 문화 간 소통을 통한 균형 있는 역학 관계가 중요하다(장한업 역, 2012). 문화적 차이는 늘 긴장을 가져오며, 긴장이 풍요로움으로 대체되기 위해서는 서로 간의 타협이 필요하다. 따라서 상호문화주의는 다른 문화의 가치를 인정하고 수용하는 것이 아니라, 다른 문화와의 대화와 타협을 통해 혼종 문화를 서로 인식하고 이를 존중하는 것이다.

유럽 사회에서 다문화주의 정책에 대한 비판이 커지면서 프랑스와 독일을 중심으로 상호문화주의interculturalism 주장이 제기되고 있다(장한업 역, 2012). 동화는 문화적 동화와 구조적(사회경제적) 동화로 구분되는데, 상호문화주의는 다문화주의 원칙 속에서 구조적 동화를 추구한다. 즉, 상호문화주의는 다문화주의 정책에서 강조하는 문화의 공존을 넘어 다른 문화 간 상호교류에 초점을 둔다. 이를 위해 이주자의 사회적 통합을 위한 교육을 강조하고, 이주자의 언어 능력을 토대로 지역사회의 지식과 정보를 제공하면서 이주자의 권리를 향상시키고, 결과적으로 이주자의 사회 참여가 확대되는 것을 강조한다. 상호문화주의는 다문화주의의 장점을 수용하면서 단점으로 제시된 사회통합의 문제를 해결한다는 점에서 주목을 받고 있으나, 다문화주의와 사회통합이 효율적으로 결합될 지 의문이다.

5. 유럽의 이주자 통합 정책

서구에서는 1990년대부터 다문화주의 정책에 대한 반대가 나타났고, 2000년을 전후하여 사회통합social integration은 다문화주의를 보완 및 대체하는 이주자 정책의 핵심으로 부상하였다. 사회통합이란 이주자가 단순히 자신의 문화정체성만을 유지하는 것이 아니라 사이공간inbetweeness에서 타자 간 문화적 차이와 감수성을 상호개발하는데 책임감을 갖는 것을 의미한다(신지원, 2011; 허영식 · 정창화, 2012). 통합이란 정착 사회의 가치와 문화를 존중하는 이주자의 책임과 의무를 요구하며, 동시에 원주민은 이주자에 대한 차이와 다양성을 수용하는 양방향적 과정이다.

유럽에서 이주자의 사회적 참여가 낮아지고, 이주자에 대한 복지서비스가 확대되고 재정 부담이 커지면서, 이주자 정책의 수립에서 개인의 권리보다 국가의 번영이 중요하다는 인식이 고조되었다. 서구의 사회통합 정책은 이주자에게 국민의 가치를 제시하면서 사회적응을 유도하고, 이를 통해 사회불안 요소를 제거하려는 것이다. 이런 맥락에서 이주자에 대한 사회통합 정책은 모든 이주자를 대상으로 하기보다는 노동시장의 편입 정도가 낮은 이주자를 대상으로 하는 것이며, 노동시장에서 성공한 이주자에게 통합정책은 필요하지 않다(Koopmans, 2010).

유럽에서 이주자 통합 정책의 확대는 뉴라이트New Right에서 제기한 사회위험 담론과 관련된다. 보수주의 담론은 다문화주의에 의한 사회분열을 막기 위해서 국가 정체성과 국가의 가치에 대한 재확립이 필요하다고 인식하며, 이를 위해 탈종족화de-ethnicisation와 국가 정체성의 단순화the thinning of national identity가 필요하다고 본다(Kostakopoulou, 2010). 예를 들어, 네덜란드의 보수 담론은 다문화주의 정책에서 통합의 부재가 이주자를 하층 계급으로 전락시키고, 거주 공간의 분리와 교육의 배제를 가져온다고 주장한다. 2000년대 초반 네덜란드에서 이주자의 실업률은 일반 시민의 5.4배에 달하였고, 이로 인해 이주자에 대한 사회 복지 비용이 급증하였다(Permoser, 2012). 이에 대해 보수 담론은 이주자가 사회에 적응하지 못하는 이유는 다문화주의 정책이 사회통합에 소극적이기 때문이라고 주장하면서 사회통합 정책을 강력히 주장하였다.

2000년대 이후 유럽의 사회통합 정책은 신동화주의neo-assimilationism 형태를 보이는데, 통합은 문화적 동화, 정치·법적 동화, 경제적 동화를 동시적으로 포함한다(Ager and Strang, 2008; Joppke, 2007; Michalowski, 2010).

사회통합은 동화주의처럼 주류 사회의 가치와 규범을 일방적으로 강요하지는 않으나, 사회적 응집을 위한 공유된 가치와 규범을 이주자에게 인식시키는데 주력한다.

통합에는 세 가지의 의미가 포함된다. 첫째, 통합은 동화의 의미로 사용된다. 통합이란 이주자가 사회의 지배적 질서와 가치를 따르는 것이다. 이주자는 주거, 고용 및 교육에서 원주민과 비슷한 가치가 기대된다. 둘째, 통합은 다문화주의와 비슷한 의미를 지닌다. 이주자들이 자신의 문화를 유지하면서 동시적으로 정착 사회의 문화를 받아들이고 경제활동에 참여할 것이 요구된다. 셋째, 통합이란 서로 다른 문화를 동시적으로 결합하는 것을 의미한다. 유럽연합 차원에서 통합은 '함께하는 것being together'으로 정의되는데(Joppke, 2007), 이는 이주자로 하여금 유럽연합의 기본가치인 '자유', '민주주의', '인권', '법의 질서'를 존중하도록 하는 것이다.

사회통합 정책의 근본적 목적은 이주자 수를 적절히 통제하는 것과 이주자를 주류 사회의 가치로 동화시키는 것이다. 이주자의 수를 제한하기 위해 서구의 여러 국가들은 선별적 이주, 시험부과 등을 실시하고 있다. 미국, 프랑스, 독일, 스위스, 네덜란드 등은 2000년대 이후 이민법을 개정하여 일반 노동이주자의 유입을 제한하고 고급 노동력의 유입을 적극 추진하고 있다. 호주는 점수제를 통해 이주자의 수를 통제하면서 저급 노동력의 유입으로 인한 복지 비용의 부담을 최소화하고자 한다(이용균, 2012). 네덜란드는 2006년부터 3개월 이상 체류하는 18~65세의 이주자에 대하여 언어 시험과 사회 시험을 볼 것을 요구하였다. 일반 노동자가 네덜란드어를 쉽게 공부하기 힘들기 때문에 사실상 시험은 저급 노동력의 유입을 제한하는 효과적 수단이다(Lenard, 2012). 또한 정해진 기한 내 시험에 합격하지 못하면 체류 허가를 제한하고 벌금을 부과하는 등 노동이주자에게 불리한 법을 적용하고 있다. 이와 비슷하게 독일은 2007년부터 이주자를 대상으로 입국 전 언어 시험의 일종인 해외사회통합 시험을 부과하고 있다(고상두, 2012). 이처럼 사회통합 정책은 지배문화로의 동화를 위한 교육을 강조한다. 네덜란드는 600시간에 걸친 언어교육, 문화와 역사 교육을 이수할 것을 요구하고 있으며, 독일은 600시간의 언어교육과 45시간의 사회교육을 요구한다(고상두, 2012). 특히, 여성 이주자 교육에 신경을 많이 쓰고 있는데, 이는 여성일수록 지배문화에 대한 저항이 약하고 2세의 문화적 성향에 큰 영향을 미치기 때문이다(김민정, 2011).

하지만, 이러한 사회통합 정책과 신동화주의가 적극적으로 추진되고 있음에도 불구하고 서구에서 이주자가 주류 사회로 쉽게 편입될 것으로 예상되지는 않는다. 트랜스로컬 시대에 국민국가는 더 이상 동질적 국가 정체성을 형성하지 못하고 있으며, 사회통합 정책이 이주자의 문화를 주류 사회의 문화로 대체할 수는 없을 것이다. 이런 맥락에서, 사회통합 정책은 '시민과 타자'라는 이분법적 지배 담론이라 할 수 있다. 이주자는 주류 사회의 시민과는 계급, 인종, 종교에서 차이가 있으며, 이러한 차이는 주류 사회의 가치를 유지하는데 위협적 요소라고 인식된다(Staeheli and Nagel, 2006). 이는 사회통합 정책이 과거 동화주의나 인종주의 담론과 유사함을 드러내는 것이다.

이상의 논의를 통해 사회통합 정책이 통제, 차별, 문화적 동화, 상징적 배제 등과 같은 점에서 드러내는 문제점을 살펴보았다. 첫째, 사회통합 정책은 이주자에 대한 통제를 목표로 하기에 문제가 있다. 가장 대표적 통제의 방법은 선별적 이주라는 것으로, 단순직 이주자의 유입을 제한하는 것이다. 이런 점에서 사회통합 정책에서 강조하는 언어와 문화교육은 사실은 원하지 않는 이주자를 엄선하기 위한 통제의 수단에 해당한다(표 7.2 참조).

표 7.2. 유럽의 시민 통합 정책에 대한 찬성과 반대 의견

구 분	통합 정책의 찬성	통합 정책의 반대
시민통합 시험	• 사회 적응을 위해 주류 사회의 문화와 가치를 이해할 필요가 있음 • 문화에 따라 문화집단의 차이 발생 • 통합은 이주자 전체의 문제	• 시험 부과는 이주자의 유입을 제한하려는 수단 • 특정 종족에 대한 시험 면제는 차별 • 기존 이주자에게 시험을 부과하는 것은 인권 침해
부르카 착용	• 공공 장소에서 부르카 착용은 국민 정체성에 대한 위반	• 부르카 착용의 금지는 억압. 부르카 자체가 범죄적인 요소는 아님
취학 학생의 해외 체류	• 취학 연령의 학생은 학교에서 문화와 사회 가치를 학습할 의무가 있음	• 종족 문화를 배우기 위한 해외 체류는 개인의 자유와 선택의 문제
정략 결혼	• 정략 결혼은 사회의 발전에 부정적	• 정략 결혼은 문화적 정체성을 유지하는 수단이며, 이는 규제 대상이 아님
이슬람 학교 건립	• 이슬람 학교 건립은 사회적 분리를 조장	• 이슬람 학교의 건립은 교육 과정에서 무슬림의 종교적 차별에 맞선 적절한 실천임
소수 종족의 자발적 격리	• 소수 종족의 격리는 사회적 분리를 야기	• 종족의 자발적 격리는 이주자의 결사에 대한 자유를 의미
종교의 동성애 주장	• 종교 단체가 동성애를 반대하는 것은 개인의 권리에 대한 인권 탄압	• 종교적 신념에 따른 행동과 실천은 불법이 아니라 선택의 문제임

출처 : Morgan, 2008 등의 내용을 토대로 저자 구성

둘째, 사회통합 정책은 차별이 내재된 것이다. 통합 정책은 이주자의 종족 정체성보다 주류 사회의 가치와 문화를 강조하는 것이다. 예를 들어, 네덜란드의 인권법은 불공정한 시험과 차별을 금지하고 있음에도 불구하고 이주자에 대해서는 시험을 부과한다. 영어권 시민, 유럽인, 일본인에 대해서 시험을 면제해주고 다른 이주자에게는 시험을 부과하는 것은 명백한 차별이다(Human Right Watch, 2008). 이는 네덜란드가 공식적으로 무슬림의 유입을 제한하고자 함을 반영하는 것이다. 무슬림이 위험한 존재가 될 수 있는 것은 특정인에 한정된 것이고, 특정 종족 전체를 위험의 대상으로 인식하는 것은 인종차별이며, 특정 종교 전체가 위험한 존재로 인식되는 것은 매우 불합리한 조치이다. 또한, 기존 무슬림 시민권자에게도 시험을 부과하고, 시험에 불합격하면 벌금을 부과하는 것은 명백한 인권 침해이다(Morgan, 2014). 이런 맥락에서 사회통합 정책은 주류 사회의 응집을 목적으로 이주자 개인의 권리와 자유를 침해하는 것이다.

셋째, 사회통합 정책은 소수 종족의 문화를 인정하지 않으면서 문화적 동화를 요구하는 것으로 이는 시대착오적 발상이다(Permoser, 2010). 다문화주의 정책은 사회의 분열을 가져오기에 사회 단결을 목적으로 이주자는 주류 사회의 가치와 문화를 따라야 한다는 것이 사회통합의 논리이다. 이는 주류 사회로의 문화적 동화를 강제하는 것이다. 무슬림 이주자에게 주류 사회의 종교인 그리스도교의 사회적 가치관을 요구하는 것은 시대착오적이며, 이주자의 문화를 폄하하는 인종차별적 발상이다. 부르카 착용의 금지가 동화주의 원칙에 따른 시민성 강조로 인식될 수 있으나, 이는 엄밀한 의미에서 억압이다. 이런 논리에 의하면, 유럽에서 공공 장소에서 부르카의 착용이나 종교적 색채를 띠는 행동은 범죄적 행위로 분류되는 것이다.

넷째, 사회통합 정책은 이주자에 대한 상징적 배제를 의미한다. 유럽 사회에서 이주자는 주류 사회의 가치관을 받아들여야 하는 존재로 타자화 또는 주변화 되어왔다. 이주자의 견해가 이주 정책의 목소리에서 배제되었다는 자체가 서발턴으로서 이주자의 위치성을 반영하고 있다(이용균, 2013c). 이주자 통합 정책의 결정 및 실천에서 이주자의 의견과 참여가 배제되어, 이는 사실상 통합이라기보다 상징적 배제에 해당한다. 유럽의 주류 사회는 이주자가 게토나 경제적으로 낙후된 공간으로 집중되는 것은 사회적 분리를 가져온다고 보면서 사회통합 정책의 필요성을 주장하고 있으나, 사실 종족의 자기분리self-segregation가 주류 사회의 편견과 차별에 의한 것임을 주류 사회의 담론은 은폐하고 있다.

현재까지 추진된 서구의 이주자 통합 정책은 사회의 경쟁력 강화라는 맥락에서 추진되었다. 사회통합 정책은 언뜻 보기에는 이주자의 사회 적응을 지원하는 것으로 보이나, 그 내면에는 이주자, 특히 무슬림에 대한 강한 차별이 내재하고 있다. 이는 주류 사회의 발전을 위해 이주자 집단의 희생을 요구하는 것이다. 서구의 사회통합 정책에서 대두된 문제는 다문화주의 정책과 사회통합 정책을 이주자 정책의 핵심으로 삼고 있는 우리나라에 좋은 시사점을 제공한다.

6. 한국의 이주자 통합 정책

한국은 2006년부터 다문화주의 정책을 이주자 통합의 차원에서 실시하고 있다. 한국 사회에서 다문화에 대한 관심의 증대는 노동이주자보다 결혼이주여성의 증가에 따른 다문화가정에 대한 정책이 필요했기 때문으로 판단된다(김이선 외, 2011). 전통적으로 한국사회는 이민을 배출하는 국가였으며, 이주자의 유입에 대해서는 관심이 많지 않았으며, 그다지 호의적이지 못한 정책이 추진되었다.

전술한 바와 같이, 한국 사회에서 다문화주의가 사회적으로 확대되는 과정에서 사회통합이란 이슈가 동시적으로 추진되었다. 이는 우리사회가 이주자에 대한 인식이 부족하였고, 관련된 법령과 정책이 부재했기 때문이다. 2007년 '재한외국인처우기본법'의 제정은 외국인 정책의 법적 토대가 되었고, 2008년 법무부의 '제1차 외국인정책기본계획'은 외국인이 우리사회의 가치와 문화에 잘 동화되어 질 높은 사회통합을 이룩하는 것을 목표로 제정되었다. 2009년부터 '사회통합프로그램 이수제'가 결혼이주자를 대상으로 실시되었고, 2010년부터는 귀화 신청자에게도 적용되고 있다. 비록 사회통합프로그램의 참여가 의무사항은 아니지만, 이 프로그램에 참여할 경우 결혼이주자의 국적 취득을 위한 국내 거주 기간은 기존의 3년 반에서 2년 반으로 감축되고, 일반귀화 신청자의 국적 취득을 위한 거주 기간은 7년에서 5년으로 감축된다. 우리나라의 사회통합 교육은 한국어교육이 400시간, 한국 사회의 이해가 50시간으로 구성되어 있는 등 서구의 사회통합 정책과 유사하다.

이런 점에서 우리나라의 이주자 정책은 강력한 동화주의 정책에서는 벗어나고 있으나, 다문화주의 정책과 사회통합 정책이 혼재한 상황으로 전개되고 있다. 이주자가 포함된 대부분의 정책이나 프로그램에서 '다문화'가 핵심어였으며, 현재는 '사회통합'이 핵심어로 부상하고 있다.

이런 맥락에서 서구의 사회통합 정책이 국내 이주자 정책에 시사하는 점은 다음과 같다. 첫째, 이주자 정책의 기획과 실천에서 '이주자'가 배제되는 것은 바람직하지 않다. 서구의 사례에서 살펴보았듯이 이주자가 배제된 정책은 시대착오적 차별에 해당한다. 사회는 다양한 문화로 구성된 늘 변화하는 것임에도 불구하고, 주류 사회의 담론은 문화를 종족에 따라서 구분 가능한 것으로 인식하고, 문화적 차이에 따른 소속감이 나타나는 것으로 인식하는 경향이 있다. 전술한 바와 같이, 소수종족의 이주자가 문화적으로 차이를 갖는 것은 주류 사회가 만든 이데올로기이며, 이러한 이데올로기 속에 이주자와 주류 사회 간 젠더, 종교, 교육 등에서의 차이는 간과된다.

사회통합 정책은 이주자 개인의 상황에 상관없이 지배 문화를 익히고 경제활동에 참여할 것을 요구한다. 이주자의 사회적 적응이 필요하다는 자체가 문제가 되는 것은 아니지만, 이주자에 대한 배려가 부족하다는 점이 문제가 된다. 예를 들어, 시험과 교육이수 제도는 이주자의 연령, 젠더, 계급, 문화 수용 방식의 차이를 고려하지 않고 있다. 이런 점에서 사회통합 정책은 이주자의 특수성을 고려하고, 정책의 기획과 실천에서 이주자의 참여가 요구된다. 이주자가 사회 구성원으로 인정되지 않는 한 이들의 주류 사회로의 통합은 불가능하다.

둘째, 다문화주의 정책과 사회통합 정책에 대한 면밀한 검토가 필요하다. 다문화주의 정책은 종족 경제의 유지를 긍정적으로 보며, 문화의 다양성과 차이를 강조하고, 개인 권리에 대해서는 선별적이긴 하나 확대를 지향하며, 종족 정체성을 강조함과 동시에 분배와 인정의 정치를 추구한다. 반면에 사회통합 정책은 이주자의 종족 경제는 주류 경제로 포함되어야 함을 강조하며, 이주자가 주류 사회의 가치와 문화에 동화될 것을 강조하며, 시민권 및 사회보장에서 이주자 권리를 축소하며, 종족 정체성보다 국가 정체성이나 공동체 정신을 강조하며, 이주자의

표 7.3. 서구의 다문화주의 정책과 사회통합 정책의 차이

구 분	다문화주의	사회통합
경 제	종족 경제의 유지는 긍정적	종족 경제의 주류경제로의 편입을 강조
문 화	다양성과 차이 강조	동화를 강조
권 리	개인 권리의 선별적 확대	개인 권리의 축소
정체성	종족 정체성을 강조	국가 정체성(공동체)를 강조
이데올로기	분배와 인정의 정치	결속과 통합의 정치

자료 : 저자 정리

동화에 의한 사회적 결속을 강조한다(표 7.3 참조).

이처럼 다문화주의 정책과 사회통합 정책은 원리와 실천에서 엄밀하게 구분되는 것이므로 이들 정책을 추진할 때는 보다 신중한 접근이 요구된다. 특히, 서구의 다문화주의 정책은 서구 사회에 만연한 사회적 불평등의 문제를 문화적 차이에 의한 문제로 전환시키는 주류 사회의 전략이 포함되어 있음을 간과해서는 안 되며, 사회통합 정책은 증가하는 빈곤과 범죄의 문제를 이주자에 의한 사회적 분리에 의한 것으로 인식한다는 점을 간과해서는 안 된다. 즉, 서구의 다문화주의 정책과 사회통합 정책이 사실은 이주자를 위한 정책이라기보다 주류 사회가 안고 있는 사회 문제의 본질을 희석 및 전환시키는 전략이라 볼 수 있다.

셋째, 변화하는 국제이주의 물결과 이주환경의 변화 속에 원주민은 변화하지 않고 이주자만 변화를 수용해야 한다는 생각은 시대착오적이다. 이주자의 일상에 대한 서구의 사례에서 볼 수 있듯이 주류 사회의 가치관과 이주자의 가치관은 큰 차이를 보인다(표 7.4 참조). 과거에는 이주자 정책에 대한 책임이 국가에 있다고 인식하였으나, 신자유주의

표 7.4. 서구 주류 사회와 무슬림 이주자의 상반된 관점

구 분	서구 주류 사회의 입장	무슬림 이주자의 입장
이주자의 거주지 분리	의도적 분리	차별에 의한 강제적 분리
이주자의 종교(무슬림)	서구의 가치관과 대립	서구의 가치관과 조화
이주자의 가족 제도	비서구 문화는 가부장적이라 폄하	가족 제도는 문화의 소산
사회의 결속과 통합의 책임	이주자의 책임	사회의 책임
종족 정체성	동질적인 것으로 인식	이질적인 것으로 인식
사회적 가치관과 문화	서구의 가치관과 문화가 우월	모든 문화는 가치가 있음
이주자의 젠더	무슬림은 여성을 차별	무슬림은 종교와 사회적 관습에 따라 행동

자료 : 저자 정리

가 만연하면서 이주자 정책의 문제는 이주자 개인의 탓이라 인식되고 있다. 대부분의 이주자가 서구 사회의 필요에 의해서 유입되었지만, 정작 이주자에게 돌아가는 것은 사회분리주의자라는 따가운 시선임을 알아야 한다.

이처럼 무슬림 이주자에 대한 서구 사회의 인식과 태도가 시사하는 것은 이주자에게 일방적으로 문화적 동화나 사회경제적 참여를 강요할 수는 없다는 점이다. 거주지 분리, 종교, 가족 제도, 사회의 결속과 통합, 종족 정체성, 사회적 가치관과 문화, 젠더 등에서 주류 사회와 이주자의 관점은 차이가 있다. 따라서 이주자의 문화적 동화를 요구하기에 앞서 원주민의 이주자에 대한 이해가 필요하다. 문화변용 이론에서 주장하는 바와 같이 이주자의 주류 문화 수용과 주류 사회의 이주자 문화 흡수는 동시적으로 진행되어야 한다(이종구 외, 2011). 또한, 상호문화

주의에서 강조하듯이 소수 종족의 문화는 주류 사회에서 존중 받기 힘들며, 피지배 문화가 지배 문화에 수용되기 힘들다는 점을 기억해야 할 것이다(장한업 역, 2012). 이런 맥락에서 주류 사회와 소수의 이주자가 상호 조화를 이루면서 살아가는 것은 상당히 어렵다는 것을 알 수 있다. 따라서 우리 사회가 갖게 된 과제는 주류 속으로 들어온 소수의 이주자를 사회 구성원으로 받아들이는 연습을 지속하는 것이며, 이러한 과정을 통해 진정으로 문화의 혼종과 문화 간 상호교류가 가능할 것이다(김희순 · 정희선, 2011).

7. 다문화주의의 미래

20세기 중반까지 서구의 이주자 정책은 동화주의에 기초하고 있었으며, 이주자는 정착 사회의 문화와 가치를 받아들이는 것이 보편적이었다. 그러나 국제이주가 증가하고 이주자 종족 집단의 사회적 관계와 네트워크가 확대되면서 주류 사회의 문화와 구분되는 이주자 문화가 유지 및 발전하게 되었다. 이 과정에서 다양한 이주자의 문화를 주류 문화에 강제적으로 편입시키기보다 문화적 다양성과 혼종성의 유지가 사회 발전에 긍정적이라는 시각이 대두되면서, 1980년대 이후 다문화주의 정책이 유행처럼 확대되었다. 다문화주의 정책을 통해 이주자의 법적 지위는 향상되고, 차별은 완화되었다. 귀화, 선거 및 사회 복지에서 이주자의 권리가 보장되었고, 문화적 차이가 교육과 일상의 여러 측면에서 공식적으로 인정되었다.

하지만 다문화주의는 주류 사회와 이주자 간 사회적 분리를 심화시키면서 사회적 결속이 약화된다는 주장이 제기되었다. 2000년대 초·중반 미국과 유럽에서 나타난 무슬림 테러는 반무슬림 분위기를 형성하였고, 결국 다문화주의의 후퇴를 가져왔다. 다양한 문화를 인정한다는 것은 이주자를 주류 사회로부터 분리시키는 결과를 야기하고, 이주자의 사회적 고립과 분리에 따른 실업, 안전, 교육 등의 문제를 양산한다고 인식하였다. 물론, 비판적 관점에서 다문화주의 정책의 실패는 이주자의 책임이 아니라 사회에 의한 것으로, 이주자에 대한 혐오나 차별로 인한 이주자의 낮은 사회적 위치성 때문이라는 주장이 제기되었다.

그러나 서구의 다문화주의 논쟁은 주변화된 이주자의 정체성 회복과 개인의 권리에 초점이 두어지기보다 국가 발전에 초점이 두어지게 되었고, 모든 사회 구성원은 주류 사회의 언어, 가치 및 문화를 받아들이고, 주류 사회의 발전을 위한 경제 활동에 참여할 것이 요구되었다. 사회통합 정책은 이주자로 하여금 주류 사회의 언어와 문화를 받아들일 것을 강조하는 것으로 사실 동화주의로의 선회였다. 하지만 동질적 문화를 강조하는 사회통합 정책은 주류 사회 내부에서도 반발에 부딪히게 되었고, 사회통합이 시민과 타자라는 지배 담론에 의존한다는 비판에 직면하고 있다. 서구의 사회통합 정책은 이주자를 타자로 인식하면서 통제의 대상으로 삼고 있으며, 정착 사회의 문화와 가치를 강조하는 과정에서 이주자에 대한 차별이 대두되며, 이주자의 종족 정체성을 배제함으로써 이주자를 한층 더 주변화시키고, 이주자-주류 사회 간 분리를 심화시킨다는 비판에 직면하고 있다.

이처럼 서구의 사회통합 정책은 사회의 경쟁력 강화라는 맥락에서 추진되었으나, 결국 이주자의 희생을 요구할 뿐만 아니라 주류 사회와 이주자의 관계를 오히려 더 분리시킨다는 우려도 낳고 있다. 우리나라의 이주자 정책은 동화주의에서 다문화주의 정책과 사회통합 정책의 혼용으로 변화하고 있으며, 아직까지 이주자 정책에서 체계성과 지속성이 부족한 실정이다. 이런 맥락에서 필자는 이주자 정책의 수립 과정에서 이주자의 참여가 필요함을 제시하며, 다문화주의 정책과 사회통합 정책에 대한 면밀한 검토의 필요성, 그리고 이주자뿐 아니라 원주민의 의식 변화의 필요성도 제기한다. 사회는 다양한 문화로 구성되며, 항상 변화하는 것이며, 문화적 차이에 따른 소속감은 사회적 차별을 야기한다는 점을 인식한다면, 이주자 정책에서 필요한 것은 주류 사회로 새롭게 포함된 소수종족의 이주자를 사회 구성원으로 받아들이는 사회적 실천이다.

이런 맥락에서 필자는 이주자 정책에서 문화변용과 상호문화주의가 갖는 각각의 장점을 일부 수용할 필요가 있음을 제시하고자 한다. 이주자는 정착 사회의 문화를 수용하면서 정체성의 변화를 경험하고, 시간이 지나면서 이주자의 문화는 주류 사회의 문화와 실천에 영향을 미친다. 이주자가 정착 사회에 잘 적응하고 사회에 통합되기 위해서는 주류 사회가 먼저 이주자를 사회 구성원으로 인정하는 실천이 요구된다. 주류 사회의 변화가 선행되어야 이주자의 사회적 고립과 분리가 나타나지 않을 것이다. 이를 위해서는 주류 사회 문화와 이주자 문화 간 상호 교류가 필요하며, 이는 상호문화주의에서 주장하는 사회발전의 모습일 것이다.

제8장 결혼이주 여성의 사회적 관계*

1. 결혼이주

전 지구적 차원에서 로컬-로컬의 연결이 증가하고 있으며, 이에 따른 문화의 혼종화가 빠르게 나타나고 있다. 문화의 장소 간 이동은 단순히 상품과 서비스 형태로만 이루어지는 것이 아니라, 이주를 통해서도 나타난다. 결혼이주는 서로 다른 문화가 결합되고 문화의 혼종을 야기하는 대표적 사례일 것이다. 결혼이주가 주목 받는 이유는 문화의 혼종화, 문화 변용, 다문화, 이주의 타자화, 초국가적 네트워크, 종족 경제 등 이주와 관련된 거의 모든 이슈와 관점을 총망라하기 때문이다.

2016년 6월 기준, 우리나라에 등록된 국민의 배우자는 총 150,019명이며, 이 중 결혼이주여성은 126,818명이다. 우리나라는 현재 30만 개의 다문화가정이 존재하고 그 구성원은 약 90만 명 정도이다(통계청, 2016). 다문화가정과 혈연으로 연결된 친척을 포함하면 다문화 관련 인구는 더 많아진다. 다문화가정을 친구를 두었거나 동료로 둔 경우까지

* 이 연구는 2007년 한국도시지리학회지에 발표한 "결혼 이주여성의 사회문화 네트워크의 특성: 보은과 양평을 사례로"를 수정한 것임.

포함하면, 다문화가정과 직·간접으로 연결된 사람들은 무척 많을 것으로 생각된다. 따라서 결혼이주를 소수의 사람들의 이야기로 간주하는 것은 사회 변화의 본질을 간과하는 셈이다.

로컬리티는 주류 문화에 의해서만 형성되는 것이 아니라, 다양한 소수 문화, 그리고 주류와 소수 문화들의 관계에 의한 것이다. 결혼을 통한 이주란 한 로컬에 외국의 문화가 유입되는 것으로, 다문화의 공존이 환영받고, 문화적 차이가 첨예하게 대립하고, 문화의 차이를 서로 존중하는 사회-공간의 변화이다. 결혼이주가 증가하면서 우리 사회는 농촌의 소외, 다문화가정의 등장, 지역 정체성의 변화 등에 대해 고민하기 시작하였다. 농촌의 국제결혼 증대는 타자의 공간으로서 농촌을 재인식함과 동시에, 농촌도 글로벌 사회로 연결되고 초국가적 관계의 중심이 될 수 있다는 인식을 갖게 하였다.

급격한 산업화를 경험하면서 농촌은 저개발의 대명사가 되었고, 여성들은 농촌으로 결혼하는 것을 기피하게 되었다. 농촌 남성의 결혼문제는 국제결혼이라는 대안으로 나타났다. 하지만 국제결혼을 선택한 농촌의 총각들은 스스로를 소외된 계급이라 인식하게 되었다. 농촌의 보수적 문화는 국제결혼에 따른 초국가적 문화에 익숙하지 않았고, 농촌은 우리 사회에서 다문화를 실습하는 타자의 공간이 되었다.

이런 맥락에서 국제결혼이 농촌 사회에 미친 영향을 다양한 측면에서 이해하는 것은 중요하다. 결혼이주는 노동이주나 교육이주와는 달리, 처음부터 정착을 목적으로 한 이주라는 점에서 로컬에 미치는 파급효과가 크다. 특히 결혼이주는 2세의 탄생과 함께 '다문화가정'을 이룬다는 점에서 로컬에 미치는 영향이 막대하다. 필자는 타자의 삶으로 규정되는 결혼이주 여성의 사회적 관계를 공간스케일의 맥락에서 살펴보고, 우리나라 농촌을 중심으로 작동하는 이주여성의 종족 네트워크를 초국가적 맥락에서 고찰하고자 한다.

2. 결혼이주자의 타자성과 정체성

1) 타자로서 결혼이주자의 구성

우리는 흔히 다문화를 동질적 정체성을 갖는 집단들의 혼합으로 인식하는 오류에 직면하곤 한다. 다문화는 여러 문화의 공존을 의미하나, 개인의 정체성을 집단 정체성으로 소급 해석하는 문제점도 포함하고 있다. 앞 장에서 살펴보았듯이 다문화주의는 개인보다는 종족의 정체성을 강조하는 경향이 있으나, 결혼이주로 구성되는 종족 네트워크는 집단에 앞서 개인들의 관계로 구성됨을 보여준다.

결혼이주가 증가하면서 종족을 중심으로 한 동질문화의 담론에 대한 의구심이 커지게 되었고, 문화의 혼종을 사회적으로 수용할 필요가 있다는 논리가 힘을 받고 있다. 한 사회의 역사를 통시적으로 살펴보면, 하나의 문화보다는 다수의 문화가 서로 공존하였음을 알 수 있다. 다문화사회가 주목받는 이유는 주류와 소수 문화 사이의 잠재된 갈등의 긴장을 줄이고, 문화적 혼종을 당연한 것으로 인식하자는 논의에 기인한다. 결혼이주를 포함하여, 지배 집단과 소수 종족 간 문화적 갈등에 대해 유용한 관점을 제공하는 것이 포스트식민주의postcolonialism 이론이다. 포스트식민주의란 용어에 담긴 '포스트post'의 의미는 시간적 측면에서는 '벗어남'이란 뜻이 그리고 인식론적 측면에서는 '탈피'와 '극복'이란 뜻이 동시적으로 담겨있다(고부응, 2003).

포스트식민주의 관점에 따르면, 한 지역의 문화적 갈등은 주류 문화가 소수 문화에 대해 선입견과 편협성을 보이기 때문이라고 본다(Blunt and Wills, 2000). 사이드Said(1978)는 이미지가 어떻게 텍스트로 재현되는가를 동양에 대한 서구의 사고에서 찾았다. 동양이 서양의 반대 또는 서양과는 다른 무엇으로 설명되는 것은 서양과의 차이로서 동양이 재현된 것이다. 근대화와 산업화가 서양의 특성이라면, 미개함과 후진성이 동양의 특성으로 구성된다. 서양이 문명화된 문화를 갖고 있다면 동양은 미개한 문화의 지역으로 표현되었다. 동양은 서양과는 다른 것으로 인식되면서 수탈의 대상, 침략의 대상, 지배의 대상이 되었다는 것이 포스트식민주의에서 바라보는 타자에 대한 시각이다.

다른 문화에 대한 선입견과 편협성의 토대는 자신을 특별하다고 믿는 사고, 즉 자아와 타자의 구분에 기인한다(박상기, 2003). 포스트식민주의는 선입견으로 작용하는 식민주의를 벗어나 복합성, 복잡성, 다양성을 강조한다. 사실, 서구에서 제시하는 인종의 정의는 생물학적 기준에 의해서가 아니라 사회적 기준에 의한 것으로, 문명의 수준에 기초하여 백인종이 유색인종보다 우월하다고 판단하였다(Jackson and Penrose, 1993). 어느 사회를 막론하고 주류 문화에 의한 소수 문화의 착취와 억압은 다양하게 나타난다. 이러한 상황에서 포스트식민주의는 타자에 대한 선입견을 버리기 위해서는 문화적 다양성을 인정하는 사회적 실천이 필요함을 강조한다.

하지만, 다문화의 가치를 수용한다는 것으로 타자에 대한 사회적 편견을 제거할 수 있다고 인식한다면, 이는 유토피아적 발상에 지나지 않는다(Clayton, 2002). 왜냐하면, 편견과 차별은 사회적 관계에서 늘 발생하고 구성되기 때문으로, 푸코는 한 사회의 담론을 규정짓는 제도적 요소란 권력을 유지하기 위한 제도화된 지식이라고 인식하면서, 권력은 타자에 대한 억압을 위해서만 필요한 것이 아니라, 사회를 유지하는 과정에 본질적으로 내재된다고 주장하였다(박주식, 2003; Hubbard, *et al.*, 2002). 어떠한 사회라도 타자와 차별은 존재하고 새롭게 구성되기에, 포스트 식민주의는 타자성을 극복하기 위한 저항의 정치를 강조한다.

이러한 맥락에서 사회적 관계에 내재하는 권력의 불평등을 이해하는 노력과 함께, 이를 극복하기 위한 저항의 정치가 필요하다(Blunt and McEwan, 2002). 사회적 타자의 문제가 존재한다는 것은 이를 해결하는 공간의 정치가 필요하다는 것인데, 이주여성에 대한 선입견을 해소하기 위해서는 '타자'의 존재를 인정하지 않는 자민족 중심적 이데올로기를 해체하는 과정이 요구된다(Johnston and Sidaway, 2004; Hubbard, *et al.*, 2002). 사회와의 동일시와 일치는 바람직한 것으로 인식되고, 차이는 바람직하지 않는 것으로 인식되는 이데올로기가 해체될 때, 진정으로 소수 문화의 권위가 세워질 수 있다.

이와 같이, 소수 종족의 문화가 사회적으로 문제가 되는 것은 주류 사회가 이를 수용하지 않기 때문이다. 사회적으로 집단의 차이가 나타나는 것은 지배 집단이 자신의 권위를 유지하는 전략에 의한 것이다. 소수 종족의 문화에 비해 주류 사회의 문화가 더 가치 있기 때문이 아니라, 우열에 따른 권위를 부여하고자 구별이 나타난다. 사실 주류와 소수 종족 간 문화적 차이가 크기 때문이 아니라, 차이를 통해 주류와 소수를 구별하기 위해 문화적 차이가 부각되는 것이다.

2) 종족 네트워크

유럽의 식민지 개발의 시대, 그리고 청나라 말기에 중국인의 동남아 이주에서 종족을 중심으로 한 초국가적 네트워크가 발달하고 있었다.

하지만, 종족 네트워크가 이주에서 관심을 갖게 된 것은 세계화, 정보화 및 다문화주의와 밀접한 관련이 있으며, 종족의 초국가적 네트워크는 사회적으로 큰 관심을 끌고 있다(Faist, *et al.*, 2013). 종전에는 종족의 국제적 연결을 단순히 종족의 연결로만 인식하였으나, 지금은 종족의 초국가적 네트워크를 또 다른 측면의 글로벌화란 맥락에서 '아래로부터의 글로벌화'로 인식한다(Smith, 2001). 국가, 세계 기구와 단체 및 대기업에 의해서만 글로벌화가 주도되는 것이 아니라, 이주자의 사회적 관계에 의해서도 글로벌화가 추진된다는 점이 많은 연구자의 관심을 끌게 되었다(Vertovec, 2009).

결혼이주자는 출신 국가의 가족, 친척, 친구 및 지인들과 긴밀한 관계를 지속적으로 유지하고, 정착 사회에서 종족 네트워크 및 다른 이주자 집단과의 사회적 관계를 지속적으로 유지하면서, 초국가적 사회의 장을 구성 및 변화시키는 핵심 주체이다. 이주자의 초국가적 관계를 이해하기 위해서는 우선 이주자의 종족 네트워크가 어떻게 구성 및 작동하는지를 알아야 한다. 이주자는 정치적으로는 거주 국가의 지배를 받지만, 경제적 및 문화적 활동은 종족 네트워크에 의존적인 특성을 보인다. 여러 국가에 걸쳐 동시적으로 연결된 종족 네트워크는 이주자의 경제 활동에 매우 중요한 영향을 미치며, 대부분의 이주자는 다양한 채널을 통해 최소한 모국과 연결 네트워크를 갖고자 하며, 정착 사회에서도 한 개 이상의 종족 네트워크에 포함되길 희망한다(Faist, *et al.*, 2013; Portes, 1997).

이주자 집단에 의해 구성되는 종족 네트워크는 매우 이질적이며, 이주자가 경험하는 로컬로의 포함과 배제는 국가와 지역마다 다른 특징을 보인다. 중요한 점은 문화적 특성이 과거처럼 장소에 고착되어 존재하지는 않는다는 점이며, 더러는 정착 사회의 문화로 통합되는 문화적 탈영역화가 나타나기도 하고, 더러는 종족 문화의 재영역화가 정착 사회에서 나타나기도 한다.

이러한 복잡한 사회적 관계에 의해 이주자는 출신 지역과 정착 사회의 문화적 특성을 동시적으로 보유하는 초국적 정체성transnational identity 또는 문화적 혼종성의 특징을 드러낸다. 문화적 혼종성이란 주류 문화에 소수 종족의 문화가 끊임없이 혼합되는 과정으로, 특히 이주여성의 정체성은 출신 지역의 문화와 정착 사회의 문화가 섞이고 상호 결합하는 혼종의 과정으로 구성된다. 물론 이들의 정체성이란 하나의 특징으로만 나타나거나 재현되는 것이 아니라 상황에 따라 매우 다르고 모호한 정체성을 보이는데, 이는 양가성ambivalence 및 다중성multiplicity의 맥락에서 이해될 수 있을 것이다. 중요한 것은 결혼이주여성은 다수의 종족 정체성에 노출되고, 스스로 다중-정체성의 모습을 구성한다는 점이다.

3. 결혼이주 여성의 사회적응

결혼이주여성에 대한 통념은 우리 사회가 이들을 어떻게 인식하는가를 보여주는 지표이다. 2000년대 중반 농촌 지역의 국제결혼은 에이전시라 불리는 결혼대행업체에 의해 주도되었다. 조사를 수행했던 농촌 지역의 국제결혼 중 76%는 에이전시를 통한 결혼이었고, 나머지는 지인을 통한 결혼이었다. 에이전시는 결혼 중개를 통한 수익 창출을 우선시하면서 배우자에 대한 허위 정보, 무리한 결혼 주선 등으로 비판의 대상이 되기도 하였다.

에이전시를 통해 결혼하는 경우, 현지에서 1~3회 정도 만나고 결혼을 결정하는 것이 보통이다(표 8.1). 이러한 조급한 결정은 결혼 생활에 큰 영향을 미치는데, 결혼 후 배우자와의 성격 차이로 인한 심한 갈등을 겪는 경우가 많기 때문이다. 2000년대 중반만 하더라도 우리 사회는 동남아시아 출신의 결혼이주여성들이 친정 부모의 권유로 마지못해 결혼한다는 고정관념을 갖고 있었다. 하지만, 실제 연구를 수행하면서 대다수의 이주여성들은 자신의 판단에 의해 국제결혼을 선택하였다.

한국으로 결혼을 결심한 이유 중 가장 큰 영향을 미친 것은 한국 생활에 대한 막연한 동경이라 판단된다. 한국 생활에 대한 동경은 단순히 경제적 이유만은 아닌데, 한류의 열풍으로 한국 문화에 대한 관심이 국제결혼에 큰 영향을 미쳤고, 한국으로 이주한 여성을 포함한 지인의 권유로 국제결혼을 결심하는 비율이 높다.

일부 한국인들은 이주여성들이 결혼 때 많은 빚을 지기 때문에 돈이 생길 때마다 본국으로 송금한다고 인식하나, 실제 빚 때문에 송금하는 경우는 많지 않는 것으로 보인다. 여유가 있을 때 친정을 생각하는 마음으로 송금하는 경우가 많다고 판단된다. 결혼이주는 노동이주와 이주의 원인과 배경이 다르기 때문에 본국으로의 송금이 이주의 최대 목적이 아니다. 본국에서의 가난한 환경을 극복하기 위한 희생으로써 국제결혼을 택한다는 주장도 이주여성을 타자화하기 위한 주류 사회의 차별 담론에 지나지 않는다. 이는 이주여성의 국제결혼과 출신 국가의 경제적 후진성을 동일시하는 일종의 방법론적 국가주의가 이주여성을 대하는 우리 사회의 태도와 인식에 내재되어 있기 때문에 나타나는 현상이라 생각된다.

표 8.1. 이주여성의 결혼과정에 대한 특성

구 분	주된 특성
남편과의 만남	에이전시(76%), 연애, 종교, 친구/친척 소개 등(24%)
결혼결정자	본인(55%), 본인과 부모의 공동 결정(36%)
결혼결정 이유	한국 생활에 대한 동경(경제적 상황과 한국문화), 지인의 권유 등
결혼 때 친정반응	찬성(81.5%)
결혼 비용	본인과 친정에서 지출한 결혼 비용은 한화 100만원 이하가 많음
입국과정	개별 입국(79%), 단체 입국(21%)

자료 : 설문조사

농촌 지역으로 결혼한 이주여성들은 대개 남편과 나이 차이가 많은 것이 보통이며, 결혼 전 직장 생활의 경험이 없는 이주여성도 많은 편이다(표 8.2 참조). 결혼 후 대개는 가사에 전념하고 남편이 농사를 짓는 경우에는 농사를 돕는 것이 일반적이다. 결혼 기간이 길어지고 자녀가 커가면서 주변의 식당, 공장, 마트 등에서 일하는 이주여성이 많다. 본 연구에서 조사한 이주여성들의 상당수는 스스로 경제 활동에 참여하기를 원하였고, 언어 소통이 경제 활동의 범위를 제한하는 주요 요인으로 파악되었다.

조사를 수행했던 농촌 지역에서 남편과 시댁식구들은 이주여성의 사회 활동을 부정적으로 바라보는 경향이 있었다. 자녀 양육과 가사 활동을 우선시하는 농촌 사회의 특징이 나타났으며, 특히 이주여성이기에 집에 있었으면 하는 분위기를 엿볼 수 있었다. 이주여성의 사회적 관계는 함께 살아가는 가족의 영향이 매우 큰 것으로 나타났다. 남편의 배려가 클수록 이주여성의 사회적 활동은 많아지고, 이는 원만한 결혼 생활로 이어지는 것으로 조사되었다.

결혼생활의 만족에 대한 응답에서 대다수의 이주여성들은 만족한다는 응답을 보였으며, 결혼생활의 가장 큰 문제로 언어 소통과 문화적 차이를 꼽았다. 하지만, 심층 인터뷰에서 이주여성들은 다양한 불만족을 드러내기도 하였다. 불만의 이유로는 낮은 소득과 남편의 무능력, 나이 차이, 성격 차이 등이 포함되었다. 소득에 대해 이주여성들이 느끼는 불만은 현재의 소득이라기보다 소득 향상을 위한 남편의 태도와 노력에 관한 것이었다. 결혼생활의 만족에 가장 큰 영향을 미치는 요인은 남편과 시댁식구 및 주변의 관심과 사랑이었다.

표 8.2. 이주여성의 사회적응에 대한 특성

분 류	세 분류	주된 특성
직업과 소득	결혼 전 직업	• 54%의 여성은 결혼 전 직업을 갖고 있었음
	결혼 후 직업	• 대부분 가사에 종사
	남편의 직업	• 약 60%의 남편은 농업 이외의 분야에 종사
	남편의 소득	• 소득 모름(43%), 월 소득 200만원 미만(26%)
	소득 만족도	• 만족(76%), 불만족(24%)
	소득 관리	• 남편(39%), 공동(35%), 시부모(22%), 본인(6%)
가족구성 및 거주환경	거주지 가구 구성	• 분가(28%), 시부모와 함께 거주(72%)
	결혼 전과 주거환경	• 좋아졌다(70%), 나빠졌다(30%)
가정생활	가정생활의 문제	• 언어소통, 문화적 차이, 남편과의 나이 차
	가정생활의 만족	• 만족(90%)

자료 : 설문 분석

이처럼 이주여성들은 한국 생활을 통하여 자신들의 가치를 실현하고자 하며, 이는 현실에서 다양한 참여를 통해 실현되기도 하나, 욕망은 실천보다 희망에 가까운 것이 이주여성의 현실이라 파악되었다.

4. 이주여성의 사회적 네트워크

1) 사회적 네트워크의 특성

사회적 네트워크는 인간 개개인의 다양한 관계들에 의한 결합으로, 사회를 조직하고 사회의 특성을 형성하는 요소이다. 사회적 네트워크는 개개인의 다양성에 따른 복잡한 결합 체계를 구성한다. 개인의 위치성은 차별화된 사회 조직과 이데올로기에 영향을 받고, 이를 통해 포함과 배제가 결정된다.

이주여성의 사회적 관계는 다양한 공간스케일에서 동시적으로 관계들이 작동하는 다중스케일의 특징을 보인다. 이주여성의 사회적 네트워크는 남편과의 외출 및 여가 활동(개인/가정의 스케일), 이웃 및 한국인과의 관계(지역공동체의 로컬 스케일), 사회참여 프로그램(로컬 스케일), 친구 관계(로컬 및 국가스케일), 사회참여의 제한 요소(개인, 로컬 및 국가스케일) 등을 통해 살펴볼 수 있다(표 7.3).

첫째, 사회 활동이 전개되는 가장 기초적 공간스케일인 개인과 가정 수준에서 이주여성의 사회적 관계는 다음과 같은 특징을 보여준다. 대다수의 이주여성은 결혼 생활의 1차적 사회적 관계를 남편을 통해서 형성한다. 우리나라의 어느 곳이든 외식 문화가 발달하고 있는데, 이주여성은 남편과 외식을 통해 주변 사람들과 관계를 시작하는 경향을 보인다.

이주여성들의 개인 여가 활동은 결혼생활의 적응에 따라 달라진다. 남편 및 시댁의 태도나 이주여성이 맺는 친구 관계에 따라 사회 적응은 달라진다. 가사와 육아는 이주여성이 여가 시간을 갖는 것을 어렵게 하고, 자동차 운전과 같은 모빌리티의 약점 때문에 이들의 사회적 관계는 남편을 중심으로 형성 및 발달한다.

둘째, 지역사회(로컬 스케일)에서 이주여성의 사회적 관계는 다음과 같은 특징을 보인다. 언어 소통이 자유롭지 못하고 한국 문화에 익숙하지 못한 이주여성의 경우, 이웃과의 관계가 이들의 지역 사회 활동에 대한 참여와 배제를 결정하곤 한다. 특히, 농촌이란 공간은 지역 사회의 특성이 이주여성의 사회적 관계에 직접적 영향을 미친다. 고령화 되어가는 농촌 마을에서 이주여성은 남편이나 주변의 또 다른 이주여성 이외의 사회적 관계를 쉽게 형성하기는 힘든 실정이다. 젊은 연령층이 적은 지역 사회일수록 이주여성의 사회적 관계가 제한될 수 있음에 주목해야 한다.

셋째, 이주여성의 사회적응을 위해서는 언어 습득이 필수적이며, 한국 문화 강좌와 같은 사회참여 프로그램이 필요하다. 이러한 사회참여 프로그램은 로컬 스케일에서 이주여성의 사회적응에 큰 영향을 미친다. 지역 사회에 지인의 네트워크가 부족한 이주여성에게 지역 사회 프로그램의 참여는 로컬의 사회적 관계를 형성하는 토대가 된다.

이주여성을 위한 로컬 프로그램은 한국어교실, 문화교육, 자녀교육, 직업 및 기술교육, 취미생활, 가정문제 상담 등이 주류를 이루고 있다. 현재까지 다문화 교육의 차원에서 가장 활성화된 지역 프로그램은 한국어교실이라 할 수 있다. 상당수의 이주여성은 한국어교실에서 언어를 습득한 경험이 있다. 하지만 많은 이주여성은 지역 사회의 다양한 사회적응 프로그램에 참여하기 어려운 실정이다. 가장 큰 이유는 육아와 집안 일 때문에 시간이 없다는 점이고 함께 지속적으로 공부할 친구가 부족하기 때문이다.

일부 이주여성은 가족의 반대로 한국어교실이나 다문화교육에 정기적으로 참여하기 힘든 상황이다. 이주여성이 교육 프로그램에 자주 참여하는 것은 바람직하지 못한 정보의 습득과 교환으로 인식하는 경우도 적지 않다. 가족의 반대로 사회 프로그램 참여가 제한되는 이주여성은 사회적응에 더 많은 문제를 야기할 수 있는데, 어떤 문제가 있을 때 이주여성들끼리 서로 의논하는 과정에서 문제가 해결되기도 하고, 이러한 과정을 거치면서 한국 사회에 대한 이해도 더 빠르게 진행될 수 있다는 점에서, 이주여성의 사회적 활동의 제한은 오히려 이들의 한국 사회로의 적응을 제한하는 요소가 될 수 있다.

이주여성이 한국인을 위한 지역사회 프로그램에 참여하는 경우는 많지 않다. 언어적 이유, 자신감 부족, 시간 부족, 정보 부족 등의 이유로 이주여성들은 다문화교육 프로그램의 일부에만 참여하는 한계를 보인다. 또한, 이주여성을 위한 다문화 프로그램이 상당 부분 한국 사회로의 동화에 초점이 맞추어져 있다. 무엇이 진정으로 이주여성을 위한 프로그램인지 고민할 필요가 있다. 이런 맥락에서 패밀리케어family care 다문화교육에 주목할 필요가 있을 것 같다. 기존의 프로그램이 이주여성에 초점을 두었다면 패밀리케어 다문화교육은 이주여성, 남편, 그리고 자녀가 한 장소의 프로그램에 동시에 참여하거나, 또는 서로 다른 프로그램에 참여하면서 다문화를 이해하고 다문화가정이 한국 사회에 보다 잘 적응할 수 있도록 유도하는 프로그램이다. 아직 한국에서 이 프로그램이 제대로 실시되지 못하고 있으나, 향후 이 방향에서 다문화교육이 추진된다면 이주여성의 로컬 스케일에서의 사회적 관계가 더욱 활발해질 것으로 판단된다.

넷째, 이주여성의 사회적 관계에서 친구의 중요성은 간과할 수 없다. 한국 내 이주여성의 친구 관계는 로컬 스케일에서 주로 나타나고,

더러는 국가적 스케일의 친구 관계가 인터넷 카페나 만남을 통해 이루어지기도 한다. 결혼 초기 이주여성의 친구 관계는 상당히 제한적인데, 특히 농촌 사회에서 이들의 친구 관계는 매우 제한적이다. 이런 제한 속에 이주여성들은 인터넷을 통한 국가적(또는 초국가적) 관계를 맺고 있다.

본 연구의 조사에 의하면, 이주여성의 친구 관계가 결혼 기간 또는 다문화교육 프로그램의 참여에 의해서 영향을 받긴 하지만, 더 근본적으로 이들의 사회적 관계는 한국 사회의 포함과 배제의 논리에 의해 결정된다. 동일한 위치성을 경험하는 이주여성끼리 긴밀한 친구 관계를 형성한다는 점은 이러한 포함과 배제의 논리를 잘 보여준다. 특히, 동일 국적 출신의 이주여성 사이에서 친밀한 관계가 형성됨은 당연한 결과이다. 비슷한 위치성의 이주여성일지라도 문화가 서로 다르면 긴밀한 관계를 형성하는데 한계가 있을 수 있다. 시간이 흐르면서 자녀들을 통해 이주여성들의 지인 네트워크가 발달하면, 이들의 사회적 관계가 활성화된다는 점에서 자녀를 통한 이주여성들의 관계 형성에 주목할 필요가 있다고 판단된다.

이주여성이 다문화교육에 참석하는 것은 단순히 한국 문화를 익히고 사회에 적응하는 훈련을 하는 것 이상의 효과가 있다. 다문화 프로그램에 참여하면서 친구를 사귀고, 함께 쇼핑을 하고 식사를 하면서 자연스럽게 이주여성들의 사회적 관계는 로컬에 뿌리를 내린다. 다문화교육의 참여는 사회를 이해하고 사회에 뿌리를 내리는 일종의 수행과 실천이라 할 수 있겠다. 친밀감이 높아질 때 서로의 집을 방문하면서 이주여성의 사회적 관계는 발전하게 된다.

이주여성들의 사회적 관계에서 가장 친밀한 장소이자 관계의 구심점

표 8.3. 이주여성의 사회적 네트워크의 주요 특성

구 분	주요 특성
남편과의 외출 및 여가활동 (개인 스케일)	• 1달에 한 번 이상 남편과 외식·외출하는 비율: 50% • 남편과 여행 경험: 73% • 개인 여가 활동: 16%
이웃 및 한국인과의 관계 (로컬 스케일)	• 한국인과 접촉이 빈번한 경우: 56% • 친한 한국인이 있는 경우: 약 20%
사회적응 프로그램 (로컬 스케일)	• 한국어교실에 국한 • 한국어교실 기능: 초기 정착 과정에서 사회적 관계의 토대
친구관계 (로컬/국가 스케일)	• 친한 친구의 수: 2~3명 • 친구들의 특성: 같은 국가 출신의 이주여성 • 만나는 이유: 생활이야기, 음식 공유, 정보 교환 • 사회적 관계 유지 수단: 상호 방문, 핸드폰 및 인터넷
사회참여의 제한요소 (로컬/국가스케일)	• 언어소통의 문제. 남편 및 시댁의 무관심(개인 스케일) • 고립성. 지역사회의 편견(로컬 스케일) • 문화적 차이와 배타성(로컬 및 국가 스케일)

자료 : 설문 및 인터뷰 조사

역할을 하는 것은 다름 아닌 집이었다. 서로의 가정을 방문하면서 친밀감을 형성하고, 더 많은 정보를 공유하게 된다. 함께 음식을 나누면서 스트레스를 해소하고, 육아, 시장, 직업에 대한 정보를 공유하게 된다. 특히 동일 국가 출신의 이주여성들은 서로의 만남을 통해 억눌린 문화적 정체성을 공유하고, 종족 네트워크를 더욱 공고히 하는 기회를 갖는다. 다문화가정의 집은 종족 네트워크가 활성화되는 소규모의 엔클레이브enclave로서 작용한다.

휴대전화는 이주여성들의 종족 네트워크를 유지함에 있어 매우 중요한 역할을 한다. 휴대전화의 다양한 애플리케이션은 종족의 문화를 타

향에서 유지하는데 매우 중요한 역할을 수행하기도 한다. 이주여성이 형성하는 사회적 관계의 모빌리티를 작동시키는 가장 중요한 요소는 종족의 정체성이며, 다음으로 중요한 요소는 휴대전화의 활용이라 할 수 있다. 휴대전화는 이주여성의 사회적 관계가 로컬에 뿌리 내리는데 매우 중요한 역할을 한다.

이처럼 이주여성의 사회적 관계가 활성화되고 있음에도 불구하고, 현재까지 이주여성의 사회 참여는 상당히 제한적이다. 개인적 수준에서는 언어 소통, 가정적 수준에서는 사회 활동에 대한 반대, 지역 사회의 수준에서는 고립성과 편견, 그리고 지역 및 국가적 수준에서는 문화적 차이와 배타성에 의해 이주여성의 주류 사회로의 편입은 제한되고 있다. 언어 소통의 문제는 이주여성들의 경제 활동이 시장, 식당, 공장 등에 국한되는 결과로 이어지며, 지역 사회의 배타성은 이들의 한국 사회로의 편입을 제한시키며, 로컬 및 국가 스케일에서 나타나는 문화적 차이와 배타성은 이들로 하여금 사회 활동의 자신감 부족과 같은 심리적 장애를 발생시킨다고 볼 수 있다. 이런 점에서 이주여성의 사회 참여를 제한하는 근본적 이유는 언어 소통이나 문화적 차이라기보다 한국 사회에 팽배한 배타주의에 기인하는 것이 아닌가 싶다. 이러한 배타주의는 이들의 사회 참여를 제한하면서 사회적 적응을 제한하고, 결국 주류 사회와 고립을 야기하는 요인이라 생각된다.

2) 종족 네트워크

한국에서 다문화사회에 대한 관심이 증대되면서 문화적 혼종과 아래로부터의 글로벌화에 대한 관심이 높아지고 있다. 이주여성들의 사회적 관계는 로컬, 국가 및 세계라는 공간스케일에서 동시적으로 나타나는 다중-스케일적 특징을 보인다. 대개 이주여성들은 친정과의 관계를 통해 초국가적 종족 네트워크를 형성한다. 많은 이주여성은 출신 국가와 긴밀한 사회적 관계를 유지하는데, 다문화가정의 약 60%는 결혼 후 얼마 지나지 않아 출신 국가를 방문하는 것으로 나타났다. 결혼 후 남편과 함께 출신 국가를 방문하는 것이 원만한 결혼 생활을 유지하는데 매우 중요한 역할을 하는 것으로 보인다. 남편의 처가 방문은 언어와 문화적 차이가 주는 충격을 잘 이해하도록 한다. 처가에서 보내는 시간 동안 남편은 다른 사람들과의 의사소통을 아내에 의존하는데, 이는 남편으로 하여금 한국 생활에서 아내가 의사소통 때문에 힘듦을 느끼게 하며, 자신이 아내의 한국 생활에 대한 안내자가 되어야함을 일깨워주는 계기가 되고 있다. 이처럼 처가 방문을 통해 타문화에 대한 인식이 제고되고, 아내가 한국사회에서 얼마나 적응하기 힘든지를 실감하게 된다. 남편이 처가를 방문할수록 아내의 전통과 음식 문화에 대한 이해가 높아지고, 자녀의 교육을 비롯한 가사 활동 전반에서 아내에 대한 신뢰가 커진다.

친정 식구가 한국을 방문하는 경우도 자주 목격된다. 친정 식구의 방문은 연쇄적 결혼이주를 자극하기도 하고, 무엇보다 국가 간 교류 증대에도 긍정적 영향을 미친다. 인터넷 사용이 쉽지 않는 경우, 이주여성들은 국제전화를 통해 친정과의 연락을 취하는데, 국제전화카드를 비교적 적은 비용으로 구입할 수 있어, 국제 전화는 이주여성들의 초국가적 네트워크를 유지하는데 매우 중요한 역할을 한다.

이주여성들의 출신국가와의 관계에서 빼놓을 수 없는 것은 친정에 대한 경제적 원조이다. 경제적 여유가 있을 때 친정을 돕는 것은 베트남을 비롯한 동남아시아 이주여성들이 갖는 공통점 중의 하나로 보인다. 송금은 단순히 돈을 보내는 원조의 형태로 이해할 것이 아니라 초국가적 관계를 유지하는 수단으로 이해하는 것이 바람직할 것 같다. 친정을 돕는 것은 이주여성의 입장에서 가족 관계를 초국가적 수준에서 지속시킬 수 있는 수단이 될 수 있기 때문이다. 이주여성은 단순히 돈만 보내는 것이 아니라, 우리 사회의 문화와 가치도 함께 보낸다는 점에서 결혼이주를 통한 초국가적 네트워크가 국제관계에 얼마나 중요한 역할을 수행할 수 있는지를 짐작케 한다.

이주여성들의 초국가적 종족 네트워크에서 중요한 역할을 하는 것은 출신 국가에 있는 친구들과의 관계라 할 수 있다. 비록 결혼 생활이 길어지면서 본국에 있는 친구들과의 친밀한 관계가 줄어들 수 있으나, 이주여성들은 간헐적이나마 전화나 인터넷을 통해 고향의 친구들과 연락을 유지한다. 고향의 친구들과의 연계가 그리움을 전하는 안부인사에 그칠 수 있으나, 이는 출신국과의 관계를 지속시키는 매우 중요한 수단일 수 있다는 점을 간과해서는 안 될 것이다.

둘째, 종족 단위의 초국가적 네트워크는 정착사회의 이주자 네트워크를 통해 확대 및 발전하게 된다. 즉, 결혼 이주여성들에 의한 초국가적 관계는 단순히 초국가적 문화 교류에 의해서만 발전하는 것이 아니라 한국 사회에서 이들의 종족 네트워크가 형성 및 작동되는데 큰 영향을 미친다. 이주여성의 문화적 정체성은 출신국의 문화와 한국의 문화가 동시적으로 구성되는 양가성ambivalence의 특징을 보인다. 어떤 측면에서 보자면, 이주여성의 문화적 정체성은 문화적 혼종이 서서히 구성되는 '전환적 정체성'의 국면을 보인다고 할 수 있겠다.

이주여성들은 대체적으로 출신 지역의 문화에 대한 자부심이 강한 편이다. 이러한 소속감과 정체성이 종족 네트워크를 형성 및 발전시키는 원동력일 것이다. 하지만, 이주여성들이 결혼하는 첫 해부터 자신들의 문화적 정체성을 강하게 유지하고자 하는 것은 아닌 것으로 보인다. 왜냐하면, 이들에게 있어 결혼이주의 주된 목적은 한국 사회로의 정착과 한국에 대한 동경이 바탕을 이루고 있기 때문이다. 이들은 한국 사회로의 적응과 동화를 동시적으로 기대한다고 볼 수 있다. 따라서 대부분의 이주여성은 한국에 도착할 때 본인들의 문화 정체성을 대변하는 물건을 가져오는 경우는 드물며, 이 보다는 한국 생활로의 적응과 동화를 우선적으로 고려한 것으로 보인다. 이주여성들이 결혼 때 가져온 것들은 대부분 옷과 개인용품에 국한되며, 한국어를 배우기 위한 한국어 책은 거의 모든 이주여성에게 있어 필수품이다. 반면에, 본인들의 문화적 정체성을 유지시켜주는데 도움이 되는 전통 문화와 관련된 책이나 물건 등은 거의 가져오지 않는다.

한국사회로의 적응을 희망하였던 이주여성들이 스스로의 문화적 정체성에 대해 고민하고 자신들의 문화적 정체성을 유지하고자 하는 것은 한국 사회의 배타성에 기인한 것으로 보인다. 사회에 적응하는 과정에서 부딪히게 되는 여러 문제점과 문화적 차이에 대한 인식 그리고 배타적 습성이 이들로 하여금 자신들의 문화적 정체성을 재-의식하게 하고 각인시키는 요인으로 보인다. 사회의 배타성은 이주여성의 심리적인 반작용과 이로 인한 저항을 유도함으로써 소수 문화의 정체성을 각인시키는 것으로 이해된다. 남편과 시댁식구는 이주여성의 문화에 대해 관심이 높다고 인식하나, 실제 이주여성은 자신의 문화에 대한 주변의 관심이 부족하다고 인식한다. 이주여성들은 한국 사회가 자신들의 문화를 낮게 보면서 무시한다고 생각한다. 이러한 배제와 타자화가 이주여성의 문화에 대한 애착과 향수를 강하게 유지하도록 하는 것으로 보인다.

한국인의 타문화에 대한 배타성은 이주여성의 음식을 대하는 태도에서도 나타난다. 대다수의 이주여성들은 한국 음식이 입에 맞지 않지만, 모국의 음식을 자주 먹을 수 있는 형편이 아니다. 다문화가정에서 이주여성의 전통 음식을 자주 먹는 것은 드물며, 많은 이주여성들은 한국 음식에 익숙하지 않다. 주지하다시피 음식은 문화적 정체성을 유지하는 주요 수단이다. 많은 이주여성들은 정기적으로 친구들과 모여 모국의 음식을 먹으면서 사회적 관계를 유지한다. 음식의 공유는 서로 간의 친밀감을 높여주고, 이를 통해 낯선 곳에서 자신들의 종족 네트워크를 발전시키는 토대가 된다. 이들이 형성하는 로컬 단위의 공동체는 생활정보, 육아, 직업, 출신국의 뉴스 등이 소통되는 채널이며, 일상의 문제를 공동으로 논의하는 장이기도 하다. 또한, 동네의 종족 공동체는 다른 지역의 공동체와 연결되면서 로컬, 국가 및 초국가적 차원의 종족 네트워크로 발전한다.

이주여성들이 문화적 정체성과 관련하여 가장 크게 고민하는 요소는 2세의 육아와 교육이라 할 수 있다. 대부분의 이주여성들은 2세와의 대화에서 모국어 사용을 원하지만, 남편과 시댁식구뿐만 아니라 주변 한국 사회는 한국어 사용을 권유하는 것으로 보인다. 대다수의 이주자 가정에서는 2세를 한국인으로 키우기 위해 다른 언어를 사용하는 것은 부적절하며, 혼혈을 드러내는 것이라고 인식하기도 한다. 비록, 대다수의 이주자 가정에서 2세의 육아에 있어 한국어를 사용하고 있으나, 2세에 대한 언어 사용은 이주여성과 한국사회 간 갈등의 관계로 표출되고 있다. 이주여성들이 자녀에 대해 모국어를 사용하고 싶은 욕망의 근저에는 출신국과의 교류가 큰 부분을 차지한다. 즉, 출신국과의 지속적 관계를 유지하기 위해 2세는 어머니의 모국어를 알아야 한다고 이주여성들은 생각하고 있다.

이와 같이, 이주여성이 자녀 육아와 교육에서 한국어를 사용한다는 점은 여러 문제점을 내포하고 있는데, 우선 미숙한 한국어 사용은 자녀의 언어습득 능력을 떨어뜨릴 수 있으며, 향후 자녀가 성장했을 때 한국어에 미숙한 어머니는 영원한 이방인으로 인식되면서 이주여성의 정체성에 혼란을 가져올 수도 있기 때문이다. 이런 점을 고려한다면, 이주자 가정에서 다언어 사용의 장점을 인식하는 것이 필요하다고 판단된다.

3) 사회적 관계의 종합

이상과 같은 이주여성의 종족 네트워크를 종합하면 그림 8.1과 같다. 결혼이주는 분명 한국 사회에 커다란 변화를 가져오고 있으며, 전술한 바와 같이 이들의 사회적 관계가 다양한 공간스케일에서 동시적으로 작동한다는 점은 시사하는 바가 크다.

이주여성의 사회적 관계의 기초가 되는 개인(가정) 스케일에서 남편과 시댁의 관심과 협조는 이주여성의 사회 활동과 참여를 결정하는데 중요한 요소로 작용하며, 이주여성의 개인적 의지와 태도 역시 사회 적응에 상당한 영향을 미치는 것으로 볼 수 있다. 로컬의 고립성과 편견은 이주여성의 사회 참여를 제한하는 요소로 작용하며, 또한 로컬은 종족 네트워크가 형성되는 토대로서 작용한다. 로컬에서 이주여성에 대한 한국 사회의 배타적 태도는 이들의 사회적 관계를 제한하는 요인이 되며, 한국어교실과 같은 다문화 프로그램은 이주여성의 사회 적응을 원조하는 기능뿐만 아니라 친구 관계가 형성되는 토대로서 작용한다. 다문화교육을 통해 이주여성의 다양한 사회적 활동의 연결이 이루어진다는 점을 간과해선 안 된다. 국가적/초국가적 스케일에서 이주여성들의 사회적 관계를 유지하는 수단은 휴대전화와 인터넷이다. 이들은 전화와 인터넷을 통해 친구 및 종족 관계를 유지하고, 필요한 정보를 수집 및 교환하고 있을 뿐만 아니라 한국 사회의 문제점에 대한 토론의 장으로 활용하기도 한다. 향후 인터넷은 이주여성의 정체성 정치를 실천하는 중요한 수단으로 부상할 것으로 보인다.

우리사회가 아직은 결혼이주의 역사가 짧지만, 이주여성들은 문화적 정체성의 유지를 통해 초국가적 연결을 추구한다는 점에 주목할 필요가 있다. 이주여성의 친정은 초국가적 관계의 교두보로서 작용하는데, 이를 통해 문화적 연대감, 재화 및 서비스의 공급, 송금, 상호 방문, 취업기회 제공, 연쇄이주 등이 발생한다. 또한, 출신 지역에 있는 친구들과의 관계는 비록 강하게 나타나지 않더라도, 향후 취업 기회, 연쇄이주, 문화적 연대의 유지 등이 발생할 수 있는 잠재적 연결, 즉 잠재적 모빌리티라 할 수 있다.

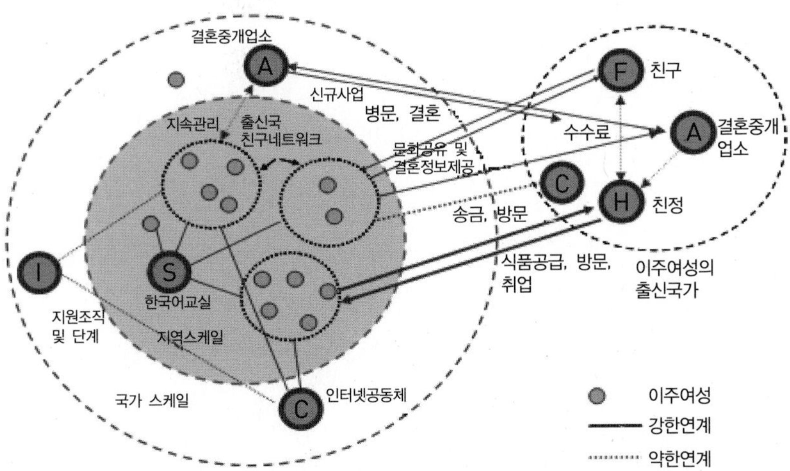

그림 8.1. 이주여성의 사회적 네트워크

5. 결혼이주와 미래 사회 변화

결혼이주의 증대로 농촌 지역은 다문화사회로 변모하였다. 농촌에서 국제결혼이 증가하면서 이주여성들도 농촌 사회에 적응하는 것이 과거에 비해 수월해지고 있다. 이는 그 동안 국제결혼에 따른 문제점이 대중매체를 통해 보도되면서 다문화가정을 중심으로 이주여성의 문화적 차이에 대한 인식의 제고가 있었기 때문일 것이다.

일부 이주여성은 한국 사회에 비교적 빠르게 적응하고 있으나 아직까지 이들의 사회적 관계는 종족 네트워크에 제한되는 모습이다. 한국사회의 타민족에 대한 배타성이 강하고, 이주여성들이 출신국가에 대한 문화적 자부심이 높다는 점에서, 이들에 대한 한국 문화로의 무리한 동화는 바람직하지 않다고 판단된다. 이주여성이 초국가적 관계를 유지한다는 것은 우리나라가 이주자를 통한 글로벌화를 경험하고 있음을 의미한다. 우리의 농촌사회는 사람의 네트워크가 만든 글로벌화를 경험하고 있다. 농촌의 글로벌화가 지역사회의 지속가능한 발전으로 이어질 수 있으면, 이는 바람직한 미래의 농촌 모습에 부합할 것이다.

우리의 농촌 사회는 도시에 비해 외형적으로는 열린 공간의 특성을 보이면서도 내면적으로는 보수적이고 폐쇄적인 특징을 보여준다. 농촌지역의 다문화에 대한 수용 능력은 아직 부족한 수준이며, 남편과 시댁식구의 대부분은 2세가 한국어를 배우고 한국식으로 성장해야 한다고 강조하고 있다. 하지만, 이주여성의 문화적 정체성이 쉽게 한국화되지 않는다는 점은 농촌 사회에서 다문화에 대한 인식이 필요함을 반영한다. 향후 농촌 지역은 국제결혼에 따른 2세가 같은 연령층에서 소수가 아닌 다수가 되는 특징을 보이게 된다. 이로 인하여 여러 가지 문제점이 발생할 수 있으며, 다문화 공동체가 원만하게 추진되면 농촌은 소외 계층이 누적적으로 발생하는 공간에서 다문화에 토대를 둔 다국적 문화자본이 활성화된 지역으로 변화할 수도 있다. 이는 농촌을 중심으로 다문화 공동체가 추진되어야 하는 당위성을 반영하며, 우리 문화만을 강요하지 말고 타문화의 존재를 당연한 것으로 인식하는 우리사회의 노력이 요구된다고 할 수 있다.

제4부

이주와 주변화

제 9 장 이주자의 장소 점유와 주변화

제10장 이주자의 서발턴 위치성

제11장 대학의 국제화와 외국인 학생의 주변화

제9장 이주자의 장소 점유와 주변화*

1. 이주와 장소 점유의 정치

초국가적 이주 연구 또는 디아스포라 연구는 이주에 의한 장소 변화를 다루기보다 이주자의 삶과 관계를 강조하는 경향이 있다(이용균, 2013b). 초국가주의 연구는 국경을 초월한 이주자의 사회적 관계가 형성되는 사회적 장social field, 즉 떠나온 곳과 정착한 곳의 연결에 관심을 둔다(Jackson, 2003). 디아스포라 연구는 흩어진 종족의 이동 경로, 고국에 대한 그리움, 로컬에서의 소외된 삶을 조명하는데 관심을 둔다. 이들 연구는 이주자와 본국과의 관계를 이해하는데 치중하면서 이주자가 정착한 사회, 특히 이주자로 인해 나타나는 로컬리티의 변화에 대해서는 간과하는 경향이 있다.

이입immigration이란 사건과 현상 자체가 정착 지역의 사회와 문화에 큰 영향을 미치는 요소이다. 매시Massey(2005)가 언급하듯이 이주자가 만드는 종족 경관은 종래의 경관을 변화시킨다는 점에서 엄청난 로컬

* 이 내용은 2013년 6월 한국경제지리학회지에 실린 "이주자의 장소 점유와 주변화 담론 연구: 서울 자양동 중국음식문화거리를 사례로"를 수정한 것임.

의 변화이다. 현재와 같이 인터넷에 의해 전 지구가 연결되는 사회에서 이주자의 다양한 공간스케일에서 작동하는 네트워크는 로컬의 변화에 지대한 영향을 미친다. 이러한 변화를 반영하면서 아파두라이Appadurai(1996)는 이주자가 출신지역의 문화적 정체성을 정착지역에 이식시키는 현상을 트랜스로컬리티translocality로 설명한다.

현 시대의 이주자는 동화주의 관점에서 바라보았던 것처럼 주류 문화에 대한 단순한 수용자가 아니다. 오히려 능동적 행위자로서 이주자는 자신의 문화를 주류 사회에 뿌리 내린다. 종족의 문화가 담긴 언어를 사용하고, 음식을 먹고, 음악을 듣고, 종교적 활동을 하고, 무엇보다 종족 중심의 경제적 활동을 수행한다. 이 과정에서 종족 경관이 정착지역에 뿌리를 내리게 되는 것이다(Brickell and Datta, 2010). 호주의 시드니에 위치한 이스트우두Eastwood에는 조그마한 코리아 타운Korea Town이 형성되어 있다. 초기 한국인 이주자의 무리가 이곳을 중심으로 거주하면서 종족 경제를 형성했기 때문에 현재의 코리아 타운이 존재하는 것이다. 이스트우드에 한국인이 운영하는 식당, 슈퍼마켓, 옷가게, 미장원, 병원, 교회 등이 있다는 것은 종족 경제가 로컬에 뿌리내리고 있음을 반영한다. 이 곳 거리에서 한국어를 사용하는 것은 전혀 낯설지 않는 문화라는 점에서 이주자가 로컬을 어떻게 변모시키는지 알 수 있다.

투안Tuan은 한 장소가 갖는 중요성은 그 의미로서 이해된다고 보았다(구동회 · 심승희 역, 1995). 그에 따르면, 장소란 세계를 이해하고 경험하는 방식이다. 이주자의 유입은 한 장소의 의미에 대한 변화를 가져오기에, 주류 사회는 희망하지 않는 이주자의 유입을 꺼려한다. 때문에 이주자는 주류 사회의 텃새가 적은 곳으로 집중된다. 앤더슨Anderson(1991)이 밴쿠버의 차이나 타운China Town에 대한 연구에서 밝히고 있듯이 백인 중산층이 묵인한 곳을 중심으로 차이나 타운이 건설될 수 있었다.

이주자와 주류 사회 원주민 간 갈등은 권력 관계란 맥락에서 설명될 수 있겠다. 모든 인간은 공간 활동에서 본질적으로 권력 관계에 노출되고, 권력을 실천하는 과정이란 궁극적으로 타인의 흔적을 변형시키는 공간적 과정을 포함하기에, 결국 한 장소의 권력 관계가 장소의 변화로 나타나게 된다. 이런 점에서 이주자가 만든 종족 경관이란 결국 한 장소 내에서 작동하는 권력 관계의 결과로 볼 수 있다. 푸코의 시각에 따르면, 이주자의 경관이 많다는 것은 그만큼 주류 사회로부터 배제되거나 소외되는 이방인의 집단이 많다는 것이다.

도시 내 낙후된 공간은 이주자의 유입이 많은 곳이다. 경제적으로 여유가 없는 이주자들은 임대료와 지가가 싼 지역을 선택하게 되고, 재개발의 압력을 받던 낙후된 공간이 새로운 임대 수입의 창출 지역으로 바뀐다는 것은 도시 정부와 부동산 소유자에게 더할 나위 없이 좋은 일일 것이다. 이처럼 낙후된 공간으로 이주자가 유입되는 것은 도시 정부로 하여금 재개발이나 주거환경 개선 사업을 시행해야 하는 부담으로부터 잠시나마 벗어날 수 있는 기회를 제공한다. 이주자의 종족 경제는 이러한 낙후된 공간을 중심으로 형성된다.

프랑스의 무슬림 집중지역은 이러한 특성을 보여주는 대표적 사례에 해당한다. 알제리의 독립을 계기로 많은 무슬림들이 프랑스로 이주하게 되었다. 프랑스 정부는 자신의 식민지였던 곳에서 이주한 프랑스 국적의 무슬림들에게 거처를 마련해야 하는 부담이 생겼다. 무주택자에게 공급되던 임시 주택단지가 무슬림에게 제공되었는데, 무슬림 이주자의 유입이 증가하자 공공 주택에 거주하던 프랑스인들이 이탈하기 시작하였고, 시간이 지나면서 공공 주택의 노후화가 심해지자 다수의 프랑스인들이 빠져나가고, 이사할 여유가 없었던 무슬림들의 공간으로 변모하였다. 이처럼 프랑스에서 무슬림 이주자들은 낙후된 공간에 집중되면서 결과적으로 인종별로 분리된 거주 공간이 형성되는 계기를 가져왔다(르몽드 디플로마티크, 2012년 9월호).

이처럼 프랑스의 이주자 밀집지역은 지배 집단으로부터 배제된 공간에 이주자가 집중되고, 이곳을 중심으로 이주자의 사회경제적 관계가 생성 및 발전하면서 다른 지역과 차별화된 이주자의 공간이 형성되었다. 프랑스의 사례처럼 이주자가 특정한 로컬에 뿌리를 내리는 것은 지배 집단과의 권력 관계에 의한 것으로 볼 수 있다. 지배 집단의 관심이 부족한 낙후된 공간을 중심으로 이주자는 종족 경관을 형성하고 결국 이주자의 색채가 깃든 로컬을 만들게 된다.

2. 주류 사회의 담론

지멜이 언급하듯이 이주자는 이방인으로서 타자화되는데, 그 이유는 원주민 입장에서 이주자는 자신들과 다른 문화를 갖기 때문이란 것이다. 이주자는 시민권의 부여 과정에서도 타자로서의 삶을 경험하지만, 시민권이 부여된 후에도 차별의 대상이 된다. 미디어는 지배 집단이 이주자를 타자화시키는 과정에 큰 영향을 미친다. 미디어는 사회의 고정관념, 편견, 차별구조를 드러냄으로써 사회가 당면한 문제를 제시하고 이를 해결하기 위한 대안을 제시하기도 하지만, 각종 차이를 강조하면서 편견을 조장하거나 강화하는 역할을 한다(정의철, 2011).

대중매체의 부정적 이미지는 이주자를 가난하고 돈을 벌기 위해 이주한 사람으로 인식시킨다. 물론, 미디어는 이주의 확대, 문화의 혼종, 다문화사회 등에 대한 시민의 관심과 이해의 폭을 넓히는 수단으로 활용되지만, 주류 미디어는 이주자를 관용의 관점에서 접근하면서 주류 문화와는 다른 것으로 타자화시키는 경향이 있다(Ehrkamp, 2006). 이처럼 주류 미디어는 지배 집단의 이데올로기에 따라 이주자 담론을 형성하는데, 일반적으로 이주자는 사회의 안전과 발전을 저해하는 잠재적 위험 요소로 묘사되고, 이러한 묘사는 지배 집단 중심의 사회 건설에 대한 필요성을 강조한다.

소수자는 주류 사회가 규정하는 어떤 원칙이나 경계를 흐리게 하기 때문에 위험한 존재로 분류된다(장희권 역, 2011). 소수인 이주자가 사회적으로 두려운 대상이 되는 이유는 이주자가 구성하는 사회의 특성과 장소적 실천이 주류 사회가 원하는 것과 거리가 있기 때문일 것이다. 주류 사회는 이주자가 특정 장소를 제외한 장소에서 이주자의 종족 경관을 만드는 것을 적절한 행동이라 인식하지 않는다. 이주자가 밀집된 곳은 바람직하지 않는 공간으로 인식되고, 좋지 않는 지역이란 이미지를 갖게 된다. 이 공간은 주류 사회의 각종 개발사업에서 배제되어, 결국 이주자가 유입되는 지역은 낙후될 수밖에 없다는 것이 주류 사회가 만드는 담론의 요체이다. 즉, 이주자의 밀집은 지역쇠퇴 담론과 관련되고, 이주자의 공간은 결국 타자화된 공간으로 범주화된다.

이주자는 주류 사회의 이상과 맞지 않다는 이유로 사회 발전의 잠재적 위험 요소로 인식된다. 이탈리아는 남부와 북부지역 간 소득의 격차가 큰 편이다. 북부 사람들은 자신들이 경제적으로 더욱 발전할 수 있는데, 낙후된 남부 때문에 성장의 탄력을 잃고 있다고 주장한다(심승희 역, 2012). 그러면서 남부 경제의 침체 요인을 다양한 유색인종이 많기 때문이라 주장한다. 남부의 유색인종은 지역경제의 침체와 관련될 뿐만 아니라, 이탈리아의 문화적 결속을 위협하는 존재로 인식되고 있다.

이주자에 대한 타자화 담론은 주류 사회의 고정관념이 사회적 과정을 통해 작동하는 메커니즘을 이해하도록 한다. 이러한 담론은 정해진 동질문화가 존재하는 것이 아니라 타자와의 비교에서 동질성이 부상하고 차이가 발생한다는 사실을 은폐하는 것이다. 실제로, 차이(다름)는 극복되거나, 관용이 필요하거나, 차별의 대상이 아니다. 차이란 스스로 주체성과 생명력을 지닌 비교의 대상일 뿐, 차이의 존재 자체는 자연스런 현상이다. 누구나 차이를 갖기 때문이다. 이런 맥락에서 이주자는 인종, 종족, 직업, 젠더 등에서 주류 사회와 차이를 가질 수밖에 없음을 인식해야 한다. 또한, 이주자에 대한 인종주의적 접근은 악한 것이고 다문화 접근은 선한 것이라는 사회적 인식도 피하는 것이 바람직하다(권온, 2010; 박경환 · 진종헌, 2012). 왜냐하면, 이러한 접근은 오히려 지배집단과 소수자의 권력 관계를 제대로 보여주지 못하거나 진실을 감출 수 있기 때문이다.

3. 중국 조선족의 유입과 장소 점유

중국 조선족은 1992년 한중 수교 이후 한국으로 빠르게 유입되었다. 2000년 이전까지만 하더라도 중국에 거주하던 조선족은 약 200만 명 정도였고, 연변지역에만 약 80만 명이 거주하고 있었다(김화선, 2011). 조선족자치주가 형성될 때 연변지역 인구의 60% 이상은 조선족이었다. 2000년대 접어들어 한국으로 이주가 빠르게 나타나면서 현재 연변 인구 중 조선족은 30%미만으로 추정된다. 연변지역은 조선족의 유출로 인해 가족 구성원의 변화, 마을의 해체, 전통적 가치의 훼손, 자치구의 해체 가능성 등과 같은 문제에 직면하고 있다(김화선, 2011; 이민호, 2012).

2015년 12월 기준, 한국에 체류하는 외국인은 약 200만 명으로 추정되는데, 중국인이 약 100만 명을 차지하고 그 중 대부분은 중국 조선족이다. 2016년 6월 기준, 법무부에 등록된 외국인은 총 1,137,736명이며, 이중 중국 조선족은 360,454명이다(법무부, 2016). 중국 조선족은 1980년대 후반부터 결혼이주와 노동이주를 통해 한국 사회에 정착하기 시작하였고, 1990년대를 거치면서 이주가 급격히 증가하였다. 불법 체류를 포함한 미등록 숫자를 감안하면 국내에 거주하는 중국 조선족 수는 등록된 수치보다 훨씬 많을 것으로 판단된다.

중국 조선족은 한국으로 이주한 숫자도 많지만, 특정 장소에 집중되면서 로컬의 변화를 주도하고 있다는 점에서 주목을 받고 있다(이영민 외, 2012). 중국 조선족은 서울(46%)과 경기(35%)에 집중적으로 분포하며, 특히 영등포구(9.8%), 구로구(7.3%), 안산의 단원구(5.6%)의 분포가 높게 나타난다(이용균·이현욱, 2012). 서울에서 중국 조선족이 가장 많이 분포하는 곳은 가리봉-대림동 일대이며, 다음으로 많은 곳이 자양-화양동 일대이다. 자양-화양동 일대에만 약 5,000명의 중국 조선족이 거주하고 있는 것으로 보인다.

중국 조선족은 왜 자양-화양동 일대에 집단적으로 거주하며, 왜 중국음식문화거리에 중국 조선족 식당이 집적되는가? 중국음식문화거리가 위치한 자양동 동일로 18길 주변에는 대학, 쇼핑센터, 지하철역(2호선과 7호선), 고급 아파트, 노후된 주택, 소규모의 공장이 등이 위치하고 있다. 자양동과 화양동 일대는 저가로 임대가 가능한 노후 주택이 밀집되어 있어, 단기간 체류를 원하는 중국 조선족이 거주하기에 적당하다.

주변에 성수동의 공장 지역이 위치하고 있으며, 교통이 편리하다는 점도 집중의 요인으로 보인다.

동일로 18길 일대는 1980년대부터 식당이 밀집된 곳이었다. 성수동 일대에 밀집되었던 중소 규모의 공장을 대상으로 운영되던 식당들은 공장의 폐쇄나 고용 감소로 위기에 직면하였다. 이곳은 비교적 규모가 큰 식당이 밀집되어 있는데, 한국인이 운영하던 식당을 중국 조선족이 인수하기 시작하면서 중국음식문화거리가 조성되었다. 2002년부터 중국 조선족 식당이 입지하기 시작하여 2009년 최고의 정점에 이르게 되었고, 현재 동일로 18길의 226개의 상가 중 60개가 중국 조선족 상가이다. 동일로 18길을 따라 중국 조선족 식당이 밀집되자 광진구는 이곳을 중국음식문화거리 일명 '양꼬치거리'로 지정하게 되었다.

이곳이 중국음식문화거리로 조성된 배경에는 가리봉-대림 일대와 차별화를 원하는 중국 조선족의 유입이 있었다는 점도 주목할 필요가 있다(이영민 외, 2012). 중국 조선족의 유입이 증가하면서 일부는 자금력을 바탕으로 가리봉-대림 일대와는 이미지가 다른 새로운 공간을 원하였고, 결과적으로 자양동 일대에서 경제 활동을 추구하게 되었다. 자양동 일대는 가리봉-대림동에 비해 상대적으로 깨끗하고 조용하며, 주변에 대학과 대형 쇼핑센터가 위치하고 있으며, 주변 지역에 다수의 중국 조선족이 거주하고 있어, 중국 조선족의 새로운 경제공간으로 적합하다고 인식되었던 것으로 보인다.

중국 조선족들은 대림동에 비해 자양동 일대는 안전하고 깨끗하고 차분한 이미지를 준다고 보고 있다. 비록 한국 사회의 시각에서는 대림동과 자양동이 비슷할 수 있으나, 중국 조선족들이 느끼는 장소감은 다르게 작용할 수 있으며, 대림동이 모든 중국 조선족을 위한 경제활동의 공간이라면, 자양동은 보다 잘사는 중국 조선족과 한국인을 대상으로 한 경제활동 공간이란 점에서 차이를 보인다. 일부 중국 조선족 식당은 가리봉-대림동의 체인에 속하는데, 종족 경제의 공간적 확대란 점에서 주목된다(이영민 외, 2012). 가리봉-대림동이 중국 조선족의 초기 정착을 위한 교두보로 작용했다면, 자양동은 중국 조선족 중 계층 간 차별화를 추구하고, 중국인보다는 한국인의 정체성을 더 강조하는 사람들에 의해 상권이 형성되고 있음도 주목할 필요가 있다.

이와 같은 중국 조선족 상가의 유입에 의해 주변 경관은 크게 변화하였는데, 중국어 간판이 동일로 18길을 따라 즐비하게 들어섰고, 유동인구가 많아지면서 거리의 풍경도 활기를 띠게 되었다. 그러나, 이러한 장소의 변화를 이곳 원주민들은 그다지 반갑게 인식하지 않는다. 거리는 우범지역으로 변하고 있으며, 주변 일대는 갈수록 낙후되고 있으나, 재개발을 포함한 도시개발의 대상지로 포함될 가능성은 더욱 멀어졌다는 인식이 지배적이다.

4. 장소 변화의 지배 담론

중국음식문화거리 내 한국인 상인들은 대체적으로 외국 문화와 이주자의 유입을 긍정적으로 바라본다(인터뷰에 응한 41명 중 34명은 긍정적으로 응답). 이러한 현상은 세계화를 통해 나타나는 자연스러운 것으로 이해한다. 응답자들은 외국 문화와 이주자의 유입에 의한 문화의 혼종은 피할 수 없는 상황으로 인식하며, 이주자가 증가하는 것이 한국 사회의 전통을 없애는 것이 아니라, 새로운 전통과 사회의 건설이라 인식한다.

물론, 외국 문화와 이주자의 유입에 대한 인식은 연령에 따라 차이가 큰데, 60대 이상은 이주자의 유입 자체를 싫어하는 경향이 있으며, 50대 이하는 이주자의 유입을 대체적으로 긍정적으로 바라본다. 60대 이상에서 이주자에 대해 보수적 태도를 보이는 것은 그동안 익숙했던 문화와 맞지 않는다고 인식하기 때문으로 풀이된다.

대다수의 상인들은 외국인과 중국 조선족의 유입을 세계화의 과정으로 자연스러운 것으로 인식하나, 중국 조선족이 자양동의 중국음식문화거리 내에 정착하는 것에 대해서는 강한 반감을 드러냄에 주목해야 한다. 이는 우리 사회에 만연한 님비즘Nimbyism의 일종이라 해석된다. 중국 조선족이 지역 내부로 유입되는 것을 반대하는 것은 언론과 미디어에 의한 부정적 이미지가 큰 역할을 한 것으로 판단된다. 원주민 상인들은 중국 조선족을 우리와는 다른 존재로 인식한다. 즉, 중국 조선족의 문화는 한국 문화와 근본적으로 다르며, 이러한 차이는 음식 문화를 통해 잘 나타난다고 인식한다. 예를 들어, 중국 조선족의 음식을 우리나라의 음식으로 인정하는 것이 아니라 중국인의 음식으로 인식한다. 이러한 불만이 중국 조선족을 우리와는 다른 타자로 인식하는 토대가 되고 있다.

연구자 : ...외국인이 우리나라로 들어오는 것에 대해서는 어떻게 생각하세요?

구술자 : 요즘 추세가 다 그러니까...들어와도 괜찮지. 추세가 다, 우리만 사는 것이 아니잖아.

연구자 : 여기가 중국 조선족분들이 많이 들어오면서 어떻게 되었나요?

구술자 : 차이나타운이 됐잖아요.

연구자 : 이렇게 차이나타운으로 바뀐 것에 대해선 어떻게 생각하세요?

구술자 : 불만이지, 당연히 불만이지.

연구자 : 어떤 점이 불만이세요?

구술자 : 이게, 완전히 중국놈들 판이니까. 뭐, 우리로서는 당연히 살 수가 없지. 음식점이 뭐, 입에 맞어? 뭐, 전부다. 한국 사람이 거의 없다시피. 식당 같은 게 다 없어졌잖아.

연구자 : 있던 게 없어진 거에요?

구술자 : 그래, 있던 게 다, 중국거리가 된 거지. 다문화고 뭐고, 다 불편하지, 한국 사람에게...

하지만, 원주민 상인들에 의한 중국 조선족의 타자화는 상황과 맥락에 따라 달라지고 있음을 알 수 있다. 중국 조선족 상가의 증가를 긍정적으로 바라보는 원주민 상인들은 대체적으로 이들로 인해 경제적 이익을 보는 경우이다. 반면에, 중국 조선족 상가의 유입에 따라 수익이 감소한 상인들은 이들에 대한 불만이 극에 달하고 있었다. 이처럼 대다수의 원주민 상인들에게 중국 조선족이란 먹고 살기 위해서라면 주변 지역에 어떤 피해를 주어도 상관없다고 행동하는 존재로 인식되고 있었다. 예를 들어, 중국 조선족 상가의 유입은 임대료 상승으로 이어지면서 원주민 상가의 임대료 부담을 가중시킨다는 불만이 있었는데, 이러한 임대료 상승이 중국 조선족의 교양 부족 때문이라고 인식하고 있었다. 예를 들어, 한국인에게 월 40만원에 해당하는 가게가 중국 조선족에게는 월 50만원의 조건으로 제공되는데, 그 이유는 중국 조선족 상점들은 집적을 통한 이점을 누리고자 하는 이기주의적 태도 때문에 가게 임대료가 조금 비싸더라고 이를 감수한다는 것이다. 일부 원주민 상인들은 이러한 중국 조선족의 태도를 교양 부족에 기인한 먹고 살기에 근거한 자기중심적 이기주의로 해석한다.

상당수의 원주민 상인들은 중국 조선족의 유입으로 중국음식문화거리가 위험공간으로 변모하였고 지역사회의 불안감이 가중되었다고 생각한다. 이 장소는 낮에는 안전공간, 밤에는 위험공간으로 인식되고 있었다. 위험공간으로 인식하는 주된 이유는 술 먹고 싸우는 중국 조선족이 많다는 점이었다. 이처럼 중국 조선족의 집중은 장소의 문화적 동질성을 저해시키고, 거리의 환경문제를 야기하고, 장소의 치안 문제를 대두시킨다고 인식한다.

연구자 : 중국거리가 조성된 것에 대해 어떻게 생각하세요?

구술자 : 너무 집중되니까 혼란스러워요. 중국 사람들이 억세고, 자기들 편할대로만 생활하고 주의를 주면 오히려 공격적이고. 술 먹고 싸우고 하면 한국인들은 저리가라예요. 병으로 찍고, 칼 들고 싸우고, 치안이 안 좋아졌어요.(인터뷰 40대 남성)

이러한 중국 조선족 상인들에 대한 반감은 전체 중국 조선족에 대한 반감으로 확대되고 있었는데, 이들은 도덕성이 부족한 집단으로 규정되고 있었다. 예를 들어, 중국 조선족들은 돈을 아끼기 위해 한 방에서 서로 모르는 남녀가 동거하고, 서로 즐기다가 때가 되면 헤어지는 비도덕 행동을 일삼는다는 것이다. 돈을 아끼기 위해 단독 주택의 일부를 전세로 빌려 함께 생활하는 것이 동거로 둔갑되어 해석된다. 이는 과거 제국주의 시대에 서구의 지배 집단이 피식민지를 지배하기 위해 도덕적 타락을 내세웠던 것과 유사한 수법이다(이영민 · 박경환 역, 2010). 즉, 소수자를 도덕적 타락과 동등하게 위치지우는 것은 소수자에 대한 억압과 차별에 대한 부담감을 줄이려는 지배 집단의 전략이라 할 수 있다.

한편, 일부 원주민 상인들은 중국 조선족의 유입에 대해 무관심한 반응을 보이고 있는데, 이들은 중국 조선족의 유입에 대해 제3자의 입장을 취하고 있었다. 즉, 이들은 중국 조선족 유입을 자연스러운 현상으로 보면서도 유입 자체가 큰 도움이 되지 않는다고 생각한다. 이는 지배 집단의 이데올로기가 실제는 일부에 의해 주도되며, 상당수의 일반인는 이데올로기의 형성에 관심이 없음을 보여준다.

5. 중국 조선족의 장소 점유와 지역쇠퇴

중국음식문화거리의 조성은 원주민들로부터 진보적 장소감을 가져오지 못하고 있다. 앞에서 언급한 바와 같이, 일부 원주민 상인들은 이주자 증가의 현실을 인정하면서 중국 조선족도 자신들의 문화적 향수를 공유하고 정체성을 유지하는 공간이 필요하다는 점에 대해 공감한다. 그러나 중국음식문화거리에서 중국 조선족의 장소 점유가 증가하면서 연민의 정서가 불쾌와 불안의 정서로 바뀌고 있음을 알 수 있다.

원주민들은 중국 조선족들을 강압적으로 떠나게 할 수는 없으나 자발적으로 떠나주었으면 하는 대상으로 인식한다. 이러한 불편한 관계는 중국음식문화거리에서 중국 조선족 상가가 빠르게 확대되면서 나타났다. 이주자가 정착지에 뿌리를 내리는 과정은 생존을 위한 지배 집단과의 투쟁이 내재되어 있고, 이주자는 강한 종족 중심의 네트워크를 통해 장소를 만들어 간다(Mitchell, 2000). 이주자가 종족 중심의 네트워크를 형성하면서 특정 장소에 집중되는 것은 생존을 위한 필요조건에 해당할 수 있다. 한국 사회에 쉽게 편입되지 못하는 중국 조선족은 자양동에서 식당을 중심으로 경제적 토대를 구성하고, 다른 중국 조선족과의 광범위한 사회경제적 관계를 형성하는 것으로 보인다.

중국 조선족들은 생존을 위해 죽기 아니면 살기로 일하기 때문에 원주민 상인들은 이들과의 경쟁이 힘들다고 느끼며, 차츰 이들에게 밀린다는 느낌을 갖게 된다. 이러한 과정을 거치면서 중국음식문화거리 내에서 중국 조선족에 대한 경계심이 커지고, 이들로 인한 피해담론이 생산되고 확대된다. 이러한 피해담론은 중국 조선족에 의한 장소의 잠식으로 확대 해석되는데, 이는 안산시 원곡동에서도 확인될 수 있다. 안산시 원곡동의 원주민들은 지역개발의 정체가 이주자의 유입에 의한 것으로 인식하는데, 특히 중국 조선족의 대량 유입이 지역개발의 정체를 가져오고 있다고 본다(이부미, 2011). 중국 조선족에 의한 장소 점유는 거주 영역의 주권을 뺏기는 것으로 인식되고 있으며, 원주민들은 중국 조선족의 장소 점유에 대하여 강한 반감을 나타내고 있다(권온, 2010). 이와 같은 중국 조선족의 장소 점유와 이로 인한 피해담론은 원주민 40대 여성의 인터뷰를 통해 짐작할 수 있다.

> 연구자 : 이곳은 앞으로 어떻게 변화했으면 좋겠어요?
>
> 구술자 : 중국인들이 떠나야 하는데(웃음). 그건 불가능하잖아. 이미 너무 많이 들어와서. 우리나라 사람들이 자각을 해야 하는데, 이젠 중국 사람들이 시장까지 파고들었다니까. 예전엔 우리가 꺼리는 동네에만 중국인이 살았는데, 이제는 2층 전세를 얻어놓고, 화려한 벽지를 발라놓고. 자기들 스타일대로 그러고 살아...그래서 우리는 밀리는 느낌, 당하는 느낌...그리고 몰려 다니고, 엄청 시끄럽고, 싸우고...자꾸만 우리나라가 중

국인(조선족)들에게 의해 잠식해가고 있다는 생각이 들어. 우리 사회가 어떻게 되려고...(인터뷰: 40대 여성)

연구자 : 여기서 오랫동안 사업 하셨는데, 조선족의 유입에 따라 이 지역의 발전에 대해서는 어떻게 생각하세요?

구술자 : 이제 발전은 끝났다고 봐야 돼요. 저거들(조선족) 없앨 방법이 없어요. 그니까 중국인(조선족)이 구로동이나 영등포, 그 쪽에 많은데, 영등포에도 굉장히 변화가가 많지만, 중국인들이 많이 사는 그 쪽은 굉장히 낙후가 되어 있어요. 중국인(조선족)들이 많이 가서 상권이 형성된 곳은 개발이 안 돼요...여기가 강남이 아니란 말이에요. 지하방 그리고 화장실도 밖에 있는 것도 많아요. 한국 사람 안 들어가요. 근데 그런 거를 중국 사람(조선족)들이 돈 벌러 왔기 때문에 소화를 해줘요...열악한 방들을 그 사람들이 소화를 해줘요. 그런 게 안 나가면 주인들이 리모델링 하겠죠. 깨끗하게 방을 놓기 위해서. 근데 그게 소화가 되니까, 그냥 두니까 주거 환경이 갈수록 열악해지는 거에요.(40대 남성)

원주민 상인들은 중국 조선족의 장소 점유는 지역발전에 부정적 영향을 끼친다고 인식한다. 중국 조선족은 값싼 주거지를 원하기 때문에 노후된 주택의 임대를 원하고, 주택의 소유자는 임대를 원하는 수요가 있기에 노후된 주택의 개량을 원하지 않고, 결과적으로 지역의 쇠퇴를 가져온다고 보고 있다. 이처럼 중국 조선족의 유입은 지역 쇠퇴를 가져올 것이라는 인식이 지배적인데, 이들의 유입은 안전했던 지역을 우범지역으로 변화시키고, 결국은 정부의 지역개발 계획에서 주목을 받지 못하게 되는 배제의 공간이 될 것이라 상상한다.

중국음식문화거리의 조성으로 거리는 예전보다 깨끗해졌고, 방문하는 사람도 예전보다 많아지면서 보다 활기찬 거리가 되었다. 이곳을 방문하는 일반인에게는 특이하고 색다름을 추구하는 공간이지만, 원주민은 이곳이 점점 살기 힘든 곳으로 낙후된 지역으로 퇴보하고 있다고 인식한다. 이러한 특성은 영국 런던의 사례에서도 찾아볼 수 있는데, 개발과 정비를 통해 과거보다 주변 경관이 정비되었지만, 과거의 거주자였던 노동자 계급은 예전의 모습을 그리워하면서 과거보다 못한 장소가 되었다고 비판한다(심승희 역, 2012).

이와 같이 이주자의 장소 점유에 의한 로컬의 변화는 지역 원주민에게 부정적 시각으로 보여지는데, 이러한 비판의 중심에는 장소의 발전이 아닌 이주자의 유입이 있는 것이다. 즉, 자신에게 낯선 환경으로의 변화는 바람직하지 못한 변화라고 인식하는 경향이 있으며, 특히 낯선 이방인에 의한 장소 점유는 원주민에게 불쾌감과 불안감을 동시적으로 주는 것으로 이해될 수 있다. 이처럼 중국 조선족은 지역발전에 부정적 이미지를 주는 것으로 요약될 수 있다. 그렇다면, 중국 조선족은 어떠한 맥락에서 주변화되고 있으며, 중국 조선족의 유입에 따른 로컬의 변화를 어떻게 이해하는 것이 바람직한가?

6. 중국 조선족의 주변화와 로컬의 변화

원주민들은 같은 장소에서 중국 조선족을 만나고 접촉하면서도 이들을 이방인으로 간주하는 경향이 있다. 중국 조선족들이 주변 주택가에 집중되는 현상을 외국인에 의한 장소의 잠식이라고 생각한다. 이처럼 한국 사회에서 중국 조선족이 주변화되는 현상은 어렵지 않게 발견되는데, 흥미로운 점은 상황에 따라 이들에 대한 주변화는 다르게 나타나고 있다는 점이다.

원주민 상인들은 상황에 따라 중국 조선족을 한국인으로 인식하기도 하고 중국인으로 인식하기도 한다. 중국 조선족을 외국인(중국인)이라고 인식하게 하는 근본적 요소는 '방문 노동자'라는 인식이다. 즉, 중국 조선족은 생활이 목적이 아니라 돈을 목적으로 왔기 때문에 이방인이자 외국인에 해당한다고 본다. 따라서 중국 조선족은 한국 사회에 적응하고 한국인답게 살기보다 자신의 문화를 내세우면서 배타적이고 자기중심적 삶을 산다는 것이다.

그렇다면, 돈을 벌기 위해 방문한 중국 조선족은 왜 이방인이자 외국인으로 인식되는가? 여기에는 중국 조선족에 대한 싫음과 혐오가 작동한다고 판단되는데, 중국 조선족을 자신들의 삶과는 다른 존재로 차별화시키려는 원주민 상인들의 욕망이 내재되어 있다고 판단된다. 특히, 경쟁 관계에 있는 중국 조선족 상인들은 쉽게 주변화될 수 있는데, 주변화의 대표적 방법은 여권의 차이를 부각시키는 것이다. 즉, 중국 조선족이 외국인으로 주변화되는 것은 국적에 따른 범주화가 작동하기 때문이다. 중국의 국적을 갖고 있는 경우, 대부분의 원주민 상인은 중국 조선족을 중국인으로 간주하고 있다. 여기에는 우리 역사의 이데올로기가 작동하는데, 중국과 북한은 사회적, 경제적, 정치적으로 밀접한 관계에 있기 때문에, 중국인을 공산주의자로 인식하는 경향이 있다. 이런 점에서 중국 조선족이 중국의 국적을 갖고 있다면, 이는 한국인의 범주에 포함될 수 없는 존재로 인식된다.

연구자 : 조선족은 한국인이라 생각하세요?

구술자 : 글쎄요. 그건 참, 당연히…그 사람들도 외국인 등록증을 가지고 있잖아요? 한국인은 아니죠? 한국 국민은 아니잖아요? 한국인은 아니죠!(인터뷰 : 50대 남성)

한편, 중국 조선족이 한국인의 범주에 포함되는 경우에는 종족 정체성에 기반한 역사에 근거하는데, 역사적으로 한국인의 후손이라고 인식된다. 이처럼 역사에 근거했을 때 한국인이라는 동질감이 형성되고, 중국 조선족의 이주 역사는 가슴 아픈 기억으로 그리고 연민의 대상이 된다.

연구자 : 조선족은 한국인이라 생각하세요?

구술자 : 저는 그렇게 생각해요.

연구자 : 혹시, 그 이유 말씀해주실 수 있으세요?

구술자 : 네. 그 할아버지, 할머니들이 다 이쪽에 살다가 이주했잖아요. 옛날에…아픈 과거가 있기 때문에…어쩔 수 없이, 역사적 아픈 장면인데, 그렇기 때문에 조상이 이쪽에 사셨던 분들이기 때문에 그 뿌리는 한국인이라 생각해요. 다른 외국인들보단 조금 더 동질감 같은 게 조금 더 있다고 봐야죠.(인터뷰 : 30대 남성)

연구자 : 조선족은 한국인이라 생각하세요?

구술자 : 그렇죠. 어떻게 보면 일단 핏줄이니까 그렇게 생각해요. 거슬러 올라가 보면, 한 줄기에서 시작을 했으니까 그렇게 보는 거죠. 문화적으로 내지는 언어적으로나 정서적으로 얘기하는 것은 아닌데 그래도 뿌리적인, 역사적인 측면에서 보자면 같다고…뭐.(인터뷰 : 30대 남성)

이처럼 중국 조선족이 한국인이라고 인식되는 경우에는 역사에 근거한 해석에 따른 경향이 있으며, 중국인이라고 인식하는 경우에는 국적이나 정치적 현실에 따라 해석하는 경향이 나타난다. 사실 중국 조선족은 다양한 특성과 범주로 구성된 집단인데, 마치 하나의 동질적 집단처럼 인식되고 있다. 사회에서 학습된 중국 조선족의 이미지가 동일로 18길이란 장소의 중국 조선족 상인을 동질 집단으로 규정하는 오류에 빠지게 하고 있다고 판단된다. 그렇다면, 중국 조선족의 주변화가 로컬에 미치는 영향은 무엇인가? 중국 조선족은 한국 사회에서 시민권자, 방문노동자, 학생 등의 다양한 계층과 위치성을 통해 자신들의 공간을 형성하고 있다. 비록 중국 조선족의 장소 점유가 주류 사회가 허락한 곳에서만 나타난다고 하더라도, 이러한 장소 점유는 중국 조선족의 자발적 이주와 정착 과정을 반영한다. 즉, 이주자로서 중국 조선족은 수동적 존재로서 특정 장소에만 머무는 것이 아니라, 다양한 사회적 관계를 형성하고 작동시키면서 자신들의 공간을 만들어가는 능동적인 주체로 인식해야 한다.

중국음식문화거리에서 중국 조선족의 장소 형성은 새로운 맛을 추구하는 많은 한국인들의 유입을 가져오고 있으며, 광진구청에서는 중국음식문화거리의 조성과 다문화공간으로서의 가능성을 전략적으로 활용하고 있으며, 주변의 쇼핑센터는 중국인의 소비에 고무되고 있으며, 주변의 낙후된 주택지역은 중국 조선족의 거주 증가를 환영하고 있다. 이처럼, 거주공간으로서 그리고 경제공간으로서 중국 조선족의 장소 점유는 로컬에 막대한 변화를 가져오고 있다.

중국음식문화거리의 조성은 긍정적 측면을 많이 포함하고 있다. 그렇다면, 왜 지역 상인들은 중국 조선족의 유입이 지역쇠퇴로 이어진다고 믿고 있으며, 중국 조선족을 주변화 시키려고 하는가? 로컬의 변화에서 왜 원주민 상인과 중국 조선족 상인은 갈등의 관계에 직면하게 되는가? 이주자의 장소 점유는 단순히 주류 사회의 주변화와 타자화에 국한되는 것이 아니라 사회 계급과 관련되고 있음에 주목할 필요가 있을 것 같다. 세계화와 초국가적 이주를 자극하는 것은 다름 아닌 글로벌 자본의 영향이다. 즉, 국제이주를 자극한 것은 자본과 지배 계급인데, 실제 사회에서 이주자와의 갈등 관계에 있는 사람들은 하위 계급에 속하는 영세한 원주민 상인이라는 점도 주목할 필요가 있을 것 같다.

7. 이주자와 장소 변화

주류 사회의 이상과 맞지 않을 때 이주자는 쉽게 타자가 되고, 사회발전의 위험 요소로 간주된다. 한국 사회는 중국 조선족 유입 자체에 대해서는 불만이 없으나, 우리 주변에 거주하는 것은 반대하는 경향이 있다. 이러한 경향은 중국음식문화거리 내 원주민 상인들로 하여금 중국 조선족을 위험하고, 비도덕적이고, 돈만을 생각하는 이방인으로 주변화시키는 결과로 나타나고 있다. 즉, 중국 조선족의 유입은 안전한 공간을 위험한 공간으로 변모시킴과 동시에, 지역발전의 정체를 가져오는 요인으로 인식한다. 특히, 중국 조선족의 유입에 따른 문제를 경험한 원주민일수록 이들에 대한 경계와 배제를 강하게 드러내면서, 이들을 이방인이자 외부인으로 타자화하는데 적극적이다. 이러한 주변화를 통해 중국 조선족은 혈통에 의해서는 한국인이지만, 국적과 문화에 의해서는 중국인으로 범주화되고 있다.

이주자에 대한 주변화는 이주자에 의한 로컬의 변화를 제대로 이해하지 못하게 하는 경향이 있다. 중국음식문화거리 일대는 과거 보다 개선되고 발전된 측면이 많음에도 불구하고, 주변에 거주하는 중국 조선족이 많아서 향후 지역개발 계획에서 배제될 것으로 인식한다. 이는 로컬의 변화를 다양한 측면에서 고려하기보다 중국 조선족의 유입 자체가 문제의 핵심이자 문제의 본질이라고 판단하는 고정관념에 기인한 것으로 보인다.

중국음식문화거리에서 살펴본 것처럼 중국 조선족의 장소 점유에 따른 원주민 상인들의 중국 조선족에 대한 주변화와 지역쇠퇴 담론의 생성은 향후 우리 사회의 다양한 부분에서 이주자에 대한 타자화와 고정관념의 해체가 필요함을 시사한다. 특히, 주류 미디어에 의해 생성되는 이주자의 위험담론은 사회에 막대한 파급 효과를 미치므로, 사회 담론이 형성되는 상황과 맥락에 대한 면밀한 검토를 통해, 이주자에 대한 올바른 인식이 미디어를 통해 확산될 수 있도록 노력하는 자세가 필요할 것이다.

제10장 이주자의 서발턴 위치성*

1. 이주자와 서발턴

이주자의 계급과 위치성의 차이는 이주의 선택과 정착 과정에 큰 영향을 미친다. 같은 국가 출신의 이주자라 할지라도 계급과 위치성의 차이에 따라 타자화와 주변화의 정도가 다르게 나타난다(이영민 외 역, 2013). 사회경제적 위치가 낮은 이주자일수록 주류 사회의 질서와 가치에 맞지 않다고 인식되는 경향이 있다. 하지만 주류 사회에서 이주자는 이방인이며, 어느 정도의 주변화는 모든 이주자가 경험하는 현상이다.

이주자의 주변화는 어떻게 형성되고, 이것이 이주자뿐만 아니라 사회 전반에 미치는 영향은 무엇인가? 주류 사회의 시각을 대변하는 미디어는 이주자의 주변화에 큰 영향을 미친다. 미디어는 이주자의 문화가 지배 집단과 다르다고 규정함으로써 이들에 대한 주변화 담론이 사회에 뿌리를 내리는데 일조한다(오경석, 2011; 정의철, 2011). 모든 이주자가 주류 사회로부터 차별을 받는 것은 아니지만, 주류 사회의 담론은

* 이 내용은 2013년 12월 한국도시지리학회지의 "이주자의 주변화와 거주공간의 분리: 주변화된 이주자에 대한 서발턴 관점의 적용 가능성 탐색"을 수정한 것임.

이주자 집단을 동질적 집단으로 규정하려는 성향이 있다(Schiller and Çağlar, 2009). 주류 사회와 이주자를 문화적으로 다른 집단으로 규정하는 것이 바로 차별의 근간이 되고, 여기에는 주류 사회의 우월감이 내재되어 있다.

하지만 앞에서 언급한 것처럼 이주자는 단순히 수동적 존재로 정착 사회에 적응하고 동화하는 존재가 아니라, 자신의 문화를 장소에 뿌리내리는 능동적 존재이다. 이주자는 정착 사회에서 다양한 사회적 관계를 형성하고, 자신들의 공간을 만들면서 결국 정착 사회를 변화시킨다. 이주자는 주류 사회로부터 주변화됨과 동시에 주체적으로 주류 사회의 지배에 저항하고 자신의 정체성을 유지하면서 새로운 장소의 모습을 만들어가는 능동적 행위자이다(이용균, 2013a).

필자가 관심을 갖는 것은 주변부에 위치한 이주자가 어떻게 자신들의 공간을 만드는지를 살피는 것이다. 이주자의 경관이 나타나는 것은 주류 사회로부터 차별에 의한, 일종의 자발적 격리의 결과일 수 있기 때문이다. 필자는 이주자가 자신의 문화에 애착을 갖고 종족 공동체에 편입되는 것을 주류 사회의 차별에 의한 영향으로 인식하면서, 이주자의 거주지 분리, 특정 장소에서 이주자의 정체성의 정치를 서발턴subaltern의 맥락에서 탐색하고자 한다.

서발턴은 하위계급을 의미하는 것으로 표면적으로는 자신의 주장을 표현하는 것처럼 보이나 실제로는 진정한 자아를 표현할 수 없는 위치성positionality을 의미한다(이영민·박경환 공역, 2011). 그람시Gramsci에 의하면, 서발턴은 지배 계급에 포함되지 않는 모든 계급을 아우르는 것으로, 현재에는 지배 계급에 종속되어 있지만 잠재적으로 이들에 저항할 수 있는 존재를 의미한다.

글상자 10.1. 그람시와 헤게모니

그람시는 헤게모니라는 용어를 통해 지배 집단의 지배 체계를 설명하고자 하였다(이상훈 역, 1993). 헤게모니란 지배 집단이 다른 집단을 강제적으로 규제하거나 자발적 동의를 통해 사회의 가치와 신념을 인정하도록 하는 것이다. 지배 집단은 그들의 가치와 신념을 이데올로기를 통해 종속 집단에 주입함으로써 이들을 지배하고, 이러한 이데올로기는 헤게모니로서 작동된다. 이처럼 헤게모니란 지배 계급이 종속 계급으로 하여금 자신의 이해 관계에 순응하도록 강제하는 것이며, 또한 지배 계급이 종속 계급에게 지배나 총체적인 사회적 권위를 행사하는 것도 헤게모니에 해당한다. 즉, 권력은 하나의 방법이 아니라 선택적 대안을 갖고 있으며, 지배 계급은 권력 사용에 대한 정당성을 이끌어내는 기회를 활용한다. 결과적으로, 지배적 이데올로기란 지배 집단을 보호하기 위한 것인데, 사회의 유일하고 정상적인 사고 방식으로 작동한다(Anderson, 2010).

헤게모니는 세 가지 범주에 의해 설명될 수 있다(조애리 외 공역, 2008). 첫 번째는 상식으로서의 헤게모니로 상식적 사고는 우리 모두가 무엇을 당연한 것이라고 받아들이는 사고(행위)를 의미한다. 예를 들어, 남자는 여자보다 축구를 잘한다는 표현은 진실로서 받아들여진다. 그러나, 이는 사회가 남자의 신체적 활동을 권장하기 때문이며, 여자들이 축구장에서 소외되고 배제되기 때문에 발생하는 현상일 수 있다. 즉, 남자가 여자보다 축구를 더 잘한다는 상식적 사고는 특정한 상황에서만 진실이다. 두 번째는 특정한 철학 이데올로기로서의 헤게모니이다. 철학 이데올로기는 논리적 사상을 주장하는 특정 집단에 속하는 사람들의 사상을 의미한다. 사회의 지식인에 의한 사상과 믿음이 철학 이데올로기로서 작용하고, 일반인은 이것을 따르게 되는 것이다. 세 번째는 지배적 이데올로기에 의한 헤게모니로, 이는 사회를 이끌어가는 역할을 한다. 예를 들면, 현재의 자본주의 사회 또는 개인주의 사회는 지배적 이데올로기로서 작동되고 있다. 이때는 금전적 이익이 최고라든가 적자생존의 사고가 사회 구성원의 지배적 사고가 된다. 이처럼 헤게모니를 장악한 집단은 그들의 가치와 신념을 이데올로기를 통해 지배하고자 한다.

현재까지 서발턴에 대한 관심은 식민지 문학, 문화, 역사에 대한 연구에서 주로 이루어졌으나, 최근 사회과학에서 서발턴의 개념이 폭넓게 사용되고 있다(태혜숙 역, 2013). 하지만, 이주자를 서발턴의 관점에서 이해하는 연구는 드물며(Chari, 2012; Clayton, 2011), 특히 국내 이주 연구에서 서발턴의 관점에 주목하는 경우는 거의 없다. 서발턴의 개념을 이주 연구에 적용함에 있어 고려할 중요한 점은 서발턴의 개념, 그리고 이들의 위치성을 고정된 것으로 인식하는 것이 아니라 그람시의 언급처럼 잠재적 변화의 가능성을 갖는 위치성으로 인식하는 것이다.

이주자가 사회의 이데올로기와 담론에 의해 어떻게 주변화 되고, 이로 인한 이들의 정체성의 정치가 어떻게 구성되는지에 대한 역학적 관계를 설명함에 있어 서발턴의 개념적 틀은 매우 유용하게 활용될 수 있다고 판단된다. 필자는 모든 이주자를 서발턴으로 인식하지 않으며, 계급, 젠더, 권력 등에 의해 주변부에 위치한 이주자(예: 개도국 출신의 소수 종족의 유색인종, 무슬림 등)를 서발턴으로 인식하고자 한다.

2. 서발턴의 위치성

서발턴은 자신의 관점이나 자아를 표현할 수 없는 위치성으로 지배집단에 의해 존재가 재해석되는 상황이나 위치를 의미한다. 서발턴은 원래 군대의 하급 사관이나 서열이 낮은 사람을 의미하였는데, 그람시가 최초로 서발턴의 개념을 이론적으로 제시하였다(김문환 역, 2004; 김택현, 2008). 그는 한 사회의 헤게모니 집단을 제외한 나머지를 종속 집단으로 인식하였고, 종속 집단을 서발턴이라 칭하였다. 서발턴이란 계급의식이 없는 집단이지만 행위 주체로서 사회를 변화시킬 힘을 갖는 집단이다(강옥초, 2002). 최근에 수행된 일부 포스트식민주의 논의에서 서발턴의 종속성이 강조되었으나, 원래 그람시가 제시했던 개념은 독자적 세계관과 자율성을 지닌 존재의 의미였다(태혜숙 역, 2013).

그람시는 마르크스의 주장처럼 노동자에 의한 혁명을 꿈꾸었으나, 당시 이탈리아의 상황은 노동자 계급의 형성이 미흡하였고, 노동자 계급에 의한 혁명을 기대하기 힘든 상황이었다(김택현, 2008; 이상훈 역, 1993). 북부는 산업화를 통해 노동자 계급이 형성되었고, 자본가에 의한 노동 착취가 나타나고 있었다. 상대적으로 남부는 산업화가 느렸고, 전통적 농업 사회의 특성이 지배적이었고, 북부의 노동자 계급은 남부의 농민 계급을 저항의 동반자가 아니라 봉건 제도의 유산으로 인식하였다. 이러한 이탈리아 북쪽과 남쪽의 불평등한 경제와 이로 인한 문화적 차이를 극복하기 위해서는 북쪽의 노동자 계급과 남쪽의 빈곤한 농민을 하나의 집단으로 규정할 필요가 있었다. 그람시는 이질적으로 구성되나, 지배 집단에 저항한다는 측면에서 동질성을 갖는 집단을 규정하기 위해 서발턴이란 용어를 사용하였다.

그람시는 헤게모니와 서발턴의 개념을 통해 지배 집단에 저항하는 사회 변화를 구상하였다. 그에 의하면, 서발턴은 주류 사회의 경제 활동에 의한 결과인데, 착취적 관계에 의해 서발턴은 주류 사회의 정서와 이데올로기를 유지한다는 것이다. 이들은 어쩔 수 없이 주류 사회의 정치적 조직에 참여하고, 이들의 집단 정체성은 해체, 혁신 및 재구성의 과정을 경험한다는 것이다. 지배 집단은 이들을 지속적으로 통제하나, 시간이 흐르면서 서발턴은 자신들의 요구를 관철시키기 위한 집단적 대응을 하고, 결과적으로 서발턴의 자율성이 주장된다는 것이다. 서발턴이란 현 상황에서는 종속적 위치에 처해있으나, 필요에 따라 지배 집단에 저항하는 힘을 가진 세력인 것이다.

이러한 서발턴의 개념은 1980년대 초 인도의 마르크스주의 역사학자인 구하Guha에 의해 새롭게 조명된다(김택현, 2008). 구하는 식민지로부터 독립한 인도에서 농민 봉기를 목격하면서 농민의 정치적 행동과 그들의 역사에 관심을 갖게 되었다. 이들에 대한 역사가 영국의 식민주의 엘리트와 인도의 식민주의에 동조한 지식인에 의해 간과되는 현실에 주목하였다. 구하에 의하면, 기존의 인도 민족주의 역사학은 인도인을 역사 변화의 주체로 인식하지 않았고, 그들은 역사의 주변에서 침묵을 강요당했다고 본다. 그는 엘리트 집단 이외의 집단을 서발턴으로 인식하면서, 이들의 침묵 속에는 저항의 가능성이 있음을 주장하였다. 즉, 지배와 종속은 대립적이면서도 상호의존적 관계를 갖는데, 종속 없는 지배가 없으며 지배 없는 종속도 없다는 것이다(김택현, 2008).

서발턴 개념이 확대된 것은 스피박Spivak(1993)의 「서발턴은 말할 수 있는가?」라는 책을 통해서이다(태혜숙 역, 2013). 스피박은 서발턴이란 용어는 지나치게 계급적이지 않으면서도 상황에 따라 계급의 의미로 사용될 수 있다고 판단하였다. 그녀가 주목한 서발턴의 위치성은 전체의 일부이면서 중심부의 밖에 머무르는 상태이다. 흔히 주체는 타자의 목소리를 대신해서 설명할 수 있다고 판단하고, 그렇게 하는 것이 타자를 인정(존중)하는 것이라 생각하는데, 스피박은 타자를 대신하는 목소리에는 타자의 진실이 왜곡되기에 이를 무의미한 경건함이라고 비판한다(태혜숙 역, 2013).

스피박은 마르크스주의, 페미니즘, 포스트구조주의 등 다양한 관점을 비판적으로 재구성하면서 식민주의, 인종차별, 국제 노동분업에 대한 포스트식민주의 담론을 전개한다(김문환 역, 2004). 그녀는 제국주의의 역사, 지리, 성차sexuality, 정체성의 서사가 구성되는 방식에 관심을 갖는데, 특히 서발턴의 개념을 통해 타자로서 인도 여성의 삶을 재조명하고자 한다. 인도의 전통에 따르면, 남편이 죽은 경우, 미망인이 화염 속에 몸을 던지는 풍습이 있었는데, 식민지배 당시 영국의 백인 남성은 이를 사악한 것으로 규정하는 반면에, 인도의 남성은 이를 숭고한 전통으로 인식하였다. 하지만, 정작 문제가 되는 것은 어느 누구도 '과부의 심정'을 대신할 수 없는데, 과부는 자신의 견해가 받아들여질 수 없는 현실을 알기에 침묵하는 것이다. 이러한 위치성에 있는 존재를 스피박은 서발턴이라 하였다.

스피박은 영국인에 의한 '과부희생'의 폐지는 백인종 남자가 황인종 남자로부터 황인종 여자를 구해주고 있다는 담론을 사회에 유포하려는 전략이라고 비판한다. 이는 지배자가 피지배자를 대표하여 재현한 것으로 일종의 타자를 통해 주체를 드러내는 전략이라는 것이다. 과부희생의 금지는 여성이 보호되는 것을 좋은 사회로 규정하는 것이며, 또한 좋은 사회가 이루어지기 위해서는 기존의 관습을 나쁜 것으로 규정하는 과정이 수반되었다(태혜숙 역, 2013). 즉, 좋은 사회를 유지하기 위해서는 황인종 여자를 백인 남자가 보호해야 한다는 이데올로기가 작동한 것이다.

스피박은 백인 남성의 이러한 관점을 '인식론적 폭력'이라 규정하는데, 과부 희생은 식민 주체를 타자로 구성하고자 했던 식민지배자에 의해 편성되고 실천된 기획으로, 결국 타자의 불안정한 주체성subjectivity에 존재하는 흔적을 제거하는 것으로 본다. 스피박은 식민주체의 존재부정은 1835년 매콜리에 의한 '인도 교육에 관한 초고'에 잘 나타나 있다고 본다.

> 우리가 통치하는 수백만의 사람들과 우리 사이에서 해석자 역할을 할 수 있는 계층을 형성하도록 우리는 현재 최선을 다해야 한다. 혈통으로나 피부색으로는 인도인이면서도 취향이나 견해, 도덕이나 지성에서는 영국적인 사람들 말이다. 우리는 그 계층 사람들에게 인도의 지역 방언들을 세련되게 만들고 서구 전문어에서 빌려온 과학 용어로 그 방언들을 풍부하게 만드는 일을 맡겨야 한다. 또한, 점차 그들이 거대한 인도 인구에 지식을 전달할 적당한 수단이 되도록 해야 한다 (태혜숙 역, 2013, 425).

푸코와 들뢰즈의 연구들은 억압받는 대중(서발턴)의 주체적이고 독립적인 자기 인식을 강조한다. 자기 인식이란 곧 억압의 현실에 대한 저항의 방법을 스스로 인식하고 실천하는 것이다. 서발턴은 자신과 사회의 실재reality를 이해하는 주체이고, 자신의 목소리를 갖고 있으나, 이를 쉽게 표현할 수 없는 위치에 있다. 따라서 누군가 그들의 목소리를 기록해 놓는다면, 언제가 그들의 목소리는 사회에 전달될 것이다. 푸코와 들뢰즈의 관점을 종합하면, 대중은 자신을 잘 이해하고 있으며, 자기의 의지를 사회적 실천으로 표현한다는 것이다. 이에 대해 스피박의 논점은 억압받는 현실이 누구의 목소리를 통한 것인지 의문을 제시한다. 억압에 대한 사회담론에서 서발턴의 목소리는 부재하고, 오직 엘리트 집단에 의해 해석된 억압받는 자의 목소리만 존재한다는 것이다 (태혜숙 역, 2013).

서발턴은 역사의 주체가 되기에는 너무나 주변부에 위치하고 있다는 것이 스피박의 논점이다. 서발턴의 실재는 재현으로 드러나지 않기 때문에 서발턴의 역사를 역사가의 실증주의적 언어로 설명하는 것은 불가능하며, 따라서 우리가 해야할 것은 서발턴이 재현할 수 없는 것을 포착하는 것이다(김택현, 2008). 스피박은 피에르 마슈레의 말을 인용하면서 작품에서 중요한 것은 작품이 말하고 있지 않는 것을 이해하는 것이라고 밝히고 있다(태혜숙 역, 2013). 우리가 타자(서발턴)와 대면하는 것은 타자를 대표하는 것이 아니라 우리 자신을 묘사하는 방법을 배우는 것이다. 제1세계의 위치에서, 제3세계를 전유하고, 재기입하고, 해석하면서, 그 속에 담긴 문제를 제시한다.

스피박은 타자를 종족 중심주의의 주변부로 구성하는 데리다의 관점을 유럽 중심적 시각이라 비판하는데, 데리다는 타자로 하여금 자신을 대변하도록 하지 않기 때문이다(태혜숙 역, 2013). 이는 우리 내면에 존재하는 타자의 목소리는 환각에 불과함을 보여준다. 우리는 타자의 목소리를 제대로 대변하거나 재현할 수 없다. 이런 맥락에서 스피박은 타자의 진정성을 이해하기보다 타자가 어떻게 구성되는지에 대한 역학을 이해하는 것이 중요하다고 지적한다. 서발턴의 목소리가 부재하다는 것은 이들이 목소리를 낼 수 없다는 것이 아니라, 설령 목소리를 내더라도 정당하게 받아들여지는 이해의 체계 즉, 담론적 장치가 부재하다는 것이다.

이러한 서발턴의 위치성은 주변화되는 이주자의 정체성을 이해하는데 적합하다. 다문화사회에서 주류 사회는 이주자로 하여금 동화를 요구하지 않는 것이 아니다. 주류 사회는 여전히 지배 집단의 문화와 가치가 존중되기를 원하는데, 이는 지배 집단의 정서와 이데올로기를 유지하기 위함이다. 이주자에 대한 주류 사회의 정책에서 이주자의 목소리는 부재하며, 이주자의 주변화를 문제 삼는 담론도 이주자의 목소리로 구성되는 것이 아니라 학자, 사회 운동가 등에 의해 대리된다(오경석, 2011). 이주자의 거주지 선택도 사실은 주류 사회의 배제에 의한 것이나, 주류 사회는 이를 문화와 가치가 다른 이들의 선택이라 폄하한다(Phillips, 2008). 서발턴으로서 이주자의 위치성을 이해하는 것은 쉽지 않을 것이나, 사회로부터 이주자가 어떻게 주변화 되며, 주류 사회에 대한 이주자의 저항과 정체성의 실천은 어떻게 나타나는지를 이해하는 단계가 필요할 것이다.

3. 이주자와 주변화 담론

주변화되고 타자화된 이주자의 목소리는 들리는가? 이주자는 자신의 의견을 표현하고 있는가? 주류 사회는 이주자의 목소리를 대변하고 규정하고 있는가? 우리는 이 질문에 답하기 위해 이주자의 타자화 과정에 대한 배경과 맥락을 이해해야 한다.

스피박은 주체의 위치를 강조하는데, '주체의 위치'란 어떤 접근이나 관점을 사용하거나 범주화할 때 출발점에 해당한다. 서발턴의 주체는 동질적이고 총체화된 것이 아니라 이질적인데, 그 이유는 이들의 위치성이 사회적 범주화와 구분에 대한 상황에 따라 달라지기 때문이다.

이주자의 주변화는 사회적 범주화의 결과라 할 수 있다. 인간은 복잡한 세계를 이해하기 위해 대상들을 구분하는데, 이러한 구분은 대상들의 차이를 이해하기 위함이며, 역사적으로 이러한 구분은 대상에 대한 차별과 편견을 가져오는 요인이 되었다. 구분에 의한 대상들에 대한 고정관념이 개인적 차원에 국한 될 때는 문제가 없으나, 이것이 집단의 고정관념으로 작동하면 특정 대상(집단)에 대한 차별이 사회적 이데올로기가 될 수 있다.

이러한 범주화의 맥락을 강조하자면, 특정 집단은 주변부에 속하기 때문에 주변화된 것이 아니라, 지배 집단으로부터 지배를 받기 때문에 주변화되는 것으로 이해될 수 있다. 예를 들어, 지배 집단의 정책을 정당화하는 이데올로기가 형성되면, 이는 지배 집단의 질서를 유지하는 수단(헤게모니)이 된다. 타자의 집단은 주류 사회와 다른 점이 있다는 것 자체만으로 주변부에 위치하게 된다. 이주자는 장소, 의미, 실천에서 주류 사회의 가치관과 맞지 않는 존재로 인식되기에 주변화 되는 것이다.

이주자에 대한 부정적 이미지가 확대되고 주변화 되는 과정에서 주류 사회의 미디어는 큰 역할을 한다(이희은, 2011; 정의철, 2011). 미디어는 사회의 문제점을 지적하면서 사회의 발전 방향을 제시하기도 하지만, 인종, 종족 및 문화에 대한 차이를 강조하면서 이주자에 대한 편견을 강화하는 역할을 한다. 예를 들어, 바레인의 외국인 노동자에 대한 가드너(Gardner, 2010)의 연구는 바레인의 한 경찰이 젊은 네팔 노동자 부부가 한적한 공간에서 키스하는 것을 잘못된 행동이라면서 체포하고, 공공 장소에서 성행위를 한 것으로 과장 및 허위 보도되는 서발턴 위치성을 잘 보여준다. 미디어는 주류 사회의 시각을 통해 이주자에 대한 인종혐오주의xenophobia, 인종차별주의와 관련된 내용을 생산하고, 이주자를 사회의 잠재적 위협 인물임과 동시에 발전의 저해 요인으로 묘사한다(이용균, 2013a). 이런 과정을 통해 이주자에 대한 주변화는 사회의 고정관념으로 착근된다.

이주자의 주변부 위치성은 다양하게 나타나고 있으나, 편의상 경제적, 사회적, 법적 측면으로 구분하여 살펴보면 다음과 같다. 첫째, 경제적 주변화는 지역쇠퇴 담론, 상품화 담론과 결부되어 나타난다. 지역쇠퇴 담론의 핵심은 이주자가 특정 장소로 유입되면 그곳에 거주하던 원주민(이동할 여유가 있는)의 이탈을 가져오고, 장소 이미지가 나빠지면서 각종 개발 사업에서 제외된다는 것이다(권온, 2010; 이부미, 2010). 이주자들의 삶과 가치는 주류 사회와 차이가 많기에 갈등이 나타나고, 지역사회의 통합과 발전은 힘들다고 인식하면서, 이주자의 유입 자체를 지역 침체의 원인으로 본다. 예를 들어, 중국 조선족은 주거 환경의 개선과 각종 개발 사업에 대한 관심이 약하기 때문에, 이들이 거주하는 곳은 낙후되거나 우범지역으로 변하기 쉽고, 결국 배제의 공간이 된다는 것이 주류 사회의 담론이다(이용균, 2013a).

이주자가 경제적 상품으로 인식되는 사례는 호주의 외국인 학생 정책에서 살펴볼 수 있다(이용균, 2012). 호주는 1990년대 중반부터 신자유주의 원리에 입각하여 많은 외국인 학생을 유치하였고, 유학-영주의 연계 정책을 통하여 고급 기술자의 부족과 고령화 사회의 문제를 해결하고자 하였다. 외국인 학생이 증가하면서 교육의 질적 하락과 사회적 가치의 파괴를 우려하는 담론이 부상하였다. 2000년대 중반에, 외국인 학생의 과도한 유입, 기술이민 정책의 실패, 고령화 문제의 지속 등이 사회적 이슈로 대두되면서 호주 정부는 유학 정책의 변화를 시도하였는데, 직업교육 과정에 등록했던 기술 과정(요리사, 제빵사, 미용사 등) 학생들의 취업을 제한하였다. 영주를 목적으로 학원에 수강했던 많은 학생들의 불만이 제기되었고, 다수의 학생이 직업교육 과정에 등록하였던 인도 정부는 호주 정부에 강력하게 불만을 제기하였고, 이는 호주의 미디어에서 주요 뉴스로 보도되었다. 이로 인하여 호주 사회는 외국인 학생의 증가에 대한 책임론과 회의론이 등장하였고, 영주권 신청의 기회를 잃게 되는 인도 학생들의 처지에 대한 동정과 반감이 호주인 사이에서 교차하였다. 그러던 중 2009년 5월 시드니와 멜버른에서 백인들로부터 인도인에 대한 폭력 사건이 발생하였다. 이는 단순한 폭력 사건이 아닌 외국인 학생에 대한 반감이 사회적 분노로 이어지는 중대한 사건이었으나, 정치권과 미디어는 우발적 사건들이라면서 사건을 덮기에 급급하였다. 결과적으로 호주는 인도와 국제사회의 거센 비판에 직면하였고, 호주 정부는 외국인 학생의 안전에 최선을 다하겠다는 정책을 발표하였다. 호주 사회는 외국인 학생이 국가와 사회의 발전에 필요한 존재인가에 대한 논란에 다시 휩쓸렸고, 결과는 외국인 학생으로 인한 경제적 효과가 크다는 것이었고, 이들의 이탈을 방지하는 조치가 필요하다는 견해가 지지를 받게 되었다. 즉, 호주의 교육이주 정책이 보여주는 것은 외국인 학생은 고등교육의 물질화가 낳은 상품으로 전락하였고, 호주 백인을 위한 생산과 재생산을 담당하는 학생이자, 상품이자, 이민자로서 타자화되고 있다는 점이다(이용균, 2012).

둘째, 이주자의 사회적 주변화는 다양하게 나타나고 있으나, 여기서는 동질성부인 담론과 위험담론을 통해 살펴보고자 한다. 동질성부인 담론은 주류 사회와 이주자가 같은 위치성에 있으면서도 또 다른 차이를 통해 주변화되는 현상이다. 독립 후 인도의 힌두계는 영국의 식민지배 시절 친영국적 행위와 힌두교 차별을 문제 삼으면서 무슬림에게 압박을 가했다. 인도와 파키스탄의 대립, 인도의 영역인 카슈미르 지역에서 다수의 무슬림에 대한 소수 인도계의 횡포는 잘 알려진 힌두-무슬림의 대립이다. 눈에 띄지 않지만, 힌두-무슬림 간 갈등을 극명하게 보여주는 사건은 '샤 바노'라는 한 무슬림 여성이 이혼 후 남편에게 위자료를 청구한 것이 사회적 이슈가 된 사례이다(장희권 역, 2011). 전통적으로 인도 사회에서 여성들이 이혼 후 위자료를 신청하는 경우는 거의 없었고, 이슈가 된 것은 무슬림에 의한 전통 가치의 훼손이었다. 다수의 힌두계는 인도 여성을 보호할 자격이 있는 유일한 사람은 힌두계임을 분명히 밝혔고, 무슬림에 대한 억압이 심해졌다.

힌두-무슬림 간 반감이 증가하면서 무슬림 여성이 서남아시아의 무슬림 남성과 결혼하는 비율이 증가하였는데, 이에 대하여 힌두계는 무슬림 남성의 퇴폐와 일부다처제의 실상을 부정적으로 다루면서 인도의 무슬림 여성이 아랍인에 의해 희생되고 있음을 담론화 하였다. 이러한 과정에서 힌두계의 핍박에 견디지 못한 많은 무슬림들은 종교적 동질성에 이끌려 두바이를 비롯한 서남아시아 곳곳으로 노동이주를 떠나게 되었다.

무슬림 세계로의 편입을 추구하면서 두바이로 떠났던 인도의 무슬림 노동자들은 두바이에서 또 다른 차별에 직면하게 되었다. 두바이에서 인도의 무슬림들은 변변치 못한 집에서 공동 생활하면서 저임금의, 열악한 작업 환경에서 일해야 했다. 그리고 두바이에서 무슬림이기에 환대 받거나 배려되는 것은 기대할 수 없었다. 두바이에서는 무슬림이라는 종교에 의해 동질성이 유지되기 보다는 국민이나 계급(특히, 자본)에 의해 위치성이 형성되면서 인도의 노동이주자는 주변부에 속하는 사회적 차별의 대상이 되고 있다(이영민 외 역, 2013). 이처럼 이주자가 동질문화를 갖고 있음에도 차별의 대상이 되는 이유는 이들의 상황과 위치가 주류 사회의 것과 맞지 않다고 인식되기 때문이다.

위험담론은 아마도 이주자가 주변화되는 대표적 사례일 것이다. 911 사건은 전 세계 무슬림 이주자가 서구 사회의 잠재적 위협자로서 인식되는 계기가 되었다. 미국, 유럽, 호주 등 서구 사회의 미디어는 무슬림을 잠재적 테러리스트로 간주하면서 국가와 사회의 위협적 존재로 부각시켰다(장희권, 2011; 정의철, 2011). 영국을 비롯한 유럽에서 무슬림의 종교적, 문화적 차이와 무슬림 집단의 거주지 분리residential segregation 현상은 다문화주의 사회 실현에 적합한 모습이 아니며, 무슬림 스스로 주류 사회와의 자기분리self-segregation를 실천하는 것은 주류 사회의 가치를 받아들이지 않겠다는 의도적 계획이라고 비난받게 되었다(Phillips, 2008). 영국 내 무슬림 집단이 거주하는 곳은 가난, 배제 및 극화polarization의 공간으로 인식되었고, 무슬림의 존재는 사회적 관리가 필요한 대상으로 주변화되었다(Phillips, 2008).

위험담론에 의한 주변화는 한 국가의 정체성 유지에서도 나타나고 있다. 말레이시아는 방글라데시와 같은 이슬람 국가이면서도 여성의 사회적 참여와 활동에서 보다 개방적이다(이영민 외 공역, 2013). 말레이시아에서 경제 활동에 참여하고 있는 방글라데시의 여성에 대하여 같은 국가 출신의 남성들은 퍼다purdah라는 이슬람 계율을 지적하면서, 방글라데시 여성들이 말레이시아의 남성과 일을 통해 신체 접촉을 한다는 점을 문제 삼는다. 이는 종족 정체성에 심각한 문제를 줄 수 있다는 것이 방글라데시 남성들의 주장이다. 이처럼, 위험 담론은 이주자의 종교, 계급, 종족 정체성, 젠더 등과 관련하여 주류 사회에 의해서 생성되기도 하며, 비슷한 위치성의 이주자 사이에서도 생성된다.

셋째, 이주자는 법적 측면에서 주변화를 경험한다. 난민에 대한 유엔난민기구UNHCR의 정의는 서발턴으로서 난민의 위치를 잘 보여준다. 1951년 난민협약에는 난민을 "인종, 종교, 국적, 특정 사회집단의 구성원 신분 또는 정치적 의견을 이유로 박해를 받을 우려가 있다는 공포로 인하여, 자신의 국가 밖에 있는 자로서, 국가의 보호를 받을 수 없거나, 또는 그러한 공포로 인하여 국가의 보호를 받는 것을 원하지 아니하는 자"로 정의한다. 이는 난민을 위한 국제 사회의 보호를 명시한 것이나, 1990년 EU의 난민과 망명에 대한 공동 조약인 '더블린 조약'은 "유럽으로 피난 온 난민은 도착한 첫 번째 국가에서 망명을 신청할 수 있다"고 규정하면서, 난민은 EU의 외곽에 위치한 국가들로 난민이 집중되는 현상을 야기하고 있다(한국일보, 2013, 10월 11일자). 이로 인하여 1988년 이래 약 2만 명의 난민이 지중해에서 이탈리아, 에스파냐 등으로 이동하다가 목숨을 잃었다(한겨레신문, 2013, 10월 13일자). 이러한 규정은 사회복지 서비스가 잘 된 북부 유럽으로 난민이 유입되는 것을 효율적으로 차단하고자 하는 북부 유럽의 의지가 담겨져 있으며, 협약의 구성에서 난민의 입장은 배제되고 있다는 문제가 드러난다.

미국이 아프가니스탄과 치른 전쟁으로 200만 명 이상의 난민이 발생하였음은 잘 알려진 사실이며(윤인진, 2010), 대량 난민의 발생은 미국의 무차별 공격과 관련됨도 잘 알려진 사실이다. 이주자의 서발턴 위치성과 관련하여 아프가니스탄 난민이 시사하는 점은 미국의 전쟁 명분에서 찾을 수 있다. 미국은 단순히 탈레반을 축출하기 위해 전쟁을 선포한 것이 아니라, 여성을 억압하는 탈레반으로부터 아프가니스탄의 여성을 구해낼 시대적 사명을 완수할 수 있는 유일한 국가가 미국이므로 전쟁을 한다는 명분을 내세웠다(이영민 · 박경환 역, 2011). 아프가니스탄 전쟁에서 아프가니스탄 여성의 목소리는 부재하며, 뉴스를 통해 보도되는 고통 받는 난민의 실상은 난민에 의해서가 아니라 서구의 전쟁 전문가에 의해 대리된다. 미국은 전쟁 후 난민의 발생은 탈레반 때문이며, 문제의 본질은 아프가니스탄 내부와 무슬림 근본주의에 있으며, 미국은 위험에 노출된 아프가니스탄을 구할 마지막 존재로서 끝까지 사명을 완수하겠다는 의지를 분명히 하였다.

서발턴으로서 난민의 위치성은 난민의 신청 과정에서 잘 나타난다.

영국의 난민 신청자 창구는 신청자가 창구의 면접관에게 가깝게 접근하는 것을 막기 위해 의자를 고정시켜 놓았는데, 이는 안전이라는 이유로 난민의 권리를 제한하는 차별에 해당한다.

> 망명 신청인은 플라스틱으로 막혀진 창구 반대편의 면접관들로부터 분리된 곳에 앉는다. 면접을 받는 사람이 창구에 더 가깝게 가는 것을 방지하기 위해 의자는 바닥에 고정되어 있다(Back, 2006). 이 때문에 망명 신청인은 망명 신청 경위를 상세히 설명하기 위해 종종 공개적인 공간에서 목소리를 높여야만 할 때가 있다. 물론 이들의 이야기는 고향에서의 힘든 역경과 괴로움을 포함하고 있다. 플라스틱 스크린으로 막혀진 창구와 바닥에 고정된 의자를 정당화 하는 근거는 바로 '안전'이다(Gill, 2009, p.225, 이영민 외 공역, 2013, p.306 재인용).

서발턴으로서 난민의 위치성은 한국 내 줌머족의 사례에서도 찾을 수 있다. 소수의 줌머인은 한국 사회에서 방글라데시의 인권 탄압을 알리고자 하지만, 한국 사회에서 이들의 인권 투쟁에 귀를 기울이는 사람은 거의 없다. 줌머족 초토(Choto) 씨와의 인터뷰는 난민의 위치성을 잘 보여준다.

> 우리의 인권 상황을 다른 사람들에게(한국인에게) 알려주면 안 믿어요. 제 생각에는 옛날에 한국도 인권 문제를 경험했으니까...한국 사람들이 잘 알아야 해요. 인권 문제는 어디나 똑같아요(Choto 인터뷰, 2013. 10.).

이처럼 이주자는 다양한 상황에서 스스로의 존재를 드러내거나 의견을 제대로 표현하지 못하는 서발턴의 위치에 처하게 된다. 이주자의 위치성은 변화하겠지만, 현실적으로 이주자가 경험하는 것은 배제를 통한 제한적 삶을 산다는 것이다. 즉, 주류 사회에 의한 이주자의 주변화는 이주자 스스로 주류 사회의 주변에 속함을 인식하도록 하는 것으로, 서발턴으로서의 위치성이 구성되면서 이주자는 저항 없이 주변인으로서의 사회적 담론과 실천을 받아들이게 된다.

4. 이주자와 거주지 공간의 분리

비록 이주자가 주변부에 속하는 자신의 위치성을 인식하지만, 이주자는 단순히 피동적 존재만은 아니다. 이주자는 특정 장소를 중심으로 사회적 관계를 형성하고 문화적 실천을 통하여 장소의 특성을 변화시키고, 그곳을 이주자의 장소로 만든다. 대개의 경우 이주자는 주류 사회의 거주 공간과 분리된 특정 공간에 집중적으로 거주하게 된다. 이주자가 특정 공간에 집중되는 이유는 초기의 정착 비용을 절감하고, 종족 네트워크를 활용한 정착사회로의 진입을 위함이다(이용균 · 이현욱, 2012). 이주자의 거주 공간은 종족의 응집력 강화를 위해 스스로 분리를 선택하는 엔클레이브와 주류 사회의 차별에 의한 강제적 격리의 형태인 게토로 구분 가능하나, 사실 엔클레이브와 게토는 어느 정도 동시적으로 전개된다고 보아야 할 것이다(박경환 외 공역, 2012).

이주자를 둘러싼 종족의 지리는 시대와 상황에 따라서, 그리고 종족, 계급, 문화, 종교, 생활양식 등에 따라 복합적이고 중층적으로 나타난다(Phillips, 2008). 최근 영국에서는 '공간의 인종화racialization of space' 현상이 나타나고 있는데(Phillips, 2008), 도시 곳곳에 종족 공간의 클러스터가 나타나면서 도시는 백인을 비롯한 여러 인종과 종족의 고립된 섬으로 파편화되고 있다. 사실, 백인과 아시아 이주자 간 거주지 분리에서 나타나는 가장 큰 문제는 문화적 차이cultural difference나 자기 분리self-segregation가 아니라, 차별에 따른 공간적 이동성의 제약과 장소에 대한 이주자의 경험이라고 할 수 있다(Phillips, 2008).

차별은 이주자가 주류 사회로부터 분리되는 주된 이유인데, 차별은 이주자를 마치 낯선 이방인이나 외계인처럼 응시하는 주류 사회의 태도에서 잘 드러난다. 서울 자양동에서 중국 조선족과의 인터뷰는 이러한 주류 사회의 차별적 시선을 잘 드러내고 있다.

> 제가 그 때 친구와 학생이니까 같이 가서 가게 가서 이불을 좀 사러 갔는데, 거기 아주머니가 저희 보면 외모는 잘 모르잖아요. 그래서 이렇게 보고 있는데, 근데 친구랑 얘기하면서 중국인인거 알고 얼굴이 싹 바뀌는 거 있잖아요. 처음에는 친절하다가 싹 바뀌는거...중국사람이니까 보기만 하고 사지 못하는 느낌 드는 것 같아요(김○○, 2012.6. 인터뷰).

특히, 이주자에 대한 차별은 같은 장소를 공유하는 노동자 계급에서 심하게 나타나는 경향이 있다. 9장에서 살펴 보았듯이 서울 자양동 중국음식문화거리 내 한국인 상가에 대한 연구는 한국 사회에서 중산층보다는 노동자 계급의 상인이 중국 조선족에 대한 차별과 경계가 심함을 보여준다. 노동자 계급인 장산화(가명)씨는 한국계 중국인의 유입에 대해 다음과 같은 불만을 토로한다.

뭐, 발전하는 것은 좋지! 근데...이제 중국(중국 조선족) 사람들이 와서 이렇게 점령하다보니까...저쪽에도 옷가게가 있었는데, 이제 중국 사람들이 다 점령할 것 같아. 가게 빈 것만 있으면 무조건 얻으니까!(장○○, 2012년 6월 인터뷰)

이와 유사하게 영국의 올덤, 브래프퍼드, 로치데일의 젊은 백인과 아시아 이주자에 대한 조사에서, 아시아 이주자들은 백인 노동자 계급이 밀집된 곳으로 이주하는 것을 꺼리는데, 노동자 계급일수록 거칠고 이주자에 대한 경계가 심하기 때문으로 조사되었다(Phillips, 2008). 아시아 종족 집단은 주류 사회의 정체성과 가치를 받아들이지 않으면서 고립된 상태를 유지하고, 종족 집단과의 유대를 지역 간 및 초국가적 수준에서 유지하면서, 주류 사회와 이주자가 통합되지 못하고 평행적 삶parallel lives을 살도록 한다. 또한, 주류 사회의 편견이란 인식론적 폭력이 이주자의 공간적 분리를 가져오고 있다. 특히, 백인성whiteness이 강한 곳은 이주자의 접근이 어렵다. 이주자의 평행적 삶은 이주자의 모험에 의해 바뀔 수 있는데, 일부 이주자들은 자녀 교육을 목적으로 백인 중산층이 밀집한 공간으로 잠입하기도 한다(Phillips, 2008).

이주자를 특정 공간에 집중시키는 것은 주류 사회의 역사적 유산인데, 특히 정책과 담론은 이주자를 특정 공간에 갇히게 하는 역할을 한다. 이주자의 공간은 주류 사회가 이주자의 공간으로 허락한 곳에서만 가능하기에, 이주자의 거주지 분리란 주류 사회와 이주자 간 권력 관계의 결과이며, 결국 도시 환경이 열악한 곳으로 이주자를 집중시키는 결과를 가져온다(이용균, 2013a). 이처럼 주변화된 이주자는 공간의 선택과 공간의 재현에서 서발턴의 위치에 놓이게 된다. 이주자의 현실이나 의

지와는 상관없이, 주류 사회는 의식적 또는 무의식적 과정들을 통해 이주자를 부도덕, 불안, 더러움, 범죄, 저급문화 등과 같은 수식어로 표현하고, 이는 공간에 재현된다.

5. 이주자의 장소 전략

공간적 분리 속에서 이주자의 장소 만들기는 다양하게 나타날 수 있다. 이주자의 장소 정치는 서발턴 의식에 기초한 저항으로 나타나곤 하는데, 이를 세 가지 사례를 통해 살펴보고자 한다.

첫째, 주변화된 이주자는 거주 공간을 중심으로 집단 행동을 통한 장소의 이미지와 종족 정체성을 고양시키는 전략을 실천한다. 이주자는 지배 문화와 질서에 반감을 표현하는 수단이자 전략으로서 자신의 정체성을 드러내는데, 정치 참여, 시가행진, 폭력, 낙서 등 다양한 방법이 동원된다. 시가행진은 이주자 문화와 정체성을 표현하는 방법 중의 하나인데, 주류 사회의 차별, 오명 및 배제에 대한 이주자의 저항의 정치이다(Anderson, 2010). 영국의 대표적 축제로 자리 잡은 노팅힐 축제는 1940년대부터 정착하기 시작한 카리브 해 이주자에 대한 백인의 차별에 맞서기 위한 정체성의 정치로 출발하였다. 이주자는 백인의 차별에 맞서 카니발을 개최하였고, 1970년대까지 카니발 과정에서 흑인과 백인 경찰의 충돌이 있었으나, 차츰 극단적 대립이 해소되면서 노팅힐 축제는 다문화주의를 상징하는 런던의 상징으로 부상하였다.

이와 비슷하게 캐나다의 토론토에서 개최되는 '히스패닉의 날 퍼레이드CHDP: Canadian Hispanic Day Parade'는 라틴계에 대한 오명과 이들에 대한 복지 혜택의 부족에 대한 저항이며, 이 행사를 통해 라틴계 이주자가 보여주고자 하는 것은 '백인과의 동등함'으로 퍼레이드의 완성도, 종족 공간의 보존, 보호 단체의 구성, 이주자 간 서비스 및 파트너십 구축 등이 주요 장소 정치로 추진된다(Veronis, 2006). 히스패닉의 날 행사는 다음의 인터뷰 내용에 압축되어 있다.

> 퍼레이드의 목적은 다른 모든 사람들에게 라틴계 공동체의 좋은 이미지를 보여주는 것이다. 좋고, 잘 조직되고, 통합되고, 전문화된 모습을 보여줌으로써 라틴계가 통합되어 있고 서로 잘 살아간다는 것을 보여주고자 한다(Núñez, 2003, Veronis, 2006, p.48에서 재인용).

이와 같이, 퍼레이드를 통해 라틴계 이주자가 저항하고자 하는 것은 '가난하고, 교육받지 못하고, 부패하고, 게으르고, 폭력적' 특성으로 동질화되는 라틴계의 이미지를 제고하기 위한 주류 사회와의 투쟁으로, 이는 주변화된 이주자의 서발턴으로서의 저항 의식을 잘 보여준 사례이다.

둘째, 이주자는 주류 사회의 주변부 계급과 타협의 정치를 통해 자신들의 공간을 만들어간다. 이주자 공간은 이주자가 점유하고 있으나 주류 사회에 의해 기획된 공간이며, 주류 사회와 이주자 간 끊임없는 권력의 작동을 통해 장소를 만들어 가는 역사적 공간이다(심승희 역, 2012; Anderson, 2010). 이주자의 공간은 주류 사회의 공간으로부터 분리되어 있으나, 사실 그 내부 또는 인접한 장소에 주류 사회의 노동자 계급이 많이 거주하고 있어, 이주자와 원주민 노동자 계급 간 갈등이 빈번히 나타난다(이용균, 2013a). 이주자와 노동자 계급은 낮은 임금의 일자리를 놓고 서로 경쟁하는 관계라는 점에서 대립적이고, 주류 사회의 엘리트 계급에 의해 주변화에 위치하게 된 집단이란 점에서 동질감을 형성한다. 예를 들어, 영국의 아프리카-카리브 해 이주자들은 경제적으로는 주변화되어 있지만, 문화적으로는 노동자 계급의 사회로 통합되는 경향이 있다(박경환 외 공역, 2012). 즉, 이주자와 노동자 계급은 경쟁자임과 동시에 서발턴의 동질감으로 공간을 상호 분할하거나 상호 공유하는 장소전략을 실천한다.

이에 대한 사례는 영국의 레스터Leicester에서 살펴볼 수 있다(Clayton, 2008). 레스터는 인종 차별과 이주자 문제가 미디어에 자주 보도되지 않는 곳으로, 영국에서 다문화사회의 성공적 사례로 자주 언급된다. 하지만, 그 내막에는 불편한 진실이 존재한다(Clayton, 2008). 사실 이곳에 인종차별과 배제가 없다는 것이 아니라 인종차별을 드러내거나 표현하는 방식이 다른 영국과 다르기 때문이다. 레스터에서는 대 놓고 차별하는 것을 경계하는 지역 문화가 조성되어 있다. 싫음, 차별, 경계가 있으면서도 서로 서로 이러한 감정을 표현하지 않는 곳이 레스터인 것이다.

레스터에서 주변화된 백인 노동자 계급의 정체성은 다른 공간(예: 특정 종족집단의 거주지, 백인 엘리트 계층의 거주지 등)과의 관계, 연결 및 경험에 의해 재구성된다. 낙후된 주거지역에서 살아가는 백인 노동자 계급은 이방인outsider으로부터 자신을 보호하려는 경향이 있다. 하지만 일부 백인 노동자 계급은 종족적 차이ethnic differentiation 보다 지역사회의 동질성을 더 중요하게 인식하며, 이주자보다 백인 엘리트 계급을 더 경계하고 이들을 이방인의 위치에 놓기도 한다. 이러한 지역 문화를 활용하여 유색인종 이주자들은 전략적으로 백인 노동자 계급과 동질적 유대감을 형성하기 위한 사회적 관계를 추진하고, 지배 집단이 요구하는 다문화사회로의 전환을 위한 시민 행동에 공동적으로 저항하고, 백인 노동자 계급과의 문화 변용을 시도함으로써 새로운 장소를 만들어 간다.

세 번째는 이주자 문화가 내재된 독특한 엔클레이브를 구성하면서 자신들의 정체성을 드러내는 전략이다. 이러한 사례는 한국에 위치한 줌머족의 장소 전략을 통해 살펴볼 수 있다. 줌머족은 단일 종족이 아니라 방글라데시 치타공산악지대Chittagong Hill Tracts에 거주하는 11개 부족들을 대표하는 종족 집단이다. 파키스탄으로부터 방글라데시가 분리되면서 줌머족은 국가 없는 종족의 타자화된 삶에 노출되었다. 그전까지는 영국의 지배를 받았고, 인도의 문화권에 포함되었고, 파키스탄이란 무슬림의 영토였다. 1975년 방글라데시가 파키스탄으로부터 분리되면서 방글라데시의 문화적 정체성이 무슬림에 토대를 둔 것에는 이전과 변함이 없으나, 다수를 차지하는 벵갈인의 정체성이 주류 문화의 가치로 부상하면서 소수 종족은 차별과 박해에 직면하게 되었다.

2013년 현재 82명의 줌머족이 난민의 상태로 한국에 체류하고 있으며, 약 60명 정도가 난민의 지위를 인정 받았다. 특이한 점은 한국 내 대부분의 줌머족은 김포(양촌) 일대에 거주한다는 점이다. 비록 소수의 이주자이나 한 장소에만 집중 거주하는 특징을 보이고 있다. 이곳에 거주하는 이유는 다음과 같이 요약된다.

> 함께 모여사는 것이 쉽지 않으나 사회적 관계를 위해서...한국 사람과 함께...자녀를 교육시키기 위해...한 곳에 사는 것이 좋다. (Choto, 2013.10. 인터뷰)

줌머족은 단순히 난민의 상태를 유지하는 것이 목적이 아니라, 방글라데시가 치타공산악지대의 선주민인 자신들의 존재를 무시하고 인권을 탄압하고 있음을 한국사회에 알리고, 궁극적으로 줌머족의 독립성 확보를 위한 정치 활동의 참여를 목적으로 한다. 줌머족은 2002년에 재한줌머인연대JPNK를 결성하면서 한국의 자선단체, 종교단체, 지방자치단체와 긴밀한 유대 관계를 유지하고 있다. 매년 4월에는 보이사비Boi-Sa-Bi 축제를 통해 종족의 동질감을 유지하고, 유대 관계를 맺고 있는 한국인을 초대하여 연대 의식을 고취한다. 수적으로 소수이나 한 장소에서 독특한 엔클레이브를 형성하면서, 한국 사회가 자신들의 존재를 무시하지 못하도록 많은 노력을 실천하고 있다. 방송 출연, 종교 단체 활동, 지방자치 단체 및 교육 기관과의 연계 등은 줌머족의 정체성을 실천하는 수단임과 동시에, 방글라데시 내에서 줌머족의 위상을 확보하기 위한 전략이다. 이들은 종족 및 한국인 네트워크를 활용하여 이들의 인권 문제를 부각시키고, 난민의 지위를 인정받고자 하며, 직업을 구하고, 종족 문화의 유지를 위한 다양한 장소 정치를 실천하고 있다.

비록 한국 사회에서 줌머족에 대한 미디어 재현이 무력한 도피자, 소심한 생활인 등의 이미지로 왜곡되고 있으나(오경석, 2011), 줌머족이 진정으로 원하는 것은 동정심이 아니라 사회 구성원으로 인정되는 것이다. 즉, 줌머족은 김포의 엔클레이브를 토대로 한국사회와의 긴밀한 사회적 네트워크를 형성하고, 방글라데시의 줌머족과 한국 내 줌머족이 동일시될 수 없다는 점을 전략으로 이용하면서, 한국 사회에 기여할 수 있는 훌륭한 한국인이자 긍지 있는 줌머인이라는 이미지를 부각시키고 있다(오경석, 2011). 즉, 김포에 형성된 종족 엔클레이브는 한국 사회, 특히 김포로 하여금 자신들에 대한 관심을 유발하고 동정의 시선이 아닌 능동적 존재로 인식되도록 하는 장소 전략을 추진하고 있다. 이러한 실천은 소수의 이주자들이 주류 사회로부터 배제되지 않고 오히려 관심의 대상이 되는 장소 기반의 정체성 정치의 한 방법이라 판단된다.

6. 이주자의 미래

본 연구는 타자화 및 주변화를 경험하는 이주자의 위치성을 서발턴의 관점에서 살펴보았다. 경제적으로 발전한 국가로 유입되는 개도국의 이주자는 주류 사회의 가치와 이상에 맞지 않기 때문에 쉽게 차별화 된다. '다름의 이데올로기ideology of difference'는 주류 사회로부터 이주자가 주변화되는 주된 요인에 해당한다. 하지만, 이주자는 주류 사회의 헤게모니에 순응하는 존재만이 아니라, 장소를 점유하고 로컬리티를 변화시키는 행위 주체로 인식되어야 한다.

이론적 고찰을 통해 서발턴의 개념과 위치성의 관점은 단순히 노동자 계급에만 해당하는 것이 아니며, 식민지 국가의 피지배인 남성이나 여성에만 국한되는 것도 아님을 살펴보았다. 서발턴의 관점은 이주자 정책과 실천에서 목소리가 부재하는 이주자의 상황에 적절하게 적용될 수 있음을 확인하였다. 특히, 이들의 주류 사회의 차별에 맞서는 다양한 장소 정치와 전략들은 서발턴 의식에 기초한 저항임을 잘 보여주고 있다.

주변화된 이주자를 서발턴의 관점에서 조명하는 것은 다음과 같은 시사점을 제공한다. 첫째, 서발턴 관점은 이주자의 소외와 배제가 작동하는 사회의 담론 체계를 이해하는데 중요한 역할을 한다. 이주자에 의한, 이주자를 위한 정책이 부재할 뿐만 아니라, 이주자는 정책 수립과 의사 결정 과정에서 쉽게 배제되고 있다. 아무리 다문화사회를 통하여 소수 종족의 권리가 보호된다고 하더라도 다문화사회는 주류 사회의 가치와 문화를 존중하고 있으며, 소수 종족에 대한 이미지는 주류 사회에 의해 해석되고 왜곡되는 경향이 있다. 이주자가 진정으로 원하는 것은 있는 그대로의 모습으로 이해되는 것이나, 주류 사회는 스스로가 정한 고정관념의 틀 속에서 이주자를 이해한다.

둘째, 서발턴 관점은 지배 집단에 저항하는 이주자의 행위주체성을 보여주는데, 사실 이주자의 저항이란 거대한 것이 아니라 거주하는 장소에서의 정체성 표현과 같은 작은 실천을 통해 효과적으로 전개될 수 있음을 알 수 있다. 이점이 시사하는 것은 이주자의 행위주체성은 다양한 공간에서 비교적 쉽게 실천될 수 있다는 점이다. 이주자의 삶 자체가 이주자 공간을 형성하고, 공간의 특성을 변화시킨다는 것을 간과해서는 안 될 것이다.

셋째, 현재까지 이주자 집단을 칭하는 적절한 용어가 없어, 인종, 종족, 종교에 따른 범주화를 시도하는 경우가 많았다. 하지만, 같은 종교 집단 내에도 계급의 차이가 존재하고, 같은 인종과 종족 내에서도 위치성과 가치의 차이가 분명하여, 주변화된 이주자 집단을 통칭하는 용어 사용이 어려웠다. 그람시가 제시했던 서발턴이란 용어는 비슷한 성향을 지닌 계급 집단을 아우르는 것으로 때로는 지배 집단의 가치를 존중하면서도 때로는 이에 저항하는 주체성을 지닌 존재로 해석될 수 있다. 이처럼 다양하고 이질적인 이주자 집단이나 주류 사회의 주변화된 존재를 칭할 때 서발턴이란 용어가 적절하게 사용될 수 있을 것으로 판단된다.

제11장 대학의 국제화와 외국인 학생의 주변화*

1. 대학의 국제화와 교육이주

최근 OECD 국가를 중심으로 외국인 학생의 유치를 위한 경쟁이 가속화되고 있다(Choudaha and Chang, 2012). 신자유주의가 교육 부문으로 확대되면서 교육의 국제화를 통한 경제 발전의 전략이 주목을 받고 있다(Sheehy, 2010). 교통과 정보통신 기술을 비롯한 모빌리티mobility가 증가하면서 해외 유학도 증가하고 있는데, 1990년 전 세계적으로 130만 명이던 유학생 수는 2011년 430만 명으로 증가하여 연평균 약 6%의 증가를 보이고 있다(OECD, 2013). 미국, 캐나다, 호주, 뉴질랜드는 전 세계 유학생의 43%를 유치하고 있으며, 이들 국가 이외의 OECD 국가들도 외국인 학생의 유치에 적극적이다.

대학교육의 국제화는 신자유주의와 깊은 관련을 맺고 있다. 신자유주의에 따른 시장원리가 대학 교육에 영향을 미치면서 정부는 대학 지

* 이 내용은 2015년 8월 한국도시지리학회지의 "대학교육의 국제화와 외국인 학생에 대한 주변화 담론의 구성에 대한 연구: 광주지역을 사례로"를 수정한 것임.

원을 축소하고 대학 스스로 재정적 기반을 확충하도록 하고 있으며, 국제화 지수가 대학을 평가하는 주요 수단으로 작용하고 있다(이용균, 2012; Collins, 2010). 대학교육의 국제화는 OECD 국가를 중심으로 외국인 학생의 유치를 위한 경쟁을 부추기고 있다. 일본은 OECD 국가 중에서 외국인 학생의 유치가 적었는데, 2000년대 접어들어 교육 및 연구의 국제화를 지향하면서 외국인 학생 30만 명을 유치한다는 계획을 추진하고 있다(구견서, 2012; 임경택 · 설동훈, 2012).

주요 선진국의 중앙 및 지방정부, 그리고 대학이 외국인 학생의 유치에 열을 올리는 이유는 고령화 사회에 대비한 젊고 우수한 노동력 확보, 유학생을 통한 초국가적 네트워크 활용, 유학생의 소비에 의한 경제적 효과, 국가의 이미지 제고, 연쇄이주 효과 등을 위해서이다(강동관 외, 2010; Sidhu, 2011). 외국인 학생은 대학 및 연구기관에서 몇 년을 보내면서 현지 언어와 문화에 익숙하고, 현지 노동시장에 대한 이해가 높고 사회 적응력도 높다고 인식된다(오정은 외, 2013).

우리나라는 해외로 떠나는 유학생이 국내로 유입되는 외국인 학생보다 훨씬 많은 특징을 보인다. 교육부문에서 국제수지 불균형을 완화하고 대학교육의 국제화를 목표로 정부는 2004년부터 외국인 학생의 유치를 확대하는 정책을 강력하게 추진하였고, 2004년 16,832명에 불과하던 외국인 학생이 2014년 84,891명으로 크게 증가하였다(교육부, 2014). 국내 대학들은 정부의 교육 및 연구의 국제화 정책에 동조하면서, 영어강의 확대, 외국인 학생의 확충, 다국적 캠퍼스의 조성 등을 추진하였다.

유학을 위한 이주는 노동이주(투자이민 포함)나 결혼이주와는 구분되어 교육이주로 불린다(이영민, 2012). 교육이주는 가족 단위가 아니라 개인 차원의 이주이며, 특히 개인의 선호가 이주에 큰 영향을 미친다. 유학의 결정에는 다른 국가의 교육에 대한 동경, 부모의 사회경제적 지위, 교육수준과 경험 등이 복합적으로 작용하며(박경환 · 백일순, 2012), 이주의 결정-정착-적응-귀환이 일련의 과정으로 일어나는 특징을 보인다(안영진, 2009). 교육이주는 노동이주나 결혼이주와는 이동 및 정착의 특성이 다름에 주의할 필요가 있다.

2. 대학의 국제화와 외국인 학생의 유치

많은 국가들은 인재 유치를 위한 다각적 노력을 펼치고 있는데, 외국인 학생의 유치는 경제에 도움이 될 뿐만 아니라 국제 관계에서 국가의 이미지 제고에 큰 기여를 한다. 외국인 학생의 유입이 최근에 나타난 현상은 아니지만 1980년 이전과는 많은 차이를 보이는데, 이는 1980년대부터 신자유주의가 부상하면서 대학교육의 국제화가 정부 정책과의 공조 속에 추진되고 있기 때문이다.

신자유주의는 정부의 규제를 완화할 때 가장 효율적인 결과가 창출된다고 인식하는 이데올로기로, 시장원리를 따르면 정부의 지출은 감소하나 효율은 증가하고, 개인의 자유로운 의사 결정에 따른 책임 의식이 고취된다고 본다(이용균, 2015a). 1980년대 이래 미국과 영국을 중심으로 신자유주의는 사회가 추구할 가장 효율적인 시스템으로 정착되었고, 현 세계 경제를 유지하는 근간이 되고 있다. 신자유주의는 대학의 재정을 국가에 의존하는 것은 바람직하지 않다고 인식하며, 대학의 자율권 강화와 대학의 책임을 동시적으로 강조한다. 신자유주의 체제는 '소수의 성공 신화'를 사회가 지향할 목표와 방향으로 설정하는 경향이 있는데(최병두 역, 2007), 일부 대학의 성공 사례가 모든 대학이 추구할 방향으로 인식되는 것이 문제이다.

특정 대학의 교육, 연구 및 국제화 수준이 모든 대학이 지향할 목표로 인식되면서 주요 기관에서 실시하는 대학의 랭킹은 사회적 이목을 집중시키고 있다. 대학의 랭킹이 대학을 평가하는 기준이 되면서, 국제화 수준은 대학의 위상에 큰 영향을 미치게 되었다. 유학생의 유치는 대학의 국제화 지수를 높임과 동시에, 대학의 재정에도 큰 기여를 하는 것으로 평가되었다. 이처럼 대학의 국제화가 사회적 관심사로 부상하면서, 선진국을 중심으로 유학생 지원 정책들이 도입되었다. 외국인 학생의 유치는 긍정적 효과가 많은 것으로 인식되었는데, 예를 들어 이들은 귀국 후에도 유학했던 국가와 지속적인 교류(방문, 공동 연구 등)를 유지하고, 유학했던 국가에 대해 우호적인 정치 및 외교적 견해를 갖는 것으로 인식된다. 무엇보다 유학생 유치의 가장 큰 성과는 경제적 효과로 인식된다. 호주는 2014년 기준으로 외국인 학생의 유치를 통해 166억 A$(약 14조원)의 수입을 올렸다(한국대학신문, 2015년 2월 4일). 호주에서 외국인 학생으로부터 파생하는 수입은 철광석(800억 A$), 석탄(400억 A$), 천연가스(200억 A$)에 이어 네 번째로 많다. 비록 호주처럼 국가 경제에서 외국인 학생의 기여도가 높지는 않더라도, 많은 선진국들은 유학생의 유치를 통한 대학과 국가의 발전 방향을 모색하고 있다.

일부 국가들은 고령화 사회로 인한 젊은 노동력의 부족을 외국인 학생의 유치를 통해 해결하려는 정책을 추진하고 있다(오정은 외, 2013). 호주는 외국인 학생의 유치와 이민을 연계하는 정책을 추진하였고(Koleth, 2010), 한국과 일본도 해외 우수인재의 유치와 노동을 연계시키는 전략을 모색 중에 있다(구견서, 2012). 이처럼 외국인 학생의 유치는 가족과 지인의 방문, 이미지 제고, 재화와 서비스의 판매 증가, 연쇄적인 유학생 이주, 관광의 확대, 외국 문화에 대한 이해 제고 등에서 많은 긍정적 효과가 있다고 인식된다(Phillimore and Koshy, 2010). 이러한 시대적 조류에 편승하여 우리나라 대학의 국제화도 빠르게 전개되고 있으며, 외국인 학생의 유치를 위한 대학 간 경쟁도 치열해지고 있다.

하지만 대학의 국제화는 여러 가지 부작용도 수반하고 있다(Sheehy, 2010). 교수들의 연구 활동 전념은 강의에 대한 소홀로 이어지고, 경력이 부족한 시간강사의 활용을 증가시키고, 결과적으로 학생들의 학습권 침해의 문제로까지 이어지고 있다. 특히, 외국인 학생이 인기 학과에 집중되면서 비인기 학과의 위상이 약화되고, 결국 이들 학과의 폐과가 사회적 이슈로 부상하기도 하는데, 효율을 추구할 것인가 아니면 학문의 다양성을 유지할 것인가에 대한 논란이 가중되고 있다(이용균, 2012). 우리나라의 경우 외국인 학생의 유치에만 급급한 나머지 학사 관리의 미흡이 사회적 문제로 이슈화되고 있으며, 외국인 학생에 대한 서비스가 낮다는 문제가 지적되는 가운데, 일부 대학에선 외국인 학생의 우대에 따른 국내 학생에 대한 역차별 논란도 제기되고 있다(한국대학신문 2011.11.18.).

대학의 국제화는 다양한 사회적 담론을 생성하면서 사회와 공간을 변화시키고 있다. 부르디외와 파스통(2014)은 교육의 자율성은 없다고 보는데, 교육 체계의 주입 기능, 문화보전 기능, 사회보존 기능은 지배계급의 이익에 종속되며, 교육은 사회 질서의 재생산을 교묘히 감추기 때문이라는 것이다. 즉, 교육은 문화, 교양, 취향, 가치관과 같은 문화적 자본이 사회적으로 소통되고 세대를 이어 학습되는 수단이며, 개인의 발전과 경제적 가치의 실현을 위한 사회적 관계가 형성 및 발전하는

글상자 11.1. 국내 학생들의 역차별 논란

국내 대학에서 외국인 학생이 지불하는 1년 평균 등록금은 616만원이고, 이들이 받는 장학금의 평균은 237만원으로 나타났다(한국대학신문, 2011년 11월 18일). 반면에, 국내 학생들은 1년 평균 754만원을 등록금으로 내고, 평균 172만원의 장학금을 받는 것으로 나타났다. 대학의 등록금 동결이 사회적 이슈로 부상하는 상황에서 외국인 학생에 유리한 대학 정책에 대해 학생들 사이에서 역차별 논란이 제시되고 있다. 기숙사의 배정에서도 외국인 학생이 우선권을 갖고, 외국인 학생을 위한 행정 서비스가 더 우선적이며 잘 되어 있다는 것이다. 외국인 학생을 통한 지방대학 살리기라는 비판이 줄어들지 않는 시점에서 모 대학에서 외국인 학생은 평점 2.0(4.5만점) 이상이면 수업료의 50%를 감면한다는 사실이 확인되면서 국내 학생들 사이에 역차별 논란이 강력히 제기되고 있다(경향신문, 2014년 12월 22일). 특히 외국인 학생에 대한 장학금이 교육부가 제공하는 '외국인 학생 유치 프로그램'의 일부란 점에서 비판의 소리가 커지고 있다. 이와 함께, 외국인 학생이 많은 대학의 경우 외국인 학생을 위한 전용 강좌가 개설되면서 국내 학생들의 학습권을 침해한다는 역차별 논란이 제기되고 있다.

토대로 작용한다는 것이다(최종철 역, 2006).

이러한 맥락에서 대학의 국제화는 사회담론이자 이데올로기라 할 수 있다. 대학의 국제화는 시대적 상황을 고려한 대학과 정부의 정책적 선택이 아니라, 지배 집단의 욕망이 내재된 이데올로기이며, 특히 외국인 학생 정책은 다양한 사회적 담론이 교차하고, 충돌하고, 재구성되는 접합의 장이다. 국가는 사회적 담론을 선택적으로 수용하면서 외국인 학생에 대한 정책에 개입 및 조절하는데, 겉으로는 대학의 자율을 내세우나 실제적으로는 엄격한 통제를 가하는 것이 현실이다. "시장은 자유로운 것이 아니라 제도가 만든 산물"(이용균, 2015a, 144)이며, 이러한 제도의 형성에는 국가, 기업 및 조직 간 다양한 권력이 작동함을 간과할 수 없다.

3. 외국인 학생의 주변화 담론

외국인 학생에 대한 주변화는 다양한 관점과 담론에 의해 설명되고 있다. 외국인 학생의 주변화를 보다 심도 있게 고찰하기 위해서는 주체로서 외국인 학생의 위치성과 정착 사회에서 이들의 주변화 맥락을 동시적으로 살펴볼 필요가 있다.

유학은 단순히 해외로 공부를 위해 일정 기간 떠나고 정주하는 것이 아니라, 가족의 사회·경제적 자본을 재생산하는 수단이란 점에 주목할 필요가 있다(이영민, 2012). 이런 맥락에서 외국인 학생은 단순히 교육을 목적으로 이동한 학생이 아니라, 교육을 통해 원하는 목적을 달성하려는 능동적 행위자로서의 이주자이다. 이영민(2012)은 유학생을 초국가적 이주와 교육이주란 관점에서 바라본다. 그에 의하면, 초국가적 이주의 흐름 속에 교육 목적의 글로벌 이주가 확대되고 있으며, 교육이주자는 상상의 구조로 형성되는 국가에 귀속되기보다 경험적 실제로서 로컬에 귀속되는 경향이 있으며, 다양한 장소에 걸쳐 다중적 소속감과 감정을 소유하는 트랜스로컬리티적 성격을 가진다고 주장한다.

교육이주는 가족 단위의 영구 이주가 아니라 개인 단위의 기호적 선택이며(이영민, 2012), 유학은 국제적 스케일의 정치경제적 구조에 영향을 받지만 개인 주체의 자발적이고 의식적 행위에 영향을 받음을 간과해서는 안 된다(박경환 · 백일순, 2012; 안영진, 2009). 유학은 타 국가 교육환경에 대한 동경과 자 국가 교육환경에 대한 불만이 동시적으로 작용한 결과이며, 유학 결정 과정에서 부모의 사회경제적 지위, 교육수준과 경험이 중요하게 작용하며, 이와 함께 유학의 선택에서 개인의 감정, 정서, 느낌과 같은 개인 주체성이 중요한 요소로 작용한다(Conradson and McKay, 2007).

주변화는 사회적 위치성social positionality과 관련되는데, 주변화란 주류 사회의 가치 또는 문화양식과 구분되는 위치성에 해당한다(Gilmartin, 2008). 외국인 학생은 주류 사회와는 다른 문화적 차이를 갖는 존재로 범주화categorization된다. 이러한 범주화는 주류 사회와의 '다름과 구별'에 의한 담론을 생성하면서, 사회 전반에 걸쳐 외국인 학생의 주변화(또는 편견과 차별)가 생성된다(이용균, 2013c, p.91). 이용균(2013a)은 이주자는 지역사회의 발전을 가져오는 존재로 인식되기보다 사회적 위협의 대상으로 타자화되는데, 이 과정에서 문화적 차이가 이주자의 주변화에 큰 영향을 미친다고 주장하였다.

외국인 학생의 주변화를 제도적 측면과 일상적 측면으로 구분하여 살펴보면 다음과 같은 특성들을 확인할 수 있다. 제도적 측면에서 외국인 학생의 주변화는 '다름과 차이'를 통해 구성된다. 외국인 학생은 주류 사회의 이상과 맞지는 않지만, 가속화되는 글로벌 경쟁에서 국가와 지역의 발전을 위해 필요한 (경제적)자원으로 인식되면서, 상품화와 타자화를 경험하게 된다. 최근 외국인 학생의 유치를 적극적으로 추진하는 뉴질랜드는 외국인 학생이 다양한 사회문제를 야기하더라도 국익을 위해 주류 사회의 관대함이 필요하다는 사회적 담론이 조성될 정도이다(Collins, 2011). 미디어는 외국인 학생이 사회적으로 필요한 존재임과 동시에 주류 사회의 문화와는 차별화된 존재임을 부각시키는데(이희은, 2011; 정의철, 2011), 미디어가 외국인 학생을 주변화시킴과 동시에 이들의 목소리를 대변하는 대리자의 역할도 수행한다. 대학에서 국내 학생과 유학생에 대한 행정서비스의 구분 역시 제도적 측면의 주변화에 포함된다. 이러한 맥락에서 국가 차원의 외국인 학생 유치는 신인종차별주의에 해당한다는 비판이 제기되기도 하였다(Dunn, *et al.*, 2011).

일상적 측면에서 외국인 학생의 주변화는 대학 생활의 곳곳에서 나타난다. 외국인 학생은 국내 학생들과의 소통에 문제가 있는데, 이는 외국인 학생에게 친근한 대학의 분위기가 아니기 때문이다. 언어적 소통과 문화적 차이라는 이유로 팀 프로젝트에서 배제되는 경향이 있고, 강의를 포함한 대학 교육의 질적 수준을 저하시킨다는 담론에 직면하기도 한다(Devos, 2003). 외국인 학생이 집중적으로 거주하는 지역은 낙후된 지역으로 인식되고, 이들의 집단 행동은 이방인의 문화와 경관을 주류 사회에 이식한다는 경계의 목소리를 생성한다(Collins, 2010, 2011).

4. 우리나라 대학교육의 국제화

우리나라는 2000년대 초반부터 외국인 학생의 유치에 대한 인식이 사회적으로 확대된 가운데, 2004년부터 'Study Korea Project'를 추진하면서 외국인 학생의 유치를 본격화 하였다. 그 결과 2003년에 12,314명에 불과하던 외국인 학생은 2014년 84,891명으로 급격하게 증가하였다(표 11.1 참조). 2012년부터 외국인 학생의 유입이 다소 주춤한 것은 정부의 외국인 학생에 대한 관리가 심화되었기 때문이다.

표 11.1. 국내 외국인 학생 수의 변화

연도	2003	2006	2008	2010	2012	2014
외국인 학생수	12,314	32,547	63,952	83,842	86,878	84,891

출처 : 교육부, 2014, 국내 외국인 유학생 통계

전술한 바와 같이, 우리나라 대학교육의 국제화는 글로벌 경제에서의 경쟁력 강화를 목적으로 국가의 전략으로 추진되었다. 우리나라는 유학을 목적으로 해외로 나가는 학생 수가 2007년부터 연간 200,000명을 상회하게 되었다(교육부, 2014). 중국, 인도 다음으로 한국은 OECD 국가 중 해외로 유학생을 많이 보내는 국가에 속한다. 2005년부터 정부가 정책적으로 대학교육의 국제화를 강화하고 외국인 학생의 유치를 본격화하면서 OECD 국가 중에서 미국, 영국, 독일, 프랑스, 호주, 캐나다, 일본 다음으로 한국은 외국인 학생이 많은 국가에 포함되었다(OECD, 2011). 2000년대 중반 한류 열풍은 우리나라로 많은 외국인 학생이 유입되는 기폭제 역할을 하기도 하였다(오정은 외, 2013).

대학교육의 국제화가 정부와 대학이 당면하는 미래의 비전과 목표로 제시되면서 대학 내 영어강의 확대, 외국인 교수 초빙, 해외 교류프로그램 활성화, 다국적 캠퍼스 조성 등이 대학별로 추진되었다(김현철, 2011). 이러한 분위기는 광주에 소재한 14개의 대학에도 큰 영향을 미치게 되었다(표 11.2 참조). 광주 소재 대학에는 2014년 3,210명의 외국인 학생이 등록하고 있는데, 특히, A 대학에는 학부과정 325명, 석사과정 310명, 박사과정 179명, 어학연수 200명, 기타연수 403명이 등록하여 광주지역 외국인 학생의 유치를 주도하고 있다. 반면 교육을 전문적으로 담당하는 M 대학과 N 대학은 외국인 학생 수가 한 명도 없다.

광주를 유학지역으로 선택한 이유는 다양하나, 대체적으로 생활비가 서울에 비해 저렴하고, 음식도 입맛에 맞는 편이고, 대학도 다양하고 근처에 일할 수 있는 공장과 농장(농업)이 많다는 점이 최종 선택에 영향을 미치고 있었다. 또한, 대학의 다양한 외국인 학생 프로그램도 유학 지역의 선택에서 중요한 요소로 작용하고 있었다.

A 대학의 경우 다양한 국제화 프로그램을 추진하고 있다. 전 세계 85개 대학과 교환학생 제도를 운영하고 있으며, 주요 선진국의 대학으로 외국어연수를 지원하고 있으며, 미국과 영국 대학에서 복수 학위를 취득할 수 있는 제도를 운영하고 있다. 국제인턴 프로그램을 통해 국제적 실무 감각을 익힐 수 있도록 지원하고 있으며, 국제여름학교를 운영하여 영어와 일본어 등 외국어 교육을 실시하고 있다. 이러한 교육프로그램 이외에 버디Buddy 프로그램을 통하여 외국인 학생과 국내 학생 간 멘토-멘티의 활동을 장려하고 있다. 이와 함께, 외국인 학생의 유치를 목적으로 전공과목의 영어강의를 확대하고 있으며, 언어교육원에서 외국인 학생을 위한 한국어 연수 프로그램을 운영하고 있다. 글로벌 장학제도 등 외국인 학생을 위한 다양한 장학제도를 실시하고 있으며, 기숙사 우선 배정, 의료서비스 및 취업 지원 서비스를 통해 외국인 학생에 대한 편의를 제공하고 있다. 이러한 적극적인 대학의 국제화 전략은 외국인 학생의 유입에 큰 영향을 미치고 있다.

표 11.2. 2014년 광주지역 대학의 과정별 외국인 학생 수 현황

대학	학부과정	석사과정	박사과정	어학연수	기타연수	계
A 대학	325	310	179	200	403	1,417
B 대학	266	95	9	89	143	602
C 대학	131	27	1	113	47	319
D 대학	75	60	34	46	43	258
E 대학	140	40	6	65	5	256
F 대학	87	33	2	36	-	158
G 대학	-	44	63	-	-	107
H 대학	15	12	-	41	1	69
I 대학	6	-	-	7	-	13
J 대학	-	8	-	-	-	8
K 대학	2	-	-	-	-	2
L 대학	1	-	-	-	-	1
M 대학	-	-	-	-	-	0
N 대학	-	-	-	-	-	0

출처 : 교육부, 2014, 국내 외국인 유학생 통계

광주 소재 대학에 등록한 외국인 학생들은 대부분 자비유학의 형태를 보이며, 정부초청과 대학초청 유학생은 소수에 불과하다(표 11.3 참조). 이는 광주지역의 일부 대학에서 유학생의 유치는 정원의 감소에 따른 대학의 전략적 차원에서 추진되고 있음을 암시한다. 한편 G 대학은 총 107명의 외국인 학생 중 대학 초청이 106명을 차지하고 있어, 대학의 학문적 국제화 노력의 일환으로 외국인 학생의 유치가 이루어지고 있음을 시사한다.

표 11.3. 2014년 광주지역 대학의 유학형태별 외국인 학생 수 현황

대학	자비유학	정부초청	대학초청	자국정부파견	계
A 대학	1,282	59	76	-	1,417
B 대학	602	-	-	-	602
C 대학	318	-	1	-	319
D 대학	246	12	-	-	258
E 대학	256	-	-	-	256
F 대학	158	-	-	-	158
G 대학	-	-	106	1	107
H 대학	69	-	-	-	69
I 대학	13	-	-	-	13
J 대학	8	-	-	-	8
K 대학	2	-	-	-	2
L 대학	1	-	-	-	1
M 대학	-	-	-	-	0
N 대학	-	-	-	-	0

출처 : 교육부, 2014, 국내 외국인 유학생 통계

외국인 학생을 담당하는 부서는 대체적으로 현재의 외국인 학생 수가 적정하거나 다소 부족하다는 입장을 보이고 있다. 이는 대학마다 국제화를 통한 뚜렷한 목표를 갖고 있기 때문으로 풀이되는데, 한 대학 관계자와의 인터뷰는 외국인 학생에 대한 행정서비스 시스템이 미흡함에도 불구하고 더 많은 외국인 학생을 대학이 원하고 있음을 반영한다.

질문자 : 이제는 (외국인 학생이) 1,000명이 넘는데 대부분 중국인 학생들이고, 선생님께서 판단하실 때 이 숫자가 많다고 생각하세요? 적당하다고 생각하세요?

응답자 : 저희 입장은 항상 외국인 학생을 많이 늘려야 한다고 생각하는 부서이기 때문에 사실 이것보다 많았던 시기도 있었고, 지금 입장에서 보면은 솔직히 이게 많다라고 생각하지는 않거든요. 저희 학교 규모가 나름 크고, 전체 학생 수를 따져봤을 때 그 숫자가 그렇게 많다고 할 수 없을 것 같아요.

질문자 : 그럼 충분히 관리할 수 있다는 말씀...그럼 학생들 대할 때 제일 어려운 게 뭐에요?

응답자 : 예. 언어적인 게 확실히 있는 것 같구요. 한국어가 물론 안되는 학생들이 많기도 하거니와 영어도 안 되어버리는 경우가 있어서, 그런 학생들에게는 지도나 안내를 해줄 때도 기본적으로 정보를 줄 때 국문, 영문, 중문으로만 배포가 되는데, 그것을 본인이 판단하기 어려운 학생들에게는 좀 어려운 게 있어요. (인터뷰, 2015.4.10.)

이처럼 대학교육의 국제화는 현 시대의 요구사항으로 인식되는 경향이 있다. 광주지역에 소재한 8개의 대학은 외국인 학생의 유치를 경쟁력 강화의 수단으로 인식하고 있다. 이들 대학은 외국인 학생의 유치를 위한 전담부서를 운영하고 있으며, 유학생 국적의 다양화에 많은 노력을 기울이고 있다. 현재와 같은 추세가 지속된다면 광주지역 대학 간 외국인 학생의 유치 경쟁은 치열해 질 것으로 보인다. 하지만 국제화 지수나 입학 정원을 채우기 위한 외국인 학생의 유치는 한계를 보일 수밖에 없고 우리사회에 또 다른 차별을 누적시키는 결과를 야기할 수 있다.

5. 정책적 측면의 외국인 학생 주변화

2000년대 접어들어 국내 대학들은 외국인 학생의 유치를 통한 대학의 국제화를 본격적으로 추진하였는데, 이는 정부의 '유학생 유치확대 종합방안Study Korea Project'의 영향에 의한 것이다. 당시 교육인적자원부는 외교통상부, 법무부 등의 협조를 바탕으로 범정부적 차원에서 외국인 학생의 유치 방안을 제시하였다. 2004년 당시 16,832명에 불과하던 외국인 학생을 2010년까지 50,000만 명으로 확대하고, 대학 내 외국인 학생의 비율을 2004년 0.3%에서 2010년 1.0%로 증가시킨다는 전략이 수립되었다(표 11.4 참조).

이를 위해 외국인 학생을 위한 인프라 개선, 유학 담당 기관(부서)의 해외 네트워크 형성 및 활성화, 유학에 대한 홍보 강화, 효율적 행정지원 체제 구축(한국어능력시험, 한국문화보급, 출입국 관리문제 공동 해결 등) 등이 정부의 목표로 제시되었다. 'Study Korea Project'가 추진되면서 불과 2년 만에 유학생 수가 70,000만 명을 넘어서면서 2010년의 목표치 50,000명을 계획보다 3년에 앞서 돌파하였다. 광주 소재의 대학들도 정부의 정책에 맞춰 외국인 학생의 유치에 적극 참여하게 되었다.

하지만 이러한 외국인 학생 유치확대 방안에서 정작 중요한 외국인 학생의 목소리는 제대로 반영되지 못하였고, 오히려 이들은 차별과 주변화의 대상이 되었다. 'Study Korea Project'는 외국인 학생을 위한 정책이 아니라, 사실 조기유학 등 국내 학생들의 해외 유학에 따른 유학수지 적자가 사회적 이슈로 등장하자, 이에 대한 해결책의 일환으로 추진된 것이다. 당시 유학 수지의 적자 규모는 수조원에 달하였고(한국일보, 2015년 5월 16일자), 조기유학에 대한 사회적 비판이 거세게 대두되었다(이영민, 2012). 또한 'Study Korea Project'는 저출산의 영향으로 대학 입학정원이 감소하게 되자 일부 지방대학이 입학정원의 감소에 따른 재정적 손실을 외국인 학생을 통해 만회하도록 하는 정책이었다(한국일보, 2015년 5월 16일자).

표 11.4. 우리나라 외국인 학생 주요 정책

정책	시기	정책의 주요 내용
유학생 유치확대 종합방안 (Study Korea Project)	2004	- 기간 : 2005 ~ 2012 - 4대 목표 : 우수인재 등 유학생 유치 확대, 대학의 유학생 유치여건 개선, 유학생 졸업 이후 지원 강화, 다양한 유학 홍보 - 2010년 유학생 5만 명 유치를 계획. 대학별 유치 프로그램 추진
외국인 유학생 유치·관리 역량 인증제	2011	- 유학생 유치·관리의 모범적 기준을 제시하여 유학생의 질 관리 도모 - 한국 고등교육의 국제적 신뢰도 및 경쟁력 제고. 우수 지한(知韓)·친한(親韓) 인재의 양성 - 인증을 받은 대학의 혜택: 사증발급 심사기준 완화, 시간제 취업 시간 연장(주중 20 → 25시간), 정부초청 외국인 장학생 선발의 우선권 부여(2014년 1월 49개 인증대학) - 인증을 받지 못한 대학 : 비자발급 제한(2014년 1월 13개 비자발급제한대학)
전략적 유학생 유치 및 정주 지원방안	2014	- 유학생 유치·관리 역량 인증제 실시로 유학생 수의 정체, 반한감정의 확대 - 전략적 유학생 유치 가속화(유치·관리 우수대학 지원 확대 등) - 학업·생활 적응지원 강화(의료보험, 시간제 취업 등) - 취업지원 확대(기업과 연계한 국내외 취업지원 등)

자료 : 교육부(2004, 2011, 2014)

이런 점에서 'Study Korea Project'는 외국인 학생을 상품으로 인식하는 신자유주의적 시각을 반영하는 것이며, 국내 대학의 욕구 불만을 해소하기 위해 외국인 학생을 동원했다는 비판에 직면하였다. 또한, 한류열풍을 지방대학 살리기에 동원했다는 비판도 제기되었다. 'Study Korea Project'의 추진으로 외국인 학생은 4배로 증가하였고, 2007년부터 증가하는 외국인 학생에 대한 관리가 사회적 문제로 부상하였다. 많은 대학은 외국인 학생을 위한 행정서비스(한국어교육, 영어강의, 기숙사 등)가 제공되지 않는 상황에서 무리하게 유학생을 받아 들였고, 이는 외국인 학생들의 불만 제기와 함께 무리한 유학생 유치라는 사회적 비판에 직면하였다.

지방 소재 일부 대학에서 외국인 학생을 대학 재정의 확충을 위한 수단으로 사용하면서 학업보다 취업이 목적인 외국인 학생들이 유입되었고, 이로 인한 학사의 파행적 운영과 불법체류가 사회적 이슈로 부상하였다. 이러한 외국인 학생을 위한 학사관리시스템의 문제는 한국에 대한 부정적 이미지를 양산한다는 사회적 우려가 제기되면서 정부는 2011년부터 외국인 학생에 대한 질적 관리를 정책화하게 되었다. 2012년부터 본격 시행된 '외국인 유학생 유치·관리 역량 인증제'는 모범 기준에 의해 유학생의 질 관리를 실시하고, 이를 통해 한국 교육의 국제 신뢰도와 경쟁력을 높이고, 인증을 받은 학교에 대해서는 사증발급 심사기준을 완화함과 동시에 시간제 취업 시간을 연장하고, 정부초청 장학생 선발에서 우선권을 부여하는 등의 특혜를 제공한다는 내용이다.

이 과정에서 정부의 권력 사용과 외국인 학생에 대한 주변화가 나타났다. 정부는 대학으로 하여금 외국인 학생에 대한 관리를 강요하면서 인증대학으로 선정된 대학에 대해서는 표준입학허가서 심사만으로 비자발급 심사기준을 완화하는 조치를 취하였다. 정부는 대학으로 하여금 외국인 학생 정책에 대한 관리와 감독을 강화할 것을 명확히 하면서 정부와 대학 사이의 권력 관계에서 정부의 통제를 잘 드러내었다. 대학이 인증제를 유지하기 위해서는 중도탈락율, 불법체류율, 외국인 유학생 다양성, 재정 건전성, 언어능력, 의료보험 가입률, 기숙사 제공율 등을 유지해야 한다.

외국인 학생의 중도탈락과 불법체류를 막기 위해 대학은 외국인 학생에 대한 모니터링을 체계화해야 했고, 문제가 있다고 판단되는 학생에 대한 관리가 요구되었다. 일부 대학은 외국인 학생과 국내 학생의 학점 부여 기준을 다르게 하였고, 중도에 포기하는 외국인 학생을 방지하기 위한 대책이 마련되었다.

질문자 : 이제 외국인 유학생에 대해서는 학생들이 중도 탈락이 없도록 하잖아요? 거기에 대한 구체적 사례 한 두 가지 있으면 말씀해 주실래요?

응답자 : 요즘 어떤 학생들은 (공부는 안 하고) 구매대행을 하더라구요. 한국물품을 사서 자신의 나라에 판매하는 최근에 적발된 경우가 있는데, 이런 학생들은 수업에 참여를 안 하고, 자신들이 돈을 벌려는 목적으로 오는 경우가 많아요. 그럼 이러다보면 수업에 참여를 안 하다보면 중도탈락을 할 수 밖에 없는데, 그걸 막으려다보면 학과의 조교라든가 아니면 교직원 분들이 직접 학생들을 찾아다니는 경우가 생기더라구요. 그러면 분명이 학생은 중도탈락 되어야 하는 경우가 맞는데... 그걸 막으려다 서로가 다 피곤하고 힘든데, 다른 학생들 보기에도 안 좋구요. (인터뷰 2015.4.22.)

한편, 대학의 외국인 학생에 대한 관리는 성적이 좋지 못한 학생에게는 엄청난 압박이 될 수 있고, 성적이 잘 나오는 과목을 택하도록 유도하거나, 대학 차원에서 외국인 학생에 대한 성적을 상향 조정해야 하는 문제점을 야기한다. 광주 소재 모 대학 관계자와의 인터뷰는 성적과 관련하여 외국인 학생이 느끼는 압박감과 차별을 반영하고 있다.

> 질문자 : 근데 왜 그걸 관리할까요? 외국인 학생들 질 관리한다 해서 인증제 했잖아요? 성적에 관한 게 안 좋을 수도 있고 하는데…
>
> 응답자 : 성적이 안 좋은 것을 저희는 수업이 어려웠나? 따라가기 힘들었나? 이렇게 하는데, 법무부나 이쪽에서는 이 학생들이 딴 짓을 했다. 유학 비자를 받아서 한국 체류를 위한 비자고 학교를 이용하는 것이라는 쪽으로 보는 거예요.
>
> 질문자 : 성적이 낮다는 것이 일을 하거나 질적으로 부족한 건 아닐 텐데. 뭐 구체적인 기준이 있나요?
>
> 응답자 : C이하요. C이하면 일단 경고처리가 들어가요. 2.0이하면 뭔가 사유서라든가 관리가 들어가기 시작해요. 그리고 C이하면 아르바이트도 할 수 없고. 본인 비자외엔 활동에 제약을 둬서 못하게 하고. 그리고 C가 세 번 나오면 출국을 해야 해요. (인터뷰, 2015.4.10.)

교육부는 유학생에 대한 지정좌석제와 출결담당 전문 조교제를 실시하는 대학에 대해 외국인 학생 관리의 우수 사례로 제시하고 있다(교육부, 2014년 보도자료). 외국인 학생에 대한 지정좌석제가 효율적 관리의 수단이 될 수 있으나, 이는 다른 한편으로 이들에 대한 차별에 해당할 수도 있다. 이처럼 '외국인 유학생 유치 · 관리 역량 인증제'는 정부의 대학에 대한 권력 개입을 강화하는 수단으로 작용하며, 또한 외국인 학생에 대한 상품화, 타자화 및 주변화가 내면에 깔려 있다는 문제점을 드러낸다.

정부는 '외국인 유학생 유치·관리 역량 인증제'가 유학생의 감소를 가져오고, 반한감정을 확대한다는 사회적 우려를 반영해 2014년 '전략적 유학생 유치 및 정주 지원방안'을 제시하였다. 대학으로 하여금 유학생 관리를 지속함과 동시에 인증을 받은 대학에 대해서는 출신국가에 상관없이 표준입학허가서만으로 입국심사를 하며, 입학 시 한국어 등급 기준을 완화하고, 의료보험의 의무화 등 학업·생활 적응 지원을 강화하고, 취업지원을 확대한다는 방침을 제시하고 있다. 하지만 '전략적 유학생 유치 및 정주 지원방안'은 외국인 학생의 불법체류율이 1% 이상인 대학은 인증대학에서 제외되는 등 여러 가지 불이익을 당하게 되는 문제점을 갖고 있다. 이는 대학으로 하여금 외국인 학생에 대한 관리를 철저히 하도록 요구하는데, 이 과정에서 외국인 학생에 대한 차별이 발생할 우려가 있다. 외국인 학생에 대한 정부 정책에서 근본적 문제 중의 하나는 유학생 정책에서 외국인 학생 당사자의 목소리는 배제된 상태에서 주류 사회의 이상을 반영하는 미디어의 영향을 너무 많이 받은 정책들이 추진된다는 점이다.

6. 미디어와 정책연구에서 외국인 학생의 주변화

미디어는 사회적 이슈를 주류 사회의 입장에서 전달하는 경향이 있다(한국방송학회(엮), 2011). 2000년 초반 조기유학의 붐을 타고 해외로 막대한 자금이 유출되자 주요 미디어는 조기유학에 대한 문제점을 대대적으로 부각시켰다(경향신문, 2000.10.18.). 미디어는 유학에서 발생한 국제수지 불균형을 만회하기 위해 국내로 외국인 학생의 유치가 필요하다고 주장을 제기하였다. 이와 함께, '지방대학의 공동화 현상'(경향신문 2003.5.18.)을 문제 삼으면서 지방대학의 위기는 우리나라의 위기라는 담론이 조성되는데 큰 역할을 하였다.

지방대 살리기 담론이 사회의 다양한 분야에서 변화와 개혁을 추구하였지만, 그 해결책으로 외국인 학생의 유치가 검토되었다는 점은 생각할 점이 많다. 지방대 살리기 담론은 출산 장려, 대학의 구조개혁 등과도 관련된 것이나(경향신문 2001.7.25.), 근본적으로 대학재정과 더 긴밀히 연관되면서 일부 지방대학은 앞 다투어 외국인 학생의 유치에 열을 올리게 되었다. 즉, 미디어는 외국인 학생의 유치를 대학 재정의 확충과 대학의 국제화 지수 향상을 위한 수단으로 제시하였던 것이다.

하지만 2005년 이후 외국인 학생의 유입이 증가하고 이와 관련된 여러 문제가 발생하자, 미디어는 외국인 학생에 대한 부정적 담론을 생성하였다. 특히 외국인 학생을 통한 지방대학 살리기는 문제가 있음을 지적하기 시작하였다. 미디어는 외국인 학생의 위장 취업과 불법체류를 사회적 문제로 보도하였고(경향신문, 2005.12.2.), 일부 대학의 외국인 학사관리의 문제점이 자주 보도되었다. 이 과정에서 미디어는 외국인 학생을 '일하러 온 학생', '불법체류의 온상', '교육부실화', '아시아계 짝퉁 유학생', 등과 같은 표현을 통해 주변화 하였다. 불과 몇 년 전까지만 해도 미디어에서 강조하였던 외국인 학생의 유치에 대한 필요성과 우리의 필요에 의해 한국에 온 외국인 학생의 위치성은 미디어 보도에서 배제되었다.

"외국인 유학생 유치가 불법취업 등 심각한 사회문제로 이어지는 데에는 국내 대학의 허술한 학사관리가 한 몫을 하고 있다. 특히 학생 충원에 어려움을 겪고 있는 일부 대학들이 알선업체를 통해 무차별 유학생 유치에 나서면서 부작용이 속출하고 있다". (경향신문 2007.5.23.)

"한국말을 이해하지 못하는 유학생들은 수업에 따라오지 못하니 결국 학업 부진과 교육부실화로 이어지고 있다". (한국대학신문 2014.12.11.)

"○○의 한 대학은 이 유학생들을 상대로 한학기당 200만원씩, 2년 동안의 수업료 8백만 원을 선불로 받고 있으며, 심지어 유학생들에게 문제가 생기거나 이탈하게 되면, 학비를 되돌려주지 않는다는 각서까지 쓴 것으로 알려졌다". (CBS 노컷뉴스 2012.7.20.)

"기본적인 의사소통은 가능하지만 학문적 수준에서 학과 수업을 수행하기에는 언어장벽으로 역부족이기 때문이다. 4학년이 돼도 수업에 집중하지 못해 도태되기에 십상이라는 것이다". (한국대학신문 2015.2.26.)

2009년 무렵부터 미디어는 외국인 학생에 대한 정부와 대학의 '관리'가 필요함을 강조하게 되었다. 그러나 미디어와 정책연구는 여기에 머물지 않고, 우리사회가 필요로 하는 외국인 학생은 놀러온 학생이나 일하러 온 학생이 아니라 우수인재임을 강조하게 되었다. 하지만 이로 인하여 형성된 담론을 분석해 보면 외국인 학생에 대한 타자화가 잘 나타난다. 미디어와 정책연구는 부족한 전문인력을 보충하는 수단으로 외국인 학생을 활용해야 함을 강조하였다. 이러한 견해에 따르면 외국인 학생은 다소 낮은 임금으로 국내에서 부족한 전문인력으로 활용이

가능하며, 특히 이들이 귀국 후에는 우리나라와 초국가적 관계(정치, 경제, 문화 등)를 유지하는 교두보로서의 역할을 할 수 있다는 것이다. 이러한 미디어와 정책연구는 외국인 학생의 목소리를 담고 있지 않고, 주류 사회의 가치를 외국인 학생이 받아들여야 한다는 논리를 담고 있다. 아래의 인용은 이러한 주변화의 맥락을 보여준다.

> "한국에서 고등교육을 받아 한국 문화에 비교적 익숙한 외국 유학생들을 국내 IT업체 등에 취업시킨다면 인력난을 겪고 있는 국내 중소형 IT업체의 경쟁력을 향상시킬 수 있고, 또 외국인의 유입으로 인한 문화 간 갈등도 줄어들 수 있다". (대외정책연구원, 2009.)

> "현 외국인 체류자 180만명 가운데 연구자·기술자나 의사 등 전문인력은...49,542명이며 나머지는 비숙련 저임금 노동자가 차지하고 있다...국가 경제의 파이를 키우고 세수증대에 기여할 수 있는 창조적 전문인력이 복지비용을 유발할 여지가 큰 저임금 체류자보다 턱없이 적은 셈이다". (서울경제, 2015.3.4.)

> "해외 유학생 유치를 위한 지금의 선발 과정은 '죽어가는 지방대학 살리기'라는 말이 나올 정도로 유학생의 질을 고려하지 않는 마구잡이식 유치로 중도탈락이나 불법체류의 온상이 될 수 있다. 그러므로 우수 인재 유치라는 관점에서 유학생의 유치 전략에 대한 정책기조를 재설정하여야 할 것이다". (이민정책연구원, 2013)

이처럼 미디어와 정책 연구는 주류 사회의 발전을 염두에 두면서 외국인 학생을 차별화하거나 주변화하고 있다. 외국인 학생은 우리와는 다른 존재로 범주화되고, 이들에 대한 특정한 고정관념이 형성되면서,

이들에 대한 차별과 배제가 사회적으로 착근되고embedded 있음을 보여준다.

7. 일상적 측면의 외국인 학생의 주변화

광주지역 대학에서 외국인 학생의 증가는 대학교육의 국제화를 통한 경쟁력 제고, 그리고 학령인구 감소와 수도권 대학으로 편입 증가에 따른 지방대 위기의 해결이 동시적으로 작용한 것으로 보인다. 즉, 광주 소재 대학에는 정부초청 및 대학초청 외국인 학생과 지방대 살리기 전략에 편승한 외국인 학생이 존재하며, 이들 사이의 대학생활 적응과 만족도는 상당한 차이가 있는 것으로 판단된다.

필자는 중국 유학생에 대한 참여 관찰을 통해 외국인 학생이 광주 소재 대학에서 경험하는 주변화의 특성을 이해하고자 하였고, 이들에 대한 주변화 과정을 파악하고자 내국인 학생, 조교, 직원, 교수 등에 대한 인터뷰를 실시하였다. 중국 출신의 유학생들은 광주에 거주하는 기간에 따라 주변화의 경험이 달라지는 특성을 보이고 있다. 정착기간이 짧을수록 일상에서 주변화의 경험이 적었고, 정착 기간이 길어질수록 주변부의 위치성이 확고히 나타남을 알 수 있었다. 대체적으로 중국 유학생들은 자신들이 생각했던 것보다 주변화와 차별의 경험이 적다고 진술하고 있다. 이는 대학과 대학 주변지역에서 외국인 학생을 드러내놓고 차별하지 않음을 보여주며, 또 다른 측면에서는 중국인 학생들이 자신들의 주변화 상태를 구체적으로 언급하지 않기 때문이기도 하다.

중국 학생들이 경험한 차별은 제노포비아xenophobia 현상보다는 무관심에서 표출되는 주변화marginalization에 가깝다. 가장 흔한 주변화는 일종의 '부재감sense of absence'으로 잘 드러나지 않는 배제exclusion에 해당한다. 이러한 부재감은 세 가지 측면에서 고찰되었다. 첫째, 한국인과 친하게 지내고 싶으나 한국인의 무관심한 시선이나 먼저 다가오지 않는 분위기가 중국인 학생에게 주는 배제의 느낌이다. 한 한국인 학생과의 인터뷰는 이러한 외국인 학생의 주변화에 대한 대학 생활의 단면을 보여준다.

질문자 : 외국인 학생들이 말했던 것 중에서, 외롭고 소외되고 뭐 그런 경험에 대한 것이 있나요?.

응답자 : 네 이런 감정을 많이 느끼고 있는 것 같은데, 이 친구들이 한국에 와서 자기들도 한국인 친구들하고 친해지고 교류하고 싶은 마음들이 있더라구요. 그런데 제가 친해지고 싶었던 친구가 있었는데 이 친구가 항상 한국인 친구들에게 차가운 얼굴을 가지고 대해서 경계했거든요. 애가 우리를 싫어하는 줄 알고. 얼마 전에 우연한 계기로 이 친구와 말을 하게 되었는데 이 친구는 그동안 한국인 친구들이 자기를 피했다고 생각을 하는거예요. 친해지고 싶었는데 항상 자기를 바라보는 시선이나 아무도 자기한테 다가오는 친구들이 없어서 항상 외로웠대요. 이것을 듣고 마음이 아팠거든요. 그런데 이게 그 친구 혼자만 느끼는 건 아닌 것 같아요. (인터뷰, 2015.7.2.)

둘째, 중국인 학생들은 아르바이트 하면서 경험했던 주변화의 느낌을 아쉬워했다. 인터뷰에 응했던 중국인 학생들은 중국에서의 소득수준에 상관없이 금전적 압박감을 느끼고 있었는데, '나이가 많은데 부모에게 의존하는 것이 힘들다'는 표현을 자주 하였다. 특히 술집에서 아르바이트 하는 경우 차별의 경험을 자주 느낀다고 응답하였다. 셋째, 중국인 학생들은 수업에서 배제되는 분위기를 아쉬워했다. 모 대학의 학과 조교와의 인터뷰는 이러한 분위기를 잘 이해하도록 한다.

응답자 : ...외국인 학생들이 TA를 했거든요. 그 때 들었던 얘긴데 오히려 약간 대우를 안 해줘서 힘들대요.

질문자 : 어떤 대우?

응답자 : 그러니까. 저희는 발표도 외국인 학생들은 제외. 약간 배려라고는 하지만 본인들은 약간 그게 좀 서운한가봐요.

질문자 : 우리의 배려가 그들한테는 서운한 거네요?

응답자 : 그런데, 어차피 저희가 그분들 발표를 잘 못 알아듣거든요. 그래서 그런 것도 있어서 저는 당연히 안하나 보다했는데 본인들은 너무 빼놓고 하니까. 그리고 어떤 교수님들은 들어올 때부터 외국인한테 맞춰주지 않겠다. 뭐, 우리는 일단 우리과 수강생들 있으니까 수업의 난이도를 조절하지는 않을거니까 들을 수 있으면 듣고 아니면 나가라 이렇게 말씀하신다고 하더라구요. (인터뷰, 2015.7.2.)

위에서 언급한 것이 모든 외국인 학생이 공통적으로 경험하는 것은 아니지만, 전반적으로 광주의 대학에서 일어나고 있는 현실을 반영한다. 한국인 학생들은 대학의 국제화와 외국인 학생의 증가에 대해 무관심하거나 싫지는 않다는 반응을 보였고, 일부 학생은 외국인 학생의 증가를 대학의 발전으로 인식하였다.

질문자 : 왜 발전했구나하고 생각하나요?

응답자 : 저같은 경우는 OO대학교에서 외국인들하고 교류할 기회가 많지 않았었던 2009년과 2010년에는 많이 아쉬웠었거든요. 이미 수도권대학들은 많은 외국인들이 있었지만 광주에는 그렇게 많은 외국인 프로그램이 있지 않았기 때문에 그랬는데 돌아와서 보니까 가는 곳곳마다…특히 제가 있었을 때는 동남아시아 비율이 대부분이었어요. 흑인들도 거의 없었고 특히 백인도 거의 없었거든요. 선생님들을 제외하고는. 근데 돌아와서 보니까 인종이 너무 다양해졌어요. 그래서 저는 교류가 정말 잘 되고 있구나 생각했어요. (인터뷰, 2015.7.2.)

상당수의 한국인 학생들은 외국인 학생과 팀별 과제를 하는 것을 꺼리는 경향이 있었는데, 한국인-외국인 학생 간 소통의 문제가 큰 요인으로 작용하였다. 언어 소통이 어려운 경우가 많았고, 때로는 외국인 학생의 참여가 부족한 경우도 있었는데, 아르바이트를 많이 하는 외국인 학생의 경우 일정 때문에 팀워크에 문제를 제기하기도 하였다.

문화적 차이는 외국인 학생 주변화에 큰 영향을 미치는 것으로 파악되었다. 중국인 학생은 옷 입는 것이 허름할 것으로 인식하는 한국인 학생들이 많았는데, 갈수록 세련되어가는 중국인의 모습에 깜짝 놀란다는 반응이었다. 외모에 비친 외국인 학생의 주변화는 한 한국인 학생과의 인터뷰에 잘 나타난다.

질문자 : 보통 중국학생들 하면 떠오르는 이미지가 있는데, 혹시 중국학생들 하면 어떤 느낌이 가장 많이 들어요?

응답자 : 저는 호피무늬 계열의 옷이나 복장들을 즐겨입고…

질문자 : 중국학생들 말고 아프리카 학생들도 많이 오고 그러는데, 약

간 옷차림과 행동하는 것 이런 측면에서 아시아 학생들 또는 유럽학생들과 차이가 있던가요?

응답자 : 아프리카계열 학생들도 왜 옷차림에서 나름의 문화권마다 차이가 확실히 있는 것 같아요. 유럽계열 학생들은 캐주얼하면서도 가볍게 우리나라로 치면 민소매계열의 옷. 남자들 같은 경우에는 한 두 벌 딱 가볍게 입는 스타일인 반면에 아프리카계열 친구들은 다들 밀짚으로 된 모자같은 걸 햇볕을 가릴 때 그런 걸 즐겨쓰더라구요. 중국학생들은 약간 우리나라의 90년대나 2000년대 초반 느낌의 의류들을 많이 입는 것 같아요.

질문자 : 한마디로 약간 촌스럽다?

응답자 : 네. 그렇게 받아들일 수도 있고, 아. 그 문화권에서는 저런 것이 트렌드적으로 받아들여질 수도 있겠구나하는 생각이 들어요. (인터뷰, 2015.7.1.)

한편, 문화적 차이는 역차별 논란의 대상이 되기도 한다. 특히 유럽의 초청 장학생들은 장학금, 기숙사 제공 등의 혜택을 받으면서도 대학생으로서의 에티켓을 지키지 않는 경우가 많아, 이에 대한 불만이 비교적 많았다. 대학의 발전과 외국인 학생의 관계에 대한 인터뷰 과정에서 한 학생이 보여준 유럽 학생에 대한 불만과 실망은 위의 내용을 대신한다.

질문자 : 본인 생각에 더 많은 외국인 친구들이 오는 것이 우리학교 발전에 더 좋다고 생각하나요?

응답자 : 그런데 학교 입장에서는 외국인들을 유치하는게 학교가 글로벌화되었다는 걸 가시적으로 보여주잖아요. 그래서 학생들을

많이 불러오고 싶어하는 것을 이해하겠는데 가끔 보면 진짜 똑똑하고 진짜 좋은 친구들도 많이 오는데 가끔 보면 음, 뭐랄까, 학생으로 본분을 잊고 그냥 놀러온 친구들이 있어요. 한국의 밤문화와 식문화만 즐기고 싶어하는.

질문자 : 어떤 친구들이 주로 그러던가요?

응답자 : 음...약간 유럽쪽 친구들이 그런 것 같아요.

질문자 : 문화가 충돌하는?

응답자 : 너무 크게 음악을 틀어 놓고 막 기숙사 안에서 파티를 해서 약간 소음? 소란? 이라던가. 음...

질문자 : 타인을 의식 덜 하는 것?

응답자 : 타인을 의식 덜 하는 것은 괜찮은데 좀 선정적인 것 있잖아요. 외국인들의 자유분방함? 그게 가끔은 거리에서 너무 노골적으로 보일 때에는 아! 한국문화에서 받아들이기는 조금 어려울 수 있는데 하는 생각이 들어요. (인터뷰, 2015.7.2.)

그럼에도 불구하고 대학생 사이에서 유럽 학생에 대한 거부감은 심하지 않았고, 오히려 친하고 싶다는 의견이 많았다. 최근 한 연구에서는 선진국과 개도국의 차이가 종족이나 문화적 차이보다 주변화에 더 큰 영향을 미친다는 주장이 제기되었는데(김종태·한기덕, 2013), 본 연구에서도 비슷한 경향이 나타났다. 광주 소재 일부 대학에서는 한국인 학생(멘토)과 외국인 학생(멘티) 간 상호교류 프로그램이 있다. 많은 학생은 멘티로 유럽이나 북아메리카 학생을 선호하는 것으로 나타났고, 아시아계나 아프리카계 학생과 멘티로 연결될 때는 형식적 수준에서 역할을 수행하는 경우가 나타나기도 하였다. 때로는 멘티를 한번도 만나지 않는 사례도 발생하면서 아시아계와 아프리카계 유학생에 대한 차별이 나타난다.

질문자 : 그런 사례를 구체적으로 말해줄 수 있나요? 외국인 멘토 관련된 거죠?

응답자 : 처음에는 의무적으로 만나요. 학교에서는 뭐뭐해야한다고 제시만 해줘요. 제가 학생 파트너를 만났을 때는 그 친구들을 데려왔는데 그 친구들은 파트너 얼굴을 본적도 없고 연락을 해본적도 없다고 하더라구요. 또 다른 문제로는 신청하는 학생들을 보면 유럽권이나 영미권 문화 친구를 많이 선호해요. 사실 이것도 웃긴건데 우리나라 학생들의 최대 문제가 어학이 발목을 잡고 있기 때문에 약간 어학을 발전시키자는 목표도 있고...매칭 파트너가 유럽쪽이 아니면 그냥 안할래 하면서 포기를 해버리거나 하는 친구들도 많이 있어서...(2015.7.1.)

이상과 같은 외국인 학생에 대한 주변화는 대학(대학 주변지역)에서 흔히 나타나는 것이다. 하지만 앞서 언급한 것처럼 대학 캠퍼스에서 외국인 학생에 대한 혐오감이나 거부감이 겉으로 드러나지는 않고 있다. 본 연구를 통해 외국인 학생에 대한 대학 내 주변화는 한국인 학생만의 문제가 아니라 외국인 학생에게도 문제가 있는 것으로 파악되었다. 가장 근본적인 이유는 고정관념으로 어려서부터 사회로부터 학습된 이데올로기와 담론이 내면에 담긴 상태에서 타문화를 이해하려고 하는 관계에서 나타나는 무시와 소외로 인식된다.

대학의 학생, 교수, 직원들은 외국인 학생에 대한 차별을 의식하지 못하나, 대학 캠퍼스에서 마주치는 외국인 학생에게 따스한 시선을 주기 쉽지 않다. 언어 소통의 문제도 있고 바쁜 일상도 영향을 미치고 무엇보다 낯선 사람과의 대화가 쉽지 않다. 이러한 낯설음이 외국인에게는 무관심과 차가운 시선으로 다가가고, 외국인 학생 스스로를 소외된 존재로 인식하도록 하는 것으로 보인다. 인터뷰에 응한 다수의 외국인 학생은 한국인과의 친분관계를 원하고 있었으며, 대학생활의 문제가 발생할 때 같은 국가출신의 유학생에게도 도움을 청하지만 한국인에게 도움을 청하고 싶은 마음이 간절한 것으로 나타났다. 그럼에도 불구하고, 대학에서 외국인 학생에 대한 주변화에 가장 큰 영향을 미치는 것은 우월감으로 특히 현대사회에서 경제력의 차이에 따른 우월감이 주변화에 큰 영향을 미치고 있는 것으로 보인다.

8. 유학생 주변화와 미래

광주지역은 외국인 학생의 비율이 전국 평균에 비해 높은 곳이다. 외국인 학생의 유입은 신자유주의 성공 신화에 영향을 받은 국가 및 대학 정책의 결과로 해석될 수 있다. 대학교육의 국제화가 대학, 지역사회 및 국가에 긍정적 역할을 미치는 것으로 인식되지만, 그 효과를 판단하는 것은 쉽지 않을 것이다. 지난 10년간 우리나라의 외국인 학생에 대한 정책이 세 번이나 크게 바뀌었다는 점이 이런 현실을 반영한다.

정부가 추진하였던 'Study Korea Project'는 짧은 시간 내에 많은 유학생의 유치를 가져오면서 OECD 국가 중에서 유학생이 가장 빠르게 성장하는 국가에 속하게 되었다. 국가에 의해 주도된 외국인 학생 유치 전략은 대학교육의 국제화를 통한 경쟁력 확보뿐만 아니라, 유학의 유·출입에서 국제수지를 균형화하고, 입학정원을 채우지 못한 지방대학을 살리기 위한 방편으로 실시된 점도 간과할 수 없다.

외국인 학생을 유치할 수 있는 준비가 부족한 대학들이 무리하게 학생들을 유치하였고, 이는 외국인 학생에 대한 학사관리의 허점으로 나타났고, 불법체류의 문제점으로 이어졌다. 정부는 급격히 증가한 외국인 학생으로부터 파생되는 다양한 문제에 대응하고자 외국인 학생에 대한 질 관리 정책을 고안하였으나, 이는 대학으로 하여금 외국인 학생에 대한 관리와 개입을 요구하면서 또 다른 차원에서 외국인 학생을 주변화하는 결과를 야기하였다. 정부의 유학생 질 관리 전략이 제대로 정착되기도 전에 사회 일각에서 제기된 유학생 감소에 대한 우려는 유학생의 복지수준 향상을 통한 정주를 지원하는 정책이 추진되는 결과를 가져왔다.

중국인 유학생들은 일상에서 존재의 부재감이 주는 주변화 위치성을 경험하고 있었다. 이러한 부재감이 구성 및 작동되는 메커니즘을 이해하고자 내국인 학생, 조교, 직원 등을 대상으로 인터뷰 조사를 실시한 결과, 한국 대학사회의 외국인 학생에 대한 전반적 무관심이 이러한 주변화가 작동되는데 큰 영향을 미치고 있음을 알 수 있었다. 또한 신자유주의가 요구하는 경쟁력 갖추기는 한국인 대학 구성원으로 하여금 자신의 일에 몰두하게 하면서 외국인 학생에 대한 무관심이 배태되는 토대를 제공하는 것으로 판단된다. 본 연구를 통해 외국인 학생의 주변화는 잘 드러나지 않는 분위기, 소통의 부족, 고정관념 등을 통해 생성되고 재생산되는 관계에 있음을 알 수 있었다. 이런 점에서 외국인 학생에 대한 주변화가 나타나지 않도록 하기 위해서는 대학을 포함한 우리사회의 많은 노력과 실천이 필요하다고 판단된다.

제5부

이주의 미래

제12장 미래의 이주 연구

제12장　미래의 이주 연구

1. 이주의 새로운 관점

이주는 이입과 이출이 동시적으로 나타나는 사건, 현상 및 변화이다. 현재까지 이입과 이출을 분리시켜 연구하는 경향이 강하게 나타난다. 우리나라도 국내로 유입되는 이주자의 규모, 성격, 영향 등에 관심이 많으며, 이출의 특성과 영향에 대한 관심은 상대적으로 부족한 편이다. 이주가 관계에 의한 발생학적 동인을 갖는 사건이자 현상이고, 문화의 혼종과 갈등을 통한 로컬의 변화를 가져오는 원동력이라면, 이주는 이입과 이출을 동시적으로 고려해야 할 것이다. 이주와 관련된 대표적 이론(배출-흡인 모델, 노동시장의 분절론, 세계체계이론, 초국가적 이론, 이주자 네트워크 이론 등)들은 이입에 초점을 두고 있다. 이출에 대해선 디아스포라 연구가 대표적인데, 모든 이출이 디아스포라의 관점에 포함되지 않는다는 점에서 한계가 있다. 따라서 이입과 이출을 동시적으로 고려하는 이론적 토대를 구축하는 연구가 향후 필요할 것이다.

그동안 이주 연구는 이러한 문제를 극복하기 위해 많은 노력을 해온 것은 사실이다. 예를 들어, 초국가적 이주 연구는 이주자를 영역으로 구분되는 존재로 인식하지 않으며, 국가라는 영역을 초월하여 작동하는 초국가적 관계에 주목하였다(Jackson, *et al.*, 2003; Schiller and Çağlar, 2009; Smith, 2001; Smith 2006; Vertovec, 2009). 하지만 초국가적 이주 연구도 특정 집단의 초국가적 관계를 살핀다는 점에서, 한 장소가 경험하는 이입과 이출의 변화를 제대로 설명하는데 한계가 있다.

이주는 서로 다른 장소들이 인간의 이동을 매개로 서로 연결되는 현상이다. 이입과 이출의 복잡한 관계들은 개방적 장소들의 연결을 가져온다. 예를 들어, 광주로 유입되는 이주자는 광주와 전 세계의 다양한 장소 간 연결을 만들고, 광주에서 해외로 이민을 떠나는 사람들은 광주와 전 세계의 다양한 연결을 또한 만들게 된다. 이런 점에서 이주는 우연적이고 우발적이고 다양하고 이질적인 이출·입의 관계에 의해서 생성되는 복잡성complexity이라 할 수 있다.

하나의 메타 이론이나 담론이 거부되는 포스트post 이론의 시대에 이주에 대한 통합적 이론을 제시하는 것은 사실상 불가능하며, 이주의 복잡한 상황에 적합한 관점이나 이론들을 상호 접합하는 것이 필요하다고 생각된다. 이와 관련하여 이주 연구가 주목할 관점이나 이론에는 다음과 같은 것들이 있다. 첫째, 관계적 접근relational approach은 공간과 장소를 열린 상태로 인식할 것을 강조한다(박경환 외 공역, 2016). 개방적 관점에서 이주는 한 장소의 개별성에 기초하여 설명될 필요가 있는데, 이주는 여러 장소가 연결된 관계에 의한 결과이며, 이주를 발생시키는 각각의 사건들은 서로 다른 배경과 맥락에서 생성된 것이다. 관계들의 복잡한 연결, 그리고 연결에 내재하는 권력은 이주자를 서로 다른 문화와 가치의 궤적 및 역사에 포함시킨다. 때로는 이국적이고 선망의 대상이 되는 이주자의 경관이 나타나고, 때로는 게토에 소수 종족 집단의 경관이 나타나고, 시간이 지나면서 문화적 혼종이 서로 다른 경관을 한 장소만의 개별성으로 생성하는 것이 바로 이주에 대한 관계적 접근이라 할 수 있다.

둘째, 모빌리티mobility는 이주를 바라보는 새로운 관점을 제공하기에 충분하다. 현 시대는 이동성의 급격한 증가를 경험하고 있는데, 휴대전화를 통하여 전 세계의 정보가 교류되는 모바일 사회가 진화 중에 있다. 이동은 관계에 의해 발생한다. 이런 점에서 모빌리티와 관계적 접근은 불가분의 관계에 놓여 있다. 이동의 배경과 목적, 이동하는 곳, 이동의 수단 등이 이동을 구성한다. 이동은 권력적인데, 난민의 이동에도 힘의 관계가 작동한다. 이동할 수 있는 능력이 없는 사람은 난민의 대열에 합류조차 하지 못하기 때문이다. 이동으로서 이주는 계급, 권력, 자본, 정체성 등의 관계들이 복합적으로 작용한 결과이다. 모빌리티 관점은 왜 이주가 발생하고, 이주를 통해 장소들의 연결은 어떤 특징을 가지며, 이주가 서로 다른 장소들을 어떻게 연결시키고, 변화시키는지를 이해하는데 중요한 관점을 제공한다.

셋째, 이주 연구에서 방법론적 국가주의methodological nationalism를 벗어날 필요가 있다. 국가(영역)와 사회(국민)가 동일하다는 인식은 역동적인 글로벌 이주의 관계를 이해하는데 한계를 갖는다. 특정한 국가 출신의 이주자는 동질적 문화를 갖는 것이 아니며 동일한 가치관을 갖지 않지만, 국가와 국민을 동일시하다보면 이러한 차이를 간과하는 결과를 가져온다. 미국에 있는 모든 한국계의 사람들이 김치를 좋아하거나 한국적 정서를 강조하는 것은 아닌데, 이주와 디아스포라 연구는 '한국'과 '한국인 또는 한국계'를 동질 집단으로 규정하는 오류에 빠지기 쉽다. 무슬림 사회의 젠더 특성도 장소, 시기 및 상황에 따라 다르게 나타나는데, '무슬림의 젠더'는 어느 시대 어느 장소에서도 같다는 식의 설명도 재고되어야 한다.

2. 이주자의 주변화에 대한 맥락 읽기

주류 사회는 특별한 경우를 제외하고는 이주자를 소수자로 취급하고 문화적 차이를 통해 차별하는 경향이 있다. 이주자라면 누구나 정도의 차이는 있겠지만, 차별, 배제 및 소외를 경험했을 것이다. 이주한다는 것은 한 사회의 주변부에 위치한 존재가 되는 것임에도 불구하고, 왜 낯선 곳으로의 이동은 증가하는가? 한 가지 분명한 것은 이주자의 주변화는 전 세계에서 보편적으로 나타나는 현상이며, 이주는 개인의 실천뿐만 아니라 사회의 선택과 실천이란 점을 간과해서는 안 된다. 지금까지 이주자에 대한 차별과 배제가 지난 수십 년 간 여러 학문 분야에서 수행되었음에도 불구하고, 여전히 이주자의 주변화가 화두가 되는 것은 주어진 상황과 이주자의 주체적 위치에 따라 주변화의 특성이 다르기 때문일 수 있다.

필자는 이주자의 주변화에 대한 인식적 전환이 필요함을 다음과 같이 제시하고자 한다. 첫째, 이주자에 대한 차별이 구성되는 관계를 이해하는 것이 중요하다. 어느 시대와 장소를 불문하고 이주자는 이방인의 위치였으며, 이방인은 문화적 차이를 통하여 차별 받기 쉬운 존재였다. 이런 맥락에서 이주자에 대한 차별이 존재하는 것은 '당연한 현상'으로 이해되어야 할 것이다. 차별은 포함과 배제의 기준이 되며, 포함과 배제의 결과이기도 하다. 중요한 점은 인종, 종족, 국적의 차이에 의한 차별이 개인적 차원에 국한될 때는 문제가 없으나, 담론과 이데올로기로 작용하면 사회적 문제로 부상한다.

이런 맥락에서 장소마다 다르게 구성되는 이주자의 주변화 과정을 이해하는 것이 필요하다. 이주자의 주변화는 모든 공간에서 동질적 형태로 나타나는 것이 아니라, 장소마다 그리고 시대와 상황에 따라 각기 다른 특성으로 구성된다. 왜 프랑스의 해변에서 부르키니의 착용은 '위험의 상징(위협, 안전, 위생 문제)'이 되는가? 이를 이해하기 위해서는 프랑스에 무슬림이 집단적으로 이주하게 된 역사와 이주의 궤적을 이해해야 하고, 누적적 인과 관계의 맥락에서 무슬림에 대한 차별이 전개된 과정을 이해해야 할 것이다. 즉, 차별에 대한 사회적 담론이 구성되는 메커니즘에 대한 이해가 필요하다. 둘째, 동일한 현상에 대한 담론이 지배 집단과 소수 종족의 이주자 사이에서 다른 맥락으로 해석됨에 주의할 필요가 있다. 이주자를 주변부로 위치시키는 담론은 대부분 이주자를 위험한 존재로 부각시킨다. 특히 이주자가 잠재적 테러의 용의자로 인식되는 상황이라면, 이주자에 대한 주변화는 '외국인 혐오주의'를 비롯한 다양한 극우적 활동을 야기할 것이다. 테러리즘terrorism은 어떤 집단이 요구하는 것을 강압적으로 얻기 위하여 체계적으로 폭력을 사용하는 것을 의미한다(조한승 · 고영일 역, 2013). 따라서 이주자에 의한 테러가 발생하였다는 것은 주류 사회의 요구가 부당하거나 뭔가 개선할 필요가 있다고 인식하는 소수자로서 이주자의 요구가 있음을 의미한다. 테러리즘은 모든 사람을 공포에 떨게 하는 인위적 및 심리적 전략이고, 이념과 밀접한 관계를 갖는다(장희권, 2011). 누구나 표적이 될 수 있다는 점에서 테러는 사회 불안을 조장하고 대중의 공포를 유발하는 매우 강력한 수단이다. 이와 관련하여 주목할 사항 중의 하나는 테러가 종족이나 장소에 따라 다르게 해석될 수 있다는 것이다. 예를 들어, 서구의 주류 사회 입장에서 무슬림에 의한 테러는 흉악한 범죄이지만, 테러를 자행하는 특정 무슬림 집단의 입장에서는 자유투사로서의 희생적 실천으로 인식될 수 있을 것이다. 이런 맥락에서 이주자의 저항은 보는 관점에 따라 달라질 수 있음에 유의해야 할 것이다.

셋째, 이주자에 대한 주변화는 현재의 문제만이 아니라 미래의 문제이기도 하다. 이주자에 대한 차별과 배제는 그들 자녀에 대한 주변화로 이어진다. 이런 상황에서 이민 2세는 사회로부터 고립되기 쉽고, 주류 사회가 요구하는 교육 및 사회적 자본을 발전시킬 기회가 적어진다. 결국 이민 2세는 자신들이 선호하는 직업에서 배제될 가능성이 높고, 실업에 직면할 확률도 높다. 이런 과정을 거치면서 이민 2세는 주류 사회가 거주하지 않는 낙후된 지역에 집중되고, 격리된 공간을 형성할 가능성이 높다.

넷째, 이주자의 주변화는 이주의 발생학적 요인이란 맥락에서 이해되어야 한다. 난민, 노동이주, 결혼이주를 비롯하여 선진국으로의 이주를 추동한 배경에는 자본 축적의 메커니즘이 작용한다. 예를 들어, 3D 업종에 대한 기피 현상이 왜 외국인 이주자의 유입을 가져오는가? 3D 업종의 근무 환경을 개선하는 것이 사회의 바람직한 선택이었으나, 근무 환경을 개선하는 대신 값싼 노동자를 수입한 것이 노동이주에 대한 발생학적 맥락에 해당한다. 지배 집단을 형성하는 자본가 집단은 노동이주를 통해 막대한 이익을 보지만, 노동이주의 유입과 무관했던 하류 계급은 노동이주자와 갈등 관계에 놓이는 경향이 있다. 노동이주자는 고용과 일상에서 하류 집단과 같은 공간을 사용하면서 서로 간 갈등이 나타난다. 따라서 이주의 발생학적 관점에서 보자면, 이주자의 주변화에 대한 상당 부분의 책임은 자본가 집단에 있으며, 이주자의 주변화에 따른 문제를 해결하는데 이들 집단의 자발적 참여가 필요하다고 사료된다.

다섯째, 이주자의 주변화에는 예외가 없는데, 유학생도 주변화의 희생이 되고 있다. 선진국은 유명 대학들은 재정 확보의 수단으로 외국인 학생의 유치에 적극적이다. 선진국의 대학은 외국인 학생들이 좋은 환경에서 공부할 기회를 제공하지만, 동시에 대학의 국제 경쟁력 강화와 재정 확보라는 '상품화'의 맥락에서 이들을 유치한다. 또한 정부는 고령화 사회에 대비하여 양질의 노동력을 확보하는 수단으로 우수한 외국인 학생을 유치하기도 한다. 이처럼 외국인 학생은 국가와 대학의 필요에 의해 관리 및 통제되는 대상으로 주변부의 위치성에 놓이기 쉽다.

이처럼 이주자는 다양한 경로를 통해 주변화를 경험하게 되고, 이는 정착 사회에 부정적 영향을 미치게 되므로, 사전에 이러한 주변화의 문제점을 예방하는 노력이 요구된다. 차이란 극복되거나 관용이 필요하거나 차별의 대상이 아니라, 스스로 주체성과 생명력을 지닌 비교의 대상이 된다. 차이 그 자체는 문제를 야기하지 않는다. 하지만, 차이를 당연한 것으로 인식하지 않는 사회적 분위기가 이주자를 타자로 구성하고, 이들을 주변부에 위치시키게 된다.

3. 관계적 공간으로써 이주자 공간 읽기

이주자는 국·내외에 걸친 종족 중심의 사회적 관계를 통해 공간을 형성한다. 이주한 특정 종족이 주류 집단의 공간과 분리되어 한 곳에 집중되면서 형성하는 이주자 공간enclave(엔클레이브)은 주류 사회와 소수 종족의 관계가 만든 산물이다. 종족(또는 민족)이란 문화, 가치, 종교, 일상, 사회집단 등 다양한 의미를 담고 있으며, 또한 사회 구성원의 연대와 소통이란 부가적 의미도 갖고 있다. 종족이란 특정한 공간에서 문화적 전통을 공유하는 사람들이 갖는 정체성이다. 정체성이 관계적으로 형성되듯이 종족의 정체성이 착근되는 이주자 공간도 관계적으로 구성된다.

종족은 같은 문화를 공유한다고 스스로 생각하는 공동체이며, 사회적 관계를 통해 하나의 집단의식을 갖는 거대한 사회 집단이며, 같은 조상과 언어 및 문화를 공유하는 사회 집단이다. 주류 사회는 소수 종족을 엄격하게 통제하면서 이질적 문화가 주류 사회의 중심으로 유입되는 것을 차단하고자 한다. 상대 문화의 낯설음은 위협이 되고, 서로 공존할 수 없다는 담론이 주류 사회에서 제도화된다. 이에 맞서 이주자들은 스스로 주류 사회와 거리를 두면서 자발적으로 공간적 분리를 실천하는데, 이것이 엔클레이브를 구성하는 핵심이다.

글로벌 이주의 시대에 이주자의 종족 공동체가 주목을 받는 이유는 무엇일까? 그리고 엔클레이브는 공간 변화를 이해하는데 왜 중요한가? 첫째, 엔클레이브는 이주자의 다양한 관계가 다중-스케일의 차원에서 작동하는 공간으로, 하나의 로컬이 지구상의 다른 로컬들과 연결되는 '교차점intersection' 또는 '결절node'의 역할을 한다. 종래의 도시연구는 중심성의 규모와 기능에 따라, 또는 도시 간 네트워크의 상위 위치성에 따라 결절이 형성된다고 인식하였다. 하지만 관계적 관점에 의하면, 아무리 작은 공간이라고 하더라도 자체의 공간성을 가지며, 다른 공간과 역동적인 연결을 갖는다. 비록 주변화된 이주자의 공간이지만, 엔클레이브는 세계, 국가, 로컬의 관계들이 동시적으로 작동하는 다중-스케일의 공간(성)을 생성하고 있음에 주목해야 한다.

둘째, 엔클레이브는 이주자의 공간만이 아니라, 주류 사회의 공간에 이주자의 공간이 교차 및 중첩되는 '혼종화의 공간'이다. 소수 종족의 거주지는 복잡한 초국가적 네트워크가 끊임없이 생성되고 변화하는 공간이다. 여가 활동이 전개되고, 친구 관계가 형성되고, 노동이 전개되는 현장이 바로 엔클레이브이다. 또한, 엔클레이브는 새롭게 유입되는 이주자 집단에 의해 새로운 공간성이 창출되는 곳이다.

이주자는 단순히 낙후된 공간에 거주하는 것이 아니라, 일상의 활동에서 편한 곳을 찾게 되고, 종족 중심의 네트워크를 통해 경제 및 사회적 기반을 다져간다. 일자리를 구하고, 집을 마련하고, 자녀를 학교에 보내고, 종교 활동을 하는 이주자의 장소가 구성되는 것이다. 이 과정에서 이주자의 거주 공간은 주류 사회의 문화, 종족 공동체의 문화, 그리고 서로 다른 이주자들의 문화 등이 공존하는 공간으로 변모한다.

셋째, 이주자 공간(엔클레이브)은 경계 또는 경계짓기에 대한 성찰을 요구한다. 관계로서 구성되는 이주자 공간은 언뜻 보아서는 경계가 없어 보이지만, 특정 종족의 집단 정체성이 구현되는 공간이란 점에서 경계가 그어지는 공간이다. 경계 있음에 의해 이주자의 관계가 구체적 특징을 지니게 되고, 연대와 구별(구분)짓기를 통하여 경계에 의한 공간의 의미 부여가 나타난다.

지배 집단의 국민 정체성이 강하게 작용하면, 소수자로서 이주자의 종족성도 강한 연대를 갖게 된다. 미국은 2017년 트럼프 대통령이 당선되면서 미국 중심의 정체성을 재구축하는 전략을 세우고 있는데, 이는 역으로 소수 종족 이주자들의 연대를 더 강화시킬 가능성이 있다. 이주자는 힘이 약하고 눈에 잘 띄지 않는 존재일 수 있으나, 강한 연대와 결속의 네트워크를 통해 장소의 정치를 실현할 수 있다. 하지만, 이주자의 장소 정치는 주류 사회에 직접적으로 도전하는 시위의 형태보다는 궁극적으로 자신들의 사회적 자본을 확대하는 운동과 실천으로 전개될 가능성이 크다.

4. 디아스포라 다시 읽기

모든 이주자는 떠나옴을 경험하지만, 이것이 디아스포라의 경험으로 이어지는 것은 아니다. 디아스포라는 모든 이주자의 이야기가 아니라 강제적 또는 자발적 이주를 경험한 주변화된 종족의 이야기이다. 이런 점에서 디아스포라는 특별하다. 한 장소에는 다양한 이주자 집단이 존재하는데, 디아스포라는 특정 종족의 현상인 것이다.

한 집단을 동질적 존재 또는 유사한 정체성의 집단으로 규정짓는 것은 '소속감sense of belonging'에 기초한다. 이런 점에서 디아스포라의 소속감이란 '고국에 대한 기억'을 공유하는 집단의식인 것이다(Brubaker, 2005).

현재까지 디아스포라 연구는 종족의 이주와 네트워크를 이해하는데 소중한 이론적 및 실증적 토대를 제공하였다. 하지만 디아스포라 연구는 다음과 같은 한계에 직면하고 있다. 첫째, 디아스포라 연구는 '국가' 또는 '영역'에 대해 매우 모호한 관점을 갖고 있다. 디아스포라가 상상적(또는 실제적) 국가의 존재를 필요로 한다면, 종족의 이산은 국가라는 영역을 벗어날 때만 의미를 갖게 된다. 예를 들어, 러시아는 특정 종족에 대한 강제 이주의 역사를 경험하고 있으나, 디아스포라가 영역 즉, 국경을 넘어설 때 작동하는 것이라면, 거대한 영토에서 강제 이주를 당한 특정 종족은 디아스포라의 대상이 아닌 것이다. 만약, 디아스포라가 국가라는 영역적 단위를 통해 작동한다면, 20세기 후반에 나타난 종족의 분리운동은 새로운 디아스포라의 역사를 어떻게 창출하고 있는가에 대해서도 관심을 가져야 할 것이다.

둘째, 종족에 대한 이데올로기가 변화할 때 디아스포라 연구는 이산적 주체들의 위치성을 제대로 설명하기 힘들게 된다. 실제로 이주자의 위치성에 영향을 미치는 것은 디아스포라가 아니라 사회 내에서 계급, 젠더, 자본 등과의 관계나 위치이다. 디아스포라 연구는 고국의 문화적 정체성을 지나치게 강조하는 물신화의 문제에 봉착하고 있다(이영민 외 공역, 2013; Anthias, 1998). 이주의 역사가 길어짐에 따라 세대 간 고국에 대한 소속과 문화적 정체성은 달라지며, 이주자의 삶에 영향을 미치는 로컬의 요소들은 수시로 변화한다(Blunt, 2007). 따라서 디아스포라 연구는 새로운 변화를 담아낼 수 있어야 하는데, 필자는 디아스포라와 관련된 이슈를 사회, 문화 및 정치로 구분하여 살펴보면서 향후 디아스포라의 연구가 지향할 방향을 제시하고자 한다.

1) 디아스포라와 사회의 관계

디아스포라는 주변부에 위치한 모든 이주자를 일컫는 것이 아니라, 고국으로 돌아가기 힘든 존재를 의미한다. 즉, 디아스포라는 소속과 국가(또는 종족)를 동시적으로 연결시키는 '영역적인 것the territorial'이다(정영주 역, 2014). 그런데, 이주란 국가의 탄생 이전에 존재하였고, 사실 이주자의 소속과 정체성은 디아스포라로 규정하기 힘든 많은 특성들을 갖는다.

디아스포라 연구에서 종족(민족)의 서사와 담론을 해체한다는 것은 쉬운 과업은 아닐 것이다. 디아스포라는 '국가'를 통해 매개되는 이데올로기이기 때문이다. (국민)국가가 존재하는 한 종족의 서사는 존재할 것이고, 국민을 통제하는 국가의 역할은 사라지지 않을 것이다. 초국가적 네트워크의 시대에도 국민국가는 이중 시민권 제도를 통하여 글로벌 차원의 종족의 네트워크를 구축하고자 하며, 이를 통해 국가의 역할을 강화하고자 한다.

디아스포라와 사회의 관계에서 향후 연구할 주요 내용은 다음과 같은 것이 포함될 것이라 판단된다. 우선, 디아스포라와 종족의 관계를 주변화의 맥락에서 포괄적으로 이해하는 관점이 필요하다. 예를 들어, 영국에서 인도인의 디아스포라가 작동하는 근본적 이유는 영국의 식민지배의 역사라 할 수 있다. 영국의 식민지배 역사를 포함하지 않는 인도인의 디아스포라 논의는 사실상 불가능할 것이다. 이처럼 디아스포라 주체의 하위주체성이 구성되는 맥락에 대한 발생학적 이해가 필요하다. 또한, 디아스포라 연구는 지나치게 종족성에 초점을 두면서, 권력, 젠더, 계급의 관계를 간과하는 문제가 있고, 또한 남성 주도적 디아스포라의 해석이 갖는 문제도 해결되어야 할 것이다(Anthias, 1998).

2) 디아스포라와 문화의 관계

디아스포라의 집단은 어떻게 구분 또는 규정되어야 하는가에 대한 심도 있는 논의가 필요하다. 디아스포라가 이주를 통한 주변부의 삶을 살아가는 특정 집단의 소속감, 장소감, 그리고 삶의 방식에 대한 이해라면, 디아스포라 집단을 국적 또는 국가와 동종의 개념으로 규정하는 것은 문제가 있다(정영주 역, 2014). 이주자마다 정체성의 차이가 존재한다는 것은 디아스포라의 이야기가 서로 다른 이주자의 존재와 삶의 방식을 이해하는데 초점이 두어져야 함을 의미한다.

과거에 한국에서 중국으로 이주한 사람들과, 일본의 식민지배 하에서 중국으로 이주한 사람들은 같은 성격의 디아스포라로 이해될 수 없다. 이는 디아스포라가 종족에 기초한 국가의 단위로만 이해되어서는 안 됨을 의미하며(Axel, 2002), 또한 시대와 상황에 따라 디아스포라의 주체가 다르게 구성됨을 의미한다. 소속감이란 떠나 온 곳과 정착한 곳을 동시적으로 연결하는 감정에 기초한다. 이주자마다 소속감의 차이가 있기에 단일 종족의 이상으로써 디아스포라가 작동되는 것은 문제가 있고, 전술한 바와 같이 영역과 문화적 연대감을 동일시하는 것은 문제가 있다. 디아스포라의 주체들은 정착한 곳에서 종족(또는 인종)의 차이에 의해 형성된 것이지, 나이지리아의 이주자이기에 특정한 정체성이 부여되는 것은 아니다. 1960년대라는 특수한 시기에 여러 식민지가 독립하는 상황에서 영국으로 이주한 카리브 해 출신의 흑인들은 당시의 시대와 상황에 따라 디아스포라의 주체성이 형성된 것이지, 단순히 흑인이기에 특정한 주체성을 갖게 된 것이 아니다. 영국에서 다른 문화와의 차이에 의해 카리브 해 출신의 흑인 정체성이 형성된 것으로 이해해야 한다.

이와 함께, 디아스포라는 혼종화hybridization된 것임을 간과해서는 안 될 것이다. 원래 혼종hybrid은 식물학에서 융합을 의미하는 용어를 차용한 것인데, 서로 다른 문화가 섞이고 교환되는 과정을 설명하기 위해 사용되었다. 특히, 호미 바바Homi Bhabha는 식민지배 과정에서 나타나는 모호함과 모조품(흉내내기)의 상태를 '사이inbetween', '제3의 공간'이란 맥락에서 혼종이란 용어를 사용하였다(정영주 역, 2014). 생물계에서 혼종이란 쉽게 관찰되는 것으로 튤립의 아름다움은 교배를 통한 일종의 '잡종'이며, 동물에서도 잡종은 흔히 발견된다. 이주도 곧 여러 문화가 썩이면서 제3의 문화로 변모하는 과정일 것이다.

따라서 사회 속에서 모든 문화는 혼종을 경험한다고 보아야 한다.

혼종화를 이해함에 있어 중요한 점은 혼종이 언급된다는 것은 순종(순수성)이 존재함을 암시한다는 점이다. 순종은 존재하는가? 길로이Gilroy(2000)가 언급하듯이 순수성이란 문화와 인종에 대한 타자를 만들기 위한 인위적 개념에 불과하다. 이런 점에서 디아스포라 연구는 고국과 정착 사회 간 문화적 특성을 동시적으로 고려하고, 그러면서도 영역과 문화를 동일시하지 않고, 혼종화를 경험하는 주변부의 위치성으로서의 디아스포라 주체에 대한 이해가 필요할 것이다.

3) 디아스포라의 정치

디아스포라의 정치는 인종주의와 밀접한 관련이 있다. 디아스포라의 정치는 백인성이 작동하는 대표적 이데올로기이다. 호주에서 체류 기간을 넘긴 영국인은 법을 준수하지는 않았으나 안전한 존재로 인식되는 반면에, 이라크 출신의 이주자는 늘 법을 준수하면서도 불안한 존재로 인식된다(정영주 역, 2014). 즉, 무슬림 이주자는 관리와 통제의 대상이 되고, 이는 이들의 디아스포라 주체성에 영향을 미친다.

미국의 트럼프 대통령은 2017년 1월 '멕시코 장벽의 건설', '위험 국적에 대한 비자 발급 잠정 보류' 등과 같은 이주자 반대의 정치로 국제사회의 비난에 직면하고 있으나, 미국의 보수층은 이에 대한 지지를 보내는 실정이다(한겨레신문, 2017.1.26.). 미국은 스스로 이민의 나라임을 강조하면서도 스스로를 디아스포라의 주체라 인식하지 않고, 이민을 관리 및 통제하는 대표적 국가에 해당한다. 여기에는 인종적으로 우월하고 우수한 문명을 창출한 앵글로-색슨의 후예라는 자부심이 깔려 있다.

하지만 미국 자부심의 토대인 '백인성'이란 식민주의의 유산이며, 세계를 지배하고자 하는 권력의 산물이다. 백인성에 도전하는 이주자는 위험 인물로 낙인찍히는 결과를 가져온다(Howell and Shryock, 2003). 무슬림은 감시의 대상이 된 것은 말할 것도 없거니와, 종교에 의한 문화적 차이는 적대적 요소라는 사회적 분위기에 직면하였다. 이러한 무슬림 이주자에 대한 서구 사회의 제노포비아xenophobia는 공적 공간에서 무슬림의 행동을 주류 사회의 가치관에 따르도록 강요한다.

서구에서 하위주체성을 갖는 디아스포라의 주체들은 어떤 경로로 이주하게 되었는가? 이들의 이주 배경과 경로을 살펴보면, 서구의 식민지배의 역사와 관련됨을 알 수 있다(정영주 역, 2014). 다들 인정하는 이러한 사실을 식민지배의 국가들만 외면하는 이유는 무엇인지를 밝히는 것이 향후 디아스포라 연구의 주제가 아닐까 싶다. 같은 맥락에서 서구로 몰려드는 난민은 서구가 주도했던 국제 정치와 경제적 착취의 역사임을 간과해서는 안 될 것이다. 성공적 이미지로 세계를 지배하는 초국적 자본은 사실 경제적 착취를 통한 개도국의 난민을 발생시킨 행위주체란 점도 간과해서는 안 될 것이다. 이처럼 디아스포라의 정치는 백인성과 식민주의에 역사적 뿌리를 두고 있으며, 현재는 서구의 초국적 자본에 의해 주도되고 있음에 주목할 필요가 있다.

5. 귀환 및 순환 이주 다시 읽기

귀환 이주와 순환 이주가 왜 중요한가? 우선 이주자의 상당수는 영주를 목적으로 이주하지 않으며, 글로벌 이주 시스템은 순환적 특성을 지니지만, 정작 대부분의 국가는 귀환자에 대한 관심은 상대적으로 부족하기 때문이다. 앞에서 살펴보았듯이 귀환 및 순환 이주는 이주자 혼자만의 결정이 아니라 가족 및 사회의 결정이란 점에 주목할 필요가 있다(Lang and Nadler, 2015).

이주자의 영주와 귀환이 정착 국가와 송출 국가에 미치는 영향은 막대하다. 독일은 1960~70년대 '초청 노동자' 제도를 통해 대규모의 이주자 유입을 경험하였다. 이들은 단기 방문으로 이주하였으나, 몇 년간의 독일 생활에서 높은 보수에 만족하였고, 비자를 연장하고 가족을 초청하는 기회도 갖게 되었다. 체류 기간이 길어지면서 자녀가 본국 문화보다 독일 문화에 익숙해지고, 본국으로 귀환 후 적당한 직장을 구하기 쉽지 않고 본국의 낮은 임금과 시민의식의 부족은 독일 사회로의 정착을 부추기게 되었다. 당시 많은 서부 유럽의 국가들은 이주자가 가족과 결합하는 것을 인위적으로 제한하는 것은 사회주의(또는 복지주의) 국가의 이상에 맞지 않다고 보았다. 예상했던 숫자보다 훨씬 많은 이주자가 가족 재결합을 추진하면서 독일을 비롯한 서구 사회는 급격한 사회적 변화에 휘말리게 되었다. 수백만 명에 이르는 이주자의 정착은 서부 유럽 전역에서 문화적 섞임과 혼종화에 따른 혼란에 직면하게 되었다.

2003~2007년 사이에 동부 유럽에서 서부 유럽으로 흘러간 이주자의 규모는 약 220만 명으로 추정되는데(Lang and Nadler, 2015), 이 중 50%는 귀환하지 않는 것으로 나타났다. 서부 유럽은 동부 유럽 이주자의 귀환을 강력하게 희망하면서도, 이주자의 유입으로 저렴한 노동력 풀이 형성되어 막대한 경제적 이익이 발생하고 있음에도 주목하였다. 한편, 동부 유럽은 떠나간 이주자의 귀환을 강력히 희망하면서도, 이주자 덕분에 국내 실업률의 문제가 해결되고, 또한 이주자의 사회적 송금에 따른 지역 발전의 효과가 있음에 주목하였다. 이처럼 이주는 여러 장소 간 상호간의 필요에 의해 발생하지만, 이주자는 어느 곳에서도 쉽게 환영 받지 못한다. 이로 인하여 이주자는 이곳과 저곳에 쉽게 적응하지

못하는 주변부의 삶을 살기 쉽고, 이러한 주변부의 위치성이 순환이주를 자극하는 요소가 되기도 한다.

귀환 및 순환 이주의 발생은 어떻게 해석되어야 하는가? 정착 사회에서 이주자의 주변부 위치성이 귀환을 자극하는가? 또는 국가의 이주자 통제 강화와 이동성의 증가는 순환 이주의 패턴에 어떤 영향을 미치는가? 이동성이 증가하고 이주에 대한 정보가 많아지면서, 이주 패턴의 다양화가 나타난 것은 사실이다. 귀환 및 순환 이주의 다양한 특징은 우리나라로 유입된 중국 조선족의 사례에서 쉽게 이해할 수 있다. 1990년대 중반부터 중국 조선족은 한국 사회로의 정착을 희망하였고, 이로 인하여 귀환 이주가 증가하였다. 하지만, 한국 사회에서 조선족의 적응은 생각보다 힘든 과정이었고, 이들의 주변부 위치성은 쉽게 극복되기 힘들었다.

귀화 조건을 충족시키지 못한 많은 중국 조선족들은 순환 이주를 경험해야 했다. 영주권 획득에 실패한 조선족들은 중국에 돌아가서 일정 기간의 체류 후에 비자를 다시 발급 받아 한국으로 건너오는 순환이주의 패턴을 보이게 되었다(신현준, 2013). 시간이 흐르면서 이주와 관련된 상황은 많은 변화를 보였다. 2004년 '재외동포법'이 수정되고, 2007년 '방문취업제'가 도입되면서 한국으로의 입국이 용이해졌다. 이동성이 증가하고 중국 조선족의 네트워크가 전 세계로 확대되면서 중국 조선족의 귀환 및 순환 이주는 다변화 되었다. 부부가 모두 한국에서 일하는 경우, 부부 중 한 명씩 번갈아 가면서 한국에서 일하는 경우, 부부 중 1명이 먼저 귀화하는 경우, 자녀를 한국에 유학 보내는 경우, 자녀를 한국이 아닌 다른 곳으로 유학 보내는 경우, 부부가 각각 다른 나라에서 일하는 경우 등등 중국 조선족의 이주는 다양한 패턴으로 변화하였다.

중국 조선족은 한국, 일본, 미국 등으로 이주하였으나, 중국의 동북3성과 한국은 이들의 네트워크에서 중추적 역할을 하는 핵심이었다. 한국 사회에서의 적응과 성공은 어렵고, 중국 경제의 성장으로 부동산 가격과 물가가 상승하면서, 중국 조선족은 한국으로의 귀환보다 순환 이주를 선택하게 되었다. 이처럼 중국 조선족의 이주는 개인, 가족 및 사회의 선택을 반영하는 매우 복잡한 상황의 상호 작용이다. 예를 들어, 중국내 조선족의 주변부 위치성에 대한 불만, 동포애에 기초한 한국 사회에 대한 동경, 한국 사회에서의 주변부 위치성과 적응 실패, 중국 경제의 성장에 따른 한족의 자본력 강화, 가족의 국제적 분절화, 중국에서 조선족 사회의 단계적 붕괴 등이 동시적으로 영향을 미치고 있다.

그렇다면, 중국 조선족의 사례처럼 귀환 및 순환 이주는 어떤 맥락에서 이해되어야 하는가? 첫째, 귀환 및 순환 이주는 글로벌 이주 시스템의 맥락에서 이해되어야 한다. 중국 조선족의 사례처럼 이주는 여러 국가에 걸친 로컬들의 관계에 의한 것이며, 사회주의 시장경제로의 변화나 글로벌 경제의 확대와 같은 현상들에 의해 추동된 것이다.

둘째, 귀환 및 순환이주의 발생학적 이해는 정체성과 계급이란 맥락에서 이해될 필요가 있다. 귀화는 공평한 것이 아니라 계층화된 것이다. 우리나라의 경우, 과거 공산주의 국적을 갖고 있는 동포들의 귀화는 다른 국가들의 동포에 비해 까다로운 특징을 보인다(신현준, 2013). 중국 조선족 또는 일본의 일계인의 귀화 과정에서 볼 수 있듯이 이주는 자본이나 계급과 밀접한 관련이 있다. 자본이나 계급에 의한 위치성이 귀환 및 순환 이주에 미치는 영향에 대한 심도 있는 고찰이 필요하다고 판단된다.

셋째, 귀환 및 순환 이주는 가족 또는 종족 공동체 단위에서 이주가 결정되므로, 기존의 이주이론과는 다른 관점에서 이해될 필요가 있다. 이중 국적을 통해 귀환 이주를 권장하거나, 유능한 디아스포라의 인재를 순환 이주를 통해 유입하는 것은 다른 이주자 정책과는 확연히 구분됨에 주목해야 한다. 이와 함께, 귀환 및 순환 이주에 포함되는 가족의 국제적 분절(유학-노동 이주-거주의 패턴 등)에 대한 연구도 심도 있게 수행될 필요가 있다.

넷째, 귀환 및 순환 이주는 개인 정체성의 변화와 밀접한 관계를 갖는다. 서구의 느슨하고 개방적 젠더 관계가 무슬림 사회로의 귀환과 함께 강화되는 것에 대해 이민 2세의 여성은 불편함을 호소한다. 이와는 다소 다른 맥락이지만 지역 사회의 분위기에 따라 젠더의 정체성은 다르게 경험될 수 있다. 예를 들어, 독일의 작은 마을에서 거주했던 무슬림 여성은 전통적 젠더 의식에 따른 생활의 불편함을 느꼈지만, 터기의 이스탄불이란 대도시로 귀환했을 때는 오히려 대도시의 무관심이 주는 자유로움을 만끽할 수도 있다(King and Kiling, 2013). 이와 함께, 전문직 종사자일수록 정착 사회로부터의 주변화가 싫어 귀환을 선호하는 등 귀환 및 순환 이주는 개인 및 종족의 정체성과 밀접한 관계가 있다.

다섯째, 귀환 및 순환 이주는 로컬의 변화에 막대한 영향을 미친다. 중국 조선족처럼 특정 종족의 다수가 이출하면서 로컬의 종족 구성에서 변화가 나타나기도 한다. 또한, 디아스포라가 귀환 이주를 자극하더라도 귀환 이주자가 정착하는 곳은 고향과는 거리가 먼 경우가 많다(김경학, 2015; 신현준, 2013). 한국과 일본에서 경험되고 있듯이 집단적으로 귀환하는 이주자는 자본과 계급의 위치성이 낮고, 낙후된 주거 공간에 집중되는 경향이 있다. 귀환 및 순환 이주로 인하여 떠나는 곳과 새롭게 정착한 곳의 로컬 변화에 대해 심도 있는 연구가 필요할 것으로 판단된다.

6. 이주의 비판지정학 읽기

지정학Geopolitics이란 지리적인 것과 정치적인 것으로 인식되는 대상과 실체들 사이의 관계를 연구하는 것으로(토알, 2011), 지리적 공간과 정치적 관계를 토대로 영역의 지배 관계를 이해하는데 관심을 둔다(Cohen, 1994). 최근에 등장한 비판지정학critical geopolitics은 특정 상황에서 주변화된 사람들이 지배 집단의 견해에 맞서 저항하는 것을 기존의 고정관념과는 다른 관점에서 해석하는데 초점을 둔다(한국지정학연구회 역, 2007).

지정학 또는 정치적 표상들은 국가와 개인이 어떠한 행동을 하는 것이 바람직한가를 암묵적으로 명시한다. 지배의 정치는 책, 음악, 미술, 미디어 등 다양한 채널을 통해 간접적으로 명시된다. 포스트식민주의에 따르면, 이러한 채널을 통해 전달된 지식은 권위를 갖는다. 식민주의가 미개한 타자의 표상을 통한 지배 권력의 정당성을 통해 유지되었듯이, 현 시대 서구의 지정학적 권력은 개도국에 대한 후진성의 표상을 통해 작동된다고 볼 수 있다. 정치적 갈등, 전쟁, 빈곤, 질병, 무지, 과잉인구, 아동과 여성학대 등은 개도국에 대한 타자화 표상의 예이다.

포스트식민주의에 영향을 받으면서, 비판지정학은 당연하게 인정되는 문화, 전통, 가치, 상황이란 것이 사실은 지배 권력이 작동시킨 이데올로기의 결과라면서 이를 거부한다(Blunt and Wills, 2000). 비판지정학은 서구 중심적, 그리고 지배 권력 중심적 정치 관계를 재해석하고자 한다. 따라서 비판지정학은 지배적 질서와 구조에 의해 작동되는 담론, 이데올로기 및 헤게모니를 거부한다. 즉, 정치 관계의 설명에서 메타이론 및 서사에 기반한 해석을 거부한다.

세계 또는 전략적 공간에 대한 이미지, 해설, 재현에 초점을 둔 지정학적 담론이 비판지정학의 토대이다(Dalby and OTualthail, 1998). 도울Doel(1999)은 「포스트구조주의 지리학」이란 책을 통해 공간을 열린 관계로서 인식할 것을 주장하였다. 그는 공간을 다양한 사건들의 관계로 구성되는 장소로 이해하면서, 공간들은 거리에 상관없이 서로 관련되어 있음을 주장하였다. 예를 들어, 뉴욕에서 실천되는 911 추모 집회는 다른 공간(장소)들과의 관계 속에서 수행되는 것이며, 이러한 관계들이 뉴욕이란 공간을 다른 공간(장소)과 구분시키는 차이를 가져온다.

포스트구조주의의 영향을 받아 비판지정학은 공간의 다수성plurality과 공간의 다층적 구성을 강조한다(Johnston and Sidaway, 2004). 경계는 물리적으로 구분되는 국경만 존재하는 것이 아니라, 문화적 경계, 그리고 한 국가 내부에서도 다수의 개념적 경계가 존재한다. 비판지정학은 내부와 외부, 여기와 저기, 국내와 해외를 동시적으로 고려하면서 정형화된 사고 방식을 해체하고자 한다. 권력 집단과 일반 대중의 지정학적 해설의 차이는 비판지정학이 주목하는 관심 중의 하나이다.

비판지정학은 영역을 고정된 실체로 인식하는 관점을 거부한다(Agnew, 1994). 영역을 고정된 것으로 인식하는 것은 일종의 '영역적 함정territorial trap'에 해당한다(Agnew and Corbridge, 1995). 이 관점에서 국가는 국제관계를 결정하는 유일한 행위자이며, 국가의 하위집단이나 국제적 연합은 고려되지 않는다. 현 시대의 이주를 고려할 때, 국가라는 영역적 경계로 국제 관계를 설명하는 것은 한계가 있다. 이주는 한 개인, 사회 및 국가에 의해 실천되는 것이 아니라 다수의 국가에 위치한 장소들과의 관계에 의해 발생하는 것이다.

아프가니스탄의 난민은 서구와 무슬림의 관계, 특히 무슬림 무장 세력과 미국의 관계와 관련된 것이며, 미국의 아프가니스탄 침공과 직접적으로 관련된 것이다. 이러한 배경과 맥락에서 난민이 발생하였고, 미국이 전쟁의 명분으로 내세운 "탈레반의 남성들로부터 핍박받는 여성의 해방"이란 슬로건은 미국을 포함한 서구가 아프가니스탄의 난민을 받아들여야 하는 숙명적 관계를 담고 있다. 즉, 서구로 향하는 아프가니스탄 난민의 발생은 일종의 부메랑 효과이다. 역사적으로 영국과 러시아의 완충지대였던 아프가니스탄이 1979년 소련의 침공을 받고, 이에 저항하는 세력을 미국이 원조하였는데, 소련의 후퇴 이후 무슬림 세력이 지배하면서 아프가니스탄은 미국의 적이 되었다. 미국과 무슬림 무장 세력 간의 충돌은 결국 아프가니스탄의 침공으로 이어졌고, 난민은 서구로 유입되었던 것이다. 이처럼 비판지정학은 난민의 발생학적 메커니즘을 궤적, 역사, 관계라는 측면에서 판단한다는 점에서 학계의 주목을 받고 있다.

보다 구체적으로, 비판지정학은 영역, 경계, 그리고 국가의 역할에 대한 고정관념을 해체하면서 국제 정치권력과 지리적 배경과 맥락의 관계를 이해하는데 관심을 갖고, 국제 관계가 어떻게 지식 생산자에 의해 공모되고 권력이 정당화되는가에 관심을 갖는다. 비판지정학에서 강조하는 것은 첫째 '지정학적 상상'으로 국제적 사건(예: 난민, 노동이주의 파견)에 대하여 개별 국가는 자신을 규정하는 자아상을 만드는 과정을 포함한다. 국민은 어떻게 이해되며, 누가 권리를 가지며, 국민은 어떠한 제도 속에서 작동하며, 이들의 일상생활 속에서 정체성은 어떻게 형성되는지에 대한 관심이 바로 지정학적 상상이다. 둘째, 비판지정학은 '지정학적 문화'를 강조한다. 이는 특정 국가가 국제 정치를 해석하는 독특한 방식이 만들어지는 과정을 의미한다. 한 국가의 지정학적 문화를 토대로 그 국가의 지리적 위치성, 역사적 경험, 제도와 정치 문화 등이 이해될 수 있다는 것이다. 셋째, 비판지정학은 '지정학적 담론'을 강조하는데, 이는 한 국가의 이주 정책이 엘리트에 의해 주도되고 실천되면서 국제정치의 규범화된 방식이 나타남에 주목하는 것이다. 비판지정학은 지정학적 담론의 문제점을 제시하고, 일반 시민이 중심이 되는 지정학적 실천에 관심을 갖는다.

비판지정학은 전통적 이주에 대한 고정관념을 해체하는데 큰 기여를 한다고 판단된다. 국가는 사회 이전에 이미 존재했던 실체가 아니라 사회에 의해 구성된 실체로 인식한다(박배균·황성원 공역, 2013). 예를 들어, 2003년 이라크-미국 전쟁을 이해하고 설명함에 있어, 미국과 이라크를 독립되고 고립된 국가로 이해하는 것은 모순이다. 이 전쟁은 군사적 헤게모니, 석유의 통제, 이슬람 근본주의, 국가 내부의 정치적 불만 등과 같은 글로벌 이슈들과 국내 정치적 관계들이 복합적으로 작용한 결과로 인식해야 한다. 이와 비슷한 맥락에서, 미국과 멕시코의 국경 문제는 국경을 둘러싼 미국과 멕시코 사이의 단순한 갈등 관계로 이해될 것이 아니라, 글로벌 수준에서 작동하는 국제적 노동분업, 이주의 여성화, 인종과 계급 갈등 등의 관계 속에서 이해되어야 한다(박배균·황성원 공역, 2013).

영역은 주권을 담는 그릇이 아니라 사회적 힘들이 각축하는(경쟁하는) 장이다. 영역화는 기술적 조건, 정치경제학적 조건에 따른 의사 결정과 정치적 투쟁이 영역에 투영된 결과이다(Harvey, 2000). 이러한 정치경제학적 조건에 가장 부합되는 지정학 분야가 자본주의 지정학geopolitics of capitalism으로, 이는 투자, 노동시장의 분업, 탈규제, 국가의 형성과 해체, 식민주의와 포스트식민주의 등과 같은 미시-지역적, 글로벌 수준의 자본의 재생산 과정에 관심을 두며(Harvey, 1985), 노동시장의 분절론은 이런 맥락에서 이주의 발생을 설명하고 이주의 문제를 자본과 관련시켜 설명하는데 관심을 둔다. 이런 측면에서 비판지정학은 개인과 집단의 이주를 영역의 실천이란 맥락에서 접근한다. 국경border은 고정된 경계선이 아니라 이주(인간의 이동)가 발생하는 관문이며, 국경지대의 문화는 경계에 의해 명확히 구분되는 것이 아니라 여러 문화가 혼종된 상태로 존재한다. 우즈베키스탄, 타지키스탄, 키르기스스탄으로 둘러싸인 페르가나 계곡은 목화, 과일, 생사, 광물의 주요 생산지로 상호 간 인구 이동이 높은 지역이다. 비록 지형을 중심으로 국경이 그어졌으나, 국경 자체가 이동과 이주를 엄밀하게 통제하는 것은 아니다. 이 지역에서 이동과 이주에 가장 큰 영향을 미치는 것은 문화권이라 할 수 있다. 국경보다 동질적 문화권을 토대로 이동이 주도되는 것이다.

이처럼 비판지정학은 이주자의 영역적 실천에 관심을 갖는데, 탈영역화와 재영역화는 이주자의 정체성 실천과 영역의 관계를 언급하는 가장 기본적인 개념이다. 전통적으로 이주자는 주류 사회의 문화에 동화된다고 인식하였다. 이동성이 증가하고 글로벌 이주가 확대되면서, 이주자는 자신의 문화적 정체성을 중요하게 생각하지 않는 탈영역화deterritorialization가 나타난다고 인식되었다(Passi, 1996). 하지만 20세기 후반 정보통신기술의 발달, 타문화에 대한 배려 증가, 이주자의 종족 거주지의 발달, 국가별 디아스포라 정책의 실천 등은 이주자가 자신의 문화를 정착지역에 이식시키는 재영역화reterritorialization 현상을 만들고 있다. 코리아 타운은 대표적으로 우리나라의 지역성이 해외의 도시에 뿌리내리는 재영역화의 현상이다. 비판지정학은 이주의 초국가적 관계와 영역의 관계를 비판적으로 접근하는데, 국민적 정체성은 국경을 토대로만 형성되는 것이 아니라 이주자의 관계에 의해 생성되며, 이러한 관계의 형성과 작동에는 권력이 영향을 미치고, 특히 글로벌 이주의 발생학적 메커니즘에서 백인성, 남성성, 자본, 개발주의가 큰 영향을 미친다.

7. 이주와 발전 다시 읽기

이주와 발전의 관계는 비관적 견해와 낙관적 견해가 동시에 존재한다. 선진국과 개도국은 이주와 발전의 관계를 바라보는 시각이 다소 다르다. 개도국은 이주자의 송금에 주목하면서, 특히 송금과 함께 선진문화가 전수되는 '사회적 송금'의 역할에 주목하였다(Levitt, 2001). 개도국의 경우, 이주-개발의 관계에 대한 비관적 견해는 송금에 의한 발전 전략은 개도국을 선진국의 경제와 문화에 종속시킨다는 점에서, 낙관적 견해는 지역 경제의 활성화와 선진국과의 무역 네트워크의 활성화란 점에 주목한다(한국이민학회 역, 2013). 선진국의 경우, 비관적 견해는 이주자의 노동 착취, 3D 업종의 업그레이드 실패 및 주변부에 위치하는 이주자의 사회적 고립을 강조하고, 낙관적 견해는 유순하고 낮은 임금 수준의 노동력 풀에 의한 경제 발전에 무게를 둔다(이영민 외, 2013).

최근 이주-발전의 관계는 디아스포라를 통한 발전 전략에 주목한다. 디아스포라를 통한 발전을 위해서는 송출국 정부가 디아스포라 집단과 상호 이익을 공유할 수 있는 장치가 필요한데, 특히 디아스포라를 통한 다양한 자원의 활용에 주목한다. 한편, 디아스포라를 통한 발전은 경제적 목적에만 초점을 두지 말고, 고국의 사회 발전 전반을 지향해야 한다는 주장도 제기되고 있다(신지원, 2015).

이주와 발전에 대한 많은 연구가 수행되고 있음에도 불구하고, 아쉬운 점이 있다면 이주-발전의 연계를 경제적 맥락에서 접근하면서 사회의 제도적 측면과 연관시킨 연구가 부족하다는 점이다. 특히, 이주-발전의 연계를 통한 '발전 효과'에 대한 사회적 합의가 필요한데, 이는 이주-발전의 연계가 어떤 지역에서는 긍정적으로 평가되는데 비해 어떤 지역은 효과가 없거나 부정적으로 평가되기 때문이다. 이런 점에서 이주-발전의 효과를 포스트개발post-development의 맥락에서 접근하는 것은 좋은 방법이라 판단된다. 포스트개발은 발전을 양적 성장을 위한 것으로 인식하지 않으며, 발전의 모습과 수준을 각각의 로컬이 경험한 발전의 궤적과 역사를 통해 해석하는 통찰력을 제공한다(이희재 역, 2010; Escobar, 2007, 2012).

포스트개발의 맥락에서 필자는 이주-발전의 연계는 다음과 같은 네 가지를 고려할 필요가 있다고 주장하고 싶다. 첫째, 이주를 통한 발전이 얼마나 로컬의 발전에 기여했는지를 판단하는 기준은 로컬의 역량 강화라는 맥락에서 파악되어야 한다. 다른 곳에 종속되는 위치에 있거나, 다른 곳과 상생적 발전이 미약하거나, 지속 가능한 미래의 청사진이 쉽게 그려지지 않는다면 이주를 통한 발전이 나타나고 있다고 판단하기는 힘들 것이다. 이주-발전의 연계는 단순히 사회적 송금의 효과나 저임금의 노동력 풀과 같은 현상으로 설명되어서는 안 될 것이다. 이주가 로컬의 발전에 고무적 영향을 미치고 있다면, 이주가 로컬의 발전에 기여하고 있다고 판단할 수 있을 것이다.

둘째, 이주를 통한 발전은 사회 시스템의 안전과 복리를 추구하는 것이어야 한다. 이주자의 송금으로 주거 환경이 개선되고 로컬의 부동산 붐이 조성되고, 선진국의 영화와 유행이 보급되면서 로컬 경제가 활기를 띠는 것은, 물론 발전의 효과일 것이다. 그러나 이러한 발전이 선진국으로의 지속적인 종속을 야기한다면 진정한 의미의 발전은 아닐 것이다. 포스트개발은 로컬의 발전이 지역 주민 상호 간의 안전과 복리를 추구하는데 초점이 두어져야 함을 강조한다. 이러한 발전이 추진되기 위해서는 개인의 발전과 함께 사회의 발전을 강조하는 개발 이데올로기가 로컬 수준에서 작동해야 할 것이다. 이주-발전의 연계는 물질적 풍요에 앞서 사회의 만족도를 우선시하는 방향으로 발전 효과가 나타날 수 있도록 추진되어야 한다.

셋째, 발전은 양적 성장을 지향하는 것이 아니라, 생산과 소비의 절제를 통한 질적 발전을 지향하는 것이어야 한다. 송금 액수의 증감으로 이주-발전의 연계를 설명하는 것은 문제가 있고, 이주자에 의한 노동 생산성의 증감을 통해 이주-발전의 연계를 설명하는 것도 한계가 있다. 성장의 수치 자체는 노동 착취와 같은 질적 측면의 발전을 간과한다는 점을 명심할 필요가 있다. 이주자의 송금 효과는 '쉼 없는 무리한 노동', '가족의 해체', '불편한 주거환경', '소외된 삶'과 같은 요소도 고려해야 할 것이다. 이주자를 통한 생산성 증가의 이면에는 '노동 통제', '노동 착취', '인권 침해', '작업 환경의 열악성' 등과 같은 문제가 내재됨도 간과해서는 안 될 것이다.

넷째, 포스트개발은 서구 자본주의와 개발주의의 한계를 지적한다. 현 자본주의는 자본가에 유리한 구조를 가지며, 현 개발주의는 선진국에 유리한 발전의 논리를 작동시키고 있다. 자본주의를 강조하는 이주-발전의 연계는 자본의 축적에 따른 효과를 강조하는 경향이 있고, 개발주의를 강조하는 이주-발전의 연계는 고용, 생산 및 소비의 증가와 같은 성장 효과를 강조하는 경향이 있다. 앞서 살펴본 것처럼, 장소마다 발전의 궤적과 역사가 다르다는 것은 이주의 효과가 로컬의 상황마다 다르게 해석될 필요가 있음을 의미한다. 따라서 이주를 통한 발전 효과는 로컬 수준에서 판단하는 것이지 일률적으로 적용될 수 있는 기준이 제시될 수는 없는 것이다.

한편, 이주에 의한 발전의 관계는 한 로컬에만 영향을 미치는 것이 아님에도 주목할 필요가 있다. 예를 들어, 미국의 보스톤에 거주하는 멕시코 티쿠아니 출신의 이주자가 보낸 송금은 티쿠아니의 발전에도 영향을 미치지만, 보스톤의 발전에도 영향을 미치고 있다. 따라서 이주-발전의 연계는 한 로컬의 수준에서만 파악할 것이 아니라, 전 세계적으로 서로 연결된 로컬들의 발전이란 맥락에서 접근할 필요가 있다.

이런 맥락에서 이주-발전의 연계에 대한 연구는 이주자의 주변부 위치성이 야기하는 여러 가지 문제를 전 세계가 공동으로 해결할 방안에 관심을 가져야 할 것이다. 한 명의 이주자에 대한 주변화는 그 사람이 속한 종족의 주변화에 영향을 미치고, 그 종족에 대한 주변화는 지구상의 특정 공간(국가, 로컬)에 대한 주변화로 이어질 것이다. 이주를 통한 발전을 지향하기 위해서는 이주자가 존재하는 모든 곳에서 이들에 대한 주변부의 위치성을 해체하는 노력이 필요할 것이다. 바람이 기압의 차이에 의해 발생하고, 물이 높은 곳에서 낮은 곳으로 흐르고, 유행이 먼저 시작된 곳에서 후발 지역으로 이동하듯이, 이주도 필요에 의해 발생하는 것이다. 들어오는 사람을 들어오지 못하게 막을 수도 없으며, 들어온 사람을 우리와 다르다고 차별할 수 없는 것이 세상의 이치일 것이다.

■ 참고문헌

강동관, 이규용, 설동훈, 임경택, 오정은, 김혜진, 2010, 글로벌 인재유치를 위한 유학생 활용방안 연구, 이민정책연구원 연구보고서.

강옥초, 2002, "그람시와 서발턴", 역사교육, 82, 135-161.

강현수·이희상 공역, 2014, 모빌리티, 아카넷(Urry, J., 2007, *Mobilities*, Polity Press, Cambridge).

광주광역시, 2014, 광주광역시 통계연보.

고부응(엮음), 2003, 탈식민주의 이론과 쟁점, 문학과 지성사.

고상두, 2012, 이주자 사회통합모델의 비교분석: 네덜란드, 독일, 한국의 사례, 한국정치학회보, 46(2), 241-264.

곽재석 역, 2009, 다문화사회 미국의 이민자 통합정책, 한국학술정보(Michael, F. (ed.), 2007, *Securing the Futures: US Immigrant Integration Policy*, Migration Policy Institute.

교육인적자원부, 2005, 'Study Korea 프로젝트' 세부 추진 계획.

교육부, 2014, 국내 외국인 유학생 통계, 교육부.

구견서, 2012, "일본에 있어서 대학발전전략으로서 국제화의 특징과 전망," 일본학보, 90, 215-228.

구동회, 심승희 역, 1995, 공간과 장소, 대윤(= Tuan, Yi Fu, 1977, *Space and Place: the Perspective of Experience*, Mineapolis: University of Minnesota Press)

국제이주기구, 2011, "이주용어사전", 국제이주법 26호, 국제이주기구.

권숙인 엮음, 2010, 다문화사회 일본과 정체성 정치, 서울대학교출판문화원.

권온, 2010, "다문화 공간에는 누가 사는가: 다문화 공간을 둘러싼 갈등", 정병호, 송도영 엮음, 한국의 다문화 공간, 현암사.

권첼, 2015, "공간적 전회-지형학적 전회-위상학적 전회: 여러 공간 패러다임의 차이에 관하여", 이기숙 역, 「공간적 전회」, 심산, pp. 253-276.

김경학, 2006, 국제 이주와 인도인 디아스포라, 집문당.

김경학 엮음, 2015, 경계를 넘나드는 사람들, 전남대학교출판부.

김남국, 2011, 다문화의 도전과 사회통합: 영국, 프랑스, 미국 비교연구, 한국유럽학회 편, 한국학술정보, pp. 118-176.

김문환 역, 2004, 탈식민주의 이론, 문예출판사(Childs, P. and Williams, P., 1997, *An Introduction to Post-Colonial Theory*, Pearson Education Limited, Essex.

김미숙·김용학·박길성·송호근·신광영·유홍준·정성호 공역, 2011, 현대사회학, 을유문화사(=Giddens, A., 2011, *Sociology*(6th edition), Polity Press, Cambridge).

김민정, 2011, 여성이민자는 이민의 수혜자인가?: 프랑스 내의 북아프리카 출신 여성이민자의 경우, 한국유럽학회 편, 한국학술정보, pp. 211-257.

김수정·이영민, 2015, "환태평양시대의 멕시코 항만체계와 관문도시의 변화 특성 연구: 만사니요(Manzanillo)시를 중심으로," 한국도시지리학회지, 18(1), 13-29.

김숙진, 2015, "행위자-연결망 이론(Actor-Network Theory)과 자연-사회 연구," 허우긍, 손정렬,

박배균(편), 네트워크의 지리학, 푸른길, 서울, 280-306.

김숙진, 2016, "아상블라주의 개념과 지리학적 함의", 대한지리학회지, 51(3), 311-326.

김이선·김민정·한건수, 2006, 여성 결혼이민자의 문화적 갈등 체험과 소통 증진을 위한 정책과제, 한국여성개발원.

김이선, 민무숙, 홍기원, 주유선, 2011, 다민족ㆍ다문화사회로의 이행을 위한 정책패러다임 구축(V), 서울: 한국여성정책연구원.

김재기, 2014, "광주광역시 광산구 지역 귀환 고려인의 이주배경과 특성", 재외한인연구, 32, 139-163.

김종태, 한기덕, 2013, "한국 대학생의 외국인 차별 의식의 근원: 민족, 문명, 선진국 담론의 비판적 검증," 담론 201, 16(3), 35-66.

김지혜 역, 2014, 장소와 경험: 철학적 지형학, 에코(Melaps, J., 1999, *Place and Experience: A Philosophical Topography*, Cambridge University Press, Cambridge).

김택현, 2008, "다시, 서발턴은 누구/무엇인가?", 비평논문, 637-663.

김화선, 2011, "연변 조선족 농촌 여성들의 한국바람", 허라금(엮음), 글로벌 아시아의 이주와 젠더, 서울: 한울, pp. 129-143.

김현철, 2011, "우리나라 고등교육의 국제화(II): 주요 대학들의 국제화 실태와 발전과제," 한국교육논단, 10(3), 21-39.

김희순, 정희선, 2011, "커뮤니티 아트를 통한 다문화주의의 실천: 안산시 원곡동 '리트머스'의 사례", 국토지리학회지, 45(1), 93-106.

남영호, 홍준기, 이현재, 곽노완, 유승희, 김승욱, 김동우, 박영균, 정인숙 역, 2010, 초국적 도시이론: 지구화의 새로운 이해, 한울(Smith, P., 2001, *Transnational Urbanism: Locating Globalization*, Blackwell, Malden, MA.).

딜릭(Dirlik, A.), 2010, "초국주의의 이론과 실천: 활용, 오용, 남용", 도시인문학연구, 2(2), 9-33.

르몽드 디플로마티크, 2011년 9월호.

르몽드 디플로마티크, 2012년 9월호.

랑(Lang, T.), 나들러(Nadler, R.), 2015, 중부유럽의 귀환 이주: 초국가적 프로젝트 리턴(Re-Turn)의 결과, 국제노동브리프, 8월호, 4-38, 한국노동연구원.

박경태, 2007, 소수자와 한국사회: 이주노동자, 화교, 혼혈인, 후마니타스.

박경환, 2008, 소수자와 소수자 공간: 비판 다문화주의의 공간교육을 위한 제언, 한국지리환경학회지, 16(4), 297-310.

박경환, 2014, "글로벌 시대 인문지리학에 있어 행위자-네트워크 이론(ANT)의 적용 가능성," 한국도시지리학회지, 17(1), 57-78.

박경환, 백일순, 2012, "조기유학을 매개로 한 '분절가가 초국적 가족'의 부상: 동아시아 개발국가 중상류층 가족의 초국가적 재생산에 관한 논의 고찰," 한국도시지리학회, 15(1), 17-32.

박경환, 진종헌, 2012, "다문화주의의 지리에서 인종 및 민족집단의 지리로 (1): 인종 및 민족집단에 대한 사회공간적 논의의 성찰", 문화역사지리, 24(3), 116-139.

박경환, 윤희주, 2015, "개발 지리학과 국제개발협력(IDC)의 부상", 한국도시지리학회지, 18(3), 19-44.

박경환, 이영민, 이용균 공역, 2016, 공간을 위하여, 심산(Massey, D., 2005, *For Space*, Sage, London).

박경환, 류연택, 정현주, 이용균, 2012, 도시사회지리학의 이해(제6판), 시그마프레스(Knox, P. and Pinch, S., 2010, *Urban Social Geography: An Introduction*, Pearson Education Limited, London.

박규택, 2016, "사이공간으로서 로컬리티: 수행적 관계성, 미결정성, 관계적 스케일의 정치," 한국도시지리학회지, 19(3), 1-12.

박배균, 2009, "초국가적 이주와 정착을 바라보는 공간적 관점에 대한 연구: 장소, 영역, 네트워크, 스케일의 4가지 공간적 차원을 중심으로", 한국지역지리학회지, 15(5), 616-634.

박배균, 2015, "도시-지역 연구에서 관계론적 사고를 둘러싼 논쟁," 허우긍·손정렬·박배균(편), 네트워크의 지리학, 푸른길, 서울, 261-279.

박배균, 황성원 공역, 2013, 짧은 지리학 개론 시리즈: 영역, 시그마프레스(Delaney, D., 2005, *Territory: a short introduction*, Blackwell Publishing Limited, Malden).

박상기, 2003, "탈식민주의의 양가성과 혼종성", 고부응(엮음), 탈식민주의 이론과 쟁점, 문학과 지성사, pp. 223-255.

박상은 역, 2011, 세계의 인구, 현실문화(Rollet, C., 2010, *La Population du Monde*, Larousee).

박주식, 2003, "제국의 지도그리기: 장소, 재현 그리고 타자의 담론", 고부응(엮음), 탈식민주의 이론과 쟁점, 문학과 지성사, pp. 256-283.

박성일 역, 2008, 대중문화와 일상, 그리고 민족정체성, 이후(Edensor, T., 2002, National Identity, Popular Culture and Everyday Life, Berg Publishers, London).

박행웅 역, 2009, 네트워크 사회: 비교문화 관점, 한울, 서울(Castells, M., (ed), 2009, *The Network Society: a Cross-cultural Perspective*, Edward Elgar, Cheltenham).

법무부, 2011, 국적별 체류외국인 현황, 자격별 등록외국인 현황.

부르디외, 파스통, 2014, "교육계의 자율성, 그것은 환상이다," 르몽드 디플로마티크(엮), 르몽드 인문학: 세계의 석학들이 말하는 지구 공존의 법칙, 휴먼큐브, pp. 190-195.

부산대 사회과학연구소 역, 2011, 「문화없는 다문화주의」, 박영사(Phillips, A., 2007, *Multiculturalsim without Culture*, Princeton University Press, Princeton).

송태수, 2011, 현대 유럽 제노포비아(Xenophobia) 현상 비교연구, 한국유럽학회 편, 한국학술정보, pp. 15-58.

신지원, 2011, 이민정책의 이론적 기초와 방향성 연구, IOM 이민정책연구원 Working Paper, No. 2011-1, 이민정책연구원.

신지원, 2015, 국제이주와 발전의 연계 담론에서 '디아스포라'의 역할에 대한 비판적 검토, 디아스포라연구, 9(2), 7-36.

신현준 엮음, 2013, 귀환 혹은 순환: 아주 특별하고 불평등한 동포들, 그린비.

심승희 역, 2012, 장소: 짧은 지리학 개론 시리즈, 시그마프레스(Creswell, T., 2004, *Place: A Short Introduction*, Blackwell Publishing, Oxford).

안영진, 2009, "외국인 유학생의 이주과정과 배경에 관한 연구," 한국경제지리학회지, 12(4), 344-363.

야마자키 다카시, 2010, "글로벌 스케일 또는 로컬 스케일의 정치", 심정보 역, 「공간의 정치지리」, 푸른길(Hoshio Mizuuch, (ed), 2005, *Kukan No Seiji Chiri*, Asskura Publishing, Tokyo), pp.

48-74.

양영란 역, 2011, 공간의 생산, 에코(Lefebvre, H., 1990, *La Production de l'espace*, Eco-Livres, Paris).

엄한진, 2011, 다문화사회론, 소화.

오경석, 2011, "재한줌머인연대(Jumma People's Network in Korea)와 미디어 재현", 다문화사회연구, 4(2), 71-101.

오정은, 고지영, 김경미, 김아나, 안상욱, 장지은, 한유경, 2013, 우수 유학생의 효과적 활용을 위한 장단기 전략 연구, 이민정책연구원 연구보고서.

연합뉴스, 2013, "줌머인 코리안 로넬 차크마 나니씨", (2013년 9월 23일자).

윤인진, 2010, "동아시아 국제 이주의 현황과 특성", 윤인진, 박상수, 최원오(엮음), 동북아의 이주와 초국가적 공간, 아연출판부.

이민아 역, 2007, 세계사 백과사전: 파피루스에서 인공위성까지, 푸른역사(Bullock, A., Barry, G., Fisher, J., and Huxley, J., (eds.), 1965, *Doubleday Pictoral Library of World History: Civilizatin From its Beginnings*, Doubleday and Company, Garden City).

이민호, 2012, "소수자로서 중국 조선족의 이주사 및 정치·사회 환경 변화에 따른 정체성 변동", 인문과학연구 30, pp. 321-350.

이상훈 역, 2006, 그람시의 옥중수고2: 철학, 역사, 문화편, 거름(Gramsci, A., 1970, *Life of a Revolutionary*, translated by Tom Nairn, New Left Books, London).

이선미, 2010, 서구 이민정책의 이론적 기초, 이민정책연구원 Working Paper, No. 2010-01, 이민정책연구원.

이영민, 2012, "한국인의 교육이주와 트랜스로컬 주체성: 미국 패어팩스 카운티를 사례로," 한국도시지리학회지, 15(1), 1-16.

이영민, 2013, "글로벌 시대의 트랜스이주와 장소의 재구성: 문화지리적 연구 관점과 방법의 재정립", 문화역사지리, 25(1), 47-62.

이영민, 박경환 공역, 2011, 포스트식민주의의 지리학: 권력과 재현의 공간, 여이연(Sharp, J., 2009, Geographies of Postcolonialism, Sage, London).

이영민, 진종헌, 박경환, 이무용, 박배균 역, 2011, 현대 문화지리학: 주요 개념의 비판적 이해, 논형(Atkinson, D., Jackson, P., Sibley, D. and Washbourne, N., 2005, *Cultural Geography: A Critical Dictionary of Key Concepts*, I. B. Tauris, London).

이영민, 이용균, 이현욱, 2012, "중국 조선족의 트랜스이주와 로컬리티의 변화 연구: 서울 자양동 중국음식문화거리를 사례로", 한국도시지리학회지, 15(2), 103-116.

이영민, 이종희, 2013, "이주자의 민족경제 실천과 로컬리티의 재구성: 서울 동대문 몽골타운을 사례로", 한국도시지리학회지, 16(1), 19-36.

이영민, 이은하, 이화용, 2013, "중국 조선족의 글로벌 이주 네트워크와 연변지역의 사회-공간적 변화", 한국도시지리학회지, 16(3), 55-70.

이영민, 박경환, 이용균, 이현욱, 이종희 공역, 2013, 이주, 푸른길(Samers, M., 2010, *Migration*, Routledge, London).

이영옥 역, 2014, 타인들 사이의 중국인: 근대 중국인의 동남아 이민, 심산(Kun, P., 2008, *Chinese Among Others: Emigration in Modern Times*, Rowman & Littlefield Publishers, Lanham).

이용균, 2007, 결혼 이주여성의 사회문화 네트워크의 특성: 보은과 양평을 사례로, 한국도시지리학회지, 10(2), 35-51.

이용균, 2012, “호주의 외국인 유학생 정책에서 자유시장 원리와 조절 메커니즘의 접합”, 한국도시지리학회지, 12(1), 33-45.

이용균, 2013a, “이주자의 장소 점유와 주변화 담론 연구: 서울 자양동 중국음식문화거리를 사례로”, 한국경제지리학회지, 16(2), 218-232.

이용균, 2013b, “초국가적 이주 연구의 발전과 한계: 발생학적 이해와 미래 연구 방향”, 한국도시지리학회지, 16(1), 37-55.

이용균, 2013c, “이주자의 주변화와 거주공간의 분리: 주변화된 이주자에 대한 서발턴 관점의 적용 가능성 탐색”, 한국도시지리학회지, 16(3), 87-100.

이용균, 2014, 서구의 이주자 정책에 대한 비판적 접근과 시사점: 동화, 다문화주의, 사회통합 정책을 중심으로, 한국지역지리학회지, 20(1), 112-127.

이용균, 2015a, “서구 중심적 개발담론의 재해석과 지속가능한 개발로서 포스트개발의 미래,” 한국지역지리학회지, 21(1), 137-152.

이용균, 2015b, “대학교육의 국제화와 외국인 학생에 대한 주변화 담론의 구성에 대한 연구: 광주지역을 사례로”, 한국도시지리학회지, 18(2), 17-31.

이용균, 2015c, “모빌리티의 구성과 실천에 대한 지리학적 탐색”, 한국도시지리학회지, 18(3), 147-159.

이용균, 2016, “관계적 공간과 이동성,” 이영민 외 공저, 「낯선 곳에 사는 사람들: 한국의 이주자와 한인디아스포라」, 책과세계, pp. 21-36.

이용균, 이현욱, 2012, “이주자 공간의 지도화와 공간분포의 특성: 국적과 체류유형을 중심으로”, 한국지도학회지, 12(2), 59-74.

이용일, 2009, “트랜스내셔널 전환과 새로운 역사적 이민연구”, 서양사론, 103, 633-656.

이부미, 2011, “다문화 교육의 혼돈과 이해의 과정: 안산 ‘원곡동’ 현장 연구”, 유아교육학논집, 15(5), 103-127.

이종구, 권진관, 박경태, 임선일, 박준엽, 김현선, 2011, 이주민의 에스니시티와 거주지역 분석, 이담.

이채문, 이현철, 2014, “한인 디아스포라의 생활사에 대한 국가별 비교 연구: 중국, 일본, 독립국가연합을 중심으로”, 다문화와 평화, 8(1), 5-41.

이현욱, 송정아, 2016, “이주노동자의 계절적 수요와 인력공급에 관한 연구: 충북 괴산 배추산업을 중심으로”, 한국도시지리학회지, 19(2), 247-261.

이현욱, 이영민, 신지연, 이화용, 2014, “초국가적 이주와 기원지 로컬리티 변화에 대한 연구: 중국 왕칭쎈(汪淸縣) 펑린춘(風林村)을 사례로,” 한국도시지리학회지, 17(1), 29-42.

이혜경, 이진영, 설동훈, 정기선, 이규용, 윤인진, 김현미, 한건수, 2016, 이민정책론, 한국이민재단.

이호영, 박현주, 양종호, 김우식, 2007, 네트워크 효과의 사회문화적 함의: 온라인에서의 문화적 장의 구조, 정보통신정책연구원.

이희은, 2011, “소수자의 목소리를 듣는다는 것의 의미: 다문화주의를 넘어서는 미디어 이론의 필요성”, 한국방송학회(엮), 한국사회 미디어와 소수자 문화정치, 커뮤니케이션북스, pp.

45-79.

이희재 역, 2010, 반자본 발전사전, 아카이브, 서울(Sachs, W., 2009, *The Development Dictionary: A Guide to Knowledge as Power*, Zed Books, London).

임경택, 설동훈, 2012, 일본의 유학생 유치 정책과 시사점, IOM 워킹페이퍼 시리즈, 2012-06.

임채완, 2008, "세계화 시대 '디아스포라 현상' 접근: 초국가네트워크사례를 중심으로", 한국동북아논총, 49, 469-491.

장세용, 2012, "공간과 이동성, 이동성의 연결망: 행위자-연결망 이론과 연관시켜," 역사와 경계, 84, 271-303.

장한업 역, 2012, 인간의 다양성을 존중하는 상호문화사회, 교육과학사(Verbunt, G., 2001, *La Societe Interculturelle*, du Seuil).

장희권 역, 2011, 소수에 대한 두려움: 분노의 지리학, 에코 리브르(Appadurai, A., 2006, *Fear of Small Numbers: an Eassy on the Geography of Anger*, Duke University Press, Durham).

정영주 역, 2014, 디아스포라와 혼종성, 에코(Kalra, V., Kaur, R. and Hutnyk, J., 2005, *Diaspora & Hybridity*, Sage, London).

정인모·배정희 공역, 2010, 공간, 장소, 경계, 에코(Schroer, M., 2006, *Räume, Orte, Grenzen: Auf dem Weg zu einer Soziologie des Raums*, Suhrkamp, Frankfurt).

정의철, 2011, "다문화사회와 이주민 미디어: 소수자 공론장으로서의 가능성 모색", 한국방송학회(엮), 한국사회 미디어와 소수자 문화정치, 커뮤니케이션북스, pp. 282-323.

조동준, 2008, "정부 네트워크와 지식네트워크", 서울대학교 국제문제연구소 편, 「지식네트워크의 세계정치」, 논형, 153-188.

조애리, 강문순, 김진옥, 박종성, 유정화, 윤교찬, 최인환, 한애경, 공역, 2008, 문화코드: 문화연구의 이론과 실제, 한울(Baldwin, E., Longhurst, B., McCracken, S., Ogborn, M. and Smith, G., 2004, *Introducing Cultural Studies*, Pearson Education, London.)

조한승, 고영일 공역, 2013, 글로벌 이슈: 정치, 경제, 문화(제4판), 시그마프레스(Payne, R., 2013, *Global Issue: Politics, Economics, and Culture*, Pearson).

최병두 역, 2007, 신자유주의: 간략한 역사, 한울, 서울(Harvey, D., 2005, *A Brief History of Neoliberalism*, Oxford University Press, Oxford).

최종렬, 2009, 탈영역화된 공간에서의 다문화주의: 문제적 상황과 의미화 실천, 사회이론, 봄/여름, pp. 47-78.

최종철 역, 2006, 구별짓기: 문화와 취향의 사회학, 새물결(Bourdieu, P., 1979, *La Distinction: critique of jugement*, Les Éditions de Minuit, Paris)

최현덕, 2009, "문화들 사이에서 철학하기: 상호문화철학의 대두", 이화인문과학원(편), 「젠더와 탈/경계의 지형」, 이화여자대학교출판부, 21-40.

태혜숙 역, 2013, 서발턴은 말할 수 있는가?: 서발턴 개념의 역사에 관한 성찰들(Spivak, 2010, Can the subaltern speak? in Morris, R. (eds.) *Can the Subaltern Speak: Reflections on the History of an Idea*, Columbia University Press, New York.)

토알, 2011, "지정학", 이영민, 진종헌, 박경환, 이무용, 박배균 공역, 「현대문화지리학」, 논형, 140-153.

통계청, 2007, 2006년 혼인통계 결과, 통계청.

통계청, 2016, "보도자료 2016. 11. 16.(수): 2015년 다문화 인구동태 통계", 통계청.

포르티어, 2011, "디아스포라", 이영민, 진종헌, 박경환, 이무용, 박배균 공역, 「현대문화지리학」, 논형, 333-342.

한국방송학회 편, 2011, 한국 사회 미디어와 소수자 문화 정치, 케뮤니케이션북스, 서울.

한국사회학회, 2007, 한국적 '다문화주의'의 이론화, 동북아시대위원회 용역과제 최종보고서.

한국유럽학회 편, 2011, 유럽의 사회통합과 사회정책, 한국학술정보.

한국이민학회 역, 2013, 이주의 시대, 일조각(Castles, S. and Miller, M., 2009, *The Age of Migration: International Population Movements in the Modern World*, Palgrave Macmillan, Basingstoke).

한국지정학연구회 역, 2007, 지정학이란 무엇인가, 도서출판 길(Flint, C., 2005, *Introduction to Geopolitics*, Routledge, London).

한영혜, 2010, "민족명 사용을 통해 본 재일조선인의 정체성: 디아스포라 '민족'의 새로운 의미, 권숙익 엮음, 「다문화사회 일본과 정체성 정치」, 서울대학교출판문화원, 59-105.

황정미, 김이선, 이명진, 최현, 이동주, 2007, 한국사회의 다민족·다문화 지향성에 대한 조사연구, 한국여성정책연구원.

허영식, 정창화, 2012, 간문화주의를 통한 사회통합과 국가정체성 확립, 이담.

허라금 편, 2011, 글로벌 아시아의 이주와 젠더, 한울.

홍성욱 편, 2010, 인간·사물·동맹: 행위자네트워크 이론과 테크노사이언스, 이음.

Adey, P., 2010, *Mobility*, Routledge, London.

Adey, P., 2014, Mobilities: politics, practices, places, in Cloke, P., Crang, P., and Goodwin, M.(eds.), *Introducing Human Geographies* (3rd edition), Routledge, London, 791-805.

Ager, A. and Strang, A., 2008, Understanding integration: a conceptual framework, *Journal of Refugee Studies*, 21(2), 165-199.

Agnew, J., 1987, *Place and Politics: The Geographical Mediation of State and Society*, Allen & Unwin, Boston.

Alba, R. and Nee, V., 2003, *Remaking the American Mainstream: Assimilation and the New Immigration*, Harvard University Press, Cambridge.

Amin, A., 2002, Spatiality of globalisation, *Environment and Planning A*, 34, 385-399.

Amin, A., 2004, Regions unbound: towards a new politics of place, *Geografiska Annaler*, 86, 33-44.

Anderson, B., Kearnes, M., McFarlane, C., and Swanton, D., 2012, On assemblages and geography, *Dialogues in Human Geography*, 2(2), 171-189.

Anderson, K., 1991, *Vancouver's Chinatown: Racial Discourse in Canada, 1875-1980*, McGill-Queen's University Press, Montreal.

Anderson, J., 2010, *Understanding Cultural Geography: Place and Traces*, Routledge, London.

Andrade-Eekhoff and Silva-Avalos, 2003, Globalization of the periphery: The challenge of transnational migration for local development in Central America, Working Document, FLACSO Programa El Salvador.

Anniste, K. and Tammaru, T., 2014, Ethnic differences in integration levels and return migration intentions: a study of Estonian migrants in Finland, *Demographic Research*, 30, 377-412.

Anthias, F., 1998, Evaluating 'diaspora': beyond ethnicity?, *Sociology*, 32(3), 557-580.

Appadurai, A., 1996, *Modernity at Large: Cultural Dimensions of Globalisation*, University of Minnesota Press, Minneapolis.

Appadurai, A., 2003, Disjuncture and difference in the global cultural economy, in Braziel, J. and Mannur, A. (eds.), *Theorizing Diaspora*, Blackwell Publishing, Malden, 25-48.

Axel, B., 2002, The diasporic imaginary, *Public Culture*, 14(2), 411-428.

Bartram, D., Poros, M. and Monforte, P., 2014, *Key Concepts in Migration*, Sage, Los Angels.

Basch, L., Schiller, N., Blanc, C., 1994, *Nations Unbound: Transnational Postcolonial Predicaments and Deterritorialized Nation-States*, Gordon and Breach Publishers, Amsterdam.

Bauböck, R.(ed.), 2006, *Migration and Citizenship: Legal Status, Rights and Political Participation*, Amsterdam University Press, Amsterdam.

Bernt, M. and Colini, L., 2013, Exclusion, Maginalization and Peripheralization: Conceptual concerns in the study of urban inequalities, Working Paper 49, Leibniz Institute for Regional Development and Structural Planning.

Biao, X., Yeoh, B., Toyota, M.(eds.), 2013, *Return: Nationalizing Transnational Mobility in Asia*, Duke University Press, London.

Billson, J., 2005, No owners of soil. redefining the concept of marginality, in Dennis, R.(ed), *Marginality, Power and Social Structure: Issues in Race, Class and Gender Analysis*, Routledge, Oxford, pp. 29-47.

Blunt, A., 2007, Cultural geographies of migration: mobility, transnationality and diaspora, *Progress in Human Geography*, 31(5), 684-694.

Blunt, A. and McEwan, C. (eds.), 2002, *Postcolonial Geographies*, Continuum, London.

Blunt, A. and Wills, J., 2000, *Dissident Geographies: an Introduction to Radical Ideas and Practices*, Pearson, Harlow.

Boccagni, P., 2011, The framing of return from above and below in Ecuadorian migration: a project, a myth, or a political device?, *Global Network*, 11(4), 461-480.

Brickell, K. and Datta, A.(eds.), 2011, *Translocal Geographies: Spaces, Places, Connections*, Burlingon: Ashgate.

Brubaker, B., 2005, The 'diaspora' diaspora, *Ethnic and Racial Studies*, 28(1), 1-19.

Brubaker, R., 2001, The return of assimilation? Changing perspectives n immigration and its sequels in France, Germany, and the United States, *Ethnic and Racial Studies*, 24(4), 531-548.

Bunge, W., 1966, *Theoretical Geography*, Royal University: Lund.

Cadge, W. and Ecklund, E., 2007, Immigration and religion, *Annual Review of Sociology*,

33, 359-379.

Castells, M., 1996, *The Rise of Network Society*, Blackwell, Oxford.

Chari, S., 2012, Subalternities that matter in times of crisis, in Barnes, T., Peck, J. and Sheppard, E. (eds.) *The Wiley-Blackwell Companion to Economic Geography, Blackwell Publishing*, London, pp. 501-514.

Chernilo, D., 2006, Social theory's methodological nationalism: myth and reality, *European Journal of Social Theory*, 9(1), 5-22.

Chishti, M., 2007, *The Rise in Remittances to India: a-Closer Look*, Migration Information Source, Washington, D.C.

Choudaha, R. and Chang, L., 2012, *Trends in International Student Mobility*, World Education Services, New York.

Clayton, D., 2002, Critical imperial and colonial geographies, in Anderson, K., Domosh,M., Pile,S. and Thrift, N.(eds.), *The Handbook of Cultural Geography*, Sage, London, pp.531-57.

Clayton, D., 2011, Subaltern space, in Agnew, J. and Livingstone, D. (eds.), *Geographical Knowledge*, Sage, London, pp. 246-260.

Clayton, J., 2008, Everyday geographies of marginality and encounter in the multicultural city, in Dwyer, C. and Bressey, C. (eds.), *New Geographies of Race and Racism*, Ashgate, Bodmin, pp. 255-268.

Cohen, R., 1997, *Global Diaspora: An Introduction*, University of Washington Press, Seattle.

Collins, F., 2010, Negotiating Un/Familiar Embodiments: Investigating the Corporeal Dimensions of South Korean Interanational Student Mobilities in Auckland, New Zealand, *Population, Space and Place*, 16, 51-62.

Collins, F., 2011, International students as urban agents: international education and urban transformation in Auckland, New Zealand, *Geoforum*, 41, 940-950.

Conradoson, D. and McKay, D., 2007, Translocal subjectivity: mobility, connection, emotion, *Mobilities*, 2(2), 167-174.

Crang, P., Dwyer, C. and Jackson, P., 2003, Transnationalism and the spaces of commodity culture, *Progress in Human Geography*, 27(4), 438-456.

Cresswell, T., 1996, *In Place/Out of Place: Geography, Ideology and Transgression*, University of Minnesota Press, Minneapolis.

Cresswell, T., 2006, *On the Move: Mobility in the Modern Western World*, Routledge, London.

Cresswell, T., 2010a, Mobilities I: Catching up, *Progress in Human Geography*, 35, 550-558.

Cresswell, T., 2010b, Towards a politics of mobility, *Environment and Planning D: Society and Space*, 28, 17-31.

Cresswell, T., 2013, *Geographic Thought: A Critical Introduction*, Wiley-Blackwell, Chichester.

Cresswell, T. and Merriman, P. (eds.), 2012, *Geographies of Mobilities: Practices, Spaces, Subjects*, Ashgate, Surrey.

Crowe, P, R., 1938, On progress in Geography, *Scottish Geographical Magazine*, 54(1), 1-18.

Crush, J., 1994, Post-colonialism, decolonization and geography, in Godlewska, A. and Smith, N.(eds.), *Geography and Empire*, Blackwell, Oxford.

Dahinden, J. 2010, The dynamic of migrants' transnational formations: between mobility and locality, in Bauböck, R. and Faist, T. (eds.), *Diaspora and Transnationalism: Concepts, Theories and Methods*, Amsterdam University Press, Amsterdam.

Dahlman, C., 2004, Diaspora, in Duncan, J., Johnston, N. and Schein, R.(eds.), *A Companion to Cultural Geography*, Malden: Blackwell Publishing, pp. 485-498.

De Hass, H., 2007, *Remittances, Migration and Social Development*, Social Policy and Development Programme Paper No. 34, UN Research Institute for Social Development, U.N.

De Haas, H. and Fokkema, T., 2012, The effects of integration and transnational ties on international return migration intentions, *Demographic Research*, 25, 755-782.

Devos, A., 2003, Academic standards, internationalisation and the discursive construction of "the international students", *Higher Education Research and Development*, 22(2), 155-166.

Doel, M., 1999, *Poststructuralist Geographies: the Disabled Art of Spatial Science*, Rowman & Littlefield, Lanham, MD.

Dunn, K., Pelleri, D. and Maeder-han, K., 2011, Attacks on Indian students: the commerce of denial in Australia, *Race and Class*, 52(4), 71-88.

Dustmann, C. and Weiss, Y., 2007, Return migration: theory and empirical evidence from the UK, *British Journal of Industrial Relations*, 45, 236-256.

Ehrkamp, P., 2006, We Turks and no Germans: assimilation discourse and the dialectical cosntruction of identities in Germany, *Environment and Planning A*, 38, 1673-1692.

Ehrkamp, P., 2008, Risking publicity: masculinities and the racialization of public neighborhood space, *Social and Cultural Geography*, 9(2), 117-133.

Entzinger, H., 2006, Changing the rules while the game is on: from multiculturalism to assimilation in the Netherlands, in Bodemann, Y. and Yurdakul, G. (eds.), Migration, Citizenship, Ethnos: Incorporation Regimes in Germany, Western Europe and North America, Palgrave MacMillan, New York, 121-144.

Escorba, A., 2007, 'Post-development' as concept and social practice, in Ziai, A.(ed), 2007, *Exploring Post-development: theory and practice, problems and perspectives*, Routledge, London, pp. 18-32.

Escorba, A., 2012, "Alternatives to development: an interview with Arturo Escobar." https://www.transitionculture.org/2012/09/28/alternatives-to-development-an-interview-with-arturo-escobar(접속일자: 2017-01-04)

Faist, T., 1999, Transnationalism in International Migration: Implications for the Study of Citizenship and Culture, WPTC-99-08.

Faist, T., Fauser, M., and Reisenauer, E., 2013, *Transnational Migration*, Polity Press, Cambridge.

Fukuyama, F., 2007, Identity and migration, *Prospect Magazine*, Februrary 25, 2007.

Gardner, A., 2010, *City of Strangers: Gulf Migration and the Indian Community in Bahrain*, Cornell University Press, Ithaca.

Gatzweiler, F., Baumüller, H., Ladenburger, C. and Braun, J., 2011, Marginality: Addressing the Root Causes of Extreme Poverty, ZEF Working Paper Series 77, University of Bonn.

Gelis, R., 2009, A global sense of migrant places: towards a place perspective in the study of migrant transnationalism, *Global Networks*, 9(2), 271-287.

Gervais, M., Morant, N. and Penn, G., 1999, Making sense of "absence": towards a typology of absence in social representations theory and research, *Journal for the Theory of Social Behaviour*, 29(4), 419-444.

Gilmartin, M., 2008, Migration, identity and belonging, *Geography Compass*, 2(6), 1837-1853.

Gilroy, P., 2000, *Against Race: Imagining Political Culture Beyond the Color Line*, Harvard University Press, Cambridge.

Gmelch, G., 1980, Return migration, *Annual Review of Anthropology*, 9, 135-159.

Granovetter, M., 1983, The strength of weak ties: a network theory revisited, *Sociology Theory*, 1, 201-233.

Gregory, D., 1994, *Geographical Imagination*, Blackwell, Oxford.

Grillo, R. and Mazzucato, V., 2008, Africa <> Europe: A double engagement, *Journal of Ethnic and Migration Studies*, 34(2), 175-198.

Gundel, S. and Peters, H., 2008, What determines the duration of stay of immigrants in Germany? Evidence from a longitudinal duration analysis, *International Journal of Social Economics*, 35(11), 769-782.

Gurung, G. and Kollmair, M., 2005, Marginality: Concepts and their Limitations, IP6 Working Papers No.4, University of Zurich.

Guarnizo, L., 2003, The economics of transnational living, *International Migration Review*, 37(3), 666-699.

Guarnizo, L. and Smith, M. (eds.), 1998, *Transnationalism from Below: Comparative Urban and Community Research*, New Brunswick and London, Transaction Publishers.

Hägerstrand, T., 1970, What about people in regional science, *Papers and Proceedings of the Regional Science Association*, 24, 7-21.

Hanlon, B. and Vicino, T., 2014, *Global Migration: the Basics*, Routledge, London.

Harvey, D., 1985, THe Geopolitics of Capitalism in Gregory, D. and Urry, J.(eds.), *Social Relations and Spatial Structures*, St. Martins, New York, pp. 129-163.

Harvey, D., 1989, *The Condition of Postmodernity: An Enquiry into the Origins of Cultural Change*, Blackwell, Oxford.

Haugen, H., 2013, African pentecostal migrants in China: marginalization and the alternative geography of a mission theology, *African Studies Review*, 56(1), 81-102.

Henry, N., McEwan, C. and Pollard, J., 2002, Globalization from below: Birmingham-postcolonial workshop of the world?, *Area*, 34(2), 117-127.

Herod, A., 2003, Scale: the global and local, in Holloway, S., Rice, S., and Valentine, G. (eds.), *Key Concepts in Geography*, Sage, London, pp. 229-247.

Hoffmann, C., 2010, Subaltern Migrancy and Transnational Locality: the Undocumented African Immigrant in International Cinema, Unpublished Ph.D thesis, University of Florida.

Howell, S. and Shryock, A., 2003, Cracking down on diaspora: Arab Detroit and America's 'War on Terror', *Anthropological Quarterly*, 76, 443-462.

Huang, S. and Yeoh, B., 2007, Emotional labour and transnational domestic work: the moving geographies of "maid abuse" in Singapore, *Mobilities*, 2(2), 195-217.

Hubbard, P., Kitchin, R., Bartley, B. and Fuller, D., 2002, *Thinking Geographically: Space, Theory and Contemporary Human Geography*, Continuum, London.

Hugo, G., 2005, Migration in the Asia-Pacific region, Global Commission on International Migration.

Human Rights Watch, 2008, The Netherlands: Discrimination in the Name of Integration Migrants' Rights under the Integration Abroad Act.

Huntington, S., 1996, *The Clash of Civilization and the Remaking of World Order, Simon & Schuster Paperbacks*, London.

International Organization for Migration, 2003, *World Migration Report 2003*, IOM, Geneva.

International Organization for Migration, 2005, Migration and Development, IOM, Geneva.

International Organization for Migration, 2016, *Assessing the Risks of Migration along the Central and Eastern Mediterranean Routes: Iraq and Nigeria as Case Study Countries*, IOM, Geneva.

Ivlevs, A., 2013, Minorities on the move? Assessing post-enllargement emigration intentions of Latvia's Russian speaking minority, *The Annals of Regional Science*, 51(1), 33-52.

Jacobs, J. and Jackson, P., 1996, Postcolonialism and the politics of race, *Environment and Planning D: Society and Space*, 14, 1-4.

Jackson, P., Crang, P. and Dwyer, C. (eds.), 2003, *Transnational Spaces*, Routledge, London.

Jackson, P. and Penrose, J.(eds.), 1993, *Constructions of Race, Place and Nation*, UCL Press, London.

Jensen, P. and Pedersen, P., 2007, To stay or not to stay? Out-migration of immigrants from Denmark, *International Migration*, 45(5), 87-113.

Jessop, B., Brenner, B., and Jones, M., 2008, Theorizing socio-spatial relations, *Environment and Planning D: Society and Spac*e, 26, 389-401.

Jones, M., 2009, Phase space: geography, relational thinking, and beyond, *Progress in Human*

Geography, 33(4), 487-506.

Johnston, R. and Sidaway, J., 2004, *Geography and Geographers: Anglo-American Human Geography since 1945*, Arnold,London.

Joppke, C., 2007, Beyond national models: civic integration policies for immigrants in Western Europe, Western European Politics, 30(1), 1-22.

Kaufmann, V., 2002, *Re-thinking Mobility: Contemporary Sociology*, Ashgate: Aldershot.

Khadria, B., 2008, *The Future of International Migration to OECD Countries Regional Note South Asia*, OECD.

King, R. and Christou, A., 2010, Cultural geographies of counter-diasporic migration: perspectives from the study of second-generation 'returnees' to Greece, *Population, Space and Place*, 16, 103-119.

King, R., Lazaridis, G., and Tsardanidis, C. (eds.), 2000, *Eldorado or Fortress? Migration in Southern Europe*, Macmillan, London.

Koleth, E., 2010, Overseas students: immigration policy changes 1997-May 2010, Parliament of Australia.

Koopmans, R., 2010, Trade-Offs between equality and difference: immigrant integration, multiculturalism and the welfare state in cross-national perspective, *Journal of Ethnic and Migration Studies*, 36(1), 1-26.

Kostakopoulou, D., 2010, Matters of control: integration tests, naturalisation reform and probationary citizenship in the United Kingdom, *Journal of Ethnic and Migration Studies*, 36(5), 829-846.

Krissman, F., 2005, Sin Coyote Ni Patron: Why the 'migrant network' fails to explain international migration, *International Migration Review*, 39(1), 4-44.

Kymlicka, W., 1995, *Multicultural Citizenship*, Oxford University Press, Oxford.

Kymlicka, W., 2008, Multiculturalism: Success, Failure, and the Future, Migration Policy Institute.

Laborde, C., 2008, *Critical Republicanism: the Hijab Controversy and Political Philosophy*, Oxford University Press, Oxford.

Larsen, J., 2002, Who cares about and for Marginal People? Danish Social Science Research Council, Copenhagen.

Lash, S., 2005, Lebenssoziologie: Georg Simmel in the information age, *Theory, Culture and Society*, 22(3), 1-23.

Lazăr, A., 2011, Transnational migration studies: reframing sociological imagination and research, *Journal of comparative research in Anthropology and Sociology*, 2(2), 69-83.

Lenard, P., 2012, The reports of multiculturalism's death are greatly exaggerated, *Politics*, 32(3), 186-196.

Levitt, P., 2001, T*he Transnational Villagers*, University of California Press, Berkeley.

Levitt, P., DeWind, J., and Vertovec, S., 2003, International perspectives on transnational migration: an introduction, *International Migration Review*, 37(3), 565-575.

Levitt, P. and Jaworsky, N., 2007, Transnational migration studies: past development and future trends, *Annual Review of Sociology*, 33, 129-156.

Ley, D., 2008, The immigrant church as an urban service hub, *Urban Studies*, 45(10), 2057-2074.

MacDonald, J. and MacDonald, L., 1964, Chain migration, ethnic neighborhood formation, and social networks, *The Milbank Memorial fund Quarterly*, 42(1), 82-97.

Massey, D., 1994, *Space, Place and Gender*, Polity Press, Cambridge.

Massey, D., 1995, The conceptualization of place, in Massey, D. and Jess, P. (eds.), *A Place in the World?: Places, Cultures and Globaliation*, Oxford University Press, New York, pp. 45-86.

Massey, D., 2005, *For Space*, Sage, London.

Massey, D. S., Alarcón, R., Durand, J. and González, H., 1987, *Return to Aztlan: the Social Process of International Migration From Western Mexico*, University of California Press, Berkeley.

Massey, D. S., Arango, J., Hugo, G., Kouaouci, A., Pellegrino, A. and Taylor, J., 1998, *Worlds in Motion: Understanding International Migration at the End of the Millennium*, Clarendon Press, Oxford.

May, J., 2014, Exclusion, in Cloke, P., Crang, P., and Goodwin, M. (eds.), *Introducing Human Geographies* (3rd eds.), Routledge, London, pp. 655-668.

McCann, E., 2011, Veritable inventions: cities, politics and assemblage, *Area*, 43(2), 143-147.

McEwan, C., 2004, Transnationalism, in Duncan, J., Johnston, N. & Schein, R. (eds.), *A Companion to Cultural Geography,* Malden: Blackwell Publishing, pp. 499-512.

McEwan, C., 2004, Transnationalism, in Duncan, J., Johnstion, N. and Schein, R. (eds.), *A Companion to Cultural Geography*, Malden, Blackwell Publishing, pp. 499-512.

Megarrity, L., 2007, A highly-regulated 'free market': commonwealth policies on private overseas students from 1974~2005, *Australian Journal of Education*, 51(1), 39-53.

Melpas, J., 2012, Putting space in place: philosophical topography and relational geography, *Environment and Planning D: Society and Space*, 30, 226-242.

Michaels, B., 2006, *The Trouble with Diversity: How we Learned to Love Identity and Ignore Inequality*, Metropolitan Books, New York.

Mitchell, D., 1996, *Lie of the Land: Migrant Workers and the California Landscape*, University of Minnesota Press, Minneapolis.

Mitchell, M., 2000, Networks of ethnicity, in Sheppard, E. and Barnes, T. (eds.), *A Companion to Economic Geography*, Malden, Blackwell Publishers, pp. 392-408.

Morgan, G., 2008, The bikini and the burqa: freedom, 'Islam' and mandatory civic integration(http://isites.harvard.edu/fs/docs/icb.topic207175.files/Bikini.pdf) (2013년 12월 14일 접속).

Muller, M., 2015, Assemblages and Actor-networks: rethinking socio-material power, politics and space, *Geography Compass*, 9(1), 27-40.

Murdoch, J., 1998, The spaces of actor-networks theory, *Geoforum*, 29(4), 357-374.

Murdoch, J., 2006, *Post-structuralist geography: a guide to relational space*, Sage, London.

Knox, P. and Pinch. S.(4th ed.), 2000, *Urban Social Geography: An Introduction*, Pearson Education Limited, Essex.

Nähr, C., Mahnkopf, K. and Guličová-Grethe, M., 2005, Marriage Migration in Belgium Country Study, DAPHNE Programme, European Commission.

Newman, D., 2009, Boundaries, in Agnew, J., Mitchell, K. and Toal, G.(eds.), *A Companion to Political Geography*, Blackwell, Oxford, pp. 123-137.

Nyland, C., Forbes-Mewett, H., Marginson, S., Ramia, G., Sawir, E. and Smith, S., 2009, International student-workers in Australia: a new vulnerable workforce, *Journal of Education and Work*, 22(1), 1-14.

OECD, 2007, *International Migration Outlook*, OECD.

OECD, 2008, *International Migration Outlook*, OECD.

OECD, 2011, *Education at a Glance 2011: OECD Indicators,* OECD.

OECD, 2012, *Education at a Glance 2012: OECD Indicators,* OECD.

OECD, 2013, *Education Indicators in Focus*, 2013/05, OECD.

Office for National Statistics, 2016, *Migration Statistics Quarterly Report*, U.K.

Paint, J., 2008, Cartographic anxiety and the search for regionality, *Environment and Planning A*, 40, 342-361.

Parekh, B., 2002, *Rethinking Multiculturalism: Cultural Diversity and Political Theory*, Cambridge University Press, Cambridge.

Park, R., 1916, The city: suggestions for the investigation of human behaviour in an urban environment, *American Journal of Sociology*, 20, 577-612.

Park, R., 1928, Human migration and the marginal man, *American Journal of Sociology*, 33, 881-893.

Park, R. and Bergess, E., 1921, *Introduction to the Science of Sociology*, University of Chicago Press, Chicago.

Passi, A., 1996, *Territories, Boundaries and Consciousness: the Changing Geographies of the Finnish-Russian Border*, Wiley, Chichester.

Peake, L. and Kobayashi, A., 2002, Policies and practices for an antiracist geography at the millennium, *The Professional Geographer*, 54, 50-61.

Permoser, J., 2012, Civic integration as symbolic politics: insights from Austria, *European Journal of Migration and Law*, 14, 173-198.

Pessar, P. and Mahler, S., 2003, Transnational migration: bridging gender in, *International Migration Review*, 37, 812-846.

Petras, J. and Veltmayer, H., 2000, Globalization or imperialism?, *Cambridge Review of*

International Affairs, 14(1), 1-15.

Phillimore, J. and Koshy, P., 2010, The Economic Implications of Fewer International Higher Education Students in Australia, Final Report for Australian Technology Network of Universities, Curtin University.

Phillips, A., 2007, *Multiculturalism without Culture*, Princeton University Press, Princeton.

Phillips, D., 2006, 'Parallel Lives? Challenging Discourses of British Muslim Self-segregation, *Environment and Planning D: Society and Space*, 24(1), 25-40.

Phillips, D., 2008, The problem with segregation: exploring the racialisation of space in Northern Pennine Towns, in Dwyer, C. and Bressey, C. (eds.), *New Geographies of Race and Racism*, Ashgate, Bodmin, pp. 179-192.

Piore, M., 1979, *Birds of Passage: Migrant Labor and Industrial Societies*, Cambridge University Press, Cambridge.

Portes, A., 1997, Immigration theory for a new century: some problems and opportunities, *International Migration Review*, 31(4), 799-825.

Portes, A., 2001, Introduction: the debates and significance of immigrant transnationalism, *Global Networks*, 1(3), 181-193.

Portes, A., 2003, Conclusion: theoretical convergencies and empirical evidence in the study of immigrant transnationalism, *International Migration Review*, 37(3), 874-892.

Portes, A. and Zhou, M., 1993, The new second generation: segmented assimilation and its variants, *The Annals of the American Academy of Political and Social Science*, 530, 74-96.

Putnam, R., 1993, *Making Democracy Work: Civic Traditions in Modern Italy*, Princeton University Press, Princeton.

Ravenstein, E., 1885, The laws of migration, *Journal of the Statistical Society*, 48, 167-235.

Ravenstein, E., 1889, THe laws of migration, *Journal of the Statistical Society*, 52, 241-305.

Riccio, B., 2008, West African Transnationalisms compared: Ghanaians and Senegalese in Italy, *Journal of Ethnic and Migration Studies*, 34(2), 217-234.

Rodan, P., 2009, The international student as student, migrant and victim, *Australian Universities Reivew*, 51(2), 27-31.

Said, E., 1978, *Orientalism*, Vintage Books, New York.

Salzbrunn, M., 2007, Localising transnationalism: researching political and cultural events in a context of migration, COMCAD Arbeitspapiere Working Paper, No. 17, Center for Interdisciplinary Research, Bielefeld.

Samers, M., 2010, *Migration*, Routledge, London.

Sassen, S., 1988, *The Mobility of Labour and Capital*, Cambridge University Press, Cambridge.

Sassen, S., 2006, *Territory, Authority, Rights: From medieval to global assemblages*, Princeton University Press, Princeton.

Schiller, G., Basch, N. and Blanc-Szanton, S. (eds.), 1992, *Towards a Transnational Perspective on Migration: Race, Class, Ethnicity and Nationalism Reconsidered*, New York Academy of Science, New York.

Schiller, N, Basch, L. and Blanc, C., 1995, From immigrant to transmigrant: theorizing transnational migration, *Anthropological Quarterly*, 68(1), 48-63.

Schiller, N., 2009, A Global perspective on transnational migration: theorizing migration without methodological nationalism, Compass Working Paper, WP-09-67.

Schiller, N. and Çağlar, A., 2009, "Towards a comparative theory of locality in migration studies: migrant incorporation and city scale", *Journal of Ethnic and Migration Studies* 35(2), pp. 177-202.

Schmidt, M., 2007, *Some reflections on the definition and delimitation of geographical marginality*, in Jones, G., Leimgruber, W., Nel, E. (eds.), Issues in Geographical Marginality, Rhodes University Press, Grahamstown, South Africa.

Sheehy, B., 2010, Regulation by markets and the Bradley Review of Australian higher education, *Australian Universities' Review*, 52(1), 60-68.

Sheller, M., 2011, Mobility, *Scociopedia.isa*, 1-12.

Sheller, M. and Urry, J., 2006, The new mobilities paradigm, *Environment and Planning A*, 38, 207-26.

Sibley, D., 1995, *Geographies of Exclusion: Society and Difference in the West*, Routledge, London.

Sidhu, R., 2011, Re-thinking Student Migration Trends, Trajectories and Rights, Asia Research Institute Working Paper Series No. 157.

Smith, M., 2001, *Transnational Urbanism: Locating Globalization*, Blacwell Publishing, Malden, MA.

Smith, R., 2006, *Mexican New York: Transnational Lives of New Immigration*, University of California Press: Berkeley.

Soysal, Y., 1997, Changing parameters of citizenship and claims-making: organized Islam in European public spheres, *Theory and Society*, 26(4), 509-527.

Söderström, O. and Crot, L., 2010, The Mobile Constitution of Society: Rethinking the Mobility-Society Nexus, MAPS Working Paper 7.

Staeheli, A. and Nagel, R., 2006, Topographies of home and citizenship: Arab-American activists in the United States, *Environment and Planning A.*, 38, 1599-1614.

Stalker, P., 2000, *Workers Without Frontiers: The Impact of Globalization on International Migration*, Lynne Rienner Publisher, Geneva.

Swyngedouw, E., 1997, Neither global nor local: 'glocalization' and the politics of scale, in Cox, K. (ed.), *Spaces of Globalization: Reasserting the Power of the Local*, Guilford Press, New York, pp. 137-166.

Thrift, N., 2004a, Driving in the city, *Theory, Culture and Society*, 21(4-5), 41-59.

Thrift, N., 2004b, Movement-space: the changing domain of thinking resulting from the development of new kinds of spatial awareness, *Economy and Society*, 33(4), 582-604.

Thrift, N., 2006, 'space', *Theory, Culture and Society* 23.

Trudeau, D. and McMorran, C., 2011, The geographies of marginalization, in Casino, *et al.*(eds.), *A Companion to Social and Cultural Geography*, Blackwell Publishing, Malden, pp. 437-453.

Tuan, Y., 1977, *Space and Place: the perspective of experience*, University of Minnesota Presss, Minneapolis.

Turner, S., 2008, Studying the tensions of transnational engagement: from neclear family to world-wide web, *Journal of Ethnic and Migration*, 34(7), 1049-1056.

United Nations Department of Economic and Social Affairs, 2013, Trends in International Migrant Stock: The 2008 Revision(http://esa.un.org/migration/index.asp?panel=1)

UNHCR, 2016, *Global Trends: Forced Displacement in 2015*, UNHCR.

UNWTO, 2014, *Annual Report 2014*, UNTWO.

Urry, J., 2000, *Sociology Beyond Societies*, Routeledge, London.

Urry, J., 2004, Connections, *Environment and Planning D: Society and Space*, 22, 27-37.

Urry, J., 2007, *Mobilites*, Polity Press, Cambridge.

Veronis, L., 2006, Rethinking Transnationalism: Citizenship and Immigrant Participation in Neoliberal Toronto, Unpublished Ph.D. Dissertation, University of Toronto.

Veronis, 2006, *Rethinking Transnationalism: Citizenship and Immigrant Participation in Neoliberal Toronto*, Unpublished Ph.D thesis, University of Toronto.

Vertovec, S., 2009, *Transnationalism*, Routledge, London.

Vertovec, S. and Wessendorf, S.(eds.), 2010, T*he Multiculturalism Backlash: European Discourses, Policies and Practices*, Routledge, London.

Wacquant, L., 2008, *Urban Outcasts: A Comparative Sociology of Advanced Marginality*, Polity Press, Cambridge.

Waldinger, R. and Fitzgerald, D., 2004, Transnationalism in Question, *American Journal of Sociology*, 109(5), 1177-1195.

Waldinger, R. and Lichter, M., 2003, *How the Other Half Works: Immigration and the Social Organization of Labor*, University of California Press, Berkeley.

Wallerstein, I., 1974, *The Modern World-system, vol. I: Capitalist Agriculture and the Origins of the European World-Economy in the Sixteenth Century*, Academic Press, New York.

Watters, J., 2011, Migrant Families in Ireland: Understanding the Cultural Landscapes of Transnational Family Life, Unpublished Ph.D thesis, National University of Ireland.

Wessendorf, S., 2010, Local attachments and transnational everyday lives: second-generation Italians in Switzerland, *Global Networks*, 10(3), 365-382.

Welsch, W., 1999, Transculturality: the puzzling form of cultures today, in Featherstone, M. and Lash, S.(eds.), *Spaces of Culture: City, Nation, World*, Sage, London, pp.

194-213.

Wimmer, A. and Schiller, N., 2002, Methodological nationalism and beyond: nation-state building, migration and the social sciences, *Global Networks*, 2(4), 301-334.

Winchester, M. and White, P., 1988, The location of marginalised groups in the inner city, *Environment and Planning D: Society and Space*, 6, 37-54.

Wyman, M., 1993, *Round-trip to America: the immigrants return to Europe 1880-1930*, Cornell University Press, Ithaca, NY.

Yeoh, B., Charney, M. and Kiong, T. (eds.), 2003, *Approaching Transnationalisms: Studies on Transnational Societies, Multicultural Contacts, and Imaginings of Home*, Kluwer Academic Publishers, Boston.

Zhou, M., 1997, Segmented assimilation: issues, controversies, and recent research on the new second generation, *Annals of Association Academy of Political and Social Science*, 620, 37-61.

〈기타 자료〉

경향신문, "충원 못한 지방대 외국유학생이 채운다". (2001년 7월 25일)

경향신문, "지방대학의 위기는 국가의 위기". (2003년 5월 18일)

경향신문, "대학이 외국인 근로자 불법취업 '장사'". (2007년 5월 23일)

서울경제, "이민정책 질적 전환 고민해야 할 때다". (2015년 3월 4일)

연합뉴스, "美뉴올리언스, 카트리나 참사 경찰 폭력 희생자에 158억원 배상". (2016년 12월 20일)

한국대학신문, "외국인 유학생 급증의 '명암' ". (2011년 11월 18일)

한국대학신문, "지방대 외국인 유학생 유치 열악...부익부 빈익빈". (2014년 12월 11일)

한국대학신문, "호주서 외국학생이 작년에 쓴 돈 14조원...사상 최대". (2015년 2월 4일)

한국일보, "유럽에 온 아프리카 난민들...이탈리아는 받고 독일은 안 받는다?". (2013년 10월 11일)

한국일보, "학사관리·교육시스템 부실...2020년 20만 명 유치 '갸우뚱'. (2015년 5월 16일)

한겨레신문, 2013, "난민 무덤으로 변한 지중해...대책엔 유럽내 딴소리". (2013년 10월 13일)

한겨레신문, 2017, "트럼프의 멕시코 장벽, 현실성은 있나". (2017년 1월 26일)

CBS 노컷뉴스, "한국으로 몰려오는 아시아계 '짝퉁' 유학생". (2012년 7월 20일)

■ 찾아보기

ㄱ

가족재결합 • 79
감정담론 • 91
개별성 • 39, 118
거주지 분리 • 265
결혼이주 • 22, 204
경계 • 45
경계 넘기 • 48
경계 짓기 • 48
고려인마을 • 52
고유성 • 39
공간의 인종화 • 268
공민권 • 95
관계 • 53
관계적 사고 • 149, 151
관계적 접근 • 313
관계적 지리 • 148
교육이주 • 23, 285
구성 모빌리티 • 114
국가적 스케일 • 55
귀환이주 • 21, 49, 326
글로벌 스케일 • 55
글로벌화 • 150
글로컬라이제이션 • 56

ㄴ

난민 • 24
난민의 위치성 • 266, 267
네트워크 자본 • 119
노동시장의 분절화 • 28
노동이주 • 22

ㄷ

다문화주의 • 175, 179
다문화주의 정책 • 185
다중스케일 • 55
동화 • 176
동화주의 • 175
두뇌유출 • 84
디아스포라 • 98, 99, 321

ㅁ

모빌리티 • 42, 102, 123, 314
모빌리티 관점 • 43
모빌리티 렌즈 • 105, 118
모빌리티 패러다임 • 105, 106
문화 없는 다문화주의 • 187
미등록 이주 • 25, 70

ㅂ

방법론적 국가주의 • 168, 314
배출-흡인 • 27, 83
복잡성 사고 • 44, 115, 117
부자유계약 노동자 • 74
부재감 • 61
비판지정학 • 331, 333, 334

ㅅ

사회적 경계 • 47
사회적 네트워크 • 88, 214
사회적 송금 • 82
사회통합 • 190
사회통합 정책 • 192
상상적 국가주의 • 131
상호문화주의 • 189, 190
서발턴 • 252, 254
세계체계이론 • 30
소속감 • 321
소수자 • 234
순환 이주 • 326, 328
스케일 • 54
스케일 정치 • 56
시민권 • 95
신동화주의 • 191
신자유주의 • 280

ㅇ

아래로부터의 글로벌화 • 209
아상블라주 • 158, 171
엔클레이브 • 29, 89
연쇄이주 • 32
외국인 학생 • 262
위상 공간 • 153, 157
위상학 • 155, 156
위상학적 관계 • 155
위험공간 • 241
위험담론 • 264
이동 • 17
이동 모빌리티 • 113
이동-공간 • 110, 111
이민 • 17
이입 • 17
이주 • 16

이주(자) 네트워크 이론 • 31
이주-발전의 연계 • 337
이주여성 • 213
이주의 법칙 • 17, 26
이주의 시대 • 16
이주의 신경제학 • 28
이주의 여성화 • 19, 66
이주자 • 17
이주자 공간 • 318
이중국적 • 96
이출 • 17
인간주의자 • 37

ㅈ

장소 • 37
장소 렌즈 • 38
장소 점유 • 242
장소감 • 38
재영역화 • 35
정주 • 17
제노포비아 • 301
젠더 관계 • 93
종속이론 • 30
종족 공동체 • 89
종족 네트워크 • 209, 219
주변부 위치성 • 261
주변성 • 60
주변인 • 18
주변화 • 60, 260, 285, 315
주체의 위치 • 260
지정학 • 331

ㅊ

초국가적 공간 • 35
초국가적 공동체 • 128
초국가적 렌즈 • 127
초국가적 마을 • 133
초국가적 사회공간 • 132
초국가적 삶 • 133
초국가적 소속감 • 93, 94
초국가적 이주 • 34
초국가적 회로 • 128
초국가주의 • 34, 126
초국적 정체성 • 210
초문화주의 • 58
초지역주의 • 57
초청노동자 • 79

ㅋ

쿨리 • 75

ㅌ

탈국가화 • 96
탈영역화 • 35
테러리즘 • 316
통합 • 192
트랜스로컬리티 • 35, 122
트랜스이주자 • 35

ㅍ

편입 정책 • 174
포스트-국가적 시민권 • 96
포스트개발 • 87, 337
포스트식민주의 관점 • 206
포스트이론 • 124

ㅎ

헤게모니 • 253
혼종성 • 99
혼종화 • 324